全世界无产者，联合起来！

列 宁 全 集

第二版增订版

第四十一卷

1921年3—6月

中共中央　马克思　恩格斯　著作编译局编译
　　　　　列　宁　斯大林

人民出版社

《列宁全集》第二版是根据中国共产党中央委员会的决定，由中共中央马克思恩格斯列宁斯大林著作编译局编译的。

凡　　例

1. 正文和附录中的文献分别按写作或发表时间编排。在个别情况下，为了保持一部著作或一组文献的完整性和有机联系，编排顺序则作变通处理。

2. 每篇文献标题下括号内的写作或发表日期是编者加的。文献本身在开头已注明日期的，标题下不另列日期。

3. 1918 年 2 月 14 日以前俄国通用俄历，这以后改用公历。两种历法所标日期，在 1900 年 2 月以前相差 12 天（如俄历为 1 日，公历为 13 日），从 1900 年 3 月起相差 13 天。编者加的日期，公历和俄历并用时，俄历在前，公历在后。

4. 目录中凡标有星花 * 的标题，都是编者加的。

5. 在引文中尖括号〈　〉内的文字和标点符号是列宁加的。

6. 未说明是编者加的脚注为列宁的原注。

7. 《人名索引》、《文献索引》条目按汉语拼音字母顺序排列。在《人名索引》条头括号内用黑体字排的是真姓名；在《文献索引》中，带方括号〔　〕的作者名、篇名、日期、地点等等，是编者加的。

目　录

劳动国防委员会给各地方苏维埃机关的指令　草案

附　　录

插　图

前　　言

本卷收载列宁在 1921 年 3 月至 6 月期间的著作。

苏维埃俄国经过三年浴血奋战、击退外国武装干涉者和取得国内战争的胜利以后，进入了新的历史阶段，开始向和平建设过渡，着手恢复国民经济和探索社会主义建设道路。尽管它还受到敌对的资本主义的包围，并未消除重遭帝国主义军事进攻的危险，但是它的国际地位在 1921 年上半年得到了巩固。而它的国内情况却异常困难，国民经济彻底遭受破坏，燃料和原料极端缺乏，大部分企业无法开工。由于农业歉收，粮食和食品也严重不足，人民群众的生活十分困难。工人阶级的队伍日益涣散，有些企业甚至发生罢工。农民不满意余粮收集制，在反革命分子的煽动下，许多地方爆发叛乱，到 1921 年 2 月，武装叛乱分子的人数达 3 万人。1921 年 3 月初发生喀琅施塔得叛乱，社会革命党人、孟什维克、无政府主义者利用大部分出身于农民的水兵的不满情绪，乘机打出"没有布尔什维克参加的苏维埃"、"保卫农民"等旗号，妄图颠覆苏维埃政权，复辟资本主义。俄国共产党采取紧急措施，于 3 月 18 日平定了这次叛乱。国内的政治危机也使一些不坚定的共产党员产生了动摇情绪。列宁和俄国共产党全面分析苏维埃国家的国内外形势，领导全党和全国人民用全部力量来解决国家所面临的新任务即转向经济建设的实际问题。严重的经济危机和政治危机使列宁认识到,战时共产主义条件下实施的一套经济措施破坏了工业和农业的正常联系,破坏了社会主义经济和小农经济的结合,不能保证提高国家的生产力。列宁审时度势,果断地作出停止施行战时共产主义政策、改行新经济政策的重大决策,开始从理论上和实践上解决社会主义建设的许多复杂问题。

本卷的开头是一组关于俄共(布)第十次代表大会的文献。1921年3月召开的这次代表大会标志着苏维埃俄国从战时共产主义政策向新经济政策过渡的历史转折。

列宁在大会上作的俄共(布)中央政治工作报告指出,全党工作的关键是解决好国家从战争向和平建设转变的问题。列宁认为,要恢复国民经济和奠定社会主义经济基础,必须处理好同农民的关系。他指出:在农民占大多数的国家里,必须采取从经济上满足农民要求的办法,采取尽量多的措施来改善农民的经济状况;过去在战争环境下苏维埃政权不能集中精力考虑如何处理好同小农之间的关系,"而只要小农还是小农,就必须保证小经济有一定的流转体系,否则小农便不能生存。""这个问题对苏维埃政权来说,是当前最重要的经济问题和政治问题。"(见本卷第24页)为了让农民在当地流转方面有一定的自由,应当把余粮收集制改为实物税。

列宁在大会作的关于以实物税代替余粮收集制的报告和关于这个报告的总结发言中指出:在理论上,胜利了的无产阶级应当领导农民向社会化的、集体的劳动过渡,但是在实践上却行不通,"在一个小农生产者占人口大多数的国家里,实行社会主义革命必须通过一系列特殊的过渡办法"(见本卷第50页)。"改造小农,改造他们的整个心理和习惯,这件事需要花几代人的时间。只有有了物质基础,只有有了技术,只有在农业中大规模地使用拖拉机和机器,只有大规模电气化,才能解决小农这个问题"(见本卷第53页)。列宁从当时俄国的实际情况出发,认为需要给农民一定的流转自由,因为"小农只要还是小农,他们就必须有同他们的经济基础即个体小经济相适应的刺激、动力和动因。这就离不开地方流转自由。"(见本卷第55页)对于实行实物税以后给小农恢复贸易自由是否会因此破坏无产阶级政权的根基这一问题,列宁作了否定的回答,指出:"如果我们能获得纵然是数量不多的商品,把这些商品掌握在国家手中,掌握在控制政权的无产阶级手中,并且能把这些商品投入流转,那么我们作为国家,除了政治权力之外,还能够获得经济权力。"(同上)列宁回顾了历史经验,认为苏维埃国家在商业国有化和工业国有化方面、在禁止地方流转方面走得太远了,做得超过了理论上和政治上所需要的限度,允许一定程度的地方自由流转不仅不会破坏而且会巩固无产阶级政权。列宁在关于以实物税代替余粮收集制的报告的总结发言中强调指出:"我们必须尽一切力量来鼓励小农业。实物税就是这方面的一项简单而又绝对必要的措施。它能给予这种鼓励。应当无条件地通过这项措施。"(见本卷第75页)

在代表大会上,列宁多次谈到党内关于工会的争论,批评这种争论是不平常一年中的奢侈行为。列宁强调指出,党从代表大会前的工会问题争论中应当得出的主要结论是:党必须团结,党内不容许有反对派存在。列宁提出的关于党的统一的决议草案初稿和关于党内的工团主义和无政府主义倾向的决议草案初稿以及就这一问题所作的报告和总结发言,对维护党在思想上和组织上的统一起了重要作用。列宁告诫全党:"目前许多情况正在加剧国内小资产阶级居民的动摇,在这个时候特别需要保持党的队伍的统一和团结,保证党员相互之间的完全信任,保证在工作中真正齐心协力,真正体现无产阶级先锋队的意志的统一。""保持党的统一和实现无产阶级先锋队的意志的统一是保证无产阶级专政胜利的基本条件"。(见本卷第78、81页)关于党的统一的决议草案规定,党内决不容许任何派别活动,立即解散一切按某种纲领组成的派别(如"工人反对派"、"民主集中派"等),对破坏党的统一的共产党员采取党内一切处分办法,直至开除出党,并规定了对中央委员和中央监察委员采取这种极端措施的批准程序。草案同时规定,党必须采取一切手段和各种方法来反对官僚主义,扩大民主,发扬自主精神,检举、揭发和驱逐混进党内来的分子。关于我们党内的工团主义和无政府主义倾向的决议草案指明:"工人反对派"的主张代表一种工团主义和无政府主义的倾向,这种倾向是同马克思主义和共产主义背道而驰的;"工人反对派"以及这一类派别和个人的观点不仅在理论上是错误的,而且在实际上必然会动摇无产阶级专政和削弱共产党的领导作用,因此宣传这种思想是同俄共党员的身份不相容的。列宁提出的这两个决议案在代表大会上以绝大多数票通过。

列宁在代表大会闭幕词中指出,连年的帝国主义战争和国内战争使国家受尽折磨,混乱不堪,国内战争结束后的国家复苏只能在异常困难的条件下进行。他深信,我们依靠无产阶级先锋队的团结一致以及觉悟的无产阶级的力量,定能经受住一切严重的考验和克服新的困难;党在克服了分歧之后会更加团结、更加坚强,必将取得愈来愈大的胜利。

在这次代表大会之后,列宁继续从理论上阐述实行新经济政策的必要性,并为了向广大干部和群众说明新经济政策的实质而作了一系列报告和讲话。《在全俄运输工人代表大会上的讲话》指出,只有正确地、完全清醒地估计各种相互对立的阶级力量,才能对苏维埃政权为什么要改行新经济政策这一点作出正确结论。列宁对国内的三种基本力量(无产阶级、农民、地主和资本家)作了分析,指出:无产阶级在取得政权后忍受了无比的困苦和牺牲把无产阶级专政维持三年半之久,他们的力量来源在于得到国际无产阶级和国内农民的支持。列宁同时指出,占俄国人口极大多数的农民最后几年不得不去拯救国家,同意实行无偿的余粮收集制,但是现在已经承受不了这样的重担,这种小资产阶级力量会转化为无政府主义势力,因此应当尽力改善他们的处境,制定新的经济政策。《在俄共(布)莫斯科市和莫斯科省支部书记及支部负责代表会议上关于粮食税的报告》回答了人们就粮食税以及与之有关的经济政策提出的问题。列宁说:余粮收集制改为粮食税的主要原因是农民经济十分困难,在许多地方几乎完全破产;而苏维埃政权只有从农民那里才能得到必需的粮食和燃料,俄国国民经济的恢复和发展在很大程度上取决于农民生活和农民经济的改善;在议论粮食税时不可忘记工农之间经济关系的实质是工人为国家因而也是为俄国农民生产一切必需品,并通过铁路和船舶运送给农民,同时从农民那里取得全部剩余的农产品;粮食税是达到这个目的的一种过渡办法,这种办法可以鼓励农民的生产积极性,使农民能够计算出可以自由支配的余粮的数量并拿这些余粮去交换当地的手工业品,从而也使小工业恢复起来;俄国农村已经中农化,要提高农民经济的生产率,就必须帮助中农发展经济。列宁还指出,既然存在小经济,存在贸易自由,就会产生资本主义,但是,在工人国家掌握大工厂、运输业和对外贸易的情况下,这种资本主义是不可怕的;以租让形式出现的国家资本主义也是不可怕的,因为我们会确定实行租让的限度。列宁要求尽一切努力改善农民经济,发展地方流转,发展小工业,发展国家资本主义,使社会主义大工业更迅速地恢复起来。《在全俄工会中央理事会共产党党团会议上关于租让问题的报告》阐述了租让政策的意义,逐条解释了人民委员会通过的租让合同的基本原则。列宁指出,党纲首先讲到要坚决增加产量,如果不善于实行租让政策,不善于把外国资本吸收到租让企业中来,那就做不到这一点,那就根本谈不上采取重大的实际措施来改善当时俄国的经济状况,那就表明在经济上没有一点求实精神。列宁说:"社会主义共和国不同世界发生联系是不能生存下去的,在目前情况下应当把自己的生存同资本主义的关系联系起来。"(见本卷第 167 页)列宁在《留声机片录音讲话》中又论述了关于租让和发展资本主义的问题。他说,资本家到俄国来承租企业,"这是意味着发展资本主义,但是这并不危险,因为政权掌握在工农手中,地主和资本家的所有制不会恢复。租让是一种特殊的租借合同。根据合同,资本家在一定期限内是一部分国家财产的租借者,但不是所有者。所有权仍然属于国家。""在这种条件下发展资本主义是不危险的,而产品的增加却会使工农得到好处。"(见本卷第 238—239 页)

　　列宁在 4 月间写出的《论粮食税(新政策的意义及其条件)》是一篇从理论上说明新经济政策的重要著作,它阐述了与粮食税的执行有关的一系列理论问题。该文的第一部分《关于俄国现时经济》摘引了 1918 年 5 月写的《论"左派"幼稚性和小资产阶级性》一文中的很长一段文字作为本文的引言。在摘引的这一部分中,列宁论述了俄国在从资本主义向社会主义过渡时期存在的五种经济成分：宗法式的，即在很大程度上属于自然经济的农民经济；小商品生产；私人资本主义；国家资本主义；社会主义。列宁阐明了这五种经济成分的特点，剖析了小资产阶级自发势力的消极影响，着重指出了国家资本主义对苏维埃俄国向社会主义过渡的重大作用。他说："国家资本主义**在经济上**大大高于我国现时的经济"，工人阶级"一经学会了怎样根据国家资本主义原则来整顿好全国性的大生产组织，那时就会掌握全副王牌……社会主义的巩固就有了保证"（见本卷第199页）。在第二部分《论粮食税、贸易自由、租让制》中指出：俄国仍然存在着1918年那样的经济成分，只是小私有者的、小资产阶级的"自发势力"加强了；三年国内战争加剧了国民经济的破坏，阻碍了生产力的恢复。这样的政治形势"要求必须立刻采取迅速的、最坚决的、最紧急的办法来改善农民的生活状况和提高他们的生产力。"（见本卷第207页）列宁写道："无产阶级专政就是无产阶级对政治的领导。无产阶级作为一个领导阶级、统治阶级，应当善于指导政治，以便首先去解决最迫切而又最'棘手的'任务。现在最迫切的就是采取那种能够立刻提高农民经济生产力的办法。只有**经过**这种办法才能做到既改善工人生活状况，又巩固工农联盟，巩固无产阶级专政。"（同上）要提高农民的生产力，必须用粮食税代替余粮收集制，就是允许农民在交纳粮食税后进行自由贸易。"粮食税，是从极度贫困、经济破坏和战争迫使我们所实行的特殊的'战时共产主义'向正常的社会主义的产品交换过渡的一种形式。"（见本卷第208页）列宁在本文中第一次用"战时共产主义"来概括国内战争时期被迫采取的一整套措施。列宁指出，如果不采取"战时共产主义"的措施，就不能战胜地主和资本家,"应当说我们实行'战时共产主义'是一种功劳","但同样必须知道这个功劳的真正限度。'战时共产主义'是战争和经济破坏迫使我们实行的。它不是而且也不能是一项适应无产阶级经济任务的政策。它是一种临时的办法。"(见本卷第 208—209 页)列宁批评那种固守战时共产主义的主张是在干蠢事和自杀。列宁主张用一切办法来活跃工农业间的流转,即使是用私人资本主义的办法,甚至没有把这种资本主义直接变为国家资本主义,也比只是关心共产主义纯洁性而在实际上却不去推动流转的人对社会主义建设事业的益处大得多。列宁根据经济建设的经验作出了一个重要结论:要利用小生产和社会主义之间的中间环节向社会主义过渡,而不是直接过渡。在这个意义上,列宁把粮食税看做最终必然导致社会主义经济结构在城乡获得胜利的一种过渡措施。列宁说:"全部问题,无论是理论上的还是实践上的问题,在于找出正确的方法,即应当怎样把不可避免的(在一定程度上和在一定期限内不可避免的)资本主义的发展纳入国家资本主义的轨道,靠什么条件来做成这件事,怎样保证在不久的将来把国家资本主义变成社会主义。"(见本卷第 211 页)列宁详细评述了国家资本主义的四种主要形式。第一,租让制,这是最简单的即同外国资本家订立书面合同的形式,它的基础是大工业。"苏维埃政权'培植'租让制这种国家资本主义,就是加强大生产来反对小生产,加强先进生产来反对落后生产,加强机器生产来反对手工生产,增加可由自己支配的大工业产品的数量(即提成),加强由国家调整的经济关系来对抗小资产阶级无政府状态的经济关系。"(见本卷第 212 页)第二,合作制,指作为一种商业形式的小商品生产者合作社,它的基础是小生产。"合作制政策一旦获得成功,就会使我们把小经济发展起来,并使小经济比较容易在相当期间内,在自愿联合的基础上过渡到大生产。"(见本卷第215页)第三,代购代销制,指国家把作为商人的本国资本家吸引过来,付给他们一定的佣金,由他们来销售国家的产品和收购小生产者的产品。第四,租赁制,指国家把国有企业或油田、林区、土地等租给本国企业资本家,这种租赁合同与租让合同极为相似。列宁强调指出,后两种国家资本主义形式根本没有人注意过。列宁认为人们常常发出的"资本主义是祸害,社会主义是幸福"的议论是错误的,因为他们忘记了现存的全部社会经济结构,而只从中抽出了两种经济结构来看。列宁说:"同社会主义比较,资本主义是祸害。但同中世纪制度、同小生产、同小生产者涣散性引起的官僚主义比较,资本主义则是幸福。既然我们还不能实现从小生产到社会主义的直接过渡,所以作为小生产和交换的自发产物的资本主义,在一定程度上是不可避免的,所以我们应该利用资本主义(特别是要把它纳入国家资本主义的轨道)作为小生产和社会主义之间的中间环节,作为提高生产力的手段、途径、方法和方式。"(见本卷第217页)列宁在《结束语》中作了总结,指出:粮食税是从战时共产主义到正常的社会主义产品交换的过渡;改善农民的生活状况的方法是实行粮食税、发展农业和工业间的流转、发展小工业;流转就是贸易自由,就是资本主义,流转在一定限度内对工农国家有利,而限度的大小将由实践和经验来确定;通过国家监督把在一定限度内是不可避免的并为苏维埃国家所必需的资本主义纳入国家资本主义的轨道;不要害怕让共产党员去向资产阶级专家学习,其中也包括向商人,向办合作社的小资本家学习;应当从广大劳动群众中选拔非党工作人员做经济工作。

　　列宁在《论粮食税》之后又写了《劳动国防委员会给各地方苏

维埃机关的指令(草案)》以及与之相关的《劳动国防委员会关于地方经济会议、关于报告制度和关于贯彻执行劳动国防委员会指令的决定草案》。这两篇文献以及列宁《在全俄中央执行委员会第三次会议上关于地方经济机关的讲话》和《关于工作报告的每月摘抄》等,规定了贯彻新经济政策的实际工作纲领和工作方式,提出了改组所有苏维埃机关和经济机关以适应经济建设需要的具体计划。列宁在指令草案中强调指出,在改善农民经济、发展工业、建立农业和工业间的流转等工作中地方的独创精神在目前具有特别重大的意义,应当鼓励地方尽量发挥首创精神、自主精神和进取精神,要重视总结地方经济工作的丰富经验;要通过地方的实践检查中央的指示,通过中央的领导监督地方的实践,以便克服拖拉作风和官僚主义。列宁建议成立地方经济会议,以鼓励地方经济机构在工作中的独创性、协调它们的全部活动、对它们进行监督。列宁规定了地方经济会议的任务、机构和组成人员。列宁提出扩大国家经济建设人员队伍的任务,要各级机关广泛地公开地挑选专业的和一般的、地方的和全国的管理人员和组织人员,把他们安置到较重要的经济建设岗位上去,批评共产党员不敢和不善于吸收大批非党人员参加社会主义建设事业。

本卷中的文献还涉及国民经济管理中的一些重大问题。在《对人民委员会〈关于分配农业机器〉的决定草案的补充》中列宁提出,国家对农业机具的供应要和国家对农产品的取得联系起来。在《致国家计划委员会主席团克尔日扎诺夫斯基同志》的信件中,列宁要求国家计划委员会拟定出最近一两年的全国经济计划的纲要,纲要以粮食作为出发点,因为它是全部困难的关键,其次要对燃料和工业生产作出计划。列宁在《俄共(布)中央政治局关于实行生产集中的措施的决定草案》等文献中提出了工业企业实行"生产集中"的问题。列宁认为,应该尽可能关闭无法继续生产的企业,由少数生产状况最好的企业集中进行生产。

列宁在《致阿塞拜疆、格鲁吉亚、亚美尼亚、达吉斯坦、哥里共和国的共产党员同志们》一文中阐明了高加索各苏维埃共和国在制定向社会主义过渡的方针政策时必须坚持的从本国实际情况出发的原则。他指出,这些国家同俄罗斯联邦的情况和条件不同,在向社会主义过渡时决不可以照搬俄罗斯联邦的做法,必须考虑自己的特殊性,制定符合自己具体条件的政策。列宁认为,高加索各共和国同俄罗斯比较起来,更加是农民的国家,因此,对于小资产阶级、知识分子、特别是农民,要温和一点、谨慎一点、通融一点;这些国家向社会主义过渡,要更加缓慢、更加谨慎、更加有步骤。列宁说:"不要照搬我们的策略,而要独立地仔细考虑我们的策略为什么具有那些特点以及它的条件和结果,不要在你们那里照抄1917—1921年的经验,而要运用它的精神实质和教训。"(见本卷第186页)列宁还指出,高加索地区可以较快、较容易地同资本主义的西方搞好"共居关系",有充分的可能来广泛地实行租让政策和开展同外国的商品交换,以此开发丰富的矿产资源、发展农业和畜牧业,从而提高边疆的生产力。

为了消除党内外许多人对新经济政策的一些原则问题的曲解、误解或不理解,使新经济政策能够正确地迅速地贯彻执行,俄共(布)于1921年5月26—28日提前召开了党的第十次全国代表会议。本卷收载的列宁关于这次代表会议的文献包括开幕词和闭幕词以及就粮食税问题作的报告和总结发言,还有为代表会议草拟的关于新经济政策问题的决议草案等。

　　列宁在关于粮食税的报告和总结发言中针对人民对实行粮食税和新经济政策之后提出的政治任务发生的误解和认识不清，论述了新经济政策的基本思想，阐明新经济政策是要实现在工人阶级和农民之间建立经济上的联盟这一新任务。列宁针对有人认为党忘记发展大工业这种疑虑，着重阐述了恢复大工业和恢复农业和小工业的关系。他指出："开发资源、建立社会主义社会的真正的和唯一的基础只有一个，这就是大工业。"（见本卷第301页）"如果认为我们什么时候会忘记这一主要目标，那自然是十分可笑和荒唐的。""我们的基本任务是恢复大工业。可是，为了使我们能够比较认真地有步骤地着手恢复这种大工业，我们就需要恢复小工业。"（见本卷第302页）要恢复大工业，就需要恢复农业，"没有完全有保证的和足够的粮食储备，国家就根本无法全神贯注地有步骤地进行恢复大工业的工作，哪怕是小规模的恢复工作也无法不间断地进行下去。"（见本卷第303页）列宁还指出，新经济政策向农民实行让步，这是正确的政策，我们"应当以无产阶级的利益为准绳，也就是说要防止资本主义复辟和保证走共产主义道路"（见本卷第313页）。在列宁拟定的《关于新经济政策问题的决议草案》中明确规定："当前的基本政治任务是使党和苏维埃的全体工作人员充分领会和确切执行新经济政策"，"这是一个要在若干年内长期实行的政策"（见本卷第333页）。决议草案重申，应当把商品交换提到首要地位，把它作为新经济政策的主要杠杆。决议草案同时提出，必须同逃避国家的任何监督的无政府状态的商品交换作斗争，把商品交换主要集中在合作社手里，但这决不排斥正当的自由贸易。因此，决议草案认为，要研究市场。

　　列宁在全俄第三次粮食工作会议上的讲话阐述了党的第十次

代表会议关于新经济政策问题的决议，进一步指出，由于俄国经济极为困难，而大工业又不能很快恢复，因而要不惜任何代价坚决把小农经济从岌岌可危的状况提高到勉强过得去的状况，为此必须振兴小工业和地方工业，尽快地巩固小经济，允许它开展地方贸易，从而扩大使用资本的范围，这也就必须使整个苏维埃政权和它的基本原则以及它的全部经济政策转上另一条轨道。列宁说，如果不能通过相当规模的自由贸易筹集大批粮食、建立大量的国家储备，就不能恢复大工业和货币流通。列宁要求苏维埃机关的工作人员必须熟悉自由贸易、不被自由市场击败。

本卷还收载了《俄共（布）中央关于全俄工会第四次代表大会共产党党团决议问题的决定草案》、《在全俄工会第四次代表大会上的讲话的提纲》、《关于俄共（布）中央工作计划的意见》、《关于清党问题的建议》和《关于入党条件的意见》等文献，它们反映了列宁对工会工作、对党的思想作风建设和党员队伍建设的关心和重视。

在《列宁全集》第2版中，本卷文献比第1版相应时期的文献增加42篇。在关于俄共（布）第十次代表大会的27篇文献中有新文献12篇，在关于俄共（布）第十次全国代表会议的11篇文献中有新文献7篇。此外，本卷中的《在〈十人纲领〉拥护者会议上的发言的提纲》、《就全俄中央执行委员会关于取消货币税的决定草案向俄共（布）中央政治局提出的建议》、《俄共（布）中央政治局关于坦波夫省的收购工作的决定草案》、《俄共（布）中央政治局关于军队复员问题的决定草案》、《对俄共（布）中央委员会和人民委员会直属财政委员会的决定草案的补充和修改意见》、《关于对待非党工人的态度》（包括信稿及对信稿的补充和修改意见）、《俄共（布）中央关于在格鲁吉亚发生侵犯外国人权益问题的决定草案》、《致全体人民委员及中央统计局局长》等都属新文献。《在全俄工会中央理事会共产党党团会议上关于租让问题的报告》这一组文献中的《讨论时的插话》和《总结发言》是全集第1版所没有的,《留声机片录音讲话》这一组文献中的《非党人员和苏维埃政权》也是全集第1版所没有的。本卷《附录》中的文献全为新文献,《附录》收进了列宁所填写的《俄共(布)第十次代表大会代表登记表》。

在本增订版中,本卷比《列宁全集》第2版相应时期的文献增加1篇,是收入正文的列宁在俄共(布)第十次代表会议上的讲话。

弗·伊·列宁

（1921 年 5 月）

俄共（布）第十次代表大会文献[1]

（1921 年 3 月）

1

开 幕 词

（3 月 8 日）

　　（长时间鼓掌）同志们，俄国共产党第十次代表大会现在开幕。我们又度过了一年，这一年中，无论在国际或国内，都发生了许许多多的事件。如果从国际局势谈起，那么应当指出，我们现在是第一次在这样的条件下开会：现在共产国际已经不只是一句口号，而真正变成了一个强大的组织机构，它在各个先进的资本主义大国里都有了自己的基础，真正的基础。那些在共产国际第二次代表大会[2]上还不过是决议的东西，一年来在德国、法国、意大利这样的国家中已经付诸实现，得到了体现、证实和确认。只举出这三个国家，你们就可以清楚地看到，共产国际在去年夏天莫斯科举行的第二次代表大会以后，已经成为欧洲各先进大国工人运动的事业，不仅如此，它已经成为国际政治中的基本因素。同志们，这是一个巨大的胜利，尽管我们还要经受各种各样的严峻考验，——这是我们决不能够也决不应当忽略的——但是，这个胜利是任何人也夺不走的!

其次,同志们,我们是第一次在这样的条件下召开代表大会的:全世界资本家和帝国主义者所支持的敌军在苏维埃共和国的领土上已经不存在了。由于红军这一年来的胜利,我们才能够第一次在这样的条件下召开党代表大会。三年半的斗争是极端艰苦的,但是敌军在我们的领土上已经不存在了。这一点我们争取到了!当然,我们还远远没有因此而争取到一切,还绝对没有争取到我们应当争取到的东西——真正摆脱帝国主义者的侵犯和干涉。相反,他们对我们采取的战争行动在形式上虽然较少带有军事性质,但在某些方面对我们来说却更严重更危险。在上次党代表大会[3]时,我们就在迎接从战争向和平的转变,并且设法实现这一转变,设法安排好这方面的工作,但是直到现在,这个转变还没有完成。直到现在,我们党还面临着非常困难的任务,这些任务不仅涉及经济计划(在这方面我们犯了不少错误),不仅涉及经济建设的原则,而且涉及我们社会中、我们苏维埃共和国中现有各个阶级之间的关系的原则。阶级关系本身发生了变化,因此这个问题是这次会上大家应当研究和解决的主要问题之一。我想大家都会同意这个看法。

同志们,我们度过了极不平常的一年,我们竟干出了搞党内辩论和争论这种奢侈行为[4]。党处在整个资本主义世界的联合起来的十分强大的敌人的包围之中,又肩负着空前的重担,对于这样的党来说,这种奢侈行为实在令人吃惊!

我不知道你们大家现在对这个问题怎样看。你们是否认为这种奢侈行为同我们的物质财富和精神财富完全相称呢?这要由你们来判断。但是有一点我无论如何必须指出:我们在这次大会上必须提出一点作为我们的口号,作为我们不惜任何代价必须实现的主要目标和任务,这就是我们在经过辩论和争论之后,必须比开始辩论和争论的时候更加坚强。(鼓掌)同志们,你们不会不知道,我们所有的敌人(他们多得数不胜数)在他们那些数不清的外国报刊上,一再重复并扩散我国资产阶级和小资产阶级敌人在苏维埃共和国里散布的流言蜚语,他们说:有辩论就有争执,有争执就有纠纷,有纠纷共产党人就会削弱,所以要抓住时机,趁他们削弱的时候压他们一下!这已经成了我们敌人的口号。对此我们一刻也不应当忘记。现在我们的任务是要表明,不管我们过去容许这种奢侈行为对不对,现在我们都必须摆脱这种状况,也就是说,我们要在党代表大会上,对大家提出来辩论过的数量极多的纲领和各种各样的细微的、极细微的、微乎其微的分歧意见都认真地审查一遍,然后对自己说:不管我们过去辩论得怎样激烈,不管我们曾经争论得怎样面红耳赤,现在我们面对这么多的敌人,在农民国家中实现无产阶级专政这一任务又是这么繁重而艰巨,如果我们只是在形式上比过去团结一致,——大家出席这次代表大会就证明是这样的——那是不够的,我们不仅要在形式上比过去团结一致,而且再也不能有一点派别活动了,不管过去派别活动表现在哪里,表现得怎么样,也要使派别活动完全绝迹。只有这样,我们才能完成我们所面临的巨大任务。我相信,如果我说,我们通过这次大会至少要使党更加巩固、更加一致、更加精诚团结,这一定表达出了你们大家的愿望和坚定的决心!(鼓掌)

2

俄共(布)中央政治工作报告

(3月8日)

同志们,大家当然都知道,中央的政治工作问题是同党的全部工作,同苏维埃机关的全部工作以及革命的整个进程紧紧交织在一起的,因此——至少我认为是这样——就工作报告这个词字面上的确切含义来讲,工作报告是作不出来的。所以我认为我的任务是尽量挑出一些特别重要的事件来谈,这些事件在我看来是这一年来我们工作中和苏维埃政治中的关键问题,是我们所经历的最突出的事件,这些事件能够提出很多的材料,供我们考虑革命进展的原因,所犯错误的意义(我们犯了不少错误)以及对将来的教训。这是因为,尽管报告过去一年的工作是很自然的事,是中央必须做的,而且这件事本身是党所关心的,然而我们所面临的日益展开的斗争任务是这样紧急,这样艰巨,这样困难,这样沉重地压在我们身上,大家都不由自主地密切注意怎样从过去的经历中得出应有的结论,怎样更好地完成我们所关注的当前的和即将面临的任务。

这一年来,在我们的工作的各种关键问题中,最引人注意的并且在我看来我们的大部分错误与之有关的,首先是从战争向和平转变的问题。你们大家一定都记得,至少多数人还记得,三年半以来,我们已经转了好几次,但是一次也没有转成,而且看来现在也还是转不成,因为国际资本主义的切身利益决不会让这个转变获得成功。记得还在 1918 年 4 月,即三年前,我在全俄中央执行委员会的会上曾谈到过我们当时的任务①,这些任务的提出是以国内战争基本结束作为依据的,但实际上那时国内战争还只是刚刚开始。你们都还记得,在上次党代表大会上,我们的一切打算都是以向和平建设转变为基础的,我们估计当时对波兰作出的巨大让步⁵会给我们带来和平。但是波兰资产阶级在 4 月里就发动进攻,他们同各资本主义国家的帝国主义者一样,把我们的爱好和平的态度当做软弱的表现,结果他们吃了大亏,接受了一个对他们比较不利的和约。但是我们也没有能够转到和平建设,我们不得不重新集中精力同波兰作战,之后又集中精力消灭弗兰格尔。正是这些事件决定了报告年度中的工作内容。我们的整个工作又转到军事任务上面去了。

后来,我们终于完全肃清了俄罗斯联邦领土上的敌军,开始从战争向和平转变。

这个转变引起了极大的震动,这是大大超出我们的预料的。无疑这就是我们在所要报告的这一时期中政策上发生许多错误和过失的主要原因之一,我们现在正在为这些错误和过失而吃苦头。我们的军队是在一个已经精疲力竭的国家中创建的,是在经过了几年帝国主义战争之后创建的,现在这支军队要复员,可是运输工具缺乏,运送军队异常困难,加之歉收带来了饥饿,燃料缺乏又在很大程度上造成了运输中断,于是,像我们现在看到的那样,这次复员使我们遇到了很多难题,对这些难题我们原先是估计得非常

① 见本版全集第 34 卷第 223—256 页。——编者注

不足的。许多经济的、社会的和政治的危机，在很大程度上都是从这里产生的。还在去年年底，我就已经指出：来年春天的主要困难之一，将是军队复员引起的困难。在 12 月 30 日的大辩论①中，我也指出过这一点，这次辩论大概你们中间很多人都是参加了的。我应当指出，当时我们对这些困难的严重程度还是看不清楚的；我们既没有看出复员在技术上会有多么大的困难，也没有看出先后被帝国主义战争和国内战争弄得疲惫不堪的苏维埃共和国所遭受的种种灾难在复员时会加剧到什么程度。在某种程度上也可以说，正是复员才使这些灾难更加暴露出来。几年来，国家对战争全力以赴，把一切用于战争，不惜拿出最后的一点物资，最后的一点有限的储备和资源。直到战争结束，我们才看出国家已经破坏和贫困到了多么严重的程度，这种状况使我们不得不在今后一个长时期内专门来医治创伤。即使是医治创伤，我们也还不能全力以赴。军队复员的技术困难，在很大程度上暴露了经济破坏的深重，这种严重的破坏除了造成其他困难之外，还引起了一系列不可避免的经济危机和社会危机。战争使我们，使我们整个国家，使千千万万人只习惯于完成军事任务。而军事任务完成之后，军队的大部分人遇到了极其恶劣的情况，在农村中遇到了难于置信的困难，这一危机和总的危机使他们得不到劳动的机会，结果出现了一种介于战争与和平之间的局面。从目前的形势来看，和平仍然无从谈起。正是军队的复员、国内战争的结束表明，我们还无法集中力量进行和平建设，因为复员使战争在继续进行，只是改换了形式。几万、几十万士兵早已只习惯于打仗，把打仗几乎当成了唯一的职

① 见本版全集第 40 卷第 215—216 页。——编者注

业,现在复员回到家乡,他们一贫如洗,生活艰难,自己的劳动用不上,结果我们被卷进了一场新形式的战争,新类型的战争。这种形式的战争简言之就是盗匪活动。

毫无疑问,中央的错误是没有估计到复员会引起这么大的困难。当然,应当说明,要进行这样的估计,当时不可能有什么依据,因为国内战争是这样艰苦,唯一的准则是一切为了国内战争前线的胜利——只有这一条。正是由于遵守了这一准则,并且由于红军在反对高尔察克、尤登尼奇等等的斗争中竭尽了全部力量,我们才能战胜入侵苏维埃俄国的帝国主义者。

谈了这种造成许多错误、使危机加剧的基本情况以后,我想谈一谈在党的工作中和整个无产阶级的斗争中暴露出来的问题:在估计和计划方面存在着许多更为严重的不符合实际情况的现象和失误——不仅计划方面有失误,而且在确定我们这个阶级同其他阶级的关系方面也有失误,而我们这个阶级是必须通过同这些阶级的合作,有时也要通过同它们的斗争来决定共和国的命运的。根据这一点,我们应当总结过去的工作,谈谈政治经验,谈谈作为政治领导的中央委员会应当弄清楚并且应当努力向全党说清楚的事情。这里指的就是我们对波战争的情况以及粮食和燃料等等各种各样的问题。我们在进攻时推进得太快了,几乎打进华沙,这无疑是犯了错误。我现在不来分析这是战略错误还是政治错误,因为这样做就离题太远了,我想这是将来的历史学家的事情,现在人们必须继续艰苦斗争,抗击一切敌人,还顾不上研究历史。但是错误毕竟犯了,犯这个错误是由于我们过高地估计了自己力量的优势。这种力量的优势在多大程度上来源于经济状况,在多大程度上来源于爱国主义感情(对波战争甚至激起了那些完全非无产阶级的、丝毫不同情共产主义的、不是无条件拥护无产阶级专政的、有时应当说是根本不拥护无产阶级专政的小资产阶级分子的爱国主义感情），这个问题分析起来就太复杂了。但事实是：在对波战争中，我们犯了一定的错误。

拿粮食方面的工作来看，我们也会发现类似的错误。在报告年度中，余粮收集制的执行情况比上一年好得多。本年度收集的粮食已经超过 25 000 万普特。据统计，到 2 月 1 日止，已经收集到 23 500 万普特，而上一年度全年才收集了 21 000 万普特，就是说，本年度花少得多的时间收集到的粮食，已经超过了上一年度全年收集的粮食。然而，在到 2 月 1 日为止收集来的 23 500 万普特粮食中，上半年就消耗了近 15 500 万普特，就是说，平均每月消耗 2 500 万普特甚至更多一些。毫无疑问，总的说来我们应当承认，我们在粮食情况比上一年好的时候，没有能够合理地进行分配。我们没有能够正确地估计到开春时出现的危机的全部严重性，而是很自然地一心想增加挨饿的工人的配给额。当然这里也应当指出，我们没有进行计算的依据。在一切资本主义国家里，尽管存在着无政府状态，存在着资本主义所固有的混乱状态，它们在制定经济计划时，却有几十年的经验可作依据，各个经济制度相同、只是具体情况有些差别的资本主义国家，都可以参考这种经验。从这种参考中可以得出真正科学的规律，得出一定的规律性和常规。但是这种可供计算参考的经验我们一点也没有，而且也不可能有；因此很自然，当战争结束后我们终于能够给挨饿的居民多分配一些东西的时候，我们一下子还掌握不好分寸。显然，当时我们应当控制配给额的增加，节省出一定数量的后备粮来应付今春的困难的日子。现在，困难的日子果然到来了。我们当时没有这样做，结果又犯了我们整个工作中常犯的错误。这种错误说明,由于从战争向和平转变,我们面临的问题和困难很多,而要解决这些问题和困难,我们既缺乏经验,又缺乏准备,缺乏必要的资料,结果就使危机大大加重、加剧和恶化起来。

燃料方面显然也有类似的情况。燃料是经济建设的根本问题。从战争向和平转变,向经济建设转变,即上次党代表大会上谈到的、并且是报告年度内整个政策所最关心和注意的事情,自然不能不以对燃料产量的估计以及燃料的合理分配作为基础。否则,不论克服困难也好,恢复工业也好,都无从谈起。在这方面,我们的情况比上一年好,这是很明显的。过去我们同产煤区和产油区断了联系。红军节节胜利,我们得到了煤和石油。燃料毕竟是增加了。我们知道,在报告年度内,我们的燃料比过去多了。但是在燃料增加的情况下,我们又犯了错误,一下子把燃料大量分配出去,把燃料用光了,以致在一切工作纳入正轨之前,我们就遇到了燃料危机。关于所有这些问题,你们会在这里听到专门的报告。至于有关这个问题的全部材料,我现在不可能向你们提供,甚至讲讲大概的情况也不可能。但是不管怎样,考虑到过去的经验,我们应当指出,这个错误是同我们对情况的错误估计以及从战争向和平转变得太快有关的。事实上,这个转变实现起来比我们想象的要慢得多。准备时间要长得多,速度要慢得多——这就是我们在这一年中得来的教训,全党应当牢牢记住这个教训,以便确定我们来年的基本任务,并且避免今后再犯类似的错误。

同时应当指出,歉收无疑使这些错误、特别是由这些错误造成的危机更加严重了。虽然我说过,在报告年度内,粮食工作使我们的粮食大大增加,但是必须说明,危机的主要根源之一也正是在这里。由于歉收,饲料极为缺乏,牲畜死亡,农民经济破产,因此,征粮便集中在余粮不多的地区。共和国的各个边疆地区,如西伯利亚、北高加索等地,余粮要多得多,然而这些地方的苏维埃机关极不完善,苏维埃政权不太巩固,运输也非常困难。因此,我们只得在收成最差的省份多收集一些粮食,结果就使农民经济的危机特别严重起来。

这里我们又清楚地看到,我们缺乏应有的正确估计。但另一方面,由于我们的处境非常窘迫,我们毫无选择的余地。一个国家遭受了带来严重破坏的帝国主义战争之后又碰到连年国内战争,当然只有把一切力量都用于前线,否则便不能生存。像我们这样一个遭到严重破坏的国家,只能向农民收集余粮,甚至不给他们任何其他产品作补偿。为了拯救国家,拯救军队,拯救工农政权,当时必须这样做。我们对农民说:"当然,你们是在贷粮给工农国家,但是不这样做,你们就不能把自己的国家从地主和资本家手中拯救出来。"当帝国主义者和资本家把战争强加在我们身上时,我们不能不这样做。我们毫无选择的余地。而这些情况就使得我国的农民经济在连年战争之后凋敝不堪;由于播种面积缩减、生产资料损毁、单位面积产量减少、劳动力缺乏等等,必然出现歉收。歉收的情况非常严重,因此,虽然收集余粮的情况比我们预料的要好,但是随之而来的是危机加剧,它可能使我们在最近几个月内遇到更大的困难和灾难。我们在分析报告年度的政治经验和考虑新的一年应当提出什么政治任务的时候,必须认真估计到这些情况。报告年度留给下一年的,依然是这样一些亟待解决的任务。

现在我要谈谈另一个问题,完全属于另一方面的问题,那就是占去了党许多时间的关于工会的辩论。这个问题今天我已经提到过了,当然,我只能谨慎地说,你们中间很多人恐怕都认为进行这场辩论是一种过分的奢侈行为①。至于我个人,还不能不添上一句:在我看来,这种奢侈行为确实是完全不能容许的;我们进行这场辩论,无疑是犯了错误,我们没有认识到,我们在这场辩论中把根据客观条件不应占首要地位的问题,放到了首要地位;我们搞起这种奢侈行为,却没有认识到,我们因此而大大转移了对紧要的、严重的、迫在眉睫的危机问题的注意力。这场辩论花费了好几个月的时间,并且几乎使在座的大多数人都感到厌烦了,但是实际结果怎样呢?关于这个问题,你们会听到专门的报告,不过我想在我的工作报告中请你们注意一点,就是这里无疑也用得上"因祸得福"这句谚语。

可惜祸显得多了一点,福少了一点。(笑声)但是,福还是有的:我们虽然损失了时间,虽然使党内同志转移了对同包围我们的小资产阶级自发势力作斗争这一迫切任务的注意力,但是却学会了认识某些我们过去从未发现的相互关系。福就在于党在这场斗争中不能不学到一点东西。虽然我们都知道,作为执政党,我们不能不把苏维埃的"上层"和党的"上层"融为一体,现在是这样,将来也是这样,但是,党在这场辩论中得到了某种必须记取的教训。有些纲领,主要得到党的一些"上层"的拥护。这些纲领有时叫做"'工人反对派'⁶的纲领",有时又有别的叫法,事实上它们都带有明显的工团主义倾向。这不是我一个人的意见,而是在座的大多数人的意见。(喊声:"对!")

党在这场辩论中表明自己是非常成熟的,它看到"上层"有些

---

① 见本卷第2—3页。——编者注

动摇，听到"上层"说"我们的意见不一致，请你们来评断一下吧"，它就很快地动员起来解决这个问题，绝大多数最有影响的党组织都很快地向我们反映说："我们有意见，我们要把这些意见告诉你们"。

在这场辩论中，我们收到了大批纲领。纲领实在太多了，拿我来说吧，因为职务关系，应当读一读，但是，我怕我已经犯了错误，因为我没有把它们读完。（笑声）我不知道在座的人是否都有这么多空闲时间来读它们，但是至少应当指出，已经暴露出来的这种工团主义的、在某种程度上甚至是半无政府主义的倾向，提供了很多值得我们思考的材料。几个月来，我们太奢侈了，竟醉心于研究各种细微的分歧意见。而在这时候，军队的复员引起了盗匪活动，加剧了经济危机。这场辩论应当帮助我们懂得：我们这个约有50万党员甚至超过50万党员的党，已经成为一个群众性的党，这是一，第二，它又是一个执政党；而作为一个群众性的党，党外所发生的一些事情也就多少会反映到党内来。懂得这一点，是非常非常重要的。

有一点工团主义的或者半无政府主义的倾向并不可怕，因为党很快就会觉察到并且会坚决加以纠正。但是，如果这种倾向是由农民在国内占绝大多数这种情况造成的，如果这些农民对无产阶级专政日益不满，农民经济的危机极端严重，农民军队的复员抛出了千千万万疲惫不堪的士兵，使这些只习惯于打仗、以打仗为职业的人无事可做，从而引起盗匪活动，那么，在这种时候就不应该争论理论倾向问题了。我们应当在代表大会上直截了当地说，我们不容许再争论倾向问题了，我们必须结束这方面的争论。党代表大会是能够而且应当做到这一点的，党代表大会应当从这件事中吸取应有的教训,把它补充到中央的政治工作报告里去,把它确定下来,肯定下来,变成党必须遵守的义务,变成法律。争论的局面变得极其危险,简直构成了对无产阶级专政的威胁。

几个月以前,我曾经对一些在辩论中同我接触过、争论过的同志说:"小心,这种局面威胁到工人阶级的统治和工人阶级的专政!"他们却说:"这是恐吓手段,您是在吓唬我们。"7我曾经不止一次地听到人们对我的意见扣帽子,说我吓唬人。我总是回答他们说,如果我想来吓唬受过种种考验的老革命家,那就太可笑了①。你们只要看看复员困难到了什么程度,那就会相信,这不但不是什么恐吓,甚至也不是争论中所免不了的意气用事,而是十分正确地指出了已经发生的事情,指出了我们需要团结、沉着和纪律;这不但是因为不这样无产阶级的政党便不能齐心协力地工作,而且是因为春季已经产生并且还要产生很多困难,如果没有高度的团结,我们在这种情况下就不能行动。我认为我们毕竟可以从辩论中得出这样两个主要的教训。因此,我觉得必须指出,如果说我们过去太奢侈了,致使全世界都觉得奇怪:一个党在殊死斗争的最困难情况下,而且在发生歉收和危机的条件下,在遭到经济破坏和军队复员的条件下,竟然用尽心思去研究各种纲领的细枝末节,那么现在我们应当从这些教训中得出一个政治结论,应当不仅得出关于各种错误的结论,而且得出关于阶级关系、工人阶级和农民的关系的政治结论。这种关系并不像我们想象的那样。这种关系要求无产阶级大大加强团结和集中力量,在无产阶级专政下,这种关系所包含的危险性比邓尼金、高尔察克和尤登尼奇之流合在一起还要大

---

① 见本版全集第 40 卷第 258—259 页。——编者注

许多倍。在这个问题上,任何人都必须有清楚的认识,否则就会产生严重的后果!这种小资产阶级自发势力所造成的困难是很大的,克服这种困难,需要紧密的团结——而且不只是形式上的团结——需要齐心协力的工作,需要统一的意志;因为只有在无产阶级群众具有这样的意志时,无产阶级才能在一个农民国家中实现自己艰巨的专政任务和领导任务。

西欧各国的援助正在到来,但是来得不那么快。它正在到来,正在不断增加。

我在上午的会议上已经指出,共产国际第二次代表大会的召开是我们所要报告的时期内最重大的因素之一①,这件事也是同中央的工作有密切关系的。毫无疑问,今天的国际革命比去年前进了一大步。毫无疑问,在去年代表大会召开时,共产国际的存在还只是表现在发表一些宣言,而今天它的存在已经表现为每一个国家都有了独立的政党,并且不仅如此,还是先进的政党,共产主义已经成了整个工人运动的中心问题。在德国、法国和意大利,共产国际不但成了工人运动的中心,而且成了这些国家整个政治生活令人注意的中心。去年秋天,只要一拿起德国或法国的报纸,就会看到上面满篇都在谈论莫斯科和布尔什维克,就会看到他们给我们加了各种各样的形容词,把布尔什维克和加入第三国际的21项条件[8]变成了本国整个政治生活的中心问题。这是我们的胜利,这是任何人也夺不走的!这表明国际革命在发展,同时欧洲的经济危机在加剧。但是不管怎样,如果我们据此断定欧洲在短期内会用扎实的无产阶级革命来援助我们,那简直是疯了,我相信在这

---

① 见本卷第1页。——编者注

个大厅里不会有这样的人。三年来,我们已经逐渐懂得:寄希望于国际革命,并不是指望它在一定期限内爆发,现在发展的速度正在不断加快,到春天可能会引起革命,但也可能不引起。因此,我们要善于使我们的工作同国内外的阶级关系相适应,以便能长期保持无产阶级专政,消除(哪怕是逐渐消除)我们遭受的一切灾难和危机。只有这样提出问题,才是正确的,清醒的。

现在我谈另一个问题,这个问题同中央本年的工作有关,并且同我们面临的任务有密切的关系。这就是对外关系问题。

在党的第九次代表大会以前,我们曾经全力争取改变我们同资本主义国家的关系,力争从战争关系变为和平的和贸易的关系。为此,我们采取了各种外交步骤,并且也确实战胜了那些大外交家。例如,美国的或是国际联盟[9]的代表,曾经向我们提出一些条件,要求我们停止对邓尼金和高尔察克的军事行动,他们以为这样就会使我们陷于困境。但实际上,陷于困境的是他们自己,而我们却在外交上取得了巨大的胜利。结果,他们出了丑,不得不收回自己的条件,后来全世界所有的外交文献和报纸都揭露了这件事。但仅仅是外交上的胜利,对我们来说是太不够了。我们需要真正的贸易关系,而不只是外交上的胜利。贸易关系只是这一年来才有了一些发展。同英国建立贸易关系的问题已经提出来了。从去年夏天起,这个问题成了中心问题。可是对波战争使我们根本顾不上这个问题了。英国本来已经打算签订贸易协定。英国资产阶级希望签订这种协定,但是英国的宫廷人士不愿意,并且从中作梗,而对波战争又拖延了协定的签订。结果问题到现在还没有得到解决。

今天报纸上好像有消息说,克拉辛在伦敦向报界透露,他期待很快签订通商条约[10]。我不知道这个希望是否完全有把握能够实现。我不敢说究竟如何,但是我应当指出,中央委员会对这个问题是很重视的,并且认为我们作些让步以求得同英国达成贸易协定的做法是正确的。这并不是因为我们会从英国比从别的国家得到更多的东西,英国在这方面并不像德国和美国那样先进。英国是个殖民国家,亚洲政局对它的利害关系极大,苏维埃政权在一些离英国殖民地不远的国家中所取得的成就有时也使英国极为敏感。这就决定了我们同英国的关系特别不可靠。这种状况是由于错综复杂的客观原因造成的,苏维埃外交家的任何外交艺术也无济于事。但是同英国的通商条约对我们来说是重要的,因为同美国签订条约的可能性正在出现,而美国的生产潜力要大得多。

同这个问题有关的是租让问题。一年来我们对这个问题比以前注意多了。11月23日人民委员会公布了一项法令,用外国资本家最容易接受的方式阐明了租让问题。当时党内有人对这个问题产生过一些误解,或者说,是对它不完全理解,因此我们召开了几次负责工作人员的会议来讨论这个问题。总的说来,它没有引起什么意见分歧,尽管我们听到工人和农民有不少抗议。他们说:"才赶走了本国的资本家,现在却想把外国的资本家请进来。"这种抗议究竟有多少是不自觉的,有多少是反映了非党人士中的富农以至资本家的想法——他们认为,他们才有合法权利在俄国当资本家,并且当掌握政权的资本家,而不应当招来这些不掌握政权的外国资本——这两种情况分别起着多大作用,中央固然没有任何相应的统计材料,世界上的任何统计也未必能把这些情况统计清楚。但是,我们公布这项法令,毕竟在建立租让关系上是前进了一步。应当指出,我们在实践上——这一点决不能忘记——连一个租让项目也还没有搞成。我们还在争论是否应当尽力设法实行租让。但是,能不能实行租让并不取决于我们的争论和决定,而取决于国际资本。今年2月1日,人民委员会又通过了一项关于租让问题的决定[11]。其中第一条规定:"原则上赞同在格罗兹尼和巴库以及其他正在开采的油田提供石油租让,并开始谈判,谈判要加速进行。"

这个问题不能不引起一些争论。有些同志认为把格罗兹尼和巴库的一部分油田租让出去是错误的,会引起工人的反对。大多数中央委员和我个人却认为这种抱怨也许是不必要的。

大多数中央委员和我个人都认为这种租让是必要的,希望你们以自己的威信来支持这种观点。对我们来说,同其他先进国家的国家托拉斯实行这种联合,是十分必要的,因为我国的经济危机十分深重,没有外国的装备和技术援助,我们单靠自己的力量就无法恢复被破坏了的经济。只输入装备是不够的。我们或许可以用更广泛的方式把企业租给最大的帝国主义辛迪加:租出四分之一巴库,四分之一格罗兹尼,以及四分之一我们最好的森林资源,这样来保证我们得到最新的技术装备,建立起必要的基础;另一方面,我们也可以因此得到其余部分所需要的装备。这样,我们就多少(即使是四分之一或一半也好)可以赶上其他国家的现代的、先进的辛迪加。否则我们将处在非常困难的境地,不竭尽一切力量就赶不上他们,任何人只要稍微清醒地观察一下现状,都不会怀疑这一点。我们已经同一些最大的世界托拉斯开始谈判。当然,他们这样做不单纯是为我们效劳,而完全是为了大捞一把。现代资本主义,用一些主张和平的外交家的话来说,就是强盗,就是强盗式的托拉斯,它已经不是从前正常时代的资本主义,因为它现在靠垄断世界市场来攫取百分之几百的利润。当然，这样做我们要付出十分昂贵的代价。但是由于世界革命还没有到来，我们没有别的出路。我们没有别的办法能使我们的技术赶上现代水平。如果某一个危机使世界革命的发展速度变快了，而这场革命在租让期满之前就爆发，那么租让条件就不会像文件规定的那样苛刻了。

1921年2月1日，人民委员会通过了在国外采购1 850万普特煤的决定，因为当时我国的燃料危机已经日益明显。当时已经很清楚，我们不能把黄金储备只是用来购买装备了。装备可以增加我国的煤炭生产，我们从外国订购机器来发展煤炭工业，当然比从国外买煤有利，但危机是这样深重，我们只得放弃这种经济上有利的做法，而采取下策，用资金去买我们本来可以在国内得到的煤。为了购买农民和工人所需要的消费品，我们必须作更大的让步。

现在我想谈谈喀琅施塔得事件[12]。我还没有得到喀琅施塔得方面的最新消息，但是我可以肯定，这一场很快就显露出我们所熟悉的白卫将军们身影的暴动，在最近几天内甚至几小时内就会被平定。这是无可怀疑的。但是，我们必须对这一事件的政治教训和经济教训仔细加以考虑。

这个事件说明了什么呢？它说明政权从布尔什维克手里转到了由各色各样的分子组成的不确定的集团或联盟手里，他们似乎比布尔什维克仅仅稍右一点，甚至也可能稍"左"一点——这些企图在喀琅施塔得夺取政权的政治集团的成分就是这样不确定。当然，你们都知道，白卫将军们在这里也起了很大的作用。这是已经完全证实了的。在喀琅施塔得事件发生以前两个星期，巴黎的报纸就已经发表了喀琅施塔得发生暴动的消息[13]。十分明显，这里有社会革命党人和国外白卫分子在活动，而归根到底这个运动是小资产阶级反革命势力和小资产阶级的无政府主义自发势力造成的。这是一种新的情况。我们必须把这种情况同各种危机联系起来,从政治上慎重地加以考虑,仔细地加以分析。这方面暴露出来的是小资产阶级的即无政府主义的自发势力,它利用自由贸易的口号,无时无刻不在反对无产阶级专政。这种情绪对无产阶级也有很大影响。它影响到莫斯科的一些企业,也影响到外省许多地方的企业。这种小资产阶级反革命势力无疑要比邓尼金、尤登尼奇和高尔察克合起来还要危险,因为在我国,无产阶级占少数,农民已经破产,此外,我们的军队复员提供了数量惊人的暴乱分子。尽管起初喀琅施塔得的水兵和工人所提出的——怎么说好呢——政权变动是很小的,或者说是不大的,他们只是想在贸易自由问题上改变一下布尔什维克的主张,看来变动并不大,口号好像还是"苏维埃政权",而只是稍作改变,或者稍作修正,实际上非党分子却做了白卫分子的垫脚石、跳板和桥梁。这在政治上是必然的。在俄国革命中,我们见过小资产阶级无政府主义分子,同他们斗争了几十年。从1917年2月起,在大革命时期,我们就看到过这些小资产阶级分子在怎样活动,我们还看到小资产阶级的政党都试图声明他们的纲领同布尔什维克的差别很小,只是实现的方法不同而已。我们不仅从十月革命的经验里了解到这一点,而且也从前俄罗斯帝国版图内各个边疆地区、各个地方的经验里了解到这一点,那里的苏维埃政权曾经被其他政权的代表取代过。大家都还记得萨马拉民主委员会[14]吧!他们全都以平等、自由和立宪会议的口号相号召,结果却不止一次地成了向白卫政权过渡的跳板和桥梁。

我们必须从所有这些经验中得出对马克思主义者来说是必然

的理论结论,因为经济状况的恶化在动摇苏维埃政权。整个欧洲的经验已经实际地表明了脚踏两只船的尝试会有什么结果。因此在这方面我们应当指出,政治摩擦是一种莫大的危险。我们应当密切注意这种提出贸易自由口号的小资产阶级反革命势力。贸易自由即使开始时并不像喀琅施塔得暴动那样同白卫分子有十分紧密的联系,但是它还是必然会导致白卫分子的卷土重来,导致资本的胜利、资本的完全复辟。所以,我再说一遍,我们必须清楚地意识到这种政治上的危险性。

这种危险性证明了我在谈到我们关于纲领的争论时所说的话①;我们面对这种危险应当懂得,我们应当不只是在形式上停止党内的争论,这一点我们当然会做到,但是还不够!我们应当记住,我们必须更认真地对待问题。

我们必须懂得,虽然农民经济发生了危机,但是,除了依靠农民经济来帮助城市和乡村,我们没有别的办法生存下去。我们必须记住,资产阶级正在竭力煽动农民反对工人,竭力煽动小资产阶级的无政府主义自发势力利用工人的口号来反对工人,这一切将直接导致推翻无产阶级专政,就是说,导致复辟资本主义,复辟地主和资本家的旧政权。这种政治上的危险性现在是存在的。许多革命都清清楚楚地走过这条道路,我们也经常指出这条道路的危险性。这条道路很清楚地呈现在我们面前。这就要求执政的共产党和无产阶级的革命领导者,决不能采取我们这一年来经常采取的那种态度。这种危险性无疑要求我们更加团结,更守纪律,更能和衷共济地工作。否则我们便不能战胜命运给我们带来的危险。

---

① 见本卷第 11—12 页。——编者注

下面谈一谈经济问题。小资产阶级自发势力提出的贸易自由这一口号说明什么呢？它说明在无产阶级和小农的关系中，还存在一些尚待解决的困难问题和任务。我指的是，在一个无产阶级占少数而小资产阶级占大多数的国家里，当无产阶级革命日益开展的时候，胜利了的无产阶级应当怎样来对待小业主的问题。在这样的国家里，无产阶级的作用就是要领导这些小业主向社会化的、集体的、公社的劳动过渡。这在理论上是毫无疑问的。在我们许多立法文件中都说到了这个过渡，但是我们知道，问题不在于立法文件，而在于实际执行，同时我们知道，只要我们有了实力雄厚的大工业，能够给小生产者好处，使他们实际看到这种大经济的优越性，就能保证实现这一过渡。

凡是对社会革命及其任务深思熟虑过的马克思主义者和一切社会党人，在理论上总是这样提出问题的。而在我国，第一个特点（这个特点我已经谈过，而且在俄国非常突出）就是我国的无产阶级不但是少数，而且是极少数，占大多数的是农民。我们在保卫革命时所处的条件决定了我们完成我们的任务时必然空前困难。实际显示大生产的一切优越性，我们还办不到，因为大生产遭到了破坏，本身很难维持，只有让这些小农忍受牺牲，大生产才能得到恢复。必须振兴工业，但是，要振兴工业就要有燃料，要燃料就要有木柴，要木柴就要靠农民和他们的马匹。在危机深重、饲料缺乏、牲畜大批死亡的情况下，农民不得不把东西贷给苏维埃政权来恢复暂时还不能向他们提供任何东西的大工业。就是这种经济情况造成了巨大的困难，就是这种经济情况迫使我们必须更深入地考虑从战争向和平转变的条件。在战时，我们只能对农民说："必须把东西贷给工农国家，它才能摆脱困境。"此外是没有其他办法的。

当我们把全部注意力集中在恢复经济的时候,我们必须懂得,在大生产彻底胜利和恢复以前,我们面对的是一些为商品流转而生产的小农,小业主,小生产者。而大生产是不可能在旧的基础上恢复起来的,这需要很多年,至少要几十年,在我们这种遭受破坏的情况下,可能还要更长一些的时间。在这以前,我们还要同就是这样的一些小生产者打好多年的交道,因此,自由贸易的口号是必然会提出的。这个口号的危险性不在于它掩饰了白卫分子和孟什维克的意图,而在于它会在农民群众中得到传播,尽管农民群众是仇恨白卫分子的。它所以会得到传播,是因为它符合小生产者生存的经济条件。中央出于这种考虑,对以实物税代替余粮收集制的问题作出了决定,开展了讨论,并且你们今天已经通过决定,同意在代表大会上直接提出这个问题。[15]关于实物税和余粮收集制的立法问题,早在1918年年底我们就提出来了。实物税法在1918年10月30日就通过了[16]。但是,这个向农民征收实物税的法令虽然通过了,却并没有执行。法令公布后的几个月内,我们接着又发布了几个条例,但是法令仍旧没有执行。另一方面,征收农户的余粮是战争环境迫使我们不得不采取的一种办法,这种办法对于农民经济所处的稍为和平的生存条件就不再适合了。农民需要心中有数,需要知道究竟有多少要交出去,有多少可以用来在当地流转。

　　过去我们的全部经济,不论是就整个来说,还是就各个部分来说,都适应战时的条件。考虑到这种条件,我们当时的任务就是必须收集一定数量的粮食,而完全无法顾到这样做对社会流转会有什么影响。现在我们从战争问题转到和平问题上来了,因此对实物税的看法也就不同了:我们不但要从保证国家方面着眼,而且要从保证小农户方面着眼。我们应当了解小农经济自发势力用什么经济形式表露对无产阶级的不满；这种不满已经表露出来，并且在目前的危机中变得愈来愈激烈了。我们在这方面必须尽最大的努力。这是对我们至关重要的事情。应当让农民在当地流转方面有一定的自由，把余粮收集制改为实物税，使小业主可以更好地安排自己的生产，根据税额的多少来确定生产规模的大小。自然，我们知道，在我们目前所处的环境里，这件事做起来是很难的。播种面积、单位面积产量、生产资料都减少了，余粮无疑也减少了，甚至往往根本没有余粮。我们必须考虑这种情况，考虑这种事实。农民为了不让工厂和城市完全挨饿，自己不得不挨一点饿。从全国范围来看，这是完全可以理解的事，但是我们并不指望分散的贫困的农民业主能理解这一点。我们知道，这方面非采取强制手段不可，而破产农民对强制手段的反应十分强烈。别以为这种办法一定能使我们摆脱危机。不过，我们同时还要作最大限度的让步，使小生产者有最好的条件去发挥自己的力量。从前我们适应的是战争任务。现在则要适应和平时期的条件。这个任务已经摆在中央面前，这就是要在无产阶级政权存在的条件下改行实物税，这和实行租让也是有紧密联系的。你们将要对这个任务进行专门的讨论，你们应当特别注意这个问题。无产阶级政权通过租让办法，就能同先进的资本主义国家达成协议，而达成这种协议就能使我国工业得到加强；工业不加强，我们便不能向共产主义制度继续前进；另一方面，在这个过渡时期，在农民占大多数的国家里，我们必须会采取从经济上满足农民要求的办法，采取尽量多的措施来改善农民的经济状况。当我们还没有把他们改造过来的时候，当大机器还没有把他们改造过来的时候，就应当保证他们有经营的自由。我们现在处在一种新旧交替的状态，我们的革命处在资本主义国家的包围中。只要我们还处在这种新旧交替的状态,我们就不得不寻求非常复杂的相互关系的形式。过去我们在战争的重压下,不能集中精力考虑怎样处理无产阶级国家政权(它掌握着已经遭到空前的破坏的大生产)同小农之间在经济上的相互关系,怎样找到同小农共处的形式;而只要小农还是小农,就必须保证小经济有一定的流转体系,否则小农便不能生存。我认为这个问题对苏维埃政权来说,是当前最重要的经济问题和政治问题。我认为这个问题可以对近一年来我们在战争结束后开始向和平状态转变的时期所做的工作,从政治上作出总结。

这个转变带来了极大的困难,小资产阶级自发势力暴露得十分明显,我们必须清醒地看待这种自发势力。我们是从阶级斗争的观点来看待这一系列现象的。无产阶级对小资产阶级的态度问题,是一个困难的问题,在这方面,无产阶级政权要取得胜利,就要采取许多复杂的办法,确切些说,要采取一系列复杂的过渡办法——这一点我们从来没有看错过。1918年底,我们颁布了关于实物税的法令,由此可见,共产党人当时认识到了这个问题,只是由于战争,我们没有能够实行这个法令。在国内战争的环境里,我们不得不采用战时的办法。但是,如果我们由此得出结论,认为只能采用这种办法和态度,那就大错特错了。这必将意味着苏维埃政权和无产阶级专政的垮台。当我们在经济危机的条件下实行向和平转变的时候,应当想到,在拥有大生产的国家里建设无产阶级国家,比在小生产占优势的国家里要容易些。完成这项任务要采取许多办法,我们决不能对这些困难视而不见,也决不能忘记,无产阶级是一回事,小生产又是一回事。我们不能忘记现在还有各种阶级存在,不能忘记小资产阶级的无政府主义反革命势力是导致白卫分子卷土重来的政治跳板。我们必须清醒地正视这个问题,应当认识到,一方面无产阶级政党内部要有高度的团结、沉着和纪律,另一方面在经济上也要有一套办法,这些办法过去只是由于战争而没有能够实行。我们应当承认,实行租让,购买机器和工具来满足农业的需要,这是必要的,这样就能换得粮食,恢复无产阶级同农民的正常关系,保证无产阶级在和平时期的生存。我希望我们以后再来谈谈这个问题。我重复一遍,我认为我们现在讨论的是一个很重要的问题,过去一年,可以说是从战争向和平转变的一年,它向我们提出了极端困难的任务。

最后,我简单讲一讲反对官僚主义的问题,这个问题已经花了我们很多时间。还在去年夏天,这个问题就在中央委员会中提出来了;8月,中央在给各级组织的信中提出了这个问题;9月,在党代表会议上提出了这个问题;最后,在12月举行的苏维埃代表大会上又在更大的范围里提出了这个问题。[17]官僚主义的脓疮无疑是存在的,这是大家公认的,必须同它作有效的斗争。当然,在我们看到的争论中,有些纲领对这个问题的提法至少是轻率的,往往用小资产阶级的观点来看这个问题。最近在非党工人中间显然出现了动荡和不满。从莫斯科举行的一些非党会议上可以清楚地看出,他们把民主、自由变成了推翻苏维埃政权的口号。有很多或者至少有一些"工人反对派"的代表同这种祸害,同这种小资产阶级反革命性作过斗争,他们说:"我们要团结起来同这种祸害作斗争。"他们的确表现得极为团结。"工人反对派"和提出半工团主义纲领的其他派别的人,是否都是如此,我不知道。在这次代表大会上,我们要好好弄清楚这个问题。我们必须懂得同官僚主义作斗争是绝对必要的,这种斗争也像同小资产阶级自发势力作斗争的任务一样复杂。官僚主义在我们国家制度中已经成为这样一种脓疮,以致我们的党纲也提到了它,这是因为它和这种小资产阶级自发势力及其涣散性有联系。只有把劳动者联合起来才能克服这些毛病,劳动者不但应当欢迎工农检查院[18]的法令(难道我们受人欢迎的法令还少吗?),而且应当学会通过工农检查院来行使自己的权利;然而在目前,这种情形不但在乡村中看不到,就是在城市里,甚至在两个首都也看不到! 甚至在那些叫喊反对官僚主义叫喊得最多的地方,往往也不会行使这种权利。对这种情况应当十分注意。

我们常常看到有这样一些人,他们同这种祸害作斗争,他们希望——甚至可能是真诚地希望——帮助无产阶级政党,帮助无产阶级专政,帮助无产阶级运动,然而实际上他们却帮助了小资产阶级的无政府主义自发势力,而这种自发势力在革命中屡次表现出它是无产阶级专政的最危险的敌人。现在——这是今年的基本结论和教训——它又一次表现出它是最危险的敌人,在我们这样的国家里,它最能找到拥护者和支持者,最能改变广大群众的情绪,甚至影响到一部分非党工人。这样就使无产阶级国家的处境非常困难。如果我们不了解这一点,如果我们不吸取这种教训,不把这次代表大会变成在执行经济政策和实现无产阶级的紧密团结方面的一个转折点,那我们最后就会得到这样一句可悲的评语:应当忘记的鸡毛蒜皮的事,一点也没有忘记,应当在这一年的革命中学到的许多重要东西,一点也没有学到。我希望不至于出现这样的情况!(热烈鼓掌)

3

关于俄共(布)中央
政治工作报告的总结发言

(3月9日)

(长时间鼓掌)同志们,本来希望大家讨论中央的政治工作报告会着重对政治工作、政治错误提出批评,提出补充和修正的意见,并且作出政治上的指示。

但是很遗憾,只要你仔细了解一下这里展开的讨论,重新阅读一下讨论中所提出来的主要问题,你就忍不住要问自己:代表大会这样快就结束了这些讨论,是不是因为人们谈论得过于空洞,因为发言的几乎全是一些"工人反对派"的代表呢? 关于中央的政治工作和当前的政治任务,我们究竟听到了些什么呢? 大多数发言人都把自己叫做"工人反对派",这可不是一个闹着玩的称呼! ……在这样的时候,在这样的党内,组织反对派可不是一件闹着玩的事情!

例如柯伦泰同志直截了当地说:"列宁的报告回避了喀琅施塔得事件。"我听到这种话,只能表示惊讶。所有出席代表大会的人都十分清楚——当然,报纸上的报道不能像这里谈的这样坦率——我在这里作的报告,详详细细地谈了喀琅施塔得事件的教训①;如果这

---

① 见本卷第18—20页。——编者注

样指责我也许更恰当些：我在报告中大部分都是谈的今后如何从喀琅施塔得事件中吸取教训，而只有一小部分谈到过去的错误，谈到政治事件以及我们工作中的关键问题，而这些问题，在我看来是决定着我们的政治任务，并且能够帮助我们避免再犯过去的错误的。

关于喀琅施塔得事件的教训，我们在这里究竟听到了些什么呢？

如果有人以反对派的名义出现，把这个反对派叫做"工人"反对派，并且说中央对党的政治领导不正确，那就应当对这些人说：你们应当指出在基本问题上有哪些地方不正确，应当怎样纠正。但是很可惜，关于目前的形势和教训，我们什么也没有听到，连一句话、一个字也没有听到。甚至连我作的结论也没有人在这里谈到。结论很可能不正确，但在代表大会上作报告，正是为了使不正确的地方能够得到纠正。党必须团结，党内不容许有反对派存在——这就是从目前形势中得出的政治结论；而经济的结论，就是不能满足于在实行工人阶级同农民妥协的政策方面已经取得的成绩，要寻找新的方法，运用和检验这些新的方法。我曾具体指出应当怎样做。我说的可能不正确，但是关于这一点，谁也没有说过一句话。有一个发言人，大概是梁赞诺夫吧，他只是这样责备我，说我在发言中提到实物税，似乎是突如其来的，是预先没有经过讨论的。这说得不对。我非常奇怪，一些负责同志怎么会在党的代表大会上说出这样的话来。关于实物税的问题，几个星期以前就在《真理报》上展开讨论了。如果那些喜欢扮演反对派角色并且责备我们不提供进行广泛讨论的机会的同志不愿意参加讨论，那是他们自己的过错。我们同《真理报》编辑部的联系不仅表现在布哈林同志是中央委员会的委员，而且还表现在各种重要问题和重要政治路线从来都经过中央讨论；没有这种讨论，就不可能进行政治工作。实物税的问题是中央提出来进行讨论的。《真理报》发表了文章。但是谁也没有对这些文章作出反应。这表明他们不愿意研究这个问题。而当这些文章发表以后，在莫斯科苏维埃的一次会议上，才有一个人(我不记得是非党人士还是孟什维克)谈到实物税问题，我说：您不了解《真理报》上谈了些什么①。对非党人士作这样的指责比对党员作这样的指责要自然一些。在《真理报》上开展讨论不是偶然的，在代表大会上我们也应当研究这个问题。某些发言人的批评完全不是实事求是的。问题既然曾经提出来讨论过，那就应当参加讨论，否则，这种批评就是毫无根据的。关于政治问题，情况也是这样。我再说一遍，我在报告中注意的只是我们如何从最近的这些事件中作出正确的结论。

我们正面临着严重的威胁，像我说过的那样，小资产阶级反革命势力比邓尼金还要危险②。这一点同志们都不否认。这种反革命势力比较独特的地方，就在于它是一种小资产阶级的、无政府主义的反革命势力。我可以断言，这种小资产阶级的、无政府主义的反革命思想和口号同"工人反对派"的口号是有联系的。正好在这一点上，没有一个发言的人谈到过，虽然发言最多的是"工人反对派"的代表。而柯伦泰同志在代表大会前出版的小册子《工人反对派》，却最明显不过地证实了这一点。也许我应当特别着重谈谈这本小册子，以便向你们说明，为什么我所谈到的那种反革命势力具有无政府主义的、小资产阶级的形式，为什么它的影响这样的巨大和危险，为什么在会上发言的"工人反对派"的代表完全不了解这

---

① 见本版全集第 40 卷第 373 页。——编者注
② 见本卷第 13—14 页。——编者注

种危险性。

为了不至于忘记，我在回答"工人反对派"代表的发言之前先简单地谈一谈另一个问题，就是关于奥新斯基的问题。这位写过不少文章，提出了自己的纲领的同志，在会上发言批评了中央的工作报告。我们本来期待他在代表大会上对一些基本措施提出批评，这对我们是非常重要的。但是他并没有这样做，却说什么萨普龙诺夫被人"甩了出来"，什么由此可以看出，说的是必须团结一致，做的却是另一套，他还对选举两名"工人反对派"的代表参加主席团这件事大肆渲染[19]。我很奇怪，一个非常有名的党的著作家和担任重要职务的工作人员，怎么会去谈论这种意义极小的琐事！奥新斯基的特点，就是他把一切都看成是政治手腕。他甚至把给"工人反对派"两个主席团的名额这件事也看成是政治手腕。

在莫斯科一次党的会议①上，我指出过"工人反对派"已经开始形成，遗憾的是现在我在党代表大会上不得不再一次指出这一点。"工人反对派"在10月和11月间已经闹到在两个房间里开会，闹到成立派别组织的地步。

我们，特别是我，曾不止一次地说过——关于这一点在中央委员会中是没有分歧的——我们的任务是要把"工人反对派"中的健康成分和不健康成分区分开来，因为"工人反对派"的影响有了一定的扩散，使莫斯科的工作受到了损害。11月的代表会议[20]是分两个房间开的，一部分人待在这里，另一部分人待在同一层楼的另一个房间里，那时我也受累，不得不像一个杂役那样从一个房间跑到另一个房间。这是对工作的破坏，是派别活动和分裂的起点。

---

① 见本版全集第40卷第33—34页。——编者注

早在 9 月举行党代表会议[21]的时候,我们就知道,我们的任务是要把健康的成分和不健康的成分分开,因为决不能把这个集团看做是一个健康的集团。有人说我们这里没有充分贯彻民主制,我们说,这话绝对正确。的确,我们这里民主制是贯彻得不充分。但在这方面需要有人帮助和指出应当怎么贯彻。需要的是切实贯彻,而不是一味空谈。我们也吸收了那些自称"工人反对派"的人,即使他们取一个更难听的名称也罢,虽然我认为对于共产党员来说,没有比"工人反对派"这种名称再难听、再丢脸的了。(鼓掌)但是,即使他们想出更难听的名称,我们也还是对自己说,既然这种疾病侵害了一部分工人,那就应当对它特别注意。因此,被奥新斯基同志莫名其妙地说成是我们所犯的过失的地方,应当说正好是我们的功劳。

现在来谈"工人反对派"。你们承认你们是反对派。你们带着柯伦泰同志的题为《工人反对派》的小册子来参加党代表大会。你们把这本小册子的最后校样付印时,就已经知道发生了喀琅施塔得事件,知道小资产阶级反革命势力异常猖獗。在这种时候,你们竟然自称"工人反对派"! 你们不了解,你们这样做要负重大的责任,你们严重地破坏了统一! 你们到底为了什么? 我们要质问你们,要考考你们。

奥新斯基同志是拿这个字眼作为论战的手段的,并且认为我们犯了某种过失或者错误;他和梁赞诺夫一样,把我们对"工人反对派"的政策看成是一种政治手腕。这并不是什么政治手腕,而是中央现在和将来都要执行的政策。只要有不健康的集团,不健康的派别,我们就要对它们加倍注意。

在这个反对派中哪怕有一点健康的成分,我们就应当尽量把健康的成分和不健康的成分区分开来。我们还不能十分有效地反对官僚主义,充分贯彻民主制,因为我们还软弱无力;谁能够在这方面帮助我们,那就应当吸收他,然而,谁要在帮助的幌子下拿出这种小册子来,那就要揭露他,扬弃他!

现在在党代表大会上来作这种扬弃是比较容易的。这一病态集团中有人已被选进了主席团,现在他们已经不敢再抱怨,再哭诉了,这些"可怜的"、"受欺侮的"、"被流放的"人……　现在请你们到讲台上来回答吧!你们比谁都说得多……　现在我们来看看,在这种连你们自己都承认比邓尼金还可怕的危险逼近我们的时候,你们送给了我们一些什么东西!你们送给我们的是些什么?你们提出了一些什么批评?这场考试现在必须进行,并且我认为这是最后一次了。够了,决不能再这样戏弄党了!谁带着这样的小册子来出席代表大会,谁就是在戏弄党。当成千上万变了质的战斗队员正在破坏、危害经济的时候,决不能这样戏弄,决不能这样对待党,决不能这样行动。必须认识到这一点,必须停止这种做法!

关于主席团的选举和"工人反对派"的性质先谈这些,下面请大家看看柯伦泰同志的小册子。这本小册子的确值得你们注意,它总结了这一反对派几个月来所进行的工作,或者说所进行的分裂活动。似乎有一位从萨马拉来的同志在会上指出,说我用"行政手段"给"工人反对派"扣上了工团主义的帽子。在这件事上根本扯不上行政手段,应当看看是什么样的问题需要用行政手段解决。米洛诺夫同志本想用这种字眼来耸人听闻,但是结果很荒唐,竟说我用"行政手段"扣帽子。我不止一次地说过,施略普尼柯夫同志等人在各种会议上责备我,说我用"工团主义"这个字眼"吓唬"人。在一次辩论中,大概是在矿工代表大会[22]上吧,当施略普尼柯夫同志提到这一点时，我就问他："您想欺骗哪一个成年人呢？"[1]我和施略普尼柯夫同志认识好多年了，还在做地下工作和侨居国外的时候，我们就认识了。怎么能够说我对某些偏向的评论是吓唬人呢！我谈到"工人反对派"的纲领，说它是错误的，是工团主义，但这同行政手段有什么相干呢?！柯伦泰同志为什么要说我是随便乱用"工团主义"这个字眼呢？这样说，得有点证据才行。我准备承认我的论据不正确，而柯伦泰同志的论断要可靠些，我准备相信这一点。但是必须有证明，哪怕是很小的证明也行。不能只是说什么恐吓手段或行政手段（很遗憾，由于职务关系，我采用的行政手段是很多的），而要针对我对"工人反对派"的工团主义倾向的责难准确地提出反驳。

我是向全党提出这种责难的，我这样做是负责的，我的意见已经印成了小册子，一共印了25万册，大家都已经看过了[2]。显然，所有的同志都是为参加这次代表大会作了准备的，大家应当知道，工团主义倾向也就是无政府主义倾向，躲藏在无产阶级背后的"工人反对派"也就是小资产阶级的、无政府主义的自发势力。

这种自发势力正在渗透到广大群众中去，这是很明显的，党代表大会也说明了这一点。这种自发势力正在得逞，柯伦泰同志的小册子和施略普尼柯夫同志的提纲都证实了这一点。因此，只是像施略普尼柯夫同志往常那样谈论自己的真正无产阶级的性质，那是搪塞不过去的。

柯伦泰同志在小册子的开头写道（我们在第一页上就可以读到）："加入反对派的是按阶级组织起来的无产者即共产党人的先

---

① 见本版全集第40卷第258—263页。——编者注
② 同上书，第266—309页。——编者注

进部分。"在矿工代表大会上,有一位从西伯利亚来的代表曾经指出,他们那里也产生了与莫斯科同样的问题,柯伦泰同志在她的小册子中也提到了这件事:

"在矿工代表大会上,有一位西伯利亚的代表说:'莫斯科在工会作用问题上的分歧和辩论,我们并不了解,但是你们面临的这些问题也正是我们所关切的问题。'"

接着她写道:

"无产阶级群众是拥护工人反对派的,或者确切些说,工人反对派是我们工业无产阶级中实现了阶级团结、具有阶级觉悟、阶级意志坚定的部分。"

谢谢上帝,我们这才知道柯伦泰和施略普尼柯夫两位同志是"实现了阶级团结、具有阶级觉悟"的人。但是,同志们,当你们这样说,这样写的时候,也应当有一点分寸吧! 在这本小册子的第 25 页上,柯伦泰同志写道(这是"工人反对派"提纲中的要点之一):

"国民经济的管理应当由联合在各种产业工会中的生产者的全俄代表大会来组织,应当由他们选出中央机关来管理共和国的整个国民经济。"

这就是我在历次辩论中和报刊上都引用过的"工人反对派"的一个论点。应当说,我读了这条以后,就不必再读其他各条了,否则就是浪费时间,因为读了提纲的这一条以后就已经清楚:人们已经把话说透了,这是一种小资产阶级的、无政府主义的自发势力。现在,在喀琅施塔得事件发生以后,这个论点就更加令人感到奇怪。

夏天我在共产国际第二次代表大会上曾经指出关于共产党作用的决议的意义①。这个决议是一个团结全世界共产主义工人、

---

① 见本版全集第 39 卷第 227—231 页。——编者注

团结全世界共产党的决议。它说明了一切。但这是不是说我们把党和坚决实行专政的整个工人阶级隔离开来呢？一些"左派分子"和很多工团主义者是这样看问题的，并且现在这种看法正到处流行。这种看法正是小资产阶级意识形态的产物。要知道，"工人反对派"的提纲正是直接违背共产国际第二次代表大会关于共产党在实现无产阶级专政中的作用的决议的。这就是工团主义，因为——你们想想看——很明显，我国无产阶级中的很大一部分都丧失了阶级特性，空前的危机和工厂的倒闭，使人们迫于饥饿而到处奔跑，工人干脆丢开了工厂，不得不跑到农村中去找工作，不再成其为工人。难道我们不知道这些情形吗？难道我们没有看到，当工人挨饿，粮食运不来的时候，由于空前的危机，由于国内战争，由于城乡间的正常关系的中断和粮食供应的停止，人们用大工厂制成的某种小产品(如打火机等)来换取粮食吗？难道我们在乌克兰没有看到过这种情况吗？难道我们在俄罗斯没有看到过这种情况吗？这一切都从经济上使无产阶级丧失阶级特性，同时也必然会诱发小资产阶级的无政府主义的倾向。

我们在经受了这些灾难，实际看到了这些情况以后，就知道同它们进行斗争是多么艰巨。在苏维埃政权建立两年半以后，我们在共产国际的会议上向全世界宣布说，不通过共产党就不可能实现无产阶级专政。当时无政府主义者和工团主义者疯狂地咒骂过我们，他们说："看！他们竟认为必须有共产党才能实现无产阶级专政"[23]。但我们对整个共产国际就是这样说的。而在这以后，又来了一些"具有阶级觉悟、实现了阶级团结的"人，他们说："国民经济的管理应当由全俄生产者代表大会来组织"(见柯伦泰同志的小册子)。"全俄生产者代表大会"是什么东西呢？我们是否还要为党内的这种反对派浪费时间呢？我认为这一点是争论得够多的了！在这本小册子中和"工人反对派"的发言里充斥着关于言论自由和批评自由的种种议论，这几乎成了他们的空洞无物的发言的全部内容，他们讲来讲去就是那么几句。同志们，不应当只谈用了些什么字眼，还应当谈谈这些字眼有些什么含义。"批评自由"这样的字眼是欺骗不了我们的！有人指出党内出现了害病的症候，我们说，这种意见值得加倍注意，因为确实害了病。让我们一起来医治这种疾病吧。请你们谈一下，你们怎样才能治好这种疾病。我们花费在辩论上的时间已经够多了，因此我必须指出，现在"用步枪来辩论"要比用反对派提出的提纲来辩论好得多。同志们，现在不应当有反对派，现在不是时候！不管怎么说，现在需要的是步枪，而不是反对派。这是客观情况造成的，没有什么可以抱怨的。我认为党代表大会将作出这样的结论，将作出结论说，现在反对派应当结束了，应当收场了，我们已经受够了！（鼓掌）

这个集团早就有了自由批评的权利。现在我们要在党代表大会上问一问：你们批评的结果怎样？你们批评的内容是什么？你们的批评使党学到了一些什么？你们中间有一些人比较接近群众，接近真正实现阶级团结和阶级意识成熟的群众，我们准备吸收他们来参加工作。如果奥新斯基同志把这种做法看成是政治手腕，那他一定会孤立，因为其他的人都会把这看成是对党员的适当的帮助。对于那些真正生活在工人群众中间、对工人群众有深刻的了解、富有经验并且能够向中央提出自己意见的人，我们必须给予真正的帮助。只要他们对工作有所帮助，只要他们不扮演反对派的角色，不坚持派别活动而只是向我们提供帮助，那随便他们怎样称呼自己都可以。但是，如果他们要继续扮演反对派的角色，党就要把他们开除出去。

柯伦泰同志在她的小册子的同一页上用黑体字写道:"不信任工人阶级(当然不是在政治方面,而是在该阶级的经济管理的创造才能方面)——这是我们上层领导人签署的提纲的全部实质。"这意思是说他们才是真正的"工人"反对派。在小册子的第 36 页上,这个思想表述得更清楚:

> "'工人反对派'不应当而且也不可能让步。但这并不是号召分裂……"
> "不,它的任务不是这个。即使在代表大会上遭到失败,它也要留在党内,始终坚持自己的观点,以便挽救党和纠正党的路线。"

"即使在代表大会上遭到失败"——你们看,真是有预见性!(笑声)但是对不起,我个人可以肯定地说,党代表大会决不会允许这样做!(鼓掌)每一个人都有权利纠正党的路线。你们已经得到了这样做的一切机会。

在党代表大会上提出了一个要求:不要有丝毫疑虑,不要以为我们要把什么人开除出去。在贯彻民主制方面给予的任何帮助我们都欢迎。但是,当人民遭受苦难的时候,光是靠空谈,民主制是贯彻不了的。凡是愿意帮助我们的事业的人,都一定会受到我们的欢迎,但要是有人说:"决不让步",要留在党内来挽救党,那也可以,只要还叫你们留在党内的话!(鼓掌)

在这方面我们丝毫不能含糊。凡是有助于同官僚主义作斗争的工作,有助于维护民主制的工作,有助于加强同真正的工人群众联系的工作,都是绝对需要的。在这方面我们可以而且应当"让步"。尽管他们对我们说,他们决不让步。但是我们要一再说:我们可以让步。这完全不是让步,这是对工人政党的帮助。这样,我们就可以把"工人反对派"中一切健康的和无产阶级的成分都吸收到党的方面来,只把那些"具有阶级觉悟"的发表工团主义言论的人留在一边。(鼓掌)在莫斯科已经开始这样做了。莫斯科的11月省代表会议在结束时分别在两个房间里开会,在这个房间里是一伙人,在另一个房间里是另一伙人。这是分裂的前奏。最近一次莫斯科代表会议指出:"我们要从'工人反对派'中争取过来的是我们需要的人,而不是他们需要的人",因为我们需要那些同工人群众有联系的人的帮助,他们可以实际地教会我们同官僚主义作斗争。这是一项艰巨的任务。我认为,党代表大会应当考虑莫斯科人的这个经验,并且进行考试,不仅在这个问题上,而且在议程所规定的所有问题上进行考试。总之,应当对那些说"决不让步"的人指出,"党是可以让步的",因为我们需要同心协力地进行工作。我们用这种政策就能把"工人反对派"中的健康成分和不健康的成分区分开来,就能使党得到巩固。

你们看,这里有人说,应当由"全俄生产者代表大会"来管理生产。我真不知道该用什么话来形容这种荒谬绝伦的想法,但是我很放心,因为这里的党的工作人员,同时也都是苏维埃的工作人员,他们都做过一年、两年或者三年的革命工作。用不着在他们面前批判这种说法。他们一听到这种言论,就停止了讨论,因为谈论由"全俄生产者代表大会"来管理国民经济,没有什么意思,是不严肃的。在一个已经夺得了政权、但还根本没有着手工作的国家里,也许可以这样提出来。但是我们已经着手工作。我们在那本小册子的第33页上读到的下面一段话也是很有意思的:

　　　"'工人反对派'并没有愚蠢到这种地步,甚至不考虑技术和受过技术训练的力量的巨大作用……""它并没有打算在生产者代表大会选出管理国民经济的机关后,就去解散各个国民经济委员会、总管理局和中央管理局。不,它只是要让这些必不可少的技术上有价值的中央管理局服从它的领导,并且向它们提出理论上的任务,像过去厂主利用技术专家的力量那样来利用它们。"

总之,柯伦泰同志和施略普尼柯夫同志以及追随他们的"实现了阶级团结"的人们……要使各个国民经济委员会、总管理局和中央管理局,即李可夫们、诺根们和其他一些"无名之辈"全都服从他们的必不可少的领导,他们还要向这些机构提出理论上的任务!同志们,对这些话难道能够当真吗?既然你们有一些"理论上的任务",那你们为什么过去不提出来呢?我们宣布辩论自由为的是什么呢?我们并不是只为了交换空话才宣布的。在战争时期我们说过:"我们顾不上批评,弗兰格尔正虎视眈眈,如果我们犯了错误,那我们就用打击弗兰格尔来纠正错误。"我们一结束战争,就有人向我们大叫道:"给我们辩论自由!"我们问:"你们说,我们犯了什么错误?"他们说:"不必解散国民经济委员会和总管理局,应当向它们提出理论上的任务。"为什么基谢廖夫同志作为一个"实现了阶级团结的""工人反对派"的代表,在矿工代表大会上十分孤立?为什么他在领导纺织企业总管理委员会的时候,没有教会我们同官僚作斗争呢?为什么施略普尼柯夫同志和柯伦泰同志在他们当人民委员的时候,没有教会我们同官僚主义作斗争呢?我们自己知道,我们这里确有官僚主义的脓包,我们同这些官僚机构打交道最多,因而深受其害。我们可以签发一纸公文,但是怎样在实际工作中加以贯彻呢?官僚机构这样庞大,我们怎样进行检查呢?你们知道怎样减少这种机构,那么亲爱的同志们,请教给我们吧!你们希望辩论,但是你们除了泛泛而论,什么也没有提出来。你们说:"专家欺压工人,工人在劳动共和国中过着苦役般的生活。"这纯粹是煽动！

　　同志们，我恳切地请求你们都读一读这本小册子！除了柯伦泰同志这本题为《工人反对派》的小册子外，再也没有更好的材料可以用来反对"工人反对派"了。你们会看到，这样来看待问题实在是不行的。官僚主义是一个重要而棘手的问题，这我们大家都承认，甚至我们的党纲也提到了这一点。批评总管理局和国民经济委员会很容易，但是，当你们这样批评的时候，非党工人群众就以为要解散它们！社会革命党人也跟着响应。乌克兰的同志曾经告诉我说，在他们那里的代表会议[24]上左派社会革命党人提出的建议恰恰就是这样的。而喀琅施塔得的决议[25]是怎样的呢？你们不是全都看过吧？告诉你们吧：他们说的也是这样的话。因此，我强调指出了喀琅施塔得事件的危险性，这种危险性就在于它似乎只要求作不大的变动，例如，"让布尔什维克走开"，"我们要对政权稍加修正"——这就是喀琅施塔得分子所希望的。结果，萨文柯夫来到了雷瓦尔，巴黎的报纸在两星期以前就报道了这里的事件，说出现了一位白卫将军。结果就是如此。一切革命都遇到过这样的情况。因此我们说，既然我们遇到这种情况，我们就应当像我在第一次发言中所说的那样，团结起来，用步枪来对付它，无论它在表面上看起来怎样无害。"工人反对派"并没有回答这一点，只是说："我们并不要解散国民经济委员会，而是'要它们服从我们的领导'。""全俄生产者代表大会"竟要国民经济委员会的 71 个总管理局服从它的领导！我要问，他们是不是在开玩笑，对这种人说的话难道可以当真吗？这就是一种小资产阶级的无政府主义的自发势力，它不仅在工人群众中表现出来，而且在我们党内也表现出来，我们无论如何不能容许这种东西存在。我们过去太奢侈了，竟让一些人喋喋不休地说明自己的意见,而我们则一再听取他们的意见。当我在矿工第二次代表大会上同托洛茨基、基谢廖夫两位同志进行争论时,已经很明显地出现了两种看法。①"工人反对派"说:"列宁和托洛茨基将要联合起来。"托洛茨基发言说:"谁不懂得需要联合,谁就是反对党;当然我们是要联合的,因为我们都是党内的人。"我同意他的说法。当然,我同托洛茨基同志有过分歧,但是当中央委员会内形成了一些旗鼓大致相当的派别时,党就得出结论,要求我们按照党的意志和指示联合起来。我和托洛茨基同志就是抱着这样的态度参加了矿工代表大会并且来到这里,而"工人反对派"却说:"我们决不让步,但是我们要留在党内"。不,这是行不通的!(鼓掌)我再说一遍,在反对官僚主义的斗争中,工人对我们的任何帮助——不管他怎么称呼自己,只要他是真心诚意地帮助我们——我们都是非常欢迎的。从这个意义上讲,我们可以"让步"(带引号的让步),不管他们的话说得怎样难听,我们还是要"让步",因为我们知道,工作是多么困难。而解散国民经济委员会和总管理局,我们是不能照办的。有人说我们不信任工人阶级,不让工人参加领导机关,这完全是谎话。工人中只要有多少能够做些行政管理工作的人,我们都要把他们找来,并且乐于使用他们,我们要锻炼他们。如果党不相信工人阶级,不让工人担负重要职务,这样的党是应该打倒的——你们有话就痛痛快快说出来吧!我已经指出,这不符合事实,我们苦于力量不足,凡是稍微能干的人,尤其是工人,只要能给一点帮助,我们都非常欢迎。但是我们现在还没有这种人。因此出现了无政府状态。我们应当支持反官

---

① 见本版全集第40卷第247—257页。——编者注

僚主义的斗争，然而这需要有几十万人。

我们的党纲提出，同官僚主义作斗争的任务是一个特别长期的工作。农民愈分散，中央机关的官僚主义也就愈难避免。

"我们党内不纯"——这样写写是很容易的。你们自己也了解，在有两百万俄国人流亡国外的时候，削弱苏维埃机关意味着什么。他们是在国内战争中被赶出去的。所幸的是，他们现在待在柏林、巴黎、伦敦和其他各国的首都，而没有待在我们的首都。他们所支持的自发势力，也就是那种叫做小生产者、小资产阶级的自发势力。

我们将尽一切可能从下面提拔工人以消除官僚主义，在这方面，任何切实的意见我们都会接受。虽然这里有人用"让步"这个不恰当的字眼来称呼这种做法，但百分之九十九的代表无疑是不会同意这本小册子的说法的，他们会说："不，我们一定要'让步'，一定要把一切健康的成分争取过来"。如果你们比我们更清楚该怎样同官僚主义作斗争，你们就应当同工人在一起，教会他们作这种斗争，而不要发表像施略普尼柯夫那样的言论。这件事是不能等闲视之的。我现在不谈他发言的理论部分，因为他讲的同柯伦泰讲的如出一辙。我现在只谈一谈他所举的那些事实。他说人们把马铃薯放烂了，他还质问为什么不把瞿鲁巴送交法庭审判。

我也提一个问题：施略普尼柯夫发表了这种言论，为什么不把他送交法庭审判呢？我们是在一个有组织的党内严肃地谈论纪律和统一呢，还是在开喀琅施塔得式的会议？这是无政府主义的喀琅施塔得式的言论，而这种言论是应当用步枪来对付的。我们是有组织的党员，我们到这里来开会是为了纠正我们的错误。如果施略普尼柯夫同志认为应当把瞿鲁巴送交法院审判，那施略普尼柯夫作为一个有组织的党员，为什么不向监察委员会提出控诉呢？我们在设立监察委员会时，就这样说过：中央整天忙于行政管理工作，让我们选出一些在工人中享有威信的并且不是整天忙于行政管理工作的人来替中央处理各种申诉吧。这样就提供了开展批评、纠正错误的方法。既然瞿鲁巴做得不对，那为什么不向监察委员会提出控诉，而要施略普尼柯夫跑到代表大会来，在党和共和国的最重要的会议上，对马铃薯烂掉一事提出责难，并且问：为什么不把瞿鲁巴送交法庭审判呢？我要问，难道军事部门没有犯过错误，没有打过败仗，没有损失过辎重和器材吗？是不是也要把这些军事工作人员送交法庭审判呢？施略普尼柯夫同志在这里所说的话连他自己也不会相信，是他无法证明的。我们是烂掉了一些马铃薯。当然，还会有很多错误，因为我们的机关和运输业都还没有整顿好。但是如果有人不是为了纠正错误，而是轻率地，甚至像这里有些同志指出的是幸灾乐祸地提出这种责难，并且要求我们回答为什么不把瞿鲁巴送交法庭审判，那就把我们中央送交法庭审判好了。我们认为，发表这种言论是一种煽动。应当送交法庭审判的，或者是瞿鲁巴和我们，或者是施略普尼柯夫，但这样做工作是不行的。要是一些党员发表的言论也像施略普尼柯夫在这里发表的言论（他在别的会议上也经常发表这样的言论）一样，要是在柯伦泰同志的小册子中，虽然没有指名道姓，但说的也是这个意思，那我们要说：这样做工作是不行的，因为这是一种煽动，而无政府主义的马赫诺分子[26]和喀琅施塔得分子正是靠这种煽动进行活动的。我们两人都是党员，我们都由负责的法庭来裁决，如果瞿鲁巴干了违法的事情，而我们中央却在包庇他，那就请你明确地提出指控，而不要随便乱说，在莫斯科，这种胡言乱语就会不胫而走，明天就传到资产阶级那里去；明天苏维埃机关中的所有的长舌妇就都会双手叉腰、幸灾乐祸地重复你说过的话。如果瞿鲁巴真的像施略普尼柯夫指责的那样，像他要求的那样，应当送交法庭审判，那我肯定地说，对这些话是应当认真地加以考虑的；不能随便提出这种指责。谁要是提出这种指责，我们就要把他开除出党，或者对他说：我们派你到一个省里去管理马铃薯，我们要看看，你那里烂掉的马铃薯是否会比瞿鲁巴所领导的那些省份少。

4

关于工会问题的讲话

（3 月 14 日）

同志们，今天托洛茨基同志同我争论时特别客气，他责备我，或者说称呼我是一个非常谨慎的人。我应当感谢他的这种恭维，但是我没有办法用这个来回敬他，这是很遗憾的。相反，我还要谈谈我这位不谨慎的朋友，并且说明我对那个错误的看法。正是由于这个错误，我浪费了许多时间，正是由于这个错误，直到现在还不得不对工会问题继续进行讨论，而无法讨论更迫切的问题。托洛茨基同志在 1921 年 1 月 29 日的《真理报》上发表了他对工会辩论问题的结论性看法。他在《有分歧，但何必引起混乱？》这篇文章中责备我引起了混乱，怪我提出了谁第一个说"哎！"[27]的问题。但是，这种责备倒是应当完全送还给托洛茨基，因为正是他在诿过于人。他整篇短文的立论是，他提出了工会在生产中的作用问题，而谈论这个问题是必要的。不对，造成分歧并且使分歧变得不正常的不是这个问题。因此，不管在辩论以后再来重复是多么枯燥无味，不管这个问题已经重复过多少次（诚然，我参加辩论的时间只有一个月），但是还必须重复说，引起辩论的并不是这个问题，而是"整刷"这个口号，它是在 11 月 2 日至 6 日的全俄工会第五次代表会议[28]上提出来的。当时，凡是没有忽略鲁祖塔克提出的决议的人(其中包括各中央委员和我在内)都以为,在工会在生产中的作用问题上是找不到分歧的,而三个月的辩论却找到了分歧;这些分歧是发生过的,这些分歧是一种政治错误。托洛茨基同志在大剧院的一次辩论中,曾经当着许多负责工作人员的面责备我,说我破坏辩论。[29]我把这也看做是对我的恭维,我是极力想破坏当时的那种辩论的,因为在艰难的春天就要到来时,这样做是有害的。只有瞎子才看不到这一点。

现在,托洛茨基同志笑我提出谁第一个说"哎!"的问题,并且对我责备他不参加委员会感到奇怪。我所以提出责备,是因为这一点有很大的意义,托洛茨基同志,有非常重大的意义,因为不参加工会问题委员会就是破坏中央委员会的纪律。当托洛茨基谈到这一点的时候,已经不是在争论,而是在动摇党,而是在发泄怨恨了。人们有时会走极端——托洛茨基同志用的是"鬼蜮伎俩"这个字眼。我想起哥尔茨曼同志说过的一句话,现在我不打算再去引用它,因为"鬼蜮"这个词往往会引起一种可怕的感觉,而哥尔茨曼却是个可爱的人,所以这里没有什么"鬼蜮伎俩"可言,而是双方都走了极端,更奇怪的是某些非常可爱的同志也走了极端,这是不应当忘记的。可是,当托洛茨基同志这样一位有威信的人也参加进来的时候,当他在12月25日公开说,代表大会必须在两种趋势之间作出选择的时候,这种话就不可宽恕了! 这种话是一个政治错误,我们必须同它进行斗争。至于有人在这里嘲笑分两个房间开会的做法,这就太幼稚了。我倒想看看有哪个取笑者会说,应当禁止代表在大会期间开小会,免得他们投票分散。说这种话未免过于夸大其词了。托洛茨基同志和运输工会中央委员会[30]犯了政治错误,因为他们提出了而且完全不正确地提出了"整刷"的问题。

这是一个政治错误，而且直到现在还没有得到纠正。关于运输业问题有一项决议[31]。

我们是在谈工会运动以及工人阶级先锋队同无产阶级的关系。我们把某人从负责岗位上调开，这丝毫没有侮辱的意思。这对谁也不是侮辱。如果你犯了错误，代表大会就指出这个错误，并恢复工人阶级先锋队同工人群众之间的相互谅解和相互信任。这就是《十人纲领》[32]的意义。至于纲领中有的地方还可以修改（这一点托洛茨基再三加以强调并且梁赞诺夫又加以发挥），那是无关紧要的。如果有人说在纲领中看不到列宁的手笔，说他没有参与其事，那我要说：如果凡是要我签字的东西，都必须我亲自动手或用电话下达，那我早就要发疯了。我认为，如果运输工会中央委员会犯了错误（谁都可能犯错误），那么为了建立工人阶级先锋队同工人群众之间的相互谅解和相互信任，就必须纠正这个错误。谁要为这个错误辩解，那就会造成政治上的危险。如果我们不利用库图佐夫在这里所代表的情绪在发展民主方面尽可能多做些事情，那我们就会在政治上遭到破产。[33]我们首先必须说服，然后再强制。我们无论如何必须先说服，然后再强制。我们没有能够说服广大群众，于是就破坏了先锋队和群众间的正确的相互关系。

有些人，譬如库图佐夫，有一部分话是实事求是地指出了我们机关中的丑恶的官僚主义现象。我们回答说：对，我们的国家是一个带有官僚主义弊病的国家。我们号召非党工人也来同官僚主义作斗争。我必须在这里指出，应当更好地吸收库图佐夫这样的同志参加这个工作，把他们放到比较负责的岗位上去。这是我们的经验教训。

至于谈到工团主义倾向，只要对施略普尼柯夫稍微谈几句就够了。他认为,在他们纲领上白纸黑字写着的并为柯伦泰所赞同的"全俄生产者代表大会",似乎可以从恩格斯的话得到证明——这真是太可笑了。恩格斯说的是共产主义社会。那时已经没有阶级,只有生产者①。而现在我国有没有阶级呢? 有。现在我国有没有阶级斗争呢? 斗争得非常激烈! 在阶级斗争最激烈的时刻在这里谈"全俄生产者代表大会",这不是必须坚决彻底地加以斥责的工团主义倾向又是什么呢? 由于纲领花样翻新,变幻无常,我们看到,甚至布哈林也在三分之一的人选这个问题上出了毛病。同志们,我们不应当忘记党的历史上出现的这些动摇。

至于现在,既然"工人反对派"主张民主,提出了正当的要求,我们就要尽量同他们接近,而代表大会既然是个代表大会,就必须有一定的选择。你们认为我们同官僚主义斗争得不够,那就请你们帮助我们,靠拢我们,帮助我们进行斗争,但是,你们提出"全俄生产者代表大会"的建议,这就不是马克思主义的观点,不是共产主义的观点了。"工人反对派"依靠梁赞诺夫的努力来曲解党纲。党纲中说:"工会**应当做到**把作为统一经济整体的全部国民经济的全部管理切实地集中在自己手中。"②施略普尼柯夫认为(他照例是夸大其词的),按我们的看法,这要过 25 个世纪以后才会实现。但党纲说的是工会"应当做到",因此,什么时候代表大会说,工会已经做到了,到那个时候这个要求也就实现了。

同志们,现在只要代表大会向全俄无产阶级,向全世界无产阶级宣布,它认为"工人反对派"所提出的建议具有半工团主义倾向,我相信,反对派中一切真正无产阶级的健康的成分就都会跟着我

---

① 参看《马克思恩格斯文集》第 4 卷第 193 页。——编者注
② 见本版全集第 36 卷第 415 页。——编者注

们走,帮助我们恢复群众对我们的信任,恢复因运输工会中央委员会的小错误而被破坏了的信任;我们只有共同努力,才能够巩固和团结我们的队伍,同心协力地投入我们面临的艰苦斗争。只要我们团结一致地、坚决顽强地投入斗争,我们就一定会在这一斗争中取得胜利。(鼓掌)

5

关于以实物税代替余粮收集制的报告

(3 月 15 日)

同志们,关于以实物税代替余粮收集制的问题,首先而且主要是一个政治问题,因为这个问题的本质在于工人阶级如何对待农民。提出这个问题就意味着我们必须对这两个主要阶级之间的关系(这两个阶级之间的斗争或妥协决定着我国整个革命的命运)作新的、也许可以说是更慎重更精确的补充考察,并且作一定的修正。我没有必要来详细论述为什么要作这种修正的问题。你们大家当然都很清楚,好多事件,特别是战争、经济破坏、军队复员以及极端严重的歉收造成的极度贫困引起的事件,好多情况,使得农民处境特别困难、特别紧张,并且不可避免地加剧了农民的动摇,使他们从无产阶级方面倒向资产阶级方面。

现在简单地谈谈这个问题的理论意义,或者说如何从理论上看待这个问题。毫无疑问,在一个小农生产者占人口大多数的国家里,实行社会主义革命必须通过一系列特殊的过渡办法,这些办法在工农业雇佣工人占大多数的发达的资本主义国家里,是完全不需要采用的。在发达的资本主义国家里,有在几十年中形成的农业雇佣工人阶级。只有这样的阶级,才能够在社会上、经济上以及政治上成为直接向社会主义过渡的支柱。只有在这个阶级相当成熟的国家里,才能够从资本主义直接向社会主义过渡,而不需要采用全国性的特殊的过渡办法。我们在许许多多的著作中,在我们所有的讲话中,在所有的报刊上都一再强调说,俄国的情况不同,这里产业工人仅占少数,而小农则占大多数。在俄国这样的国家里,社会主义革命只有具备两个条件才能获得彻底的胜利。第一个条件是及时得到一个或几个先进国家社会主义革命的支援。你们知道,为了争取这个条件,我们做的工作比以往多得多,然而,要使它成为现实,我们所做的还远远不够。

另一个条件,就是实现自己专政的或者说掌握国家政权的无产阶级和大多数农民之间达成妥协。妥协,这是个很广泛的概念,它包含着一系列的措施和过渡办法。这里必须指出,我们应当在我们的全部宣传和鼓动工作中开诚布公地提出问题。有些人把政治理解为略施小计,有时甚至看做和欺骗差不多,这种人在我们当中应当受到最坚决的斥责。必须纠正他们的错误。阶级是欺骗不了的。三年来,为了提高群众的政治觉悟,我们做了很多工作。群众从尖锐的斗争中学到的东西最多。根据我们的世界观,根据我们几十年来的革命经验和我国革命的教训,我们必须直截了当地提出问题:这两个阶级的利益是各不相同的,小农需要的东西同工人需要的不一样。

我们知道,在其他国家的革命还没有到来之前,只有同农民妥协,才能拯救俄国的社会主义革命。在一切会议上,在一切报刊上,都应当直截了当地说明这一点。我们知道,工人和农民之间的这一妥协是不牢固的——这是客气一点说,"客气一点"这几个字不要写进记录。如果说得直率一点,那么这一妥协是相当糟糕的。我们至少不应当设法隐瞒什么,而应当直截了当地说:农民对于我们和他们之间所建立的这种形式的关系是不满意的,他们不要这种形式的关系并且不愿意再这样生活下去。这是不容置辩的。他们的这种意愿表达得已经很明确了。这是广大劳动群众的意愿。我们必须考虑到这一点。我们是十分清醒的政治家,能够直率地说:让我们来修正我们对农民的政策吧。目前的这种状况,再也不能继续下去了。

我们应当对农民说:"你们想要倒退,想要全部恢复私有制和自由贸易,那就必不可免地会再受地主和资本家的统治,许许多多的历史实例和革命实例,都证实了这一点。根据共产主义初步原理或政治经济学初步原理稍作推论,就可以证明这是不可避免的。让我们来分析一下吧。农民同无产阶级分道扬镳,向后倒退——并且让国家也倒退——以至再受资本家和地主的统治,这对农民是不是合算呢? 你们合计一下吧,或者让我们一起来合计一下吧。"

我们认为,如果合计得正确,那么,虽然无产阶级的经济利益和小农的经济利益之间存在着我们所意识到的深刻矛盾,合计的结果是会有利于我们的。

不管我们的物资多么缺乏,满足中农要求这一问题还是必须解决的。在农民中间中农比过去大大增加,矛盾消除了,土地的分配使用平均得多了,富农已经大伤元气,一大部分已被剥夺了财产——在俄罗斯比在乌克兰要多些,在西伯利亚则要少些。可是,整个说来,统计材料完全无可争辩地表明,农村已经是均衡化了,平均化了,这就是说,向富农和无地农民这两方面的急剧分化已经消除了。一切都变得比较平均了,整个说来,农民已经处于中农的境况。

对于这种中农,对于这种有自己的经济特点和自己的经济根系的中农的要求，我们能不能予以满足呢？如果某个共产党人，竟然想在三年内可以把小农业的经济基础和经济根系改造过来，那他当然是一个幻想家。老实说，这样的幻想家在我们中间是不少的。但是这也没有什么了不起的坏处。在我们这样的国家里没有幻想家，怎么能够发动社会主义革命呢？实践显然已经表明，农业集体经营方面的各种各样的试验和创举，可以起多么巨大的作用。但是实践也表明，这种试验也起了不好的作用，人们怀着一片好心，到农村去组织公社、组织集体农庄，却不善于经营，因为他们没有集体工作的经验。这些集体农庄的经验只是提供了一个不该这样经营的例子，让周围农民见笑或者生气。

你们很清楚，这样的例子不知有过多少了。我再说一遍：这并不值得惊奇，因为改造小农，改造他们的整个心理和习惯，这件事需要花几代人的时间。只有有了物质基础，只有有了技术，只有在农业中大规模地使用拖拉机和机器，只有大规模电气化，才能解决小农这个问题，才能像人们所说的使他们的整个心理健全起来。只有这样才能根本地和非常迅速地改造小农。我说需要花几代人的时间，倒不是说需要几百年。你们都很清楚，要获得拖拉机和机器，要实现一个大国家的电气化，无论如何要有几十年的时间才行。客观情况就是这样。

我们应当努力满足农民的要求，因为他们感到不满足，不满意，而这种不满意是合理的，他们是不可能感到满意的。我们应当对他们说："是的，这种状况再也不能继续下去了。"怎样去满足农民呢？满足农民是什么意思呢？我们从哪里能够找到对怎样满足农民这个问题的答案呢？自然，这要从农民的要求本身中去寻找。这些要求我们是知道的。但是我们必须对这些要求加以审查，必须从经济科学的观点对我们所知道的有关农民的经济要求的一切加以考察。只要深入地研究一下这个问题,我们就会立刻对自己说:实质上可以用两个东西来满足小农。第一,需要有一定的流转自由,需要给小私有主一定的自由。第二,需要弄到商品和产品。如果没有什么可以流转,那还算什么流转自由;如果没有什么可以交易,那还算什么贸易自由! 那就会成为纸上谈兵;而纸上的东西是满足不了各个阶级的,只有用物质的东西才能使它们满足。必须好好地理解这两个条件。关于第二个条件——我们怎样弄到商品,我们能不能弄到商品——关于这一点我们以后再谈。至于第一个条件——流转自由——需要在这里谈谈。

什么是流转自由呢? 流转自由就是贸易自由,而贸易自由就是倒退到资本主义。流转自由和贸易自由,这就是指各个小业主之间进行商品交换。我们所有的人,哪怕是只学过一点马克思主义起码常识的,都知道这种流转和贸易自由不可避免地要使商品生产者分化为资本所有者和劳动力所有者,分化为资本家和雇佣工人,这就是说,重新恢复资本主义雇佣奴隶制,这种制度不是从天上掉下来的,它在全世界都正是从商品农业经济中生长起来的。我们在理论上很了解这一点,而在俄国,凡留心观察小农的生活和经营条件的人,都不会看不到这一点。

于是就发生一个问题:究竟是怎么回事,共产党难道可以承认贸易自由,可以实行这种自由吗? 这里是否有不可调和的矛盾呢? 对于这个问题,应当回答说:自然,这个问题在实际解决时是非常困难的。我事先就预见到,并且在和同志们的谈话中知道,在分发给你们的那个以实物税代替余粮收集制的初步草案中,发生问题最多的——发生这些问题是理所当然的和不可避免的——就是关于允许在地方经济流转范围内实行交换这一点。这一点是在第8节的结尾中说的。这是什么意思呢？它的范围究竟怎样？它怎样实现呢？如果谁想在这次代表大会上得到这个问题的答案，那他就错了。我们只有通过我们的立法来得到这个问题的答案；我们的任务只是规定原则路线，提出口号。我们的党是一个执政党，党的代表大会所通过的决定，对于整个共和国都是必须遵守的；在这里，我们应当在原则上解决这个问题。我们应当在原则上解决这个问题，使农民知道这一点，因为播种的季节就要到来了。然后再来发动我们整个机关，运用我们全部的理论力量和全部的实践经验，来研究这个工作应当怎样进行。能不能这样做呢？从理论上说来，能不能在一定的程度上给小农恢复贸易自由、资本主义自由而不至于因此破坏无产阶级政权的根基呢？能不能这样做呢？能够，因为问题在于掌握分寸。如果我们能获得纵然是数量不多的商品，把这些商品掌握在国家手中，掌握在控制政权的无产阶级手中，并且能把这些商品投入流转，那么我们作为国家，除了政治权力之外，还能够获得经济权力。把这些商品投入流转，就能够活跃小农业，这种小农业在严酷的战争和经济破坏的重压之下无法发展，现在已经陷于凋敝。小农只要还是小农，他们就必须有同他们的经济基础即个体小经济相适应的刺激、动力和动因。这就离不开地方流转自由。如果这种流转使国家能用工业品换得最低限度的一点粮食，以满足城市、工厂和工业的需要，那么在恢复经济流转的情况下，国家政权就能够仍旧保持在无产阶级手中并且得到巩固。农民要求在实践上向他们证明，掌握工厂和工业的工人能够同农民建立流转关系。另一方面，一个交通不便、幅员辽阔、各地气候悬殊、农业条件不同以及还具有其他种种特点的农业大国，必须让各地的农业和各地的工业在当地范围内有一定的流转自由，这是不可避免的。我们在这方面犯了很多错误，走得太远了：我们在商业国有化和工业国有化方面，在禁止地方流转方面走得太远了。这是不是一种错误呢？当然是一种错误。

在这方面，我们做了许多完全错误的事情；我们没有掌握好分寸，也不知道如何掌握这个分寸——如果看不到和不理解这一点，那就是一种莫大的罪恶了。然而这样做当时也是迫不得已：过去我们一直是生活在极端激烈艰苦的战争条件下，因此我们在经济方面也只能按战争方式行动，此外没有别的办法。一个经济遭到破坏的国家，竟然熬过了这样一场战争，这实在是一个奇迹。这个奇迹不是从天上掉下来的，它是从工人阶级和农民的经济利益中产生出来的，是工人阶级和农民的巨大的热情创造了这个奇迹；由于这种奇迹，我们打退了地主和资本家的进攻。但是同时，我们做得超过了理论上和政治上所必要的限度，这是不容置疑的事实。我们在鼓动和宣传当中，不应当掩饰这一点。我们可以在相当大的程度上允许地方流转自由，而又不破坏无产阶级政权，还能巩固这一政权。至于如何做到这一点，这是一个实践的问题。我的任务是向你们证明，这从理论上说是可能的。掌握国家政权的无产阶级，如果它手里有什么物资的话，它完全可以把这些物资投入流转，在一定程度上满足中农的要求，通过地方经济流转来满足他们的要求。

现在，简单地谈谈地方经济流转问题。首先我要讲一下合作社问题。当然，在实行地方经济流转的情况下，我们是需要合作社的，而现在合作社在我国已经奄奄一息。我们的党纲强调指出，最好的分配机构就是资本主义遗留下来的合作社，这个机构是需要保存下来的。党纲是这样说的。这一点我们是否执行了呢？执行得非常不够，而且在某些方面完全没有执行，其部分原因还是我们犯了错误，部分原因则是军事上需要。合作社生成比较会经营的、经济地位较高的分子，从而在政治上生成孟什维克和社会革命党人。这是一种化学定律——是没有办法的事！（笑声）孟什维克和社会革命党人是些自觉不自觉地复辟资本主义、帮助尤登尼奇之流的人。这同样是一种定律。我们必须同他们作战。既然是战争，就要有作战姿态：我们当时必须保卫自己，而且我们做到了这一点。但是我们在目前的情况下能不能一成不变呢？不能。这样把自己的手脚束缚起来，无疑是一种错误。正因为如此，关于合作社问题，我提出了一个决议案，这个决议案很短，我现在把它读一下：

"鉴于俄共第九次代表大会关于对合作社的态度的决议完全是以承认余粮收集制原则为基础的，而现在余粮收集制已经为实物税所代替，俄共第十次代表大会决定：

撤销这项决议。

代表大会责成中央委员会拟定一些决定，使之在党和苏维埃系统中获得通过，以便根据俄共党纲并适应以实物税代替余粮收集制的情况，来改善和发展合作社的机构和活动。"[34]

你们会说，这说得不明确。这在某种程度上是说得不明确，但这是必要的。为什么说这是必要的呢？因为要十分明确，那就必须十分清楚，我们在全年当中能做成什么事情。谁知道这一点呢？谁也不知道，而且也不可能知道。

但是第九次代表大会的决议束缚了我们的手脚，这个决议说："隶属于粮食人民委员部"。粮食人民委员部是一个很好的机关；

但是，当我们重新研究对小农的态度时，还规定合作社必须隶属于粮食人民委员部，从而束缚自己的手脚，那在政治上就犯了明显的错误。我们应当责成新选出来的中央委员会研究和确定一定的办法并作一定的修改，检验我们要采取的前进和后退的步骤——看看这应当做到什么程度，怎样保持政治利益，应当放开多少才能松动些，以及如何检验试验的结果。从理论上说，我们在这方面正面临着一系列的过渡阶段和过渡办法。有一点我们心中明白：第九次代表大会的决议设想我们的运动将沿着直线前进，而事实上，正像在革命史上常见的那样，运动是曲折前进的。用这样的决议把手脚束缚起来，这是政治错误。现在我们要撤销这个决议，我们说，应当以强调合作社机构的作用的党纲为指针。

我们要撤销这个决议，我们说，应当适应以实物税代替余粮收集制的情况。但是，我们在什么时候实行这一点呢？不会在收割以前，也就是说，还要过几个月。这在各地都一样吗？绝对不是。如果死板地把俄国中部、乌克兰和西伯利亚一律看待，用一个框框去套，那将是极为愚蠢的。我建议用代表大会通过决定的方式把这个关于地方流转自由的基本思想肯定下来。[35] 我想，在这以后，中央委员会一定会在最近几天内公布一封信，信中会说——自然，中央委员会会说得比我现在说的好（我们会找到写文章的高手，他们会写好这封信的）——不要损毁任何东西，不要急于求成，不要弄巧成拙，要最大限度地满足中农的要求，而又不损害无产阶级的利益。把各种办法都拿来试验一下，根据实际经验加以研究，然后告诉我们，你们哪些经验是成功的，而我们可以设立一个专门委员会，甚至几个专门委员会，来研究所积累的经验。我想，为此我们会特邀《无产阶级专政时代的纸币》一书的作者普列奥布拉任斯基同志参加。这个问题很重要,因为货币周转是这么一回事,它可以很好地检查国内流转是否正常;如果这个流转失常,货币就会变成一张废纸。为了获得今后如何进行工作的经验,我们必须上十次地检验我们采用的各种办法。

人们会向我们提出一个问题,他们希望知道从什么地方弄到商品。要知道,贸易自由是需要商品的。而农民是很聪明的人,他们很会挖苦人。我们现在能不能弄到商品呢?现在可以弄到,因为我们在国际范围内的经济地位已经大大改善了。我们正在同国际资本作斗争。国际资本一看到我们的共和国就说:"这是些强盗,鳄鱼"(这句话是一位英国女艺术家一字不漏地转告我的,她是从一个极有威望的政治家那里听到这种话的[36])。既然是鳄鱼,那就只能嗤之以鼻。这就是国际资本的说法。这就是阶级敌人的说法。而从他们的观点看来,这样说是对的。但是这种结论的正确性需要用事实来检验。你既然是世界强大的力量,是世界资本,你既然说我们是"鳄鱼",而你手中又掌握着一切技术装备,那就开枪试试吧!然而,它试了之后,却因此吃了更大的苦头。这样,资本才不得不考虑现实的政治生活和经济生活,于是它说:"需要做生意"。这就是我们最伟大的胜利。我现在可以告诉你们,我们已经接到两项借款的建议,借款数目接近1亿金卢布。黄金我们是有的,但是黄金不能出卖,因为黄金是不能吃的东西。大家都遭到了经济破坏,在一切国家中,战争已把资本主义各国之间的货币关系弄得混乱不堪。此外,要同欧洲来往,就需要有船队,而我们却没有。船队在敌人手里。我们同法国没有签订任何条约,它认为我们欠了它的债,那就是说,对于我们的任何一条船,它都可以说,"来吧,这是我的"。他们有海军,我们却没有。由于这种情况,直到现在我们能使用的黄金的数量极小，小得可怜。现在银行资本家提出了两项借款的建议，数目为1亿。自然，这笔资本要的利息是掠夺性的。但是在此以前，他们根本就没有提起过这一点；在此以前，他们只是说："我要一枪把你打死，我要把你所有的一切白白拿走。"现在他们因为无法把我们打死，于是就准备同我们做生意了。现在，同美国和英国的通商条约，可以说已经不成问题；租让的情况也是这样。昨天我还接到现在这里的万德利普先生的一封信，他发了一通怨言之外，还提到了一大堆关于租让和借款的计划。这是一位最讲实利的金融资本的代表人物，他同比较敌视日本的北美西部诸州有联系。这样，我们就有了弄到商品的经济可能性。至于我们怎样实际做到这一点，那是另一个问题，但是某种可能性总算已经有了。

　　我再说一遍：这种类型的经济关系，即表面上像是同外国资本主义结成同盟的经济关系，将使无产阶级的国家政权有可能在下面同农民进行自由的流转。我已经说过，我知道这种做法引起了一些嘲笑。莫斯科有一个知识分子官僚阶层，他们企图制造"舆论"。他们取笑说："共产主义原来是这样的！它就好像是一个手里拄着拐杖、满脸裹着绷带的人，共产主义只能叫人莫名其妙。"这一类嘲笑我已经听够了，但这一类嘲笑不是打官腔，就是说风凉话！在战争结束的时候，俄国就像是一个被打得半死的人，他被打了七年，而现在，谢天谢地，他居然能够拄着拐杖走动了！这便是我们的处境！谁如果以为我们可以不要拐杖，那就是说他什么都不懂！在其他国家没有发生革命的情况下，我们还要花几十年的时间才能够摆脱这种处境。因此，只要能获得强大的先进资本主义的帮助，我们便不惜从我们的无限财富当中，从我们丰富的资源当中，拿出几亿以至几十亿的资财。花掉的这一切我们以后收回时是可以获得很大的利润的。在一个经济遭到空前破坏的国家里，在一个破产农民占人口绝大多数的国家里，如果没有资本的帮助，要保持无产阶级政权是不可能的——自然，由于这种帮助，资本是会向我们索取百分之百的利息的。我们必须理解这一点。所以，或者是建立这种类型的经济关系，或者是什么也没有。谁不这样提出问题，那他就是对实际的经济一窍不通，就是只会说风凉话。必须承认这样的事实，即群众已经精疲力竭，疲惫不堪了。既然四年战争的影响在各先进国家里到现在还没有完全消除，那么七年战争对我们又该有多么大的影响啊？！

在我们这个落后的国家里，经过七年战争之后，工人——他们作出了空前的牺牲——和农民群众都处于极端疲惫的状态。这种极端疲惫状态，已经是接近于完全不能工作的状态。现在需要有一个经济上的喘息时机。我们曾打算利用我们的黄金储备来换取生产资料。当然，最好是自己制造机器，不过，即使是购买机器，我们也是为了用这些买来的机器把我国的生产搞好。但是，为了达到这个目的，就需要有能够工作的工人和农民，而他们多半已经不能工作，因为他们已经精疲力竭，已经疲惫不堪了。必须帮助他们，必须动用我们的黄金储备去购买消费品，尽管这与我们以前的纲领不符。我们以前的纲领在理论上是正确的，但是在实践上却行不通。列扎瓦同志给我一份资料，我把它的内容讲一讲。从这份资料看，我们已经购买了几十万普特的各种各样的食物，它们正迅速地从立陶宛、芬兰和拉脱维亚运来。今天接到一个消息，说在伦敦已经签订了一项购买1 850万普特煤的合同，我们决定购买这些煤，是为了使彼得格勒的工业和纺织工业复苏。我们为农民去搞商品，这自然是违背纲领的，这是不正常的；但是必须给一个喘息时机，因为人民已经疲惫不堪了，不喘息一下是不能工作的。

我应当再就个体商品交换问题讲几句话。我们说流转自由，就是指个体商品交换，也就是鼓励富农。这是怎么回事呢？不要闭起眼睛不看这个事实：以实物税代替余粮收集制就是意味着富农在这种制度下会比过去有更大的发展。他们会在过去他们不能发展的地方发展起来。但是同这种现象作斗争不能采用禁止的办法，而应当自上而下由国家实行联合，由国家采取措施。如果你能给农民机器，那就能帮助他们发展，当你给他们机器或实现电气化的时候，几万或几十万个小富农就会被消灭掉。如果你还给不了这些东西，那就要给他们一定数量的商品。如果商品在你手中，那你就能掌握住政权，而停止、割断和取消这种可能，那就是取消流转的一切可能，就不能满足中农的要求，就不能同他们友好共处。俄国农民中成为中农的人愈来愈多了，害怕交换会成为个体交换是不必要的。在交换中，任何人都能给国家一些东西。一些人能提供余粮，另一些人能提供蔬菜，还有一些人则能提供劳务。情况基本上是这样：我们必须在经济上满足中农的要求，实行流转自由，否则，在国际革命推迟爆发的情况下，要在俄国保住无产阶级政权是不可能的，在经济上是不可能的。必须清楚地意识到这一点，并且对这一点毫不讳言。你们可以看到，在以实物税代替余粮收集制的决定草案中（草案已经分发给你们了）有很多不协调的地方，相互抵触的地方；正因为如此，我们才在该草案的末尾写道："代表大会基本上〈这个词的含义是意味深长的〉同意中央委员会所提出的以实物税代替余粮收集制的一些规定，并责成党中央委员会迅速使这些规定协调起来"①。我们知道,这些规定不协调;我们还来不及做协调工作,我们还没有接触有关细节的工作。全俄中央执行委员会和人民委员会将仔细地研究实行实物税的形式并通过相应的法律。预定的程序是这样:如果今天你们能通过这个草案,这个草案就将提交全俄中央执行委员会第一次会议,这个会议也不颁布法律,而仅仅颁布一个经过修改的条例,然后再由人民委员会和劳动国防委员会37把它变为法律,而更重要的是,由它们规定具体的细则。重要的是要使各地了解这件事的意义,并能起来响应。

为什么我们需要以实物税来代替余粮收集制呢?余粮收集制是以征收所有的余粮,建立强制性的国家垄断制为前提的。当时我们不可能有其他的办法,因为我们处于极端贫困的状态。在理论上,不一定要认为国家垄断制从社会主义观点看来是最好的办法。在一个拥有工业、而且工业正在运转的农民国家里,如果有一定数量的商品,那是可以采用实物税和自由流转的制度作为一种过渡办法的。

这种流转对于农民来说是一种刺激、动因和动力。业主能够而且一定会为着自身的利益而努力,因为向他征收的将不是他所有的余粮,而仅仅是实物税;这种税额应当尽可能预先加以规定。主要的是要有一种能促使小农从事经营的刺激、动因和动力。我们建设我们的国家经济必须适应中农经济的情况,我们在过去三年内没有能够把中农经济改造过来,在今后十年内也还不能把它改造好。

国家必须供应一定的粮食。所以去年我们的征粮数曾经有所

---

① 参看《苏联共产党代表大会、代表会议和中央全会决议汇编》1964年人民出版社版第2分册第107页。——编者注

增加。现在税额必须少一些。数字还没有确定,而且也无法确定。波波夫的《苏维埃共和国及与它结成联邦的各共和国的粮食产量》这本小册子,引用了我们的中央统计局的材料,这些材料提供了确切的数字,指出了农业生产下降的原因。

要是发生歉收,征收余粮就不可能了,因为余粮根本就没有。那就不得不从农民的口中拿走粮食。要是有收成,那时大家稍微饿一点肚子,国家便可以因此而得救;或者是我们不能从那些吃不饱肚子的人那里取得粮食,那国家就会灭亡。我们必须向农民宣传这一点。要是收成还不坏,那就会有近5亿普特的余粮。这么多余粮就能保证消费,并且可以有一些储备。整个问题在于使农民有一种经济上的刺激和动因。应当对小业主说:"掌柜的,你生产粮食吧,国家只征收最低限度的实物税。"

我讲话的时间快完了,我应当结束了。我再说一遍:我们不能立刻颁布一项法律。我们决议的缺点就在于它不完全是法律——在党的代表大会上是不能制定法律的。因此我们提议,把中央委员会的决议作为基础予以通过,并且责成中央委员会协调决议中的各项规定。我们要把这项决议印出来,让地方工作人员尽量使之协调并加以修正。完全协调一致是不可能的,这是一种无法完成的任务,因为生活是五光十色的。寻找过渡办法——这是一项非常困难的任务。我们没有能够迅速地和直接地做到这一点,但是我们并不灰心,我们一定会达到自己的目的。稍微有点觉悟的农民都不会不理解,我们作为政府,是代表工人阶级的,是代表能够同占农民十分之九的劳动农民妥协的劳动者的,而任何倒退都意味着恢复沙皇的旧政府。喀琅施塔得的经验就表明了这一点。那里不要白卫分子,也不要我们的政权,然而别的政权又没有。因此,他们所处的情况就是一种最好的宣传,这种宣传有利于我们而不利于其他任何新的政府。

我们现在有同农民妥协的可能性,我们必须实际地、巧妙地、机敏地、灵活地来做这件事。我们了解粮食人民委员部这个机关,我们知道这是我们最好的机关之一。把它同其他机关比较一下,我们就可以看出,这是一个较好的机关,应当把它保存下来,但是,机关必须服从于政治。如果我们不能同农民搞好关系,那么再好的粮食人民委员部机关对我们也毫无用处。那样的话,这个机关再好,也不会为我们的阶级服务,而会为邓尼金和高尔察克服务。既然政治要求坚决转变,要求灵活性和巧妙的过渡办法,那么领导者就应当理解这一点。一个坚定的机关,应当能够随机应变。如果机关的坚定性变成了僵化,阻碍了变革,那就免不了有一场斗争。所以,我们应当竭尽全力来达到自己的目的,使这个机关完全服从于政治。政治就是阶级之间的关系——这一点决定着共和国的命运。机关是一种辅助手段,它愈坚定,就愈好,愈能随机应变。如果它不能做到这一点,那它就没有任何用处了。

我请你们注意,主要的一点是:把一切详细地、周密地规定出来,需要几个月的时间。而现在我们应当注意的主要的一点是:我们必须今天晚上就把通过的决定用无线电向世界宣告,说明我们执政党的代表大会已经基本上决定以实物税代替余粮收集制,从而给小农许多刺激,推动他们来扩大经营,增加播种面积;代表大会正用这种办法来调整无产阶级和农民之间的关系,并且相信,用这种办法一定能够在无产阶级和农民之间建立起牢固的关系。(热烈鼓掌)

6

关于以实物税代替余粮收集制的
报告的总结发言

（3 月 15 日）

　　同志们，我想只简单地谈几点意见。首先谈一谈有关西伯利亚粮食工作者的问题。雅罗斯拉夫斯基和达尼舍夫斯基让我告诉大家：德罗任已交法庭审判，这样做是为了表明他是无罪的。我听到一些对此表示怀疑的意见，但是不管怎样应该说，这是正确的观点。现在常听到一些埋怨和流言蜚语，用这种方法来表明这一切都是没有根据的——这样做完全正确。其次，秋明有一些粮食工作者是因犯了非刑拷打、强奸妇女等刑事罪而被枪决的。因此，决不能把这个问题同粮食工作扯在一起，应当看到这些完全是为非作歹的刑事犯罪活动。而在粮食工作正在进行的情况下，对这种罪行应该从严处理。因此，从这方面来说采取的措施无疑是正确的。现在我想先简单谈一下合作社问题。瞿鲁巴同志的报告，正如他自己所说的，也正如我们大家在这里听到的，并不是一个同报告人的观点截然对立的副报告。中央委员会关于以实物税代替余粮收集制的决定是得到一致同意的，而主要的是，还在代表大会开幕前我们就看到，地方上的各方面的同志已经根据实际经验，自行得出了同样的结论，所以，对这种措施的合理性和必要性实质上不可能有什么怀疑。瞿鲁巴同志的报告对许多问题提出了补充和警告，但是并没有建议采取另一种政策。

瞿鲁巴同志的报告只是在合作社问题上离开了这个总的方针。在这方面瞿鲁巴同志反对我所提出的决议案，但是我觉得，他的反驳意见是不能令人信服的。地方上自由的经济流转关系就流转总量来说将如何发展，是通过合作社，还是通过恢复私营小商业，我们现在未必能够最后确定。这个问题应当研究，这是毫无疑义的，在这方面我们需要仔细地研究地方上的经验；这一点我们大家当然都同意。但是我认为合作社还是有它一定的优越性。如果合作社像我指出过的那样，在政治上成为组织、集中和联合那些政治上敌视我们、实质上是实行高尔察克和邓尼金政策的分子的场所，那么合作社同小农户、小商业比较起来，当然也只是形式上有所不同。富农的出现和小资产阶级关系的发展自然会产生相应的政党，在俄国，这些政党是在几十年当中形成起来的，我们对它们都很熟悉。这里要选择的，不是让不让这些政党发展，因为小资产阶级经济关系必然会产生这些政党；我们要选择的，而且只能在一定程度上选择的，只是集中和联合这些政党的行动的形式。无论如何不能证明合作社在这方面更糟。相反，共产党人经常地影响和监督合作社的手段，毕竟更多一些。

第九次代表大会关于合作社的决议在这里受到瞿鲁巴同志的坚决拥护和米柳亭同志的坚决反对。

瞿鲁巴同志说，我自己就是代表大会解决合作社问题以前那场关于合作社问题的斗争的见证人。我应当承认这个事实。斗争确实有过，而第九次代表大会的决议结束了这场斗争，保证了粮食部门占有较大的优势，或者更确切些说，保证了粮食部门占有绝对的优势。但是现在以此为理由,拒绝在合作社问题上有更大的行动自由,有更大的选择政治措施的自由,这在政治上无疑是不正确的。我作为人民委员会的主席,当然不高兴看到在许多次会议上发生琐碎的争执甚至斗气,而愿意有一个基本上为大家必须遵守的、能够结束这场斗争的代表大会决议。但是应当考虑的不是方便不方便的问题,而是实行一定的经济政策有没有利的问题。你们大家在这里都看到,我收到的大量字条,一大堆字条,也更加清楚地证实,在这个具体问题上,当我们的政策有所改变的时候,产生了大量的细节上的困难。这就是问题的实质。毫无疑问,我们不能立刻解决这些困难。如果我们要保留第九次代表大会关于合作社的决议,那我们就会束缚自己的手脚。我们就会因为我们完全向代表大会负责并且必须执行代表大会的政策而不能背离这个决议的一字一句。决议一直说的是余粮收集制,而你们却要以实物税来代替它。

我们将在多大程度上保留经济流转自由,这一点我们不知道。

但是,我们应当在一定程度上保留经济流转自由,这是没有疑问的。必须对实行这一点的经济条件作出估计和检查。因此,撤销第九次代表大会的决议自然又会使我们感到,似乎在一定程度上已经解决了的问题现在又成为悬案了。然而这是完全不可避免的。避开这一点就意味着根本破坏我们所制定的、无疑更能为农民接受的经济政策。

以实物税代替余粮收集制是一项更能为农民接受的经济政策,关于这一点,在这次代表大会上显然是没有分歧的,一般说来,在共产党员中间也是没有分歧的。我们知道很多非党农民也是这样说的。这是完全确定了的。仅仅由于这一点,我们就必须实行这种改变。所以我再来把合作社问题的决议宣读一次："鉴于俄共第九次代表大会关于对合作社的态度的决议完全是以承认余粮收集制原则为基础的,而现在余粮收集制已经为实物税所代替,俄共第十次代表大会决定:

撤销这项决议。

代表大会责成中央委员会拟定一些决定,使之在党和苏维埃系统中获得通过,以便根据俄共党纲并适应以实物税代替余粮收集制的情况,来改善和发展合作社的机构和活动。"

我将代表中央委员会建议代表大会接受并基本上通过第一个决议案——关于以实物税代替余粮收集制的初步草案,责成党中央委员会对决议案的提法加以审定协调,然后提交全俄中央执行委员会。对第二个决议案——关于合作社问题的决议案——也是这样。

现在我来谈谈会上提出的意见。应当说明一下,我收到的字条有一大堆,字条涉及的问题很多,不要说把问题全都罗列出来,就是把问题全部加以分类,立刻就各类问题继续谈一谈的打算,我也只好作罢。很遗憾,我不得不放弃这种打算,我要把这些字条保存下来,作为今后讨论问题的材料。

也许,这些问题可以比较详细地在报刊上公布,或者至少要收集起来,加以分类,编成一份详尽的综合材料,发给所有直接从事制定关于以实物税代替余粮收集制的法令的经济学家、行政管理人员和政治领导人员这样一些同志。我现在只能举出两大类,并针对这两种主要的异议或意见,针对这些字条上提出的两大类问题说几句。

第一类是技术方面的。有很多字条详细地指出具体实行这些措施将如何困难,会产生多少有待解决的问题。我在第一个报告中就已经附带说明过,这类意见是完全不可避免的,而现在要一下子就弄清楚我们将如何着手解决这些困难,这是根本不可能的。

第二类是一般性的,是关于经济政策的根本原则的。这里很多发言人,甚至大多数发言人都讲到的,在递来的许多字条上也都指出的,就是小资产阶级、资产阶级和资本主义必然会得到加强。有些人在字条上写道:"这样你们就是为资产阶级的发展,为小工业的发展以及资本主义关系的发展敞开大门。"同志们,关于这一点,我不得不多少重复一下我在第一个报告中所说的话:毫无疑问,从资本主义向社会主义过渡可以有各种不同的形式,这要取决于国内是大资本主义关系占优势,还是小经济占优势。在这方面,我应当指出,有些人批评了我的讲话中的某些结论,批评了国家资本主义和小规模自由流转的相互关系,但是没有一个发言人,也没有一张字条(尽管字条有几十张,我还是看了大部分字条)批评上述论点。如果一个国家大工业占优势,或者即使不占优势,但是十分发达,而且农业中的大生产也很发达,那么直接向共产主义过渡是可能的。没有这种条件,向共产主义过渡在经济上是不可能的。米柳亭同志在这里说,我们有严整的制度,而我们的立法,如他所说的,在一定程度上也就是实现这种过渡的严整的制度,而这个制度却没有估计到向小资产阶级实行一系列让步的必要性。米柳亭同志这样说,但没有作出我所作的结论。业已建立的严整的制度是由战时的而不是经济的需要、考虑和条件决定的。当时我们的经济遭到了空前未有的破坏,我们不得不在一场大战之后又进行了一系列的国内战争,在这种情况下,别的出路是没有的。也许我们在执行一定的政策时犯过错误,有些事情做得过火了——这是应当十分明确地指出的。但是在我们当时所处的战争条件下,这种政策基本上是正确的。我们没有任何其他可能性,而只有立即实行最大限度的垄断,直到不给任何补偿就征收全部余粮。而当时我们是不可能用别的办法来完成这个任务的。这并不是严整的经济制度。这种办法不是由经济条件决定的,而在很大程度上是战时条件迫使我们采用的。至于说到经济上的考虑,现在主要的考虑就是增加产品数量。现在,主要生产力即工人和农民处于经济破产、一贫如洗、精疲力竭的境地,因此我们不得不暂时使一切服从于一个主要的考虑——尽一切力量增加产品数量。

有人问我,以实物税代替余粮收集制同现在正在进行的播种运动有什么关系,而且有些同志在字条上极力揭露这方面有很多矛盾。我认为从经济上说这基本上是一致的,并没有矛盾。播种运动就是要采取一系列的措施,最大限度地利用一切经济可能性来增加播种面积。为此就需要重新分配种子,保管和运送种子。但是,尽管种子这样少,我们也无法把它运走;往往还必须采取一系列的互助措施,才能在农具极端缺乏的条件下减少或消灭播种不足的情况。对很多省份来说,要消灭这种情况是难以想象的。非党农民自己在很多场合就已经提出了以实物税代替余粮收集制的要求,希望借此得到在现有经济基础上发展自己经济的刺激,如果他在春耕以前听到国家政权说,这个措施已经决定并且就要实行,那么,这同播种运动的总政策是不是相违背呢?不,不违背,这是一种带有鼓励因素的措施。我知道有人会说这是一个很小的鼓励因素。问题不是这样的。如果我们能够马上让农民看到从英国开来的几十艘轮船,船上满载着用来交换他们将要收割的庄稼的商品——这当然实在得多。但是企图以此来欺骗那些实际上知道我国贸易情况的人，那是很可笑的。我们知道，载着煤和少量粮食的轮船已经从英国开出，这个消息我们是从克拉辛同志那里知道的；我们知道，在缔结通商条约以前（这个条约还没有签字），我们是同个别商人半合法地进行贸易的，资产阶级政府当然不可能禁止这些商人做这种事情。要在对我们的经济封锁圈上打开一个缺口，这是一件困难的事情，而更大的许诺我们现在当然作不了。一切能够做到的我们毕竟都在做，我们正在从这方面改变进口计划。

从小业主、小农的观点看来，由于实物税的总额将要比征粮数少，而且规定得更明确，他们就有可能多播种一些，就有可能相信余粮将用来改善他们的经营，所以这是一条最大限度地支持勤劳的业主的路线，这一点在播种运动中也已经提出来了。一切反对意见归结起来是这样一个问题：得到好处多的是经济上同共产主义对立的小资产阶级，还是大工业。大工业是向社会主义过渡的基础，而从生产力状况来看，即按整个社会发展的主要标准来看，又是社会主义经济组织的基础，它把先进的产业工人联合起来，把实现无产阶级专政的阶级联合起来。

这里有人试图说，或者试图从经济上得出结论说：毫无疑问，得到好处多的是小资产阶级，是手工业商品生产。他们特别试图从下面的观点来进行论证：由于实行租让，大工业将不是社会主义的工业。我认为，这种论断在经济上是根本错误的。即使能够完全确实地证明小工业得到的好处相对说来要多得多，甚至假定绝对地多得多，这无论在理论上或在实践上也都丝毫不能否定我们所采取的步骤的正确性。结论是这样的：从经济上巩固我们整个社会主义建设事业的其他的支柱是不可能有的。我们现在假定——纯粹是大致假定一下，这只是为了便于说明问题——小工业是100（不管这是100个百万劳动单位或者100个其他什么单位），而大工业是200。我们大致假定，小工业在资本主义的基础上增长为175，而大工业仍然是200。这里我们是假定大工业停滞不前而小工业却有巨大的发展。这是作最坏的假设，但是我认为，即使是这样，对我们也有无可置疑的好处，因为今年的情况表明，我们的燃料和运输的情况表明，米柳亭同志非常凑巧地提起的粮食分配的情况也表明，我们现在是在勉强维持着。

这里有人问而且有人写条子问："在农村资本主义发展的情况下，你们怎样保持住工人国家呢？"这个现象——农村中小生产和小资产阶级的发展——是在威胁着我们，这个现象是最大的威胁。

下面来谈谈租让。租让——这是同先进国家的资本主义缔结的一种同盟。应当对租让的性质有清楚的了解。这是同先进国家中的先进金融资本缔结的一种经济联盟、同盟、合同，这种合同可以使我们的产品稍微增多一些，同时也使订约人的产品增多。如果我们把矿藏或森林租让出去，那么承租人就会拿走这些产品中的大部分，而只给我们很小一笔提成。但是对于我们来说，增加产量是如此重要，连这很小一笔提成对我们也有很大的好处。借助租让，城市工人的生活状况将根据合同的规定稍微得到改善，这对外国资本毫不困难，而这种稍微改善对我们的大工业却是有好处的，它能使我们的大工业得到巩固。由于经济上的影响，这也将改善无产阶级的生活状况，改善掌握国家政权的阶级的生活状况。

害怕小农业和小工业会发展到威胁我国大工业的程度是没有根据的。要振兴工业，就必须有振兴的某些征兆。

如果我们歉收（我已经向你们提到过波波夫的小册子）并且只得到像去年那样少的物资的话，那就根本谈不到什么缩小危机和发展小工业了,因为资本主义关系的恢复只有在获得农需工业剩余产品的条件下才有可能。获得这种剩余产品是可能的,而这一点非常重要,因为它会给我们很大的好处。是小生产还是大生产得到的好处多,这个问题是一个怎样把利用我国资源和发展市场这两者连接和结合起来的问题,我们正在争取同资本主义达成有关租让的协议,使我国的资源得到利用和市场得到发展,这样就会使我们提高农业生产。这些方法我们中间谁利用得好,得到的结果就会好。我认为,如果工人阶级手中握有极为重要的大工业部门,而又把自己的注意力集中在最重要的部门上,那么工人阶级得到的好处就会比小工业多,虽然按比例来说小工业可能增长得快些。我国纺织工业的状况就是这样,到 1920 年底,情况显然有了好转,但是缺少燃料,如果我们的燃料足够的话,那我们本来会获得近 8 亿俄尺的布,我们就会有本国生产的衣料去同农民的产品进行交换。

但是,由于燃料危机,我们的生产大大下降了。即使现在已经在国外买到煤,过一两个星期轮船就能把这些煤运来,那我们也还是已经损失了好几个星期甚至好几个月的时间。

大生产的状况的任何改善,若干大工厂的可能开工,都会大大巩固无产阶级的地位,以致小资产阶级的自发势力即使在滋长也没有什么可怕了。应当怕的不是小资产阶级和小资本的滋长。应当怕的是极严重的粮荒、生活贫困、产品缺乏的情况持续太久,这种情况已经使无产阶级变得完全软弱无力,使无产阶级不能抵制小资产阶级的动摇和绝望情绪这种自发势力。这才是更可怕的。只要产品数量增加,小资产阶级不管怎样发展都不会有什么大的危害,因为这种情况可以使大工业发展起来,所以,我们应当鼓励小农业。我们必须尽一切力量来鼓励小农业。实物税就是这方面的一项简单而又绝对必要的措施。它能给予这种鼓励。应当无条件地通过这项措施。（鼓掌）

7

关于改善工人和贫苦农民的
生活状况的决议草案初稿[38]

（3月16日）

目前,由于七年战争和经济破坏,国家已处于贫困不堪的境地,最近三年半的极度紧张的生活更使俄国工人阶级精疲力竭,对于这种情况,苏维埃政权必须采取紧急的措施。

因此,俄共第十次代表大会要求全党,要求所有党的机关和苏维埃机关特别注意这个问题,并且立即采取一系列的措施,竭力改善工人的生活状况,减轻他们的困苦。

代表大会同意中央委员会和苏维埃政权关于拨出部分黄金储备购买工人消费品的决定[39],并且要求充实这项措施的内容,立即相应地修改我国的进口(输入)计划。

代表大会责成中央委员会成立一个专门的中央工作委员会来贯彻改善工人生活状况的紧急措施。这个委员会在工作中应当一方面同俄共中央和全俄工会中央理事会直接联系,另一方面同人民委员会和劳动国防委员会直接联系,以便尽快地贯彻规定的各种措施,并且让工人对这些措施的执行情况加以监督。这个委员会应当在那些特别有可能而且应当立即拨出一部分人力和物力来改善工人生活状况的部门(对外贸易人民委员部、粮食人民委员

部、陆军人民委员部、国家建筑工程委员会[40]、卫生人民委员部等）
中设立分委员会。在产业工人很集中的省份也要设立分委员会。
代表大会责成中央委员会和有关部门的党的工作人员立即拟定这
一委员会的条例。

鉴于歉收使农民极端贫困，而军队复员又往往加剧了这种情
况，第十次代表大会责成中央委员会通过人民委员会和全俄中央
执行委员会采取同上述措施类似的措施来改善贫苦农民的生活状
况，而不限于全俄中央执行委员会为此设立的工作委员会所采取
的那些措施。

8

俄共第十次代表大会
关于党的统一的决议草案初稿

(3月13日或14日)

1.代表大会提请全体党员注意:目前许多情况正在加剧国内小资产阶级居民的动摇,在这个时候特别需要保持党的队伍的统一和团结,保证党员相互之间的完全信任,保证在工作中真正齐心协力,真正体现无产阶级先锋队的意志的统一。

2.但是,还在全党开展关于工会问题的辩论以前,党内就已经显露出派别活动的某些苗头,即产生了几个具有各自的纲领、力求在某种程度上自成一派并规定内部纪律的集团。这种派别活动的苗头已经出现,例如在莫斯科(1920年11月)党代表会议和哈尔科夫党代表会议[41]上,在所谓"工人反对派"的活动中,局部地也在所谓"民主集中派"[42]的活动中已经表现出来。

必须使一切觉悟的工人都清楚地认识到,任何派别活动都是有害的,都是不能容许的,因为即令个别集团的代表人物满心想要保持党的统一,派别活动事实上也必然会削弱齐心协力的工作,使混进执政党内来的敌人不断加紧活动来加深党的分裂,并利用这种分裂来达到反革命的目的。

无产阶级的敌人极力利用一切背离共产主义的坚定路线的倾

1921年3月列宁《俄共第十次代表大会
关于党的统一的决议草案初稿》手稿第1页
（按原稿缩小）

向,这种情形在喀琅施塔得叛乱这一实例上表现得最为明显。当时,世界各国的资产阶级反革命势力和白卫分子都急忙表示,只要能推翻俄国的无产阶级专政,他们甚至情愿接受苏维埃制度的口号;当时,社会革命党人以至一切资产阶级反革命势力在喀琅施塔得事件中都利用了这场似乎是为了维护苏维埃政权才反对俄国苏维埃政府的叛乱所提出的口号。这些事实充分证明,只要能削弱和推翻俄国无产阶级革命的支柱,白卫分子都会竭力装扮而且善于装扮成共产主义者,甚至装扮成最左的共产主义者。喀琅施塔得叛乱前夜在彼得格勒发现的孟什维克传单也同样表明,孟什维克利用俄共内部的意见分歧与某些派别活动的苗头事实上在怂恿和支持喀琅施塔得的叛乱者社会革命党人和白卫分子,口头上却标榜自己反对叛乱,拥护苏维埃政权,只不过要苏维埃政权作一些仿佛不大的修正。

3.关于这个问题的宣传,一方面应当从保持党的统一和实现无产阶级先锋队的意志的统一是保证无产阶级专政胜利的基本条件这一观点出发,详细说明派别活动的害处和危险性,另一方面应当揭露苏维埃政权的敌人所采用的新的策略手法的特点。这些敌人已经知道公开打着白卫旗帜进行反革命活动是没有指望了,所以现在他们竭力抓住俄共内部的意见分歧,设法使政权转到表面上最像承认苏维埃政权的那些政治派别手中,用这种办法来推进反革命。

在宣传中还应当阐明历次革命的经验,当时反革命势力也总是支持那种既反对极端革命的政党又同这一政党最相似的派别,以求动摇并推翻革命专政,从而为资本家和地主的反革命势力以后取得完全胜利开辟道路。

4. 在同派别活动进行实际斗争中,每一个党组织必须密切注意,决不容许发表任何派别言论。对党的缺点进行绝对必要的批评时,应当使一切实际的建议以尽量明确的形式毫不迟延地立刻提交党的地方和中央领导机关去讨论和决定。此外,每一个提出批评的人,在批评的形式上应当考虑到党处在敌人的包围之中这一情况,而在批评的内容方面则应当通过自己直接参加苏维埃和党的工作,从实践中来检验如何纠正党或个别党员的错误。任何对党的一般路线的分析或对党的实际经验的总结,对党的决定的执行情况的检查,以及关于如何纠正错误的方法的探讨等等,都决不能事先交给按某种"纲领"等等形成的集团去讨论,而只能直接交给全体党员讨论。因此,代表大会决定更经常地出版《争论专页》**43**和专门文集,力求能就问题的实质来进行批评,而决不采取那种有助于无产阶级的阶级敌人的方式。

5. 代表大会根本反对工团主义和无政府主义的倾向(对这种倾向已有专门的决议①加以分析),并责成中央委员会彻底消灭一切派别活动,同时,代表大会声明,在例如所谓的"工人反对派"特别关心的问题,即清除党内的非无产阶级分子和不可靠分子、反对官僚主义、发扬民主和工人的自主精神等等问题上,任何切实的建议,都应当十分认真地加以考虑,并在实际工作中加以检验。全党应当知道,我们由于遇到了种种障碍,在这些问题上并没有能够采取一切必要的措施,应当知道,党在坚决反对不实事求是的和带有派别性的所谓批评的同时,也将继续不断地采取一切手段并试验各种新的办法,来反对官僚主义,扩大民主,发扬自主精神,检举、

---

① 参看《苏联共产党代表大会、代表会议和中央全会决议汇编》1964年人民出版社版第2分册第66—69页。——编者注

揭发和驱逐混进党内来的分子,如此等等。

6.因此,代表大会宣布毫无例外地解散一切按这个或那个纲领组成的派别(如"工人反对派"、"民主集中派"等等),并责令立即执行。凡不执行代表大会这项决定者,应立即无条件地开除出党。

7.为了在党内和整个苏维埃工作中执行严格的纪律,并取缔一切派别活动以求得最大程度的统一,代表大会授权中央委员会,在遇到违反纪律、恢复或进行派别活动的情况时,可以采取党内一切处分办法,直到开除出党;而对中央委员则可把他降为候补中央委员,甚至采取极端措施,把他开除出党。在对中央委员、候补中央委员和中央监察委员采取这种极端措施时,应当召开中央委员会全体会议,并请全体候补中央委员和全体中央监察委员参加。在这种党的负主要责任的领导者的全体会议上,如果有三分之二票数认为必须把某个中央委员降为候补中央委员或开除出党,那么这项措施就应当立即实行。[44]

9

俄共第十次代表大会
关于我们党内的工团主义和
无政府主义倾向的决议草案初稿

(3月13日或14日)

1.最近几个月来,在党内明显地暴露出一种工团主义和无政府主义的倾向,对这种倾向必须在思想上进行最坚决的斗争,同时还必须清洗和健全党的队伍。

2.这种倾向的发生,部分是由于以前的孟什维克以及尚未完全树立共产主义世界观的工人和农民加入党的队伍,主要则是由于小资产阶级自发势力对无产阶级和俄共的影响。在我国,尤其是目前,在歉收和战争的严重破坏使群众的生活大为恶化、成百万军队的复员使几十万农民和工人无法立刻找到正常的生活来源的情况下,小资产阶级自发势力就特别猖獗,它不可避免地会产生无政府主义的倾向。

3.所谓的"工人反对派"的提纲和其他著作,是这种倾向的理论上最完整和形式上最完备的表现(**或者说**:是这种倾向的……最完整……的表现之一)。例如,他们的下述论点就很能说明问题:"国民经济的管理应当由联合在各种产业工会中的生产者的全俄代表大会来组织,应当由他们选出中央机关来管理共和国的整个国民经济。"

这种主张以及许多诸如此类的主张所依据的思想在理论上是根本错误的,是同马克思主义和共产主义背道而驰的,也是同一切半无产阶级革命和目前的无产阶级革命的实际经验的总结背道而驰的。

第一,"生产者"这个概念既包括无产者,也包括半无产者以及小商品生产者,因而完全违背了阶级斗争的基本概念,违背了要明确地划分阶级这个基本要求。

第二,上述论点中所表现出来的指靠非党群众或者说迎合非党群众的思想,也是根本违背马克思主义的。

马克思主义教导说——这一教导不仅已经由整个共产国际在共产国际第二次代表大会(1920年)关于无产阶级政党的作用的决议[45]中正式加以肯定,而且也已经为我国革命的实践所证实——只有工人阶级的政党,即共产党,才能团结、教育和组织无产阶级和全体劳动群众的先锋队,而只有这个先锋队才能抵制这些群众中不可避免的小资产阶级动摇性,抵制无产阶级中不可避免的种种行业狭隘性或行业偏见的传统和恶习的复发,并领导全体无产阶级的一切联合行动,也就是说在政治上领导无产阶级,并且通过无产阶级领导全体劳动群众。不这样,便不能实现无产阶级专政。

不正确地理解共产党对非党无产阶级的作用以及共产党和非党无产阶级对全体劳动群众的作用,就是在理论上根本违背共产主义,就是工团主义和无政府主义的倾向,而这种倾向贯穿在"工人反对派"的全部观点之中。

4.俄共第十次代表大会认为,上述这个派别以及其他人想援引俄共党纲经济部分有关工会作用的第5条来为他们的错误观点辩解的一切尝试也是根本错误的。这一条说,"工会应当做到把作为统一经济整体的全部国民经济的全部管理切实地集中在自己手中",工会"在用这样的方法保证中央国家管理机关、国民经济和广大劳动群众之间的密切联系的同时","吸引"这些群众"直接参加经济管理"。

俄共党纲的同一条指出,"工会必须逐渐摆脱行会的狭隘性",把大多数劳动者"并且逐渐地把全体"劳动者都包括进来,这个过程是工会做到"应当做到"的这一步的先决条件。

最后,俄共党纲的同一条还着重指出,"根据俄罗斯联邦的法律和已有的实践,工会已经成为一切地方的和中央的工业管理机关的参加者"①。

工团主义者和无政府主义者,不考虑这种参加管理的实际经验,不严格地根据已经取得的成就和已经纠正的错误的教训去进一步发展这一经验,却直接提出由"各级生产者代表大会或全俄生产者代表大会""选举"经济管理机关的口号。这样,党对无产阶级工会以及无产阶级对半小市民以至小资产阶级劳动群众的领导、教育和组织作用,就被撇开了和取消了。因此,这不是继续进行和改进苏维埃政权已经开始的创建新经济形式的实际工作,而是用小资产阶级无政府主义来破坏这一工作,而这样做只能促使资产阶级反革命势力获得胜利。

5.俄共代表大会认为,上述派别及其他类似的派别和个人的观点不仅是理论错误,不仅是对苏维埃政权已经开始的经济建设的实际经验采取根本错误的态度,而且是重大的政治错误,是一种

---

①　参看本版全集第36卷第415页。——编者注

威胁无产阶级专政本身的存在的直接的政治危险。

在俄国这样的国家里,由于小资产阶级自发势力占有巨大优势,由于战祸频仍、经济破坏、疫病流行、连年歉收必然使人民极端贫困痛苦,小资产阶级和半无产阶级群众的情绪就表现出特别严重的动摇。这种动摇表现在时而倾向于巩固同无产阶级的联盟,时而又倾向于资产阶级复辟,而18、19、20世纪的历次革命的全部经验都十分清楚地和令人信服地说明,只要无产阶级的革命先锋队的统一、力量和影响稍微受到削弱,这种动摇的结果就只能是资本家和地主的政权以及私有制的复辟(恢复)。

因此,"工人反对派"以及同他们类似的分子的观点不仅在理论上是错误的,而且在实际上是小资产阶级的和无政府主义的动摇的表现,实际上在削弱共产党的坚定的指导路线,实际上在帮助无产阶级革命的阶级敌人。

6.根据上述一切,俄共代表大会坚决反对这些反映工团主义和无政府主义倾向的主张,并认为:

第一,必须同这些主张进行坚持不懈的思想斗争;

第二,代表大会认为,宣传这些主张是同俄共党员的身份不相容的。

代表大会责成党中央委员会严格执行大会的这些决定,同时指出,在各种专门的刊物和文集等等上可以而且应当划出一定的篇幅,使党员能就上述的各种问题详细交换意见。

10

关于党的统一和
无政府工团主义倾向的报告⁴⁶

（3 月 16 日）

同志们，我认为这个问题不需要谈很多，因为整个代表大会在讨论各项问题时，就已经涉及了现在应当以党代表大会的名义，也就是以全党的名义正式加以阐明的问题。《关于统一的决议》①，有很大一部分是说明政治形势的。决议已经印发给大家，你们当然都看到了。其中第 7 条不准备公布，这是一项特殊措施，它规定在中央委员、候补中央委员和中央监察委员的全体会议上，经三分之二的多数的同意，可以把中央委员开除出中央委员会。这项措施在各派代表都发表了意见的非正式会议上，曾一再讨论过。同志们，我们希望不要运用这一条。但是在新的情况下，在我们面临相当急剧的变革，希望彻底消灭各自为政的情况下，这一条是必要的。

现在我谈一谈关于工团主义和无政府主义倾向的决议。这个问题在大会讨论第四项议题时已经涉及了。整个决议的精神是要确定我们对某些派别或思想倾向的态度。我们说"倾向"，是要强

---

① 见本卷第 78—83 页。——编者注

调指出,我们在这方面还没有发现任何已经彻底形成、已经绝对肯定和完全确定的东西,而只是一种政治趋向的开始,党对这种趋向是不能不有所估计的。大概你们都已经看到关于工团主义和无政府主义倾向的决议,在决议的第3条中,有一个地方显然是印错了(从发言中看到,大家已经发现了这个错误)。应当改成这样:"例如,他们的"即"工人反对派"的"下述论点就很能说明问题:'国民经济的管理应当由联合在各种产业工会中的生产者的全俄代表大会来组织,应当由他们选出中央机关来管理共和国的整个国民经济'"①。我们在代表大会上,在大会的非正式的会议和公开的全体会议上已经屡次谈到这个论点。我认为,我们已经说得很清楚,用恩格斯关于生产者的联合的论断来为这个论点辩护,无论如何是不行的,因为很明显,而且把原著切实查对一下也可以肯定,恩格斯讲的是没有阶级的共产主义社会。这对我们大家来说都是毫无疑问的。一个社会已经没有阶级,当然就没有工人和农民,而只有生产者-工作者了。我们从马克思和恩格斯的所有著作中确切地知道,他们是把还有阶级的时期和已经没有阶级的时期非常严格地区别开来的。马克思和恩格斯一向毫不客气地讥笑那些以为在共产主义以前阶级就会消失的思想、言论和假设,并且指出,只有共产主义才是消灭阶级②。

我们现在的情况是,我们最先在实践上提出了这个消灭阶级的问题,而在我们这个农民国家里,目前还存在着两个主要的阶级——工人阶级和农民,此外还存在着许多资本主义的残余。

---

① 见本卷第84—85页。——编者注
② 参看《马克思恩格斯文集》第3卷第442页,第4卷第193页,第9卷第112—113页,第10卷第106页。——编者注

　　我们的党纲明确指出，我们正在实行最初的步骤，我们还要经过一系列的过渡阶段。但是我们从我们苏维埃工作的实践和整个革命的历史中始终可以极其清楚地看到，像反对派现在提出的这种理论定义，是多么不正确。我们十分清楚：我国还存在着阶级，并且会存在很久；在一个农民占多数的国家里，阶级必然要存在很久，存在许多年。要组织好大工业，建立起领导农业所需的储备，至少需要十年。这是最短的期限，而且需要具备非常有利的技术条件。而我们知道，我们现在所处的条件是非常不利的。我们已经有了一项把俄国建立在现代大工业基础之上的计划，这就是科学家们所制定的电气化计划。实行这个计划的最短期限需要十年，并且是以比较正常的条件为前提的。但是我们十分清楚，这种条件现在并不存在。也就是说，十年的时间对于我们太短了——这是用不着说的。我们接触到了问题的核心：目前可能的情况是，一些敌视无产阶级的阶级仍然存在，因此，我们目前在实践上还不能实现恩格斯的话。先要有无产阶级专政，没有阶级的社会是以后的事。

　　马克思和恩格斯曾经同那些忘记了阶级差别而笼统地谈论生产者、人民或劳动者的人作过无情的斗争。凡是多少读过马克思和恩格斯著作的人，都不会忘记，他们在所有的著作中总是嘲笑那些笼统地谈论生产者、人民、劳动者的人。笼统的劳动者或笼统的工作者是不存在的；或者是握有生产资料的小业主，他们的整个心理状态和全部生活习惯都是资本主义的（它们也不可能是别的样子），或者是心理状态完全不同的雇佣工人，即同资本家对抗、对立和斗争的大工业雇佣工人。

　　我们在谈这个问题以前已经经过了三年的斗争，已经有了运用无产阶级政权的经验,我们已经知道,在各个阶级的相互关系上存在着多么大的困难,而目前阶级还存在,在我们生活的各个角落里和苏维埃机关内部还可以看到资产阶级残余。在这样的情况下,我们这里竟有人提出包含我读过的那几个论点的纲领,这显然是一种工团主义和无政府主义的倾向。这样说并不过分,这样说是经过慎重考虑的。倾向还不是一个定型的流派。倾向是一种可以纠正的东西。一些人已经有些走入歧途或者开始走入歧途,但还是可以纠正的。我认为,俄文"倾向"一词表达的正是这个意思。这里强调的是,它还不是什么完全形成了的东西,事情还不难纠正;这里是希望引起警惕,是想直截了当从原则上提出问题。如果谁能找出一个俄文词可以更确切地表达这个意思,那就请提出来。我希望我们不要在用词上展开争论,而应当分析这个基本论点的实质,不要跟着"工人反对派"的诸如此类的许多主张跑。这可以让我们的著作家以及这一派的领导者去分析。在决议的末尾我们特地指出,在各种专门的刊物和文集上可以而且应当划出一定的篇幅,使党员们能就上述各种问题详细交换意见。我们现在不能对这个问题置之不理。我们是一个在极端困难条件下进行斗争的党。我们必须对自己说,为了保持巩固的统一,对于明显的倾向必须加以谴责。倾向既然已经形成,那就应当加以揭露和讨论。如果需要认真地辩论,我们也欢迎,我们可以找出一些人来详细引证各种文献,如果认为需要并且恰当的话,我们还可以像你们刚听到的共产国际代表的报告中所说的那样,在"国际"这个范围内提出这个问题。你们大家都知道,在国际工人革命运动的队伍中存在着一种"左"的倾向。我们现在所谈的倾向,同德国共产主义工人党[47]的无政府主义倾向是一样的。在上一次共产国际代表大会上可以明显地看出同这个党是有斗争的。当时批评这种倾向的用词，往往比"倾向"这个词还要尖锐。你们知道，这是一个国际性的问题。因此，想用不再辩论、到此为止的办法来了结这个问题，是不正确的。但是，理论上的辩论是一回事，党的政治路线和政治斗争则是另一回事。我们这里不是辩论的俱乐部。当然，我们可以而且将要出版一些文集和专门的刊物，但是我们首先要在最艰苦的条件下进行斗争，因而必须团结一致。在这种情况下，如果用组织"全俄生产者代表大会"之类的建议来干扰政治辩论和政治斗争，那我们就不能同心协力、团结一致地前进；这不是我们在近几年内所要执行的政策。这是破坏党齐心协力的工作的政策，这种政策不仅在理论上是错误的，它的错误还在于对阶级关系作了不正确的判断。阶级关系——这是一种根本的和主要的东西，没有它，也就没有马克思主义，关于这个问题共产国际第二次代表大会也作过决议[48]。目前的情况是，非党的自发势力正在表现出小资产阶级动摇性，这种动摇性在俄国现在的经济状况下是不可避免的。我们必须记住，内部的危险在某种意义上比邓尼金和尤登尼奇的危险还要大，因此我们不仅需要形式上的团结，而且需要非常坚固的团结。为了建立这种团结，我们就非有这样一个决议不可。

其次，我认为这个决议的第4节非常重要，它对我们的党纲作了确切的解释，也就是说，作了出自作者的解释。代表大会是党纲的作者，因此代表大会应当作出解释，以便结束这种动摇现象，结束这种有时甚至是玩弄党纲的现象：有人对党纲中关于工会的部分作了随心所欲的解释。你们都听到了梁赞诺夫同志在这个讲台上对党纲的批评，我们真要谢谢这位批评家的理论探讨！你们都听到了施略普尼柯夫同志提出的批评。对这种批评是不能保持沉默的。我认为，在这里，在这项决议中，我们有了我们当前所需要的东西。党纲是由代表大会批准的，代表大会是党的最高机关，因此，应当以代表大会的名义说：请看我们是怎样理解党纲的。我再说一遍，理论上的争论并不是到此为止。可以对党纲提出修改意见，在这方面不能有任何禁止。我们并不认为我们的党纲已经尽善尽美，无可更改，但是我们现在没有接到正式的提议，我们还没有花时间研究过这个问题。我们如果仔细阅读党纲，就会看到下面的话："工会应当做到……切实地集中等等"，"应当做到……切实地集中"——这句话应当加以强调。而从前面的一行中我们还可以看到："根据法律，工会是一切地方的和中央的生产管理机关的参加者。"我们知道，资本主义的生产是在世界所有先进国家的协助下用几十年的时间建立起来的。而我们处在极端贫困的时期，工人在我国占少数，无产阶级先锋队和农民群众已经疲惫不堪、流血过多。难道我们会幼稚到这种地步，竟认为在我们这样的时期这样的国家里可以迅速地完成这一过程吗?! 我们甚至还没有打下基础，我们只是刚开始根据经验计划在工会的参加下管理生产。我们知道，主要的障碍是贫困。说我们没有吸收群众参加工作是不对的；相反，工人群众中任何多少有点才干的人，都得到我们最真诚的支持。现在唯一需要的是形势能够稍微缓和一点。在饥荒之后，我们至少要有一两年的休养生息时间。从历史来看，这是一个极短的期限，但是在我们目前的条件下，这却是一个很长的时期。只要有一两年的休养生息时间，只要有一两年燃料供应正常，保证工厂开工，我们就可以从工人阶级那里得到百倍的支持，而且可以从他们队伍中提拔出比现在多得多的人才。这是任何人都不会而且也不能怀疑的。目前我们没有得到这种支持，这并不是因为我们不想得到支持。为此我们正在做我们所能做到的一切。谁也不能说，政府、工会或党中央委员会在这个问题上放过了任何一次机会。但是我们知道，现在人们困苦到了极点，到处都是饥饿和贫穷，由此往往产生了消极的心理。我们不要怕如实地说出这种不幸和灾祸。正是这些东西妨碍群众迸发出热情。我们根据统计材料知道，在管理机关中工人占 60％。在这种情况下，企图按照施略普尼柯夫那样来解释党纲说的"工会应当做到……切实地集中"等等，是绝对不行的。

确切地解释党纲，可以使我们把必要的策略上的一致和统一同必要的辩论自由结合起来，这一点在决议的末尾已经着重指出了。决议是怎样说的呢？让我们读一下第6点：

"根据上述一切，俄共代表大会坚决反对这些反映工团主义和无政府主义倾向的主张，并认为：第一，必须同这些主张进行坚持不懈的斗争；第二，代表大会认为，宣传这些主张是同俄共党员的身份不相容的。

代表大会责成党中央委员会严格执行大会的这些决定，同时指出，在各种专门的刊物和文集等等上可以而且应当划出一定的篇幅，使党员能就上述的各种问题详细交换意见。"

你们都是各方面的鼓动家和宣传家，难道你们不知道在战斗的政党内部进行思想宣传和在专门的刊物、文集上交换意见是有区别的吗？我相信，任何一个愿意深入研究这个决议的人，都会看到这种区别。我们把这一倾向的代表吸收到中央委员会里来，我们希望这些代表在中央委员会里能够像一切有觉悟的、守纪律的党员那样来对待党代表大会的决议；我们希望在他们的帮助下我们将能够在中央委员会里分清这一界限，而不致造成特殊状况；我们会弄清在党内发生的究竟是什么问题，是在战斗的政党内部宣传某种主张，还是在专门的刊物和文集上交换意见。谁有兴趣想仔细研究恩格斯的那些话，那就去研究好了！有些理论家经常向党提出有益的意见。这是很必要的。我们将要出版两三大本文集，这是有益的和绝对必要的。但是，难道这跟宣传某种主张，跟各派纲领的斗争相同吗？难道可以把两者混淆起来吗？凡是愿意深入研究我国政治形势的人，是不会把这两者混淆起来的。

不要妨碍我们的政治工作，特别在严重的关头，但是也不要放弃学术探讨。如果施略普尼柯夫同志（举例来说）想在最近几个月内利用空余时间，为不久前出版的、叙述他在不合法状态时期的革命斗争经验的集子编写第二卷来分析"生产者"这一概念，那就请写吧！而目前的这一决议，却应当成为我们的路标。我们开展了最广泛、最自由的辩论。"工人反对派"的纲领曾经登载在发行25万份的党中央机关报上。我们从各方面尽可能地考虑了这个纲领，我们根据这个纲领选举了代表，最后，我们召开了代表大会，而大会对政治辩论作了总结，并且指出：倾向已经很明显，我们不要再捉迷藏了；应当公开指出，倾向就是倾向，必须加以纠正；我们一定会纠正这种倾向，至于辩论，那将是理论上的辩论。

因此，我再次提议通过并且赞成通过这两项决议，巩固党的统一，并且正确规定党的会议应该做些什么，个别愿意帮助党的、从事某些理论问题研究的马克思主义者和共产党员在空余的时间可以自由地做些什么。（鼓掌）

11

关于党的统一和无政府工团主义
倾向的报告的总结发言

（3月16日）

　　同志们，我们在这里听到了一些非常刺耳的话，其中最刺耳的要算是指责我们的决议是一种诬蔑了。但是，有一些刺耳的话常常是不攻自破的。你们手头都有决议。你们知道，我们吸收了两名"工人反对派"的代表参加中央委员会，并且我们使用了"倾向"这个词。我强调的是这个词的含义。无论是施略普尼柯夫还是梅德维捷夫都没有提出别的词。我们在会上批评了受到各派代表一致批评的提纲。这怎么能够说是诬蔑呢？如果有人把实际上不存在的东西加到一些人的头上，那用"诬蔑"这种刺耳的字眼还有些道理。而现在，这只不过是一种气话。这是一种不郑重的说法！

　　现在谈一谈会上提到的几个问题。有人说，对"民主集中派"不公平。你们都看到，关于"民主集中派"的代表在这里提到的中央委员会人选问题，在各派之间是怎样逐渐达成协议和怎样交换意见的。你们知道，从"工人反对派"全体成员和其他各派中许多最有声望的同志和代表都参加过的那次非正式的会议起，我个人就公开说，我们欢迎"工人反对派"和"民主集中派"的代表参加中央委员会。在这次有"工人反对派"全体同志和其他各派代表参加的会议上，谁也没有对这一点提出异议。十分明显，后来"民主集中派"的代表被选为候补中央委员，而没有被选为中央委员，这是各派之间继续交换意见和取得协议的结果。因此，把这看成是对"民主集中派"有什么不信任或不公平，完全是无理取闹。我们在中央委员会里尽了一切努力，希望尽量做到公平合理。这是事实，谁也不能抹杀。因此，得出结论说不公平，这实在是无理取闹！又如"民主集中派"的一个同志说，决议的第 7 条是不必要的，因为中央委员会本来就有权利这样做。我们提议不公布第 7 条，是希望不用这一条，这是一种极端措施。但是，"民主集中派"的一个同志[49]说："你们根据党章本来就有权利这样做。"可见他不懂得党章，不懂得民主集中制的原则，不懂得集中制的原则。让代表大会选出的中央委员会有权开除中央委员，这是任何时候任何民主制和任何集中制都不容许的。（喊声："可以通过党组织。"）更不能通过党组织。代表大会选出中央委员会，这是对它表示最大的信任，让它来领导。至于说中央委员会对中央委员有这种权利，那是我们党在任何地方、任何时候也没有容许过的。这是一种极端措施，只有觉察到情况十分危险，才能例外使用。拉狄克同志对这一点解释得完全正确。这时要召开非常会议，由中央委员、候补中央委员和中央监察委员一起参加，并且都有同等的表决权。这种制度，这种 47 人的全会，在我们党章上没有规定，实践上也从来没有用过。因此我要再说一遍，"民主集中派"的同志们无论对党章、对民主集中制的原则、对集中制，都是一窍不通。这是一种极端措施，我希望我们不去用它。这种措施只是说明，只有在可能因意见分歧的一方而引起分裂的时候，党才采取你们所听到的这种措施。我们毕竟不是小孩子，我们见过困难的时刻，见过分裂，经历过分裂，我们知道分裂是怎样的痛苦,因此也就不怕如实地说出这种危险。

在过去的一些代表大会上也有过很尖锐的意见分歧。但是有没有因其中一方而引起分裂呢?没有。现在有没有呢?有。这种情况人们已经屡次指出过了。我认为,现在有办法对付这种意见分歧了。

还有人说,这种决议并不能造成统一,根据决议看来,进行批评似乎必须通过省委,似乎对"工人反对派"的同志有某种不信任,因此就使他们很难参加中央委员会。这也说得完全不对!我在一开始就说过为什么选用"倾向"这个词。如果你们不喜欢这个词,那可以先基本上通过这个决议,然后把它交给主席团,尽量把语气改得缓和一些。如果我们能找到更缓和的用词,那我提议把"倾向"这个词换掉,其他地方也可以改得缓和一些。我们不反对这样做。但是现在在大会上,当然不是讨论这些细节的时候。可以把决议交给主席团加以修订,把语气改得缓和一些。在这方面是不必太激烈的——我并不反对这种做法。但是,说这个决议是挑唆党内一部分人反对另一部分人,这也不符合事实。

我不了解萨马拉的"工人反对派"的组成情况,我没去过那里,但是我相信,除了"工人反对派"外,任何一派的中央委员或任何一派的大会代表,只要他想在萨马拉组织的会议上证明决议不是什么挑唆,而是号召统一,是争取"工人反对派"的大多数,那他一定可以做到这一点。谁在这里用"挑唆"这种字眼,就说明他是忘记了关于统一的决议的第5条,在这一条中已经承认了"工人反对派"的功劳。难道在决议中不是两方面都提到了吗?一方面说"出现了一种倾向",另一方面,请你们读读第5条:"同时,代表大会声明,在例如所谓的'工人反对派'特别关心的问题,即清除党内的非无产阶级分子和不可靠分子、反对官僚主义、发扬民主和工人的自主精神等等问题上,任何切实的建议,都应当十分认真地加以考虑"①,等等。难道这是挑唆吗？这是承认他们的功劳。我们说,一方面,你们在辩论中暴露出了一种在政治上是危险的倾向(这甚至在梅德维捷夫同志的决议案50中也承认了,只是用的词不一样),但是接着我们又说,至于反对官僚主义的问题,我们承认我们还做得不够。这是在承认他们的功劳,而不是挑唆！

吸收"工人反对派"的同志参加中央委员会,这是表示同志式的信任。在这以后,无论是谁去出席没有被派别斗争弄得不可开交的会议,那么这个会议都会指出,这里并没有什么挑唆,而是表示了同志式的信任。至于采取最极端的措施,那是将来的事情,现在我们还不这样做,目前我们还是表示同志式的信任。如果你们认为我们理论上错了,那我们可以出版几十册文集来讨论,如果有些年青的同志,例如萨马拉组织的同志,在这个问题上有什么新的意见要讲,那么萨马拉的同志们,请讲吧！我们一定把你们的文章发表几篇。本来任何人都懂得,在代表大会上发言和在会外对工人们乱讲是有差别的。党对自己正在做的事情是毫不犹豫的,但是我们无论如何决不会在工人的会议上讲卡缅斯基同志所讲的话,讲他有权在党代表大会上讲的话。只要你们对照一下决议的确切的原文,那你们就会看出,它只是作了理论上原则上的指示,而没有丝毫侮辱性的东西,同时它还承认,有些人在反对官僚主义的斗争中有功劳,表示希望得到他们的帮助,此外,这个集团的代表还被选进了中央委员会,这在党内可说是最高的信任了。同志

---

① 见本卷第82页。——编者注

们,正因为这样,我提议用记名表决的办法通过这两项决议,然后把决议交给主席团加以修订,把措辞改得缓和一些;既然施略普尼柯夫同志也参加主席团,也许他会找到更恰当的用词来代替"倾向"这个词。

关于呈请辞职的问题,我提议通过如下决议:"代表大会号召已被解散的'工人反对派'的一切成员服从党的纪律,责成他们继续担任党委托给他们的职务,不接受施略普尼柯夫同志及其他任何同志的辞职。"[51](鼓掌)

12

对梁赞诺夫就关于党的
统一的决议所作修改的意见[52]

（3月16日）

我认为梁赞诺夫同志的愿望可惜是不能实现的。如果在根本问题上发生了意见分歧，我们决不能剥夺党和中央委员向全党申诉的权利。我想象不出我们怎么能这样做！这次代表大会对下次代表大会的选举，不能加以任何约束，否则，一旦发生了像缔结布列斯特和约那样的问题怎么办呢？你能担保不发生这样的问题吗？这是不能担保的。可能，那时又得按不同的纲领来进行选举了。（梁赞诺夫："就因为一个问题吗？"）当然是这样。但是在你的决议案中却写道：决不按不同的纲领进行选举。我认为，这是我们无法禁止的。当然，如果关于统一的决议和革命的发展使我们团结起来，也就不会再出现按不同纲领进行选举的情况了。我们在这次大会上所得到的教训，是忘不了的。但是，如果发生了根本的意见分歧，是不是能够禁止把分歧意见提交全党来裁决呢？不能！这是一种奢望，是无法实现的，因此我提议加以否决。

13

对拉法伊尔(Р.Б.法尔布曼)就
关于党的统一的决议所作修改的意见[53]

(3月16日)

我认为不应当采纳这条修改意见。在我们开始辩论的时候，我们在《真理报》上没有把文章加以区分，政策性的文章和讨论性的文章都混在一起了。这里我们并非用最后通牒的口气，而是强调不应该捅到报刊上去。

14

对基谢廖夫就
关于党的统一的决议所作发言的意见⁵⁴

（3月16日）

同志们，十分抱歉，我用了"机关枪"这样的字眼。我郑重保证，今后不再用这一类字眼来打比方，因为这些字眼会毫无必要地把人们吓一跳，结果使人弄不清楚这要说的是什么了。（鼓掌）谁也不打算用什么机关枪来扫射任何人。我们绝对相信，无论是基谢廖夫同志，还是其他人，都用不着开枪射击。

15

对马尔琴科就关于工团主义和
无政府主义倾向的决议所作修改的意见⁵⁵

(3月16日)

　　以代表大会的名义这么说,那就禁止得过严了。我建议不采纳这条修改意见,当然,这并不排除中央委员会有权在中央出版的文集中介绍材料以及在必要时汇集全部材料;但是,以代表大会的名义绝对禁止地方出版文集,我认为是太过分了。

16

关于燃料问题的讲话

（3 月 16 日）

请允许我发表一点意见。我赞成把燃料问题交给专门委员会去解决。毫无疑问，燃料危机在我国整个经济建设中即使不是最重要的问题，也是主要的问题之一。但是我这样问自己：不把问题交给专门委员会，不研究各种文件，了解主要的问题究竟在哪里——是机构有缺点，它们胡作非为呢？还是农民经济力量薄弱，农民缺少运送木柴所必需的马匹——而只根据李可夫同志代表最高国民经济委员会主席团所作的报告和拉林同志批评这一政策的副报告，我们是否就能够对这个极其复杂的问题作出最后的决定呢？我这样问自己：不通过专门委员会我们是否能够作出决定呢？——肯定地说，不可能。因此，比较实际些的做法还是选出一个人数较多的专门委员会，主要由地方上熟悉燃料工作、特别是木柴工作的同志参加，他们不只是在理论上懂得这项工作，而且在这一部门工作过，有亲身的实际体会。这个专门委员会不仅要听取报告，还要邀请许多人来根据文件审查报告人和副报告人的意见。然后，由专门委员会向中央提出报告，中央再根据报告对这方面的工作作出一系列的重要决定。这种办法要比在大会上辩论有效得多，有益得多。辩论会花费掉我们整天的时间，而结果我们还是要把问题交给专门委员会去解决。

17

关于燃料问题的建议

（3 月 16 日）

我提议委托林业总委员会立即邀请实际熟悉燃料和木柴机关的工作的大会代表举行一个会议，迅速制定各种紧急措施，特别是关于浮运木材的问题。

18

闭　幕　词

（3月16日）

　　同志们,我们的党代表大会的工作已经结束了。这次代表大会是在我国革命的极其重要的关头召开的。在连年的帝国主义战争之后又进行了国内战争,使国家受尽折磨,混乱不堪,国内战争结束后,国家的复苏只能在异常困难的条件下进行。因此,分裂因素或者说瓦解因素的出现,即小资产阶级和无政府主义自发势力的抬头,是不足为奇的。造成这种情况的主要原因之一,就是贫困和绝望情绪已经达到了前所未有、极端严重的程度,这影响到了千百万人,有时甚至影响到了更多的人,他们看不到摆脱这种困境的出路。但是,同志们,我们知道,我国经历过比这艰难得多的时期。我们绝对不是对危险视而不见,也丝毫不盲目乐观,我们坦率地对自己和同志们说,危险是很大的,但是同时,我们坚定不移地依靠无产阶级先锋队的团结一致。我们知道,除了觉悟的无产阶级,再没有任何力量能够把千百万涣散的、经常承受无比沉重负担的小农团结起来,把他们从经济上和政治上团结起来去反对剥削者。我们相信,这一力量经过斗争的考验,经过革命的艰苦考验,已经得到了充分的锻炼,已经足以应付一切严重的考验和新的困难。

　　同志们,除代表大会根据这个精神通过的各项决议以外,大会关于同农民的关系问题的决议是有非常重大的意义的。我们在这里非常清醒地估计了各阶级之间的关系，我们不怕公开承认，我们遇到的是一项最困难的任务。这就是要在目前无法建立正常关系的条件下，正确处理无产阶级同占人口多数的农民的关系。所谓正常的关系，应当是并且只能是这样：无产阶级掌握了大工业，掌握了大工业产品，因此不仅能充分满足农民的要求，而且能供给他们生活资料，使他们的境况得到改善，使人们明显地看到和感觉到同资本主义制度的差别。这样并且也只有这样，才能建立起正常的社会主义社会的基础。我们现在无法做到这一点，因为经济破坏，物资缺乏，生活贫困以及人们的绝望情绪把我们压得喘不过气来。但是，为了易于消除这些恶果，我们必须适当地调整现存的关系，虽然这种关系是在十分艰苦的战争时期建立起来的。农民有最充分的理由表示不满，这一点我们不想加以掩饰。我们要更详细地进行解释，说明我们要尽一切力量来消除这种情况，更多地照顾小业主的生活条件。

我们必须尽一切力量来改善小业主的生活。给小农更多的东西，为他们更扎实地进行经营创造条件。我们不怕这样做会使同共产主义敌对的倾向发展起来，这种情况无疑是会出现的。

同志们，我们就是应当这样清醒地估计这种关系，应当有充分的决心来重新审查以至改变我们的政策，因为我们在几年之中着手建设社会主义社会的基础，着手建设无产阶级国家的基础，这在历史上还是第一次。我认为，我们代表大会在这方面的工作会有更完满的结果，因为我们在这个根本问题上一开始就是完全一致的。关于无产阶级先锋队同本阶级群众的关系问题和无产阶级同农民的关系问题，是必须作出一致的决定的，而我们在这两个根本问题上都没有意见分歧。尽管我们是在极其困难的政治条件下来解决问题的,但是在这一点上我们表现了空前的团结。

现在让我来谈谈另外两件事,请不要作记录。第一是关于巴库和格罗兹尼的租让项目问题。这个问题在大会上只是顺便提了一下。这次会议我没有参加,但是有人告诉我,某些同志仍旧表示不满或不信任。我认为这是毫无根据的。中央对格罗兹尼和巴库的租让项目问题作过认真的研究,曾经几次成立专门委员会,并请有关部门作过专门报告。起初有过意见分歧,进行过几次表决,在最后一次表决后,已经没有哪些中央委员或哪个中央委员再想行使自己的当然权利把问题诉诸代表大会了。我认为,新的中央委员会无论在形式上或实际上,都有充分的权利根据代表大会的决定来解决这一重大问题。不实行租让,我们就得不到设备精良的现代资本主义技术的帮助。不利用这种技术,我们就不能在石油开采这种对整个世界经济具有重大意义的部门里为我们的大生产打好基础。我们连一个租让合同都还没有签订。但是我们要尽一切努力来签订。你们在报上看到开始铺设巴库—梯弗利斯输油管的消息没有?你们很快就会看到输油管铺设到巴统的消息。这样就能打开世界市场。这样做就是为了改善我们的经济状况,加强共和国的技术装备,提高产量,增加我国工人所需要的食品和消费品的数量。这方面的任何改善,对我们都有极大的意义。因此我们不怕租让格罗兹尼和巴库的一部分;把四分之一格罗兹尼和四分之一巴库租让出去,我们就能利用这种租让——如果能够实现的话——使其余的四分之三赶上先进资本主义国家的先进技术。否则,我们在目前是做不到这一点的。这是一切了解我国经济状况的人都懂得的。而只要有了根基(哪怕是用几亿金卢布换来的），我们就可以竭力使其余的四分之三赶上去。

请不要公布的第二件事，是主席团经过专门审查的有关传达办法的决定。你们知道，这次代表大会的工作常常是在十分紧张的气氛中进行的，致使许多工作人员离开了大会，这种情况过去是从来没有过的。因此需要比较冷静比较周密地制定一个怎样向地方作传达的计划，在这方面应当遵照明确的决定办。有位同志已经拟好一项主席团给分赴各地的代表的指示草案，现在我来读一下。（读指示草案）关于这个问题，我已经简单地谈过了。我想，刚才读过的短短几行，已经足以使每个代表仔细地考虑问题，在作传达报告时注意必要的谨慎，不要夸大局势的危险性，绝对不要使自己和周围的人感到惊慌失措。

目前，世界资本主义掀起了一场空前疯狂的、歇斯底里的运动来反对我们，因此我们就更不应当而且丝毫没有理由惊慌失措。昨天我征得契切林同志的同意，拿到了一份有关这一问题的综合材料，我想，听一听这个材料对大家是有好处的。这是一份关于俄国国内局势的种种谣言的综合材料。编辑综合材料的同志写道，在西欧报刊上，从来没有像最近两周那样出现这么多关于苏维埃俄国的乱七八糟的谣言和荒唐的捏造。从3月初起，所有西欧报刊每天都登载大批捏造的消息，例如说俄国发生了暴动，反革命取得了胜利，列宁和托洛茨基逃到了克里木，克里姆林宫升起了白旗，彼得格勒和莫斯科的街道上血流成河，并且筑起了街垒，成群结队的工人跑下山来涌向莫斯科去推翻苏维埃政权，布琼尼投到叛乱者方面去了，反革命在俄国的许多城市中都取得了胜利——他们一会儿提到这个城市，一会儿又提到那个城市，几乎把俄国的大多数外省城市都数遍了。这个运动规模很广，计划周密，说明它是由所有主要国家的政府精心策划的一次行动。3月2日,英国外交部通过"报纸联合社"[56]声明已经发表的许多消息是不可靠的。可是在这以后英国外交部自己马上又发表了关于彼得格勒发生暴动、喀琅施塔得舰队炮轰彼得格勒、莫斯科进行巷战等消息。

3月2日,英国所有报纸都登载了关于彼得格勒和莫斯科发生暴动的电讯,说列宁和托洛茨基逃到了克里木,莫斯科有14 000名工人要求召开立宪会议,莫斯科兵工厂和莫斯科—库尔斯克车站落入暴动工人的手中,彼得格勒的瓦西里耶夫岛完全被暴动者占领。

我再从后来几天的无线电讯和电报中举几个例子:3月3日克雷什科从伦敦来电说,路透社[57]也跟着散布彼得格勒发生暴动的谣言,并且大事渲染。

3月6日:驻柏林记者梅森向纽约发出电讯说,从美国来的工人在彼得格勒的革命中起着重要的作用,因此契切林已电令加涅茨基将军禁止美国来的侨民入境。

3月6日:季诺维也夫逃往奥拉宁包姆。莫斯科红军炮兵炮轰工人区。彼得格勒和各方面的联系都已经被切断(维干德的无线电讯)。

3月7日:克雷什科来电说,据雷瓦尔方面报道,莫斯科已筑起街垒;各报发表了来自赫尔辛福斯的消息,说切尔尼戈夫已被反布尔什维克的军队占领。

3月7日:彼得格勒和莫斯科都已落入暴动者手中。敖德萨发生暴动。谢苗诺夫率领25 000名哥萨克在西伯利亚活动。彼得格勒革命委员会控制了城防工事和舰队(英国波尔久电台报道)。

瑙恩3月7日:彼得格勒工厂区发生暴动。反布尔什维克暴动席卷沃伦。

巴黎3月7日:彼得格勒落入革命委员会手中。《晨报》[58]报道说,据伦敦消息,白旗飘扬在克里姆林宫上空。

巴黎3月8日:暴动者已占领红丘炮台。普斯科夫省的红军团队哗变。布尔什维克将巴什基尔人调往彼得格勒。

3月10日克雷什科来电:许多报纸提出疑问,彼得格勒到底陷落了没有?据赫尔辛福斯消息,彼得格勒已有四分之三落入叛乱者手中。托洛茨基,或者据另一消息说是季诺维也夫,正在指挥托斯诺或彼得保罗要塞的战斗;另讯,布鲁西洛夫被任命为总司令;里加消息:彼得格勒除各车站外,已于9日被全部占领,红军撤往加契纳;彼得格勒的罢工者提出"打倒苏维埃和共产党人"的口号。英国陆军部声明,喀琅施塔得和彼得格勒两地的叛乱者是否已经会合,现在还不知道;但是,根据它的情报,季诺维也夫正在彼得保罗要塞中指挥苏维埃部队。

再从这一时期的大量谣言中举几个例子:萨拉托夫已经成立了反布尔什维克的独立共和国(瑙恩3月11日讯)。伏尔加河沿岸的各城市中大肆屠杀共产党人(同上)。明斯克省的白俄罗斯武装部队同红军发生冲突(同上)。

巴黎3月15日:《晨报》报道说,库班和顿河的哥萨克举行了大规模的暴动。

瑙恩3月14日发表消息说,布琼尼骑兵在奥廖尔附近加入叛军。此后又陆续发表消息说,普斯科夫、敖德萨和其他城市相继发生暴动。

3月9日克拉辛来电:《泰晤士报》[59]驻华盛顿记者说,苏维埃制度即将垮台,因此,美国同边境上的各国建立关系一事将要推迟。此外还不断传出消息说，美国银行界认为在目前情况下同俄国通商简直是赌博。

《每日纪事报》[60]驻纽约记者早在3月4日就说过，美国的实业界和共和党认为目前同俄国建立贸易关系是一种赌博。

毫无疑问，这次造谣运动不仅是要影响美国，而且是要影响在伦敦的土耳其代表团和西里西亚的全民投票[61]。

同志们，情况是非常清楚的。全世界的报刊辛迪加——那里的新闻自由，就是99％的报刊都被腰缠万贯的金融巨头所收买——展开了帝国主义者的世界大进军，他们首先想破坏克拉辛已经着手执行的对英贸易协定和即将签订的对美贸易协定，我说过，我们正在这里就对美贸易协定进行谈判，在代表大会开会期间有人也不止一次提到这件事。上述情况说明，包围着我们的敌人进行武装干涉不行了，就指望叛乱。喀琅施塔得事件也表明了同国际资产阶级的联系。此外，我们看到，他们着眼于国际资本的实际利益，现在最怕恢复正常的贸易关系。然而，这种关系他们是破坏不了的。到我们莫斯科来的一些大资本的代表，对所有这些谣言都不再相信，他们说，美国有一批公民用一种新奇的方法为苏维埃俄国作了宣传。

这些人从各种各样的报纸上，把几个月来所有关于俄国，关于列宁和托洛茨基逃跑，关于托洛茨基枪毙列宁或列宁枪毙托洛茨基等等消息都收集起来，编成了一本小册子[62]。这对苏维埃政权来说，真是再好不过的宣传了。他们逐日地把列宁和托洛茨基一次又一次被枪毙、被杀死的消息收集起来（这些消息每月都一再出现），最后，他们把它编成集子出版。当代美国资产阶级报刊已经完全丧失了信誉。这就是流亡国外的200万俄国地主和资本家为之服务的敌人，这就是同我们对立的资产阶级大军。让他们来试试破坏苏维埃政权的实际成就和贸易关系吧。我们知道，这是做不到的。拥有成千上万家报纸和向全世界报道新闻的国际报界发表的所有这些消息，再一次表明我们被敌人紧紧包围着，而这些敌人和去年比起来已经大大地削弱了。同志们，我们应当懂得这一点！我想大多数到会的代表都已经了解，我们的意见分歧应当有一个分寸。自然，在大会争论时是没有办法掌握这个分寸的。不能要求一个刚刚参加斗争的人，一下子就掌握这个分寸。但是，只要看到我们的党是世界革命的策源地，看到包括世界各国的辛迪加掀起针对我们的运动，我们就不应该有任何疑问。让他们去掀起运动吧，我们看到这种运动，也就确切知道我们的意见分歧应当适可而止，我们知道，在这次代表大会上达到团结一致，我们就能真正结束意见分歧而达到绝对的统一，我们的党就会锻炼得更加坚强，它必将取得愈来愈大的国际胜利！（热烈鼓掌）

载于 1921 年《俄国共产党第十次代表大会。速记记录（1921 年 3 月 8—16 日）》一书（非全文）

全文载于 1963 年《俄共（布）第十次代表大会。速记记录（1921 年 3 月 8—16 日）》一书

译自《列宁全集》俄文第 5 版第 43 卷第 3—127 页

在《十人纲领》拥护者
会议上的发言的提纲[63]

（1921年3月8日或9日）

（1）工人反对派中的（官僚主义的）上层……

（2）与真正的无产阶级群众确实有联系的下层……

（3）同工人反对派（上层）的工团主义和马哈伊斯基主义[64]的倾向
作最坚决的思想斗争

（4）代表大会关于从根本上谴责工人反对派的工团主义、无政府
主义和马哈伊斯基主义的倾向的决定

（5）代表大会（以记名表决的方式作出的）关于反对保存派别组织
或派别活动残余的决定

（6）警告——开除出党或由中央委员降为候补中央委员（（根据中
央委员会＋监察委员会＋全体候补中央委员＋$\frac{2}{3}$?? 的票数
决定））[65]

（7）将真正的无产阶级分子吸收到中央委员会来

（8）**深入了解**、研究、考察、查明……

（9）**立即**选出若干（在代表大会上的）发言人来贯彻这条路线

（10）**选出**……《十人纲领》的委员会

（11）关于中央委员会工作报告的决议：(α)加强全党包括中央委员
会在内的统一和纪律；(β)减少组织局的官僚主义作风

(12)下一次会议在彼得格勒代表(包括季诺维也夫)到达当天(或第二天)举行

＋(13)代表大会关于在报刊上对党代表大会的**报道**的决定：缓和派别争论，显示统一。

载于 1959 年《列宁文集》俄文版　　　　　译自《列宁全集》俄文第 5 版
第 36 卷　　　　　　　　　　　　　　　　　第 43 卷第 378 页

给第 11 集团军
革命军事委员会的电报

（1921 年 3 月 10 日）

抄送高加索方面军革命军事委员会

抄送格鲁吉亚革命委员会

抄送奥尔忠尼启则同志

鉴于第 11 集团军的部队驻扎在格鲁吉亚境内，建议你们同格鲁吉亚革命委员会建立密切联系，严格遵守革命委员会的指示，非经格鲁吉亚革命委员会同意，不得采取任何可能损害当地居民利益的措施，对格鲁吉亚的权力机关要特别尊重，对格鲁吉亚居民要特别关心，特别谨慎。请立即向集团军各机关（包括特别部[66]在内）发出相应的指示。对违反这一指示的人一律要追究责任。凡是违反指示的事件，哪怕是同当地居民发生的最小的摩擦和误会，都要上报。

国防委员会主席　列宁

载于 1921 年 3 月 17 日《格鲁吉亚真理报》第 13 号

译自《列宁全集》俄文第 5 版第 43 卷第 128 页

关于喀琅施塔得暴动

同美国《纽约先驱报》记者谈话纪要[67]

（1921年3月15日）

　　请相信，在俄国只可能有两种政府：沙皇政府或苏维埃政府。喀琅施塔得的某些疯子和叛徒却谈论什么立宪会议。但是，一个神志清醒的人在俄国目前所处的不正常的状况下恐怕连想也不会想到立宪会议。现在要开立宪会议，只能开成一个被沙皇将军们牵着鼻子走的笨蛋们参加的会议。喀琅施塔得暴动确实是一个微不足道的事件，它对于苏维埃政权的威胁比爱尔兰军队对于不列颠帝国的威胁小得多。

　　在美国，有人认为布尔什维克是一个由包藏祸心的人组成的小集团，他们残暴地统治一大批有学识的人，而后者在废除苏维埃制度的情况下，是能够组成一个出色的政府的。这种看法是十分荒谬的。现在除了那些将军和官僚，没有人能够代替布尔什维克，而那些人早已表明是无能为力的。国外有人所以夸大喀琅施塔得暴动的作用并予以支援，这是因为世界分裂成了两个阵营：资本主义外国和共产主义俄国。

载于1921年3月26日《彼得格勒真理报》第67号

译自《列宁全集》俄文第5版第43卷第129页

就全俄中央执行委员会
关于取消货币税的决定草案向
俄共（布）中央政治局提出的建议⁶⁸

（1921年3月16日）

我建议撤销（由于**实行**实物税**和准备**实行银本位制）。

列　宁

3月16日

载于1959年《列宁文集》俄文版　　　　译自《列宁全集》俄文第5版
第36卷　　　　　　　　　　　　　第54卷第439页

俄共(布)中央政治局关于
坦波夫省的收购工作的决定草案[69]

3月19日

征求**政治局**各委员意见

为撤销中央关于在坦波夫省完全停止收购的决定，兹决定：

在坦波夫省只允许收购大量饲料，并且只供在当地剿匪的军队之需。

列　宁

载于 1959 年《列宁文集》俄文版　　　　　　译自《列宁全集》俄文第 5 版
第 36 卷　　　　　　　　　　　　　　　　第 54 卷第 439 页

在全俄运输工人代表大会上的讲话⁷⁰

(1921 年 3 月 27 日)

同志们,首先让我感谢你们的欢迎,并向你们的代表大会表示祝贺。(热烈鼓掌)在讲直接有关你们代表大会的任务、你们的工作以及整个苏维埃政权对你们代表大会的期望这个题目之前,让我先略微离开本题讲几句话。

刚才我从你们会场上走过时,看见这样一条标语:"工农王国万世长存"。不错,这条标语不是挂在通常的地方,而是放在会场角上——也许,是谁看出这条标语有毛病,把它移到一边去了。我读了这条奇怪的标语,便想到,在我们这里连对这种最起码最基本的东西也存在着误解和不正确的认识。老实说,如果工农王国真的万世长存,那么也就永远不会有社会主义了,因为社会主义就是消灭阶级,而既然存在着工人和农民,也就存在着不同的阶级,因而也就不能有完全的社会主义。当我想到十月革命已经过去三年半以后,我们这里竟然还有(虽然向旁边移开了一些)这样奇怪的标语的时候,也就联想到对于我国最流行最常用的那些口号,大概也还存在着很大的误解。举例来说,我们大家都唱,现在我们在进行最后的斗争——这也就是我们到处重复的一个最流行的口号。可是如果要问问许多共产党员:你们现在进行的斗争——不是最后的斗争(说是最后的当然多少有点不恰当),而是我们最后的斗争中的一次斗争——究竟是反对谁的，我担心，恐怕只有少数人能作出正确的回答，只有少数人能明确了解，现在我们进行的最后的斗争中的一次斗争，究竟是反对什么或者是反对谁的。我觉得，今年春天，由于发生了引起广大工农群众注意的政治事件，就必须重新研究一下，或者至少要试着研究一下这样一个问题：今年春天，也就是说目前，我们进行的最后斗争中的一次斗争，究竟是反对谁的。我现在就来讲讲这个问题。

为了弄清楚这个问题，我以为首先要再一次尽量精确尽量清醒地观察一下各种互相对立的力量，这些力量的斗争决定着苏维埃政权的命运，而且总的说来，也决定着无产阶级革命，即推翻俄国资本和其他各国资本的革命的进程和发展。这究竟是一些什么力量呢？它们是怎样组合成互相敌对的势力的呢？这些力量目前是怎样配置的呢？政治上一有风吹草动，政治事态一发生转折，哪怕是不很大的转折，每一个有头脑的工人和农民都势必会思考这样一个问题：现在究竟有哪些力量，它们正在怎样组合。只有当我们能够正确地、完全清醒地而不是凭着自己的感情和愿望来估计这些力量时，只有这时，我们才能对我们的政策以及我们最近的任务作出正确的结论。所以现在我就来扼要地讲讲这些力量。

这些力量，总的说来有三种。先从我们最亲近的一种力量即从无产阶级讲起。这是第一种力量。这是第一个独特的阶级。这一点你们都十分清楚，你们本身就生活在这个阶级中间。目前这个阶级的情形怎样呢？在苏维埃共和国中，它是这样一个阶级：它在三年半以前取得了政权，在这个期间内实现了统治，实行了专政，并且在这三年半的时间里比其他一切阶级都遭到了更多的苦痛、贫困和灾难。这三年半中的大部分时间，是在苏维埃政权为抗击整个资本主义世界而进行的殊死的国内战争中度过的。这三年半时间对工人阶级,对无产阶级说来,意味着经历了世界上从来没有过的灾难、贫困、牺牲和严重的物资匮乏。结果发生了奇怪的事情。那个取得了政治统治的阶级,在取得统治时就意识到它是**独自**取得政治统治的。这就是无产阶级专政这个概念的内容。只有当一个阶级知道它是独自取得政权而不用什么"全民的、普选的、受到全体人民拥戴的"政权这类空话来自欺欺人的时候,无产阶级专政这一概念才有意义。你们都很清楚,爱说这类空话的人很多,甚至多得不得了,可是无论如何,这总不是无产阶级里面的人,因为无产者都了解这里说的是无产阶级专政,并且宪法即共和国的根本法也写上了这一点。这个阶级懂得它是在非常困难的条件下独自取得政权的。它建立这一政权时,采用了其他任何专政所采用的方法,即以最坚定、最坚决的态度来实现自己的政治统治。同时,在三年半来的政治统治期间,它所遭到的灾难、贫困、饥饿和经济状况的恶化,也是历史上任何一个阶级从来没有遭到过的。因此,这个阶级在经历了这种超乎寻常的紧张生活之后,自然也就显得特别疲惫,特别困乏了。

试问,在一个无产阶级和其他居民比起来只占极少数的国家里,在一个被人用武力同那些无产阶级人数更多、觉悟更高、纪律性更强、组织得更好的国家人为地隔离开来的落后国家里,并且是处在全世界资产阶级的反对和进攻的条件下,一个阶级怎么能够建立起自己的政权呢? 这个政权又怎么能够维持三年半之久呢? 是从什么地方得到支持的呢? 我们知道,这种支持来自国内,来自农民群众。我一会儿就要讲到这第二种力量,但先要把第一种力量分析完。我已经讲过,而且你们中间凡是在工厂、机务段和修配厂里观察过自己最亲近的同志们的生活的人都知道,这个阶级所受的苦难从来没有像在它的专政时代所受的这样严重,这样厉害。我们国家从来也没有像现在这样疲惫,这样破败。究竟是什么给了这个阶级以精神力量来熬过这种贫困的呢?显然,毫无疑问,它一定是从什么地方获得了克服这种物质贫困的精神力量。大家知道,关于精神力量,关于精神支持的问题,是一个不明确的概念,一切都可以理解为精神力量,一切都可以算做精神力量。为了避免这种危险,避免把一种不着边际的或荒诞不经的东西硬算做精神力量,我就这样问自己:能不能精确地确定,究竟是什么东西给了无产阶级以精神力量来熬过那种由于实行无产阶级的政治统治而遭到的空前的物质贫困呢?我想,如果这样提出问题,是可以找到对这个问题的确切回答的。请大家自己想想看:假如同苏维埃共和国站在一起的是些落后国家,而不是先进国家,那么苏维埃共和国能不能经受住它在这三年半内所经受的一切,能不能十分成功地保卫住自己,击退世界各国资本家所支持的白卫分子的进攻呢?只要这样提出问题,就可以毫不犹豫地作出回答了。

你们知道,在这三年半中,同我们作战的是全世界所有最富强的国家。你们都参加过战争,你们都很清楚,反对我们而援助高尔察克、尤登尼奇、邓尼金和弗兰格尔的那种军事力量,无疑要比我们的军事力量大许多倍,大很多很多。你们也都很清楚,所有这些国家的实力,现在也比我们的实力大得多。它们本来是打定主意要征服苏维埃政权的,结果却没有能够征服,这是怎么回事呢?怎么会是这样的呢?我们可以很确切地回答这个问题。所以会这样,所以是这样,是因为一切资本主义国家的无产阶级都支持我们。即使是在这些国家的无产阶级显然处于孟什维克和社会革命党人（在欧洲各国，他们有另外的名称）影响下的时候，它也不支持对我国的进攻。结果，在领导者被迫向群众作出让步的情况下，工人们使这场战争打不下去。并不是我们取得了胜利，因为我们的军事力量微不足道，胜利之所以取得，是由于列强不能投入他们的全部军事力量来反对我们。先进国家的工人对战争的进程起着巨大的影响，违反他们的愿望，战争就无法进行，他们终于用消极和半消极的抵抗，使这场进攻我们的战争再也打不下去。这一无可争辩的事实，确切回答了这样一个问题：俄国无产阶级是从什么地方获得了精神力量，使它坚持了三年半之久，并且取得了胜利。俄国工人的精神力量就在于，他们知道、感觉到和体会到，在这场斗争中，欧洲所有先进国家的无产阶级都是帮助和支援他们的。在英国、法国、意大利以及其他战胜国和战败国，在这些文化不同和经济发展水平不同的国家里，社会党都发生了分裂，这是最近时期以来欧洲工人运动中最重大的事件，它向我们表明这一运动是在朝着哪个方向发展。在一切国家中，这一年来的主要事件，就是从被击败的、遭到彻底破产的社会党和社会民主党（在俄国就叫做孟什维克和社会革命党）中，另外组成了依靠工人阶级中一切先进力量支持的共产党。当然，毫无疑问，如果进攻我们的不是先进国家，而是没有这样强大的无产阶级群众的落后国家，那么我们不要说三年半，就是三个半月也支持不了。尽管帝国主义者用千百万份报刊散布反苏维埃政权的谎言，尽管那些"工人领袖"，孟什维克和社会革命党人竭力破坏工人为支持我们而开展的斗争，先进国家的工人还是援助了我们。如果我国无产阶级不是依靠他们的同情，能不能具有这样的精神力量呢？我国无产阶级人数很少，力量薄弱，饱经灾难和贫困，但是依靠了这种援助，终于取得了胜利，因为它强就强在有精神力量。

这就是第一种力量。

第二种力量,就是处在发达的资本与无产阶级之间的阶级,即小资产阶级,小业主,也就是在俄国占人口绝大多数的农民。这主要是小业主和小农。农民中十分之九是这样的农民,也只能是这样的农民。他们并不参加日常劳资间的尖锐斗争,他们没有受过锻炼,经济和政治生活条件使他们不但不能彼此接近,反而彼此分开,彼此疏远,使他们变成千百万单个的小业主。这些事实你们大家都是很熟悉的。不经过很多很多年,任何集体经济组织,集体农庄,公社都是不能改变这种现象的。这种力量依靠无产阶级专政的革命毅力和奋不顾身的精神,空前迅速地打倒了它右面的敌人地主阶级,连根铲除了这个阶级,用从来没有过的速度消灭了地主阶级的统治。可是这个力量愈快地消灭地主统治,愈快地在全民的土地上从事自己的经营,愈坚决地惩治为数不多的富农,它本身也就愈快地变为小业主。大家知道,俄国农村在这个时期拉平了。大耕作者和无地农民的数量减少了,中农增多了。在这期间,我国农村变得更小资产阶级化了。这是一个独立的阶级,在地主和资本家被消灭被驱逐之后,这个阶级便成为唯一能够和无产阶级抗衡的阶级。因此在标语上写上"工农王国万世长存"是很荒谬的。

你们知道,从政治情绪来看,这是一种什么样的力量。这是一种动摇的力量。在革命中,我们在国内每一个地方都看到了这一点,虽然在俄罗斯、西伯利亚、乌克兰都有各自的特点,但是到处的结论却是一样的:这是一种动摇的力量。社会革命党人和孟什维克长期控制这种力量——在克伦斯基提供帮助的时期是这样,在高尔察克时期,在萨马拉的立宪会议时期,在孟什维克马伊斯基担任高尔察克或其前任的部长的时期以及其他时期,也是这样。这种力量动摇于无产阶级的领导和资产阶级的领导之间。究竟为什么这个占大多数的力量不能自己领导自己呢? 因为这一大批人的经济生活条件决定他们本身不可能联合起来,不可能团结起来。凡是不听信"全民投票"、立宪会议以及诸如此类的"民主"这样一些空话的人,对这个问题都是很清楚的;在世界各国,这种"民主"愚弄人民已经有好几百年,而在我国,社会革命党人和孟什维克玩弄这种"民主"也有几百个星期了,但是他们"每次都在这个地方"[71]遭到了破产。(鼓掌)我们根据本身的经验知道(全世界近代的,譬如说一百五十年来的一切革命发展过程也证实了这一点),无论何时何地,结果总是这样:小资产阶级,尤其是农民,他们要认识自己的力量,要按自己的设想领导经济和政治的一切尝试,无不以失败而告终。或者受无产阶级领导,或者受资本家领导,中间道路是没有的。一切梦想走中间道路的人都是空想家,都是幻想家。政治、经济和历史都在驳斥他们的想法。马克思的全部学说表明,既然小业主是生产资料和土地的所有者,从他们的交换中就必然会产生出资本,劳资间的矛盾也就随之而来。资本和无产阶级间的斗争——这是必不可免的,这是全世界都已显示出来的规律,谁要是不愿意欺骗自己,谁就不能不看到这一点。

这些基本经济事实也就说明,为什么这种力量自己发挥不出来,为什么在一切革命的历史中,这样的尝试都以失败告终。在无产阶级还不能领导革命之前,这种力量总是受资产阶级的领导。过去一切革命中的情形都是如此,俄国人当然也不能超凡脱俗,假如他们硬要当圣人,那除了引人发笑,决不会有任何结果。不言而喻,历史对待我们也同对待别人一样。在我们大家看来,这一切是非常清楚的,因为我们都经历过克伦斯基执政时期。当时,有智慧的、有学识的、在政治和管理国家方面有丰富经验的指导政治路线的人物,拥护政府的要比拥护布尔什维克的多一百倍。如果再加上一切对我们怠工、但是对依靠孟什维克和社会革命党人的克伦斯基政府却不怠工的公职人员,那么这些人就占了大多数。但是他们毕竟还是失败了。可见这是有原因的,这些原因胜过了知识界即有学识的人的巨大优势,尽管他们早在自己取得政权以前几十年就已经习惯于管理国家、已经精通这门艺术了。乌克兰、顿河区和库班也有过这样的试验,虽然形式有所不同,结果却都是一样。这不可能是偶然的。第二种力量的经济的和政治的规律就是这样:或者受无产阶级领导——这固然是一条艰难的道路,但是走这条道路可以摆脱地主和资本家的统治;或者受资本家领导,就像在各先进民主共和国、甚至像在美国那样。美国至今还没有完全停止无偿分给土地的做法(凡是外来的人,每人无偿分给 60 俄亩土地;这真是再好不过的条件了!),而在那里,这种做法却导致了资本的完全统治。

这就是第二种力量。

在我国,这第二种力量不断地动摇着,它是特别疲乏了。它肩负着革命的重担,而最近几年来担子愈来愈重了:年成不好,在牲畜死亡、饲料缺乏的条件下还要执行余粮收集制,等等。在这种情况下不难理解,为什么这第二种力量即广大农民感到绝望。尽管消灭地主已经有三年半之久,尽管农民处境亟待改善,但是他们却不可能做到这一点。遣散的军队得不到正常的劳动的机会。于是这种小资产阶级力量就转化为无政府主义势力,他们用骚动来表达自己的要求。

　　第三种力量，大家都知道，就是地主和资本家。现在在我国表面上看不到这一力量。可是，最近几个星期以来的一个特别重大的事件，一个特别重要的教训，即喀琅施塔得事件，像闪电一样最清楚不过地照出了事物的真相。

　　现在欧洲没有一个国家里没有白卫分子。俄国的流亡者共达70万人。这是些逃跑的资本家和大批适应不了苏维埃政权的职员。我们这里现在看不到这第三种力量，它跑到外国去了，但是它还存在，并且同全世界资本家勾结起来进行活动，这些资本家支持它，就像支持高尔察克、尤登尼奇、弗兰格尔一样，既用金钱支援，也用其他方式支援，因为他们有自己的国际联系。每个人都记得这些人。近来，你们当然注意到了报纸上从白卫分子报刊中摘引来的许多说明喀琅施塔得事件的材料。最近几天，在巴黎出版报纸的布尔采夫绘声绘色地报道了这次事件，米留可夫也对这次事件品头论足——当然，你们大家都读过这些材料。为什么我们的报纸很注意这一点呢？这样做对不对呢？做得对。这是因为应当清楚地了解自己的敌人。当敌人已经跑到外国的时候，自然就对他看不太清楚。但是，看吧，他走得并不远，最多不过几千俄里，他走了这么一段路，然后就藏了起来。这个敌人并没有受伤，他还活着，在等待时机。所以要密切注视他，而且这些人并不仅仅是难民。不，他们是全世界资本的直接帮凶，是受这一资本豢养、同这一资本一起行动的人。

　　当然，你们大家都注意到了，除了从国外出版的白卫分子报纸上摘引的材料，我们还发表了法英报纸上的一些材料。这是一个合唱团，一个乐队。不错，这种乐队里并没有一个按乐谱来指挥演出的指挥。在那里指挥的是国际资本，它用来指挥的东西不像指挥棒那样明显。但这确是一个乐队，这是你们从任何摘引的材料中都可以看得很清楚的。他们认为，如果口号是"没有布尔什维克参加的苏维埃政权"，那他们是同意的。这一点米留可夫说得特别明白。他仔细地研究了历史，通过亲身体验学习俄国历史，因而温故知新。他用二十个月的自修心得充实了自己二十年来当教授的研究成果。他声明说：如果口号是没有布尔什维克参加的苏维埃政权，那我赞成这个口号。这种变动是稍微右倾一点还是稍微左倾一点，即倾向无政府主义者，在国外，在巴黎，这是看不出来的。那里看不到喀琅施塔得的实际情形，可是他说，"君主派先生们，不要着急，不要用你们的大喊大叫把事情搞糟了"。他还声明说，如果这种变动是向左倾的话，那他也愿意拥护苏维埃政权反对布尔什维克。

这就是米留可夫所写的东西，而写得绝对正确。他从俄国历史和地主、资本家那里学会了一点东西，他断定喀琅施塔得事件反正是要建立一个没有布尔什维克参加的苏维埃政权；稍微右倾一点，也就是稍微有些自由贸易，稍微带点立宪会议。听一听任何一个孟什维克说的话吧，也许，甚至不出这会场的门，你们就可以听到这一切。（鼓掌）如果喀琅施塔得事件的口号稍微左倾一点——建立有那些因灾难、战争、军队复员而产生出的无政府主义者参加的苏维埃政权——为什么米留可夫还会拥护这样的政权呢？因为他知道，不是倾向无产阶级专政方面，就是倾向资本家方面。

政权是不会以别的方式存在的。虽然我们进行的不是最后的斗争，而是最后的斗争中的一次斗争，但要是问究竟我们今天是同谁进行最后的斗争中的一次斗争，那么唯一正确的回答就是：同我们自己家里的小资产阶级自发势力进行斗争。（鼓掌）至于说到地主和资本家,那我们在第一个战局中已经把他们打败了,但这仅仅是第一个战局,而第二个战局将要在国际范围内进行。现代资本主义,即令它再强一百倍,也不能同我们作战,因为在那里,在各先进国家里,工人在昨天已经使资本主义掀起的战争打不下去,今天还会更顺利地更有把握地不让打这样的战争;因为在那里战争的恶果正在日益严重地扩展开来。至于我们家里的小资产阶级自发势力,虽然我们已经战胜了它,可是它还会大显身手,地主和资本家们,特别是那些像米留可夫这样比较聪明的人,也是估计到这一点的,米留可夫向君主派说:你们待着别动,不要吭声,不然你们就只会巩固苏维埃政权。历次革命的一般进程表明了这一点,在这些革命中,往往有过短时间的、暂时得到农村支持的劳动者专政,但是却没有过巩固的劳动者政权;经过一个短时期,一切都又倒退了。所以倒退,是因为农民、劳动者、小业主不能有自己的政策,他们经过多次动摇,只好倒退回去。在法国大革命中出现过这样的情况,在一切其他革命中也在较小的范围内出现过这样的情况。显然,大家都学会了这一课。我国的白卫分子跑到了外国,他们走了两三昼夜的路,就待了下来,他们得到了西欧资本的支持和援助,正在伺机而动。现在的情形就是这样。因此无产阶级的任务和职责也就很清楚了。

由于精疲力竭,往往会产生一定的情绪,有时甚至是一种绝望心理。在革命分子中,这种情绪和绝望心理总是表现为无政府主义。过去一切资本主义国家的情况是这样,现在我国的情况也是这样。小资产阶级自发势力正经历着危机,因为最近几年来,它的处境很困难,纵然没有像1919年的无产阶级那样困难,但总还是困难的。农民曾经不得不去拯救国家,同意实行无偿的余粮收集制,但是它现在已经承受不了这样的重担,所以农民就张皇失措、动摇徬徨,而我们的敌人——资本家也估计到了这一点,他们说:只要发生动摇,接着就会滑下去。从估计全俄和国际范围的阶级力量这一角度来看,喀琅施塔得事件就是这么一回事。我们现在进行的最后的斗争中的一次斗争,就是这么一回事,因为我们还没有战胜这种小资产阶级无政府主义的自发势力,而当前我国革命的成败就取决于我们能不能战胜这种势力。假如我们战胜不了这种势力,我们便会像法国革命一样倒退回去。一定是这样。我们应当正视这一点,不要迷了眼睛,不要光讲空话。应当尽力改善这些群众的处境,并且保持无产阶级的领导,这样,欧洲正在发展着的共产主义革命运动,就能够得到新的援助。今天那里没有发生的事情,明天可能发生,明天没有发生的事情,后天可能发生,但所谓明天和后天,在世界历史中至少是好几年。

究竟我们现在为了什么而斗争,为了什么而进行最后的斗争中的一次斗争,最近的事件有什么意义,俄国国内的阶级斗争有什么意义——上面说的就是我对于这些问题的回答。现在也就可以懂得,为什么这场斗争这样尖锐,为什么我们这样难于理解主要敌人并不是尤登尼奇、高尔察克或邓尼金,而是我们周围的情况,我们自己所处的环境。

我的话已经讲得太长了,现在,在最后,我来讲讲铁路和水路运输的状况,讲讲铁路和水运员工代表大会的任务。我想,我刚才讲的这些话,是同这些任务有着极密切的、不可分割的联系的。在无产阶级中,大概要数铁路和水运员工的日常经济活动同工农业的联系最明显了。你们要把食品运往城市,要输送工业品去活跃农村。这一点任何人都很清楚,而铁路和水运员工就更加清楚,因为这是他们日常劳动的对象。我认为，从这里也就自然可以看到目前铁路和水路运输部门的劳动者担负着何等重要的任务，何等重大的责任了。

大家知道，在你们举行这次大会的时候，工会的上层和下层之间发生了摩擦。这个问题曾经提到最近一次党代表大会上，而党的代表大会决定，要上层服从下层，改正上层所犯的那些在我看来虽是局部的、但终归是应当改正的错误，用这种办法使上层和下层协调起来。大家知道，党代表大会已经作了这样的纠正，代表大会结束时，共产党的队伍的团结和统一比以前加强了。这就是无产阶级的先锋队即其领导部分对小资产阶级无政府主义自发势力运动的一种应有的、必要的和唯一正确的回答。如果我们这些觉悟的工人，能认清这种运动的危险性，能团结起来，十倍齐心、百倍团结地工作，这就会使我们的力量增大十倍，这就能使我们在战胜了军事进攻之后，也能战胜这种自发势力的动摇；这种自发势力正在扰乱我们整个的日常生活，所以——我再重复一遍——它也就非常危险。党代表大会纠正了它所注意到的错误，代表大会的决定是在团结和统一无产阶级大军方面的巨大进步。现在你们在你们的代表大会上也需要做到这一点，并且要贯彻党的代表大会的决定。

我再说一遍：无产阶级中这一部分人的工作，比其他各部分人的工作都更加直接地决定着革命的成败。我们必须恢复农业和工业间的流转，而为了恢复这种流转，就必须有物质基础。联系工农业的物质基础是什么呢？就是铁路运输和水路运输。所以你们中间不仅共产党员，即无产阶级专政的有觉悟的传播者，必须特别认真地对待自己的工作，而且那些虽然不是共产党员，却是团结了

100 万到 150 万运输业劳动者的工会工作者的人，也必须这样做。你们大家既然已经学习了我国革命和已往的历次革命的教训，就应当懂得我们处境的全部困难，而只有不被"自由"、立宪会议、"自由苏维埃"等等口号所迷惑（用这类口号来装饰门面是不难的，连米留可夫也表示拥护喀琅施塔得共和国的苏维埃），只有看清阶级力量的对比，你们才有可能冷静地稳妥地作出自己的各种政治结论。你们会清楚地看到，我们正处在危机时期，无产阶级革命究竟能不能像不久以前那样一往无前地走向胜利，还是会发生动摇而使白卫分子获得胜利，以致不但不能改变困境，反而会使俄国革命倒退好几十年——这就全看我们了。对于你们这些铁路和水运员工的代表说来，结论只能有一个，而且只应当有一个，这就是百倍加强无产阶级的团结和无产阶级的纪律。同志们，我们无论如何都应当做到这一点，无论如何都要争取获得胜利。（热烈鼓掌）

载于 1921 年 3 月 29 日和 30 日　　　　译自《列宁全集》俄文第 5 版
《真理报》第 67 号和第 68 号　　　　　　第 43 卷第 130—144 页

致国营第一汽车制造厂
工厂委员会和全体工人[72]

（1921年4月6日）

敬爱的同志们！我接到了你们工厂委员会主席斯米尔诺夫同志关于生产发动机的报告和要我参加4月7日庆典的邀请。

同志们，我祝贺你们的工作成就，祝贺汽车机械师训练班成立一周年。我衷心地希望你们能热情奋发地进行工作，这无疑会使你们获得更大的成就。在全体工农群众看来，你们的成就具有特别重大的意义，因为俄国石油丰富，发动机生产的发展，将使我们能够以价廉实用的发动机供应农户。在生产发动机的工作中，你们一定要再接再厉地取得新的成就。

致良好的祝愿和共产主义敬礼！

列　宁

载于1940年1月21日《真理报》第21号

译自《列宁全集》俄文第5版第43卷第145页

俄共(布)中央政治局关于
军队复员问题的决定草案[73]

(1921 年 4 月 6 日)

认为有必要大大加快复员的进度。

为此：复员军人不要通过铁路运送，而让他们步行（如能利用空车等等，则**例外**）。

撤销供给复员军人衣服、靴鞋和其他物品的规定和决定。

决定在秋季以前把军队缩减到 100 万。

责成复员委员会星期五以前提出一个详细报告，说明通过苏维埃系统进行这一切工作的切实可行的措施和方法。制定出缩减军队的日程计划。

向各省党委发出通电，令其指派一名负责人员领导特别任务部队。

规定复员委员会和托洛茨基同志每月要向政治局报告两次，一方面要报告军队复员进度，另一方面还要报告军队（其中包括特别任务部队）素质改善的情况。

译自《列宁文集》俄文版第 37 卷
第 287 页

给苏维埃各州及各共和国东方民族妇女部第一次代表会议的贺电[74]

（1921年4月6日）

　　十分抱歉，由于工作紧迫，我不能出席你们的会议。谨致热烈的祝贺并衷心希望你们在工作中，特别是在筹备即将召开的全俄东方非党妇女第一次代表大会的工作中取得成就。筹备好和开好这次代表大会，**对于启发东方妇女的觉悟并从组织上把她们团结起来**，无疑将起巨大的作用。

列　宁

载于1921年4月10日《真理报》
第77号

译自《列宁全集》俄文第5版
第43卷第162页

在俄共(布)莫斯科市和莫斯科省支部书记及支部负责代表会议上关于粮食税的报告⁷⁵

（1921年4月9日）

同志们,在关于粮食税和改变粮食政策的问题上,在关于苏维埃政权经济政策的问题上,众说纷纭,造成了许多误解。我同加米涅夫同志商量了一下,把我们所要讲的题目这样分了一下工,即由他负责详细地阐述最近颁布的法律。这样做比较恰当,因为加米涅夫同志是最初由我们党中央委任,后来又经人民委员会确认的那个委员会的主席;这个委员会在各有关部门代表参加的许多次会议上制定了最近颁布的各项法律。其中最后一项法律是昨天颁布的,今天已经见报。⁷⁶无疑,这些法律中的每一项都会引起许多实际问题。为了使各地党和苏维埃机关的全体工作人员都能够充分了解这些法律,并能够在各地实际工作中正确地运用它们,我们还需要做很多工作。

我想请你们注意一下所有这些措施总的或原则的意义。对于苏维埃政权与无产阶级专政在某种程度上承认自由贸易这一点,我们应该怎样解释呢? 在什么限度内可以准许自由贸易和允许个体经济与社会主义经济并存呢? 自由贸易似乎在任何情况下,即使在受限制的情况下,也必然会使资本主义复活,那么可以允许它复活到什么程度呢？为什么要作出这种改变呢？这种改变的真正意义、性质和作用是什么呢？共产党员应该怎样来理解这种改变呢？应该怎样来解释这种改变,怎样看待在实际生活中实行这种改变的限度呢？我给自己规定的任务大致就是谈这些问题。

第一个问题是:为什么要作出这种在很多人看来是太突然和根据不足的改变呢？

作出这种改变的基本的和最主要的原因,是农民经济的空前加剧的危机,是农民经济的十分严重的情况。到 1921 年春天,这种情况比我们预计的还要严重得多。而另一方面,这种情况的后果,不仅影响到我们运输业的恢复,而且影响到我们工业的恢复。我要指出,当人们谈论以粮食税代替余粮收集制时,当人们议论这种改变的意义时,他们犯错误多半是由于没有问一问自己:这种转变究竟是怎么一回事？是从哪里向哪里转变？农民经济经过战争的种种破坏以后,遭到极其严重的危机;而由于非常严重的歉收以及由此引起的饲料缺乏(因为牧草也歉收)、牲畜死亡,农民经济的情况更加恶化;农民经济的生产力日益削弱;农民经济往往在许多地方几乎要完全破产——这就是 1921 年春天农民经济的情景。这里就产生这样一个问题:农民经济的这种空前加剧的危机同苏维埃政权所实行的以粮食税代替余粮收集制的措施究竟有什么联系呢？我认为要理解这一措施的意义,首先就要问一问自己:我们是从哪里向哪里转变？

如果在一个农民占多数的国家里发生了工人革命,因而工厂和铁路都转到工人阶级手中,那么工人阶级和农民之间经济关系的实质应该是什么呢？显然,这种关系的实质应该是:工人在现在已经属于他们的工厂中,为国家因而也是为占人口多数的农民生产一切必需品,并通过他们的铁路和内河船舶运送给农民,同时从农民那里取得全部剩余的农产品。这是十分明显的,几乎用不着多加解释。但人们议论粮食税时,却往往把这一点忘掉了。而这一点是必须记住的,因为要说明仅仅作为一种过渡办法的粮食税的意义,就必须明确地了解我们要达到什么样的目的。从上面我说的话中可以清楚地看出,我们想要达到而且应当达到的目的,就是使农民的产品不是以征收余粮的形式,也不是以税收的形式交给工人国家,而是通过与农民所需要的一切必需品相交换(用运输工具运送给农民)的形式交给工人国家。在这样的基础上才可以建立起向社会主义过渡的国家的经济。如果农民经济能够继续发展,那么还应当为进一步的转变提供可靠的保证,而进一步转变就必然是使效益最差的、最落后的、细小的、单干的农民经济逐渐联合起来,组织成公有的大规模的农业经济。对于这一切,社会主义者一向都是这样设想的。我们共产党也正是这样看的。我再说一遍,产生错误和误解的最主要的根源,是人们在评价粮食税时没有考虑到,为了达到我们能够而且应当达到的目的所必需采取的过渡办法的特点是什么。

粮食税是什么呢？粮食税是一种既包含过去因素,又包含未来因素的措施。所谓税收,就是国家向居民无偿地索取。如果我们把这种税额大致确定为去年的征粮数的一半,那么工人国家单靠税收就不能维持红军,就不能维持全部工业和全部非农业人口,就不能发展生产和发展对外关系(我们在机器和装备方面需要外国的帮助)。一方面,工人国家要依靠税收(大致确定为以前的征粮数的一半);另一方面,它要依靠用工业品同某些剩余农产品相交换。这就是说,粮食税有过去的余粮收集制的成分,也有新办法的成分，这种新办法是唯一正确的办法，就是通过属于工人阶级的国家政权的粮食机关、通过工人和农民的合作组织使社会主义大工厂的产品与农民经济的产品进行交换。

既然这种措施有过去办法的成分，只是部分地走上正轨，而且我们还远不敢确定，我们能否立刻使这部分走上正轨，我们将要使之走上正轨的这一部分是否会很大，那么试问，我们为什么必须采取这样的措施呢？我们为什么必须采取如此不彻底的措施呢？为什么我们的粮食政策和经济政策必须依靠这种措施呢？怎么会采取这种措施的呢？当然，谁都知道，采取这种措施并不是由于苏维埃政权对于某种政策的偏爱，而是由于我们极端贫困，没有别的出路。你们知道，俄国工人革命获得胜利以后的几年中，我们在经历了帝国主义战争之后，又经受了一场国内战争。而现在我们可以毫不夸大地说：在所有被卷入帝国主义战争的国家中，甚至在那些因自己的领土被当做战场而遭受最大牺牲的国家中，还没有一个国家遭受过像俄国这样大的牺牲，因为我们在经历了四年帝国主义战争之后，又经受了三年的国内战争，而国内战争从经济的破坏、国力的损耗和生产条件的恶化方面来说，远远超过了对外战争，因为这场战争是在国家的中心地带进行的。这种极其严重的经济破坏就是我们在初期即在国内战争期间实行余粮收集制的主要原因。在战争时期，特别是当国内战争切断了我们与西伯利亚、高加索和整个乌克兰这些产粮区的联系，切断了煤炭和石油的供应，以及减少了其他燃料的来源时，我们已处在被包围的要塞中，不实行余粮收集制，我们就不能维持下去，而所谓余粮收集制，就是征收农民的一切余粮，有时甚至不单单征收余粮，还征收农民某些必需的粮食，以求能保持军队的战斗力和使工业不至于完全崩溃。在国内战争时期，这个任务是非常艰巨的，在其他政党看来，这是一个无法完成的任务。就拿孟什维克和社会革命党人，即小资产阶级的政党和富农的政党来说。这两个政党在国内战争最激烈的时候喊得最凶，说布尔什维克一味蛮干，说既然所有强国都在帮助白卫分子，布尔什维克就无法在国内战争中支持下去。的确，这个任务是非常艰巨的，它要求我们全力以赴，只是由于工人阶级和农民在这段时期内忍受了难以忍受的牺牲，这一任务才得以胜利完成。工人阶级从来没有经受过像它的专政初期那样忍饥挨饿的痛苦。显然，要完成这个任务，除了实行余粮收集制，即征收农民的全部余粮和一部分必需的粮食，没有任何其他办法。"请你也挨一点饿吧，这样我们就可以共同保卫住我们的事业，赶走邓尼金和弗兰格尔"，——任何其他解决办法都是不能设想的。

　　实际情况并不是我们已经有了一种经济体制，有了一种经济方面的施政计划，而这个计划是我们在可以对这种或那种经济体制进行选择的情况下采取的。不是这样。既然我们不能保证供应最低限度的粮食和燃料，恢复工业就是不可想象的。只有保存残余的工业，使工人不致完全跑散，并且保持一支军队——这就是我们当时给自己规定的任务；而要完成这项任务，除了实行无偿的（纸币当然不能算做补偿）余粮收集制，别无他法。当时我们根本没有别的出路。这就是我们的出发点；至于我们要转到哪里去，我已经向你们说过了。怎样实现这个转变呢？那就要采取像粮食税这样的措施。如果我们能较快地恢复我们的工业，那么在收成好的情况下，我们就能够较快地用工业品交换农产品。

　　你们中间大概还有许多人记得，我们在党的第九次代表大会上提出向经济战线转移的问题。当时大家的注意力都集中在这个问题上。当时我们认为,我们已经摆脱了战争,因为我们已向资产阶级波兰提出了对它极其有利的媾和条件。但是正如你们所知道的,和平被破坏了,接踵而来的是对波战争和它的继续——对弗兰格尔等的战争。从党的第九次代表大会到第十次代表大会这段时期,战争几乎没有中断过。你们知道,直到最近我们才同波兰人签订了正式和约,在几天以前我们才同土耳其人签订了和平协定,而且只是由于这个协定,才使我们摆脱了高加索的连年不断的战争。直到现在,我们才同英国签订了一个具有世界意义的通商条约;直到现在,英国才不得不同我们建立贸易关系;而美国则至今仍拒绝同我们建立贸易关系。从这里,你们就可以想象到,我们花了多少气力才摆脱了这场战争。如果党的第九次代表大会的设想那时就能够实现,那么现在我们能够提供的产品就会多得多了。

今天,科罗廖夫同志来见我,他是从我们工业最发达的、无产阶级的红色的伊万诺沃-沃兹涅先斯克省来的。他举出了一些数字和事实。在第一年中,那里开工的只有 6 个工厂,其中没有一个工厂能够连续开工一个月。工业已完全陷于停顿。在去年一年内,第一次有 22 个工厂开工,这些工厂不间断地工作了几个月,其中有些工厂还工作了半年。它们的计划任务是 15 000 万俄尺;根据最近的数字,它们已生产了 11 700 万俄尺;而它们得到的燃料却只有预定数的一半。停产的情况不仅在伊万诺沃-沃兹涅先斯克是这样,在全国范围内也是这样。这在很大程度上同农民经济的破坏、牲畜的死亡以及没有可能把足够数量的木柴运到各车站和码头有关。因此伊万诺沃-沃兹涅先斯克人所获得的木柴、泥炭和石油比预定的要少。他们所获得的燃料只有预定数的一半,而原定 15 000 万俄尺的计划却已经完成了 11 700 万俄尺,这实在是一个奇迹。他们提高了劳动生产率,并把工人调到一些最好的工厂里,结果使产量大大增加。这是一个眼前的确切的例子,它表明我们处于什么样的境地。党的第九次代表大会,规定纺织品的计划数字为6亿多俄尺,但是现在我们连三分之一都还没有完成,因为完成计划最好的伊万诺沃-沃兹涅先斯克省才完成了11 700万俄尺。你们可以设想一下,俄罗斯有这么多人口,却只有这11 700万俄尺的纺织品。这就是贫困。工业迟迟恢复不了的情况十分严重,看来在1921年春天要恢复工业已完全不可能了。我们曾经需要一支庞大的军队,它已经达到好几百万人之多;由于运输遭到破坏,要在冬季很快地使他们复员,是非常困难的。我们作了最大的努力才得以完成这项工作。

这就是已经形成的局面。而出路何在呢? 出路只有一条,那就是把征粮数降低到最低限度,不是征收42 300万普特粮食,而是征收24 000万普特粮食。这是在中等年成时必须征收的最低数额,这样我们才能勉强糊口。为了不致长期处于这种情况,我们必须使农民经济有可能得到发展。这就需要采取一些措施。当然,最好的措施是恢复大工业。这自然是最好的、经济上唯一正确的措施,这就是加强工厂的生产,给农民提供更多的必需品,不仅给工作者及其家庭提供必需的纺织品,而且给农民提供他们所迫切需要的机器和工具,哪怕是最简单的机器和工具。但五金工业的情况也同纺织工业的情况一样。我们的处境就是如此。第九次代表大会以后工业没能恢复起来,那是因为又打了一年仗,燃料供应不足,运输工具缺乏,农民经济极端衰落。为了给予农民经济以最大的帮助,我们能够采取一些什么措施呢? 除了降低征粮数,改行粮食税,没有别的办法。中等年成的税额规定为24 000万普特,在歉收时可能更少些,这样农民就能知道,他应当交出规定得最低的一定的数额,他能够劲头十足地把全部力气都用在生产上,使得剩下的产品能给他提供他所需要的东西;使得农民经济有可能不完全依靠工业而得到改善——当然依靠工业本来是最正确、最合理的,问题只是我们现在的力量不够。税额是规定得非常低的,在各地实行粮食税,就可以使小工业恢复起来,因为我们不能在我们所预期的时间内把大工业组织好。完成计划最好的伊万诺沃-沃兹涅先斯克省的情况就已证实了这一点。要使燃料储备足以保证所有工厂的生产,还需要一年的时间。如果我们能在一年内做到这一点,那当然很好,如果做不到,那也许得两年。我们能否保证供应农民必需品呢?如果收成好的话,这是可能的。

党代表大会在研究粮食税问题时,曾分发了我们中央统计局的领导人波波夫同志所写的一本关于俄国粮食生产的小册子。这本小册子经过补充后最近就要出版,每个人都必须读一下。这本小册子概述了粮食生产的情况,它是根据我们普查的材料计算的,这次普查提供了总人口的准确数字,并大致弄清了各个农户的生产规模。小册子指出,以每俄亩收成 40 普特计算,苏维埃俄国目前领土上的农民经济可以提供 5 亿普特的余粮。那时我们就能完全满足城市人口的需要(35 000 万普特),并且还可以有储备去进行对外贸易和改善农民经济。但是歉收极其严重,平均每俄亩收成不超过 28 普特。这样就出现了亏空。如果按统计材料那样计算,每个人需要 18 普特,那就必须从每个农民那里拿走 3 普特粮食才能保证军队和产业工人维持半饥半饱的生活,因而农民也就要稍微挨点饿。在这种情况下,我们除了最大限度地降低征粮数并把它改为粮食税以外,没有别的出路。我们必须尽一切力量设法改善小农经济,供给农民以大工厂里生产出来的纺织品、机器以及其他产品。我们没能完成这项任务,但这项任务又非立刻完成不可,那就只好在小工业的帮助下来完成。实施新措施的第一年就会取得成效。

为什么现在我们要特别注意农民经济呢?这是因为只有从那里我们才能够得到我们所必需的粮食和燃料。工人阶级作为一个统治阶级,一个实现自己的专政的阶级,如果要正确地管理经济,它就必须指出,我们最弱的一环就是农民经济,就是农民经济的危机;这一环必须加强,以便重新着手恢复大工业,使伊万诺沃-沃兹涅先斯克地区不是 22 个工厂开工,而是所有 70 个工厂全部开工。那时大工厂的纺织品就能满足全体人民的需要,那时将不是通过税收的形式,而是通过与工人阶级所提供的工业品交换的形式取得农民的产品。我们现在所处的正是这样一个转变时期,我们必须共同来忍受贫困和饥饿,这样,大家都少吃一点,才能拯救那些能够保持住我们现有的工厂、铁路和军队的人,这样才能抵抗白卫分子的进攻。

孟什维克恶毒地诅咒我们的余粮收集制,他们说,苏维埃政权除了实行余粮收集制,给人民带来贫困和破坏,没有给人民任何东西,还说,在局部和平恢复以后,在国内战争结束以后,要很快地恢复我国的工业是不可能的。但是要知道,即使是在最富有的国家里,恢复工业也需要好几年时间。甚至像法国这样富裕的国家,也需要很长时间才能恢复自己的工业,而法国在这场战争中并没有受到我们这样大的损失,它的国土只有一小部分遭到了破坏。值得惊异的倒是,我们在取得局部和平的第一年,伊万诺沃-沃兹涅先斯克的 70 个工厂,就有 22 个开了工,原定生产 15 000 万俄尺的计划,已经完成了 11 700 万俄尺。余粮收集制在当时是非实行不可的,但现在必须把粮食政策改变一下,即把余粮收集制改为粮食税。这无疑将使农民的生活状况得到改善,使农民能够更准确、更确切、更有把握地盘算一下,他们可以把他们自由支配的全部余粮拿去交换,哪怕是交换当地的手工业品。这就是我们为什么说苏维埃政权采取这种经济政策是必要的。

最后,我想谈谈这样一个问题,就是为什么这个政策从共产主义的观点看来是可以容许的,为什么共产主义的苏维埃政权会促进自由贸易的发展。这种做法从共产主义的观点看来好不好呢?要回答这个问题,必须仔细地观察一下农民经济所发生的变化。最初的情况是全体农民反抗地主的权力。贫苦农民和富农都一样反对地主,虽然他们各有不同的打算:富农反对地主的目的是夺取地主的土地并在这块土地上发展自己的经济。这样一来就暴露出富农和贫苦农民之间的不同利益和不同意向。在乌克兰,这种利益上的不一致就是现在也比我们这里表现得更加明显。贫苦农民很少有可能直接利用从地主那里夺来的土地,因为他们既没有耕种土地的资料,又没有耕种土地的工具。于是贫苦农民就组织起来,不让已经夺得的土地被富农霸占。苏维埃政权正在帮助我们这里成立的贫苦农民委员会和乌克兰的"贫委会"**77**。结果怎样呢? 结果是中农在农村中占了多数。我们是从统计材料中知道这一点的。而任何一个住在农村里的人都可以通过自己的观察知道这一点。富农和贫农这两个极端的人数都减少了,大多数居民接近于中农水平。如果我们要提高我国农民经济的生产率,我们首先就应该考虑到中农。共产党就是根据这种情况来制定自己的政策的。

　　既然农村已中农化了,那就必须帮助中农发展经济。此外,还必须向他们提出我们向工人所提出的那些要求。最近这次党代表大会的主要议题,就是有关粮食的宣传,说明必须把全部力量投到经济战线上去,提高劳动生产率,增加产量。不完成这些任务,我们就不可能前进一步。我们对工人是这样说的,对农民也应当这样说。国家向农民征收一定的粮食税,但同时也要求农民在交税之后扩大自己的经济,要使他们知道,国家不再向他们征收任何东西,他们所留下的全部余粮都可用来发展经济。这就是说,对农民的政策的改变是因为农民本身的状况发生了变化。农村已经更加中农化了,要提高生产力,我们就必须考虑到这种情况。

　　我还要向你们提起一件事情,就是在1918年布列斯特和约签订以后,我曾经不得不同一批所谓"左派共产主义者"[78]进行过争论①。那时的党员一定都还记得,某些共产党员很担心布列斯特和约的签订会使共产主义政策统统遭到破坏。我在和这些同志争论时还说过:国家资本主义在我们俄国并不可怕,倒是向前进了一步。这似乎很奇怪:在苏维埃社会主义共和国,实行国家资本主义怎么倒是向前进了一步呢? 我在答复这个问题时说:请你们仔细观察一下吧,从现实的经济关系的角度来看,我们在俄国看到的是什么呢? 我们看到,在俄国至少有五种不同的体系、结构或经济制度,从下往上数就是:第一,宗法式经济,这是一种自给自足的或者处于游牧或半游牧状态的农民经济,这种经济在我国到处都有;第二,小商品经济,这是一种在市场上出卖产品的经济;第三,资本主义经济,这就是资本家和不大的私人资本的出现;第四,国家资本

---

　　① 见《列宁全集》第2版第34卷第264—293页。——编者注

主义;第五,社会主义。如果我们仔细观察的话,我们就一定会说,就是在今天,我们还是可以在俄国经济体制中,在俄国经济制度中,看到所有这些经济关系。我们无论如何不能忘记我们时常看到的东西——国营工厂中工人的社会主义态度。在那里,工人们自己筹集燃料、原料和食品,或者竭力设法把工业品合理地分配给农民,用运输工具把它们运给农民。这就是社会主义。可是与此并存的还有小经济,这种经济往往不依赖社会主义而独立存在。为什么它能不依赖社会主义而独立存在呢?因为大工业还没有恢复,因为社会主义工厂大概只能得到它所应得的十分之一的东西。既然社会主义工厂还没有得到它所应得的东西,小经济就仍然会不依赖社会主义工厂而独立存在。国家遭到难以置信的经济破坏,燃料、原料和运输工具缺乏,这就使小生产能在社会主义之外独立存在。所以我说:如果要问这种条件下的国家资本主义是什么,这将是小生产的联合。资本把小生产联合起来,资本从小生产中发展起来。不要闭眼不看这个事实。当然,贸易自由意味着资本主义的增长;要避开这个事实是绝对不可能的,谁想避开和抹杀这个事实,谁就是用空话来安慰自己。既然存在着小经济,既然存在着交换自由,也就会产生资本主义。但是既然我们掌握着工厂、运输业和对外贸易,那么这种资本主义对于我们可怕不可怕呢?当时我就说过,现在还要重申,这种资本主义对于我们是没有什么可怕的,而且我认为这一点是驳不倒的。租让企业就是这样的资本主义。

我们力求签订租让合同,但可惜直到今天我们连一个也还没有签订。不过比起前几个月最后一次谈到租让问题时,我们毕竟更接近实现这个目标了。从经济关系来看,什么是租让呢?租让是一种国家资本主义。苏维埃政权同资本家订立合同。根据这种合同，资本家有权支配一定数量的东西，如原料、矿山、油田、矿石，甚至在最近一个租让草案（一家瑞典企业提出制造轴承的租让草案）[79]中还规定有权支配专门的工厂。社会主义的国家政权把自己的工厂、原料、矿山等生产资料交给资本家，资本家则以订约人或租借者的身份，利用社会主义的生产资料从事生产，以其资本赚取利润，并把一部分产品交给社会主义国家。

为什么我们极其迫切地要这样做呢？因为这样做我们就可以立即增加产量，这是我们所需要的，而我们自己没有力量做到这一点。这样就产生国家资本主义。国家资本主义对于我们可怕不可怕呢？不可怕，因为我们会确定实行租让的限度。就拿石油租让来说。它一下子就能供给我们几百万普特的煤油，这个数量比我们自己所能生产的要多。这对我们是有利的，因为农民将拿他们的余粮来换取这种煤油，而不是换取纸币，这样我们就有可能立即改善全国的生活状况。所以从自由贸易中必然发展起来的资本主义，对于我们是没有什么可怕的。它是流转发展的结果，是工业品（哪怕是小工业品）与农产品交换的结果。

从今天颁布的法律中，你们可以了解到，某些工业部门的工人可以通过实物奖励的形式取得一部分本厂所生产的产品，并可以拿这些产品去交换粮食。例如，纺织工人在满足国家需要的前提下，自己可以得到一部分纺织品，并可以拿它去交换粮食。为了更快地改善工农的生活状况，这样做是必要的。这一点在全国范围内目前我们还做不到，但是我们无论如何要做到这一点。因此，我们既不能闭眼不看贸易自由在一定程度内会使资本主义发展这一事实，同时也应当指出，这种资本主义是处在国家的监督和控制之下的。既然工人国家掌握了工厂和铁路,那么这种资本主义对于我们就是不可怕的。这样我们就能改善农产品和邻近地区的手工业品之间的经济流转,虽然这些手工业品还不能大量满足农民对工业品的需要,但在一定程度上还是可以满足他们的需要的;农民经济毕竟会比过去有所改善,而我们正迫切需要改善农民经济。让小工业在一定程度上发展起来吧,让国家资本主义发展起来吧,这对于苏维埃政权并不可怕;苏维埃政权应该正视现实,直言不讳,但它必须对此加以控制,规定这样做的限度。

如果我们只把少数工厂租给承租人,而把大部分工厂保留在自己手中,那租让并不可怕;这是没有什么可怕的。当然,如果苏维埃政权把自己的大部分工厂拿去租让,那是十分荒唐的;那就不是租让,而是复辟资本主义。只要我们掌握着所有国营企业,只要我们精确而严格地权衡轻重,我们能把什么租出去,在什么条件下、在什么限度内可以出租,那么租让是没有什么可怕的。这种情况下发展起来的资本主义是在监督之下和计算之中的,而国家政权则仍然掌握在工人阶级和工人国家的手中。无论是以租让形式出现的资本,或是通过合作社和贸易自由必然发展起来的资本,对于我们都是不可怕的;我们应当努力提高和改善农民的生活状况;我们应当尽力使这种措施有利于工人阶级。我们要尽一切努力改善农民经济,发展地方流转,同时又要考虑到全国的经济,使社会主义大工业比以前更迅速地恢复起来。总之,所有这一切我们在实行租让之后要比没有实行租让时完成得更快;所有这一切在农民经济经过休养生息之后要比过去农民经济处在绝对贫困的情况下完成得更快。

从共产主义的观点出发应该怎样评价这个政策,为什么必须采取这个政策，为什么这个政策只要正确运用就能使我们立即得到改善，至少比不运用这个政策改善得快些——关于这个问题，我要说的就是这些。

载于1921年4月15、16、17日
《真理报》第81、82、83号

译自《列宁全集》俄文第5版
第43卷第146—161页

在全俄工会中央理事会共产党
党团会议上关于租让问题的报告[80]

(1921 年 4 月 11 日)

1

报　　告

同志们! 租让问题在我们这里引起的意见分歧,大大出乎我们的意料,因为还在去年秋季以前,这个问题在原则上似乎就已经肯定下来了,而当人民委员会在去年 11 月 23 日颁布租让法令时,党内,至少在负责工作人员中间,并没有人出来反对,而且也看不出有什么意见分歧。当然,你们知道,党代表大会专门通过了一项决议,确认了租让法令,并且特别指出这项法令也适用于巴库和格罗兹尼①。由党代表大会加以通过,是为了使中央的政策不致发生动摇,因为中央在这个问题上出现不同意见,从某种意义上说与过去的派别划分完全不同,而是与巴库有很大的关系。巴库的某些同志不同意这样的看法:巴库(特别是巴库)也必须实行租让,巴库的大部分油田最好实行租让。他们持有各种各样的理由,有的

---

① 参看《苏联共产党代表大会、代表会议和中央全会决议汇编》1964 年人民出版社版第 2 分册第 110 页。——编者注

说，我们要自己"想办法"，干吗把外国人叫来；有的说，那些在同资本家斗争中受过考验的老工人不能容忍再退回去受资本家的奴役，等等。

现在我不来评论，这些理由有多少符合总的原则，或者说有多少是巴库的"爱国主义"①，即巴库的地方主义。至于我自己，应当说我是坚决反对这种观点的，我认为，如果我们不能实行租让政策，不能把外国资本吸收到租让企业中来，那就根本谈不上采取重大的、实际的措施来改善我们的经济状况。如果不实行租让政策，不抛弃偏见，不抛弃地方"爱国主义"，不抛弃行会"爱国主义"和所谓我们自己"想办法"的看法，我们就不能认真地提出立即改善经济状况的问题。必须下决心作出许多牺牲，忍受许多困苦和不便，必须下决心同旧的习惯决裂，甚至要根除顽症，才能把各主要工业部门大大向前推进，使它们的经济状况有所改善。我们无论如何都要做到这一点。

在党的代表大会上，大家的注意力都集中在对待农民的政策问题和粮食税问题上，后一问题现在在整个立法工作中占着首要地位，它已引起了全党的注意，成了主要的政治问题。在这两个问题上，我们已经意识到，如果不以恢复自由贸易和自由工业作拐棍，我们就不能迅速提高大工业的生产率以满足农民的需要。而现在我们要依靠这副拐棍站立起来，因为每一个头脑清醒的人都知道，不使用这副拐棍我们就跟不上生活的要求，因为目前的情况正在继续恶化——这从下面的情况也可以看出：今年春天由于一系列的原因，首先是自然原因，大部分木材不能浮运。燃料危机日

---

① 双关语，原文"патриотизм"一词，既有"爱国主义"的意思，也有"乡土观念"的意思。——编者注

益逼近。其次,从今年春天的气候条件来看,还可能出现歉收和饲料缺乏的情况,这样我们得到的燃料还会减少。如果再闹旱灾,危机的性质就会极端严重。必须认识到,在这种情况下,我们的党纲首先讲到的关于要坚决增加产量的这些话,并不是为了拿来欣赏,也不是为了对各种决议表示好感(这是某些共产党员极其热衷的),而是为了要坚决增加产量。可是不借助于外国资本,我们就做不到这一点。任何一个人,只要他不抱幻想而正视现实,他就应当懂得这个道理。这就说明了为什么租让问题具有这样大的意义,以致需要党代表大会来处理它。

人民委员会在经过几次讨论后通过了租让合同的基本原则。[81]现在我把这些原则宣读一下,并且把具有特殊意义或引起意见分歧的一些原则指出来。全体共产党员,特别是工会运动的领导者,即组织起来的无产阶级群众、组织起来的无产阶级大多数人的领导者,如果不了解当前的局势,不能从中得出适当的结论,那就不可能认真谈论什么经济建设。现在我把人民委员会通过的租让合同的基本原则逐条地宣读一下。不过应当补充说明的,就是直到目前为止我们还没有签订过一项租让合同。原则上的意见分歧我们都讲出来了(在这方面我们是行家),可是租让合同却一项也还没有签订。也许有些人正为此而高兴。要是真有这种人,那是很可悲的,因为,如果我们不把资本吸收到租让企业中来,那就表明我们在经济上没有一点求实精神。但是共产党员要写决议还有的是机会,剩下的纸张有的是,他们随便要写多少都行。第1条:

"1.承租人有责任改善承租企业中工人的生活状况(与当地同类企业的其他工人相比),使其达到国外的中等标准。"

我们把这主要的一点写进合同里去，为的是使我们经济机关中的共产党员和领导人一下子能了解问题的实质。在实行租让的时候，对于我们来说最重要的是什么呢？当然是提高产量。这是不言而喻的。但是我们可以立即做到改善租让企业工人的生活状况，这一点即使不比前一点更重要，那也是同样特别重要的。租让合同里的这两点，是经过多次讨论，是经过俄罗斯联邦的一些全权代表，特别是克拉辛同志在国外同当代帝国主义的一些金融大王进行多次磋商之后确定下来的。必须指出，在我们这里，你们自己也很清楚，大多数共产党员是从书本上知道什么是资本主义，什么是金融资本的，也许他们还就这些问题写过小册子，可是要让他们同金融资本的代表认真地进行谈判，一百个共产党员中就有九十九个不会，而且永远也学不会。

克拉辛同志在这方面特别有素养，因为他在德国和俄国都从实际上和组织上研究过工业的情况。我们把这些条件告诉克拉辛同志的时候，他回答说："大体上可以接受"。首先要使承租人承担的责任，是改善工人的生活状况。克拉辛同一位石油大王初步谈判时就谈到这一点，而西欧的资本家也明白，在工人目前的生活状况下，要想提高生产率是完全不可能的。要承租人承担改善工人生活状况的责任，这并不是出于什么人道的愿望，而纯粹是从问题的实际方面考虑的。第2条：

"2.鉴于俄国工人劳动生产率不高，可以根据他们生活条件的改善情况在可能的范围内修改他们劳动生产率的定额。"

为了避免对条文作片面的解释，加上这个附带条件是必要的。对于同租让企业打交道的苏维埃政权的代表来说，这些条文就是准则和指令，也是如何拟订合同的指示。我们现在已经有了石油合同草案、轴承工厂合同草案、森林租让草案以及谈了很久、但由于种种原因还没有实现的关于堪察加的合同。需要第 2 条,是为了使人们不至于对第 1 条只按字面去解释。我们应当考虑到,在工人的生活状况没有改善以前,劳动生产率是不会提高的。不考虑到这一点,就不是实事求是地谈所有有关租让的问题,资本家也就不会来同我们谈判。第 3 条:

"3. 承租人应当从国外为承租企业的工人运来生活必需品,其出售价格不得高于成本加一定比例的附加费。"

我们原先确定附加费为 10%,但在最后讨论时我们把这个百分数删去了。在这里,重要的是我们把从国外为工人运来生活必需品这一点作为一条基本原则。我们知道,按照我国目前农民经济和燃料的情况,我们不可能在最近几年内根本改善工人的生活状况,因而也就不可能提高劳动生产率。所以把承租人必须从国外运来一切消费资料这一点写入合同是必要的,而且对他们来说也是完全办得到的。在这方面我们已取得几个贪婪的资本主义商人的初步同意。由于承租人非常需要一些很有价值的原料,他们是会接受这些条件的。他们迫切需要输入原料。不管这些非常重要的企业将来雇有 1 万工人、2 万工人或 3 万工人,承租人为他们弄到全部必需品是一点也不费力的,因为现代辛迪加和托拉斯都具有广泛的联系,而不参加辛迪加和托拉斯的资本家几乎没有。一切大企业都是建立在垄断而不是自由市场的基础之上的,因此它们可以使其他资本家得不到原料和产品,而它们自己则可以按照一切预定的合同如数得到产品。这些辛迪加控制着亿万财富,他们能够支配大量的粮食储备,因而能够为几万工人弄到粮食和其他必需品,并且把这些东西运到俄国来。

这对他们在经济上是没有任何困难的。他们把这些企业看做是非常重要的企业，即使拿不到 1 000％的利润，也能拿 100％的利润，所以他们愿意供给这些企业粮食。我再说一遍，这对他们在经济上是没有任何困难的。我们应当把改善第一类企业以及其余各类企业工人生活状况这一点作为我们租让政策的基本原则。下面是第 4 条：

"4. 如经俄罗斯联邦政府要求，承租人除运给承租企业工人必需品以外，还应当按这个数量再增加 50％—100％，以同样价格（成本加一定比例的附加费）卖给俄罗斯联邦政府。俄罗斯联邦政府有权用承租人生产的部分产品来支付这笔货款（即从自己的提成中扣除）。"

几个金融大王在同我们进行初步谈判时，已经认为这个条件可以接受，因为承租企业对他们来说是非常重要的。

我们拿石油这类产品来说，外国资本家从我们这里得到石油以后，他们就有可能作为垄断者在国外销售石油。因此他们不仅能够供应承租企业工人粮食，而且还能够再多供应一些。把这一条同第 1 条比较一下，你们就可以看出，租让政策的中心问题是什么，这就是从国外弄来一些消费品，以改善工人的生活状况，首先是改善租让企业工人的生活状况，其次还要稍微改善一下其他工人的生活状况。现在，即使我们有偿付能力，在国际市场上也买不到这些东西。即便你有通货，比方说有黄金，也不应忘记自由市场已经没有了，整个市场，或者说几乎整个市场，都被辛迪加、卡特尔和托拉斯占据了。它们追求帝国主义的利润，它们只供应本企业工人必需品，而不供应其他企业的工人，因为旧的资本主义（就自由市场来说）已经不存在了。你们从这里就可以看出针对目前金融资本以及托拉斯与托拉斯之间进行激烈斗争的情况而制定的租让政策的实质。租让政策是一方为了反对另一方而缔结的联盟。现在我们的力量还不够强大，我们应当利用托拉斯之间的敌对关系，以便使我们能够支持到国际革命的胜利。保证工人的生活，承租人是能够办到的，因为对于现代大企业来说，多保证两三万工人的生活，是算不了什么的。这样我们就能够用原料（例如石油）去抵偿开支。如果我们能够用更多的木材、矿石这些我们的主要的财富换取更多的工人生活必需品，那我们就有可能首先改善租让企业工人的生活状况，并用剩余的物品来稍微改善一下其他工人的生活状况。第5条：

"5.承租人必须遵守俄罗斯联邦的法律，包括有关劳动条件、发薪期限等方面的法律，必须同工会达成协议（在承租人认为有必要时，我们同意作这样的一点补充，即在协议中定出一个双方都必须遵守的相当于美国或西欧普通工人的标准）。"

提出这个附带条件是为了消除资本家对我国工会的顾虑。我们说承租人应该同工会达成协议，是因为工会的参与像一根红线贯穿于一切立法之中，因为一切具有这种重大意义的法律，工会都有权参与，工会的符合于社会主义原则的地位是受到法律保障的。如果我们说资本家应该同工会达成协议，那么资本家就会顾虑重重，因为他们很清楚，工会受共产党党团领导，并且通过党团而受党的领导；在他们看来，这些共产党人是什么荒唐事都干得出来的，因此他们也许会提出根本不能实现的条件。从资本家的角度来看，产生这种顾虑是很自然的。因此我们必须说，我们主张订立实际的协议，否则就什么都谈不上。因此我们说，我们同意作这样的补充。我们和我们的工会同意接受这样一个相当于美国或西欧普通工人的标准。我再说一遍，否则就签订不了任何可以为资本主义关系所接受的合同。第6条：

"6.承租人必须严格遵守符合俄国和外国法律的科学的技术规程（详细条文在每个合同中具体规定）。"

这一条在每个合同中将特别详细地规定。例如，在石油合同中就有10项条款写明了详细的科学的规程。资本主义经济的基本特性，就是不能科学地、合理地利用土地和劳动力，而科学的技术规程就是同这种现象作斗争的手段。我们知道，例如油田如果开采得不合理或者不够合理，就会遭到水淹。显然，获得技术装备对我们具有很大的意义。这里我只提一提，《俄罗斯电气化计划》一书对我们在技术装备方面的需要粗略地作了计算。绝对准确的数字我不记得了，大体上电气化需要170亿金卢布，而第一批工程要花将近10年的时间才能完成。我们估计，靠我们的黄金储备和出口可以偿付110亿，这样还有60亿没有着落。因此该书作者得出的结论是，必须借债或者实行租让。总之不足之数必须设法补上。这个计划是由最优秀的专家根据全国的情况，即根据各个工业部门有计划发展的观点制定出来的。计划中首先谈到的是燃料问题以及在各个主要工业部门中如何最经济、最合理、最充分地利用燃料的问题。但是我们如果没有靠租让和借债筹措的资金，就不能完成这项任务。当然，在某种最符合我们愿望的情况下，这些条件实际上会不存在。在大罢工之后，比如在英国目前的大罢工和德国不久以前遭到失败的大罢工[82]之后，在失败的罢工之后接着将是胜利的罢工和胜利的革命，那时我们碰到的将是社会主义的关系而不是资本主义的关系。

在石油开采中断时发生的危险，是非常可怕的。资本家始终没有达到 1905 年前巴库所达到的标准。原来,外国的石油产地,例如加利福尼亚和罗马尼亚,也认为油田淹水是很危险的。不把积水排尽,会使淹水的情况愈来愈严重。

外国和俄国的法律对此都作了详细的规定。当我们在巴库进行这个工作时,曾向我国专家了解关于罗马尼亚和加利福尼亚的法律。为了保护我国的原料产地,我们应当执行和遵守科学技术规程。例如,在出租森林时,必须规定要合理经营林业。在出租油田时,必须规定要同淹水现象作斗争。这样就必须遵守科学技术规程,进行合理开发。这些概念是从哪里得出来的呢? 是从俄罗斯和外国的法律中得出来的。这样就可以消除一种顾虑,即认为这些规程是我们自己臆造出来的,否则恐怕没有一个资本家愿意同我们谈判。我们所吸取的是俄国和外国法律中已有的东西。如果我们把俄国法律和一切外国法律中好的东西都吸收过来,那么在这个基础上我们就有可能保证达到现在先进资本家所达到的标准。这是一个相当实际的标准,它所根据的并不是资本家最害怕的共产主义的幻想,而是资本主义的实践。我们保证,在签订这些合同时,租让合同的各种条件、各个方面、各项条款都不会超过资本主义法律的有关规定。这个基本原则是一分钟也不能忘记的。我们应当根据资本主义的关系来证明这些条件是资本家可以接受的,并且对他们是有利的,同时我们自己也应当能从这里面得到好处。否则,一切关于租让的议论都是空谈。总之,我们所提出的都是资本主义法律所承认了的。大家知道,在技术改良和技术装备方面,先进的资本主义大大超过了我国目前的工业。因此我们不能局限于采用俄国一国的法律。例如,在石油方面,我们援引了俄国、罗马尼亚和加利福尼亚的法律材料。我们可以援引任何一个国家的法律，这样就会消除人们的种种顾虑，使他们不会怀疑我们这样做是随心所欲，凭空臆造。对于现代的先进资本家，对于金融大王和现代的金融资本家来说，这是很清楚的。这些人是根据外国的条件、外国的标准办事的。我们在提出这个标准时，已经考虑到资本主义的实际要求。这方面我们并不抱任何幻想，我们有一个实际的目标，那就是改善我国的工业，使它达到先进的现代资本主义的水平。凡是熟悉我国工业状况的人都知道，这种改善将是非常巨大的。如果我们能够改善一部分工业，哪怕是十分之一的工业，那也是前进了一大步。这对他们来说是能够做到的，对我们来说，也是非常符合我们的愿望的。第7条：

"7.关于承租人从国外运来装备的问题，参照第4条规定的办法处理。"

第4条谈到，承租人除运来本工程项目所需的东西外，还必须（如果合同上有这条规定的话）多运来一些，按特殊价格卖给我们。如果资本家为自己运来精良的钻机和其他工具，我们有权要求他们除了满足自己的需要以外，再多运来一些，例如再多运来25％，我们将按照第4条所规定的价格，即按照成本加一定比例的附加费来支付。

未来是非常美好的。可是决不能把这两方面的事情混淆起来：一方面要进行宣传鼓动，加速这个未来的到来；另一方面要使自己现在能够在资本主义的包围中生存下去。如果我们办不到这一点，那就会像一个谚语所说的，"等到太阳升东方，眼珠已被露水伤"。我们应当有本事根据资本主义世界的特点，利用资本家对原料的贪婪使我们得到好处，在资本家中间——不管这是多么奇怪——来巩固我们的经济地位。事情似乎很奇怪：社会主义共和国怎么能依靠资本主义来改善自己的状况呢？但是在战争中我们已经看到过这种情况。我们在战争中取得了胜利，这并不是因为我们强，而是因为我们虽然弱，却利用了资本主义国家之间的敌对关系。现在，若不利用托拉斯之间的敌对关系，我们就不能适应资本主义的特点，就不能在资本主义的包围中生存下去。第8条：

"8.关于租让企业工人的工资是用外币还是用特别流通券或苏维埃货币等等来支付的问题，可以通过专门协商在每份合同中加以规定。"

你们从这里可以看到，我们准备接受一切可能的支付形式，即外币、流通券或苏维埃货币，并且预先表示愿意很好地考虑实业家向我们提出的一切建议。我们的代表听到的一些具体的建议中有一条是万德利普的建议，他说："我愿意付给工人中等水平的工资，比如说，一天一块半美元。然后我就在我承租的地区开设几家铺子，出售工人必需的一切物品，但是必须持有一种特别的流通券才能在这些铺子里买东西，而这种流通券我只发给我的承租企业内的工人。"不管他会不会这样做，我们认为这在原则上是完全可以接受的。当然，这里会产生许多困难。要把适应资本主义生产的租让制同苏维埃观点结合起来，自然不是一件容易的事，正像我所说的，这方面的一切努力，都是资本主义同社会主义斗争的继续。这场斗争的形式变了，但它仍然是一场斗争。所有的承租人仍然是资本家，他们力图破坏苏维埃政权，而我们则应当尽量利用他们的贪婪。我们说："只要能改善我国工人的生活状况，即使他们赚150％的利润，我们也在所不惜。"这就是要进行斗争的原因。当然，在这方面的斗争比缔结任何和约的斗争都需要更大的随机应变的本领。每次缔结和约时都要进行斗争，而且都有资产阶级列强在背后参与斗争。当我们在同拉脱维亚、芬兰和波兰缔结和约时，列强就曾经在它们背后出谋划策。我们必须这样来缔结和约：一方面要使资产阶级共和国能够生存，另一方面又要使苏维埃政权在世界外交方面得到好处。在同资产阶级列强缔结的每一个和约中，有些条文是经过一场战争才订下来的。同样，租让合同的每一项条文都带有战争性质，因为每一项条文的制定都要经过一场战争。因此，必须善于在这场战争中保卫自己的利益。这是可以做到的，因为资本家从承租企业中得到大量利润，而我们则要使我国工人的生活状况有所改善，通过提成多得到一些产品。如果以外币支付，那就会产生一系列复杂的问题：这些外币怎样换成苏维埃货币，怎样防止投机倒把，等等。我们早就考虑过，任何一种支付方式我们都对付得了，我们都不害怕。资本家先生们，你们爱想什么办法就想什么办法吧——这一条所谈的就是这些。你们运来的货物是否用特别流通券支付，是根据特别条件出售，还是只凭租让企业工人的证件出售，这对我们是无所谓的。无论什么条件我们都对付得了，我们要根据这些条件同你们进行斗争，争取在一定程度上改善我国工人的生活状况。这就是我们为自己规定的任务。这个任务如何通过租让合同来完成，那很难说。例如，在堪察加就不能提出像我们这里或巴库那样的支付条件。如果在顿涅茨煤田实行租让，支付的形式就不可能跟遥远的北部相同。在支付的形式上，我们丝毫没有束缚资本家。合同的每项条文都包含着资本家同社会主义者的斗争。我们不怕这场斗争，并且早就相信我们从租让中能够得到可能得到的好处。第9条：

　　"9.雇用外国熟练职工的条件，以及有关他们的物质生活和报酬的问题，由承租人同他们自行协商解决。

工会无权要求对这样的工人实行俄国的工资率，同样也无权要求采用俄国有关雇用的规章。"

我们认为这一条是完全必要的，因为要求资本家信任共产党人，本来是一件极端荒谬的事情。这从原则上来看，尤其是从"讲求实利的"观点来看，都是很清楚的。如果我们说，雇用条件必须由工会批准，如果我们对资本家说，任用任何一个外国技师或专家我们都同意，但是请按照俄罗斯联邦的劳动法典办事，那就很明显，恐怕没有一个外国技师能够而且愿意那样做。因此，这样规定完全是流于形式。也许有人会说，政府讲的是一回事，工会讲的将是另一回事，因为政府不是工会，工会不是政府，这样在法律上就会引起"麻烦"。但是我们写这个不是为了律师和诉讼代理人，而是为了共产党员。我们是根据党的第十次代表大会关于应当怎样实行租让政策的决定写的。在欧洲人可以看到的我国文献中已经清楚地指出，租让政策是由作为执政党的共产党领导执行的。这并不是什么巧妙的把戏，这些文献已经译成各种文字。如果我们这些政治领导人不指出，我们不能够而且也不愿意在这方面利用我们对工会的影响，那就根本谈不上什么租让政策。教他们这些资本家学共产主义是没有必要的。我们是优秀的共产党员，但是我们并不想通过租让来建立共产主义制度。租让是同资产阶级强国签订的条约。如果有这样的共产党员，他想根据共产主义的原则同资产阶级强国签订条约，那我们就要把他送进疯人院，并且对他说，"你虽然是一个优秀的共产党员，到资产阶级国家去做外交官却不合适"。还有这样的共产党员，他们在考虑租让政策时想在合同中体现出共产主义原则，这种人也快要进疯人院了。在这方面必须懂得资本主义的生意经，不懂是不行的。除非不实行租让，否则就应该懂得，必须给予外国工人和技师充分的自由，利用这些资本主义条件，使之有利于我们。当然，在这方面我们是不打算规定任何限制的。

在第9条的第三部分，有这样一个限制：

"外国职工和俄国职工的比例，无论在总人数方面或各个工种的人数方面，概由双方在签订各个租让合同时通过协商分别加以规定。"

当然，我们不能禁止把外国工人运到我们不能提供俄国工人的地区去，例如运到堪察加去从事森林工业。有的工业地区（如矿山）没有饮用水或粮食，如果资本家愿意到那里去经营，那他们就应该带工人去，在人数的限制上我们可以大大放宽。反之，在有俄国工人的地方，我们就要商定一个比例，使我国工人一方面能够学到东西，另一方面又能够改善自己的生活状况，因为我们想要从租让企业中吸取对我国工人有益的东西，也就是要运用资本主义技术的最新成就来改善我国的企业。这一切，资本家在原则上并没有反对。最后一条——第10条：

"10.承租人在得到俄罗斯联邦政府机关的同意后，有权从俄国公民中聘请高度熟练的专家；具体的雇用条件应得到中央政权机关的同意。"

很明显，在这方面我们不能像对待外国技师和工人那样，给以充分的自由。对于他们，我们不加干涉，因为他们完全受资本主义关系的支配。可是对于我们的专家和技师，我们不许诺他们有这样的自由。我们不能让我们最优秀的专家到租让企业去工作。但是我们并不想完全禁止，不过必须对合同的执行进行自上而下和自下而上的监督。那些将要在租让企业工作的工人、共产党员，应该对是否履行了合同的条件、是否进行职业技术教育、是否遵守法律等方面进行监督。在同一些现代资本巨头进行的初步谈判中，这一条在原则上并没有遭到他们的反对。

这就是人民委员会所批准的全部条文。我希望这些条文能使大家明白我们想实行的是什么样的租让政策。

毫无疑问，每一项租让仿佛都是一场新的战争，不过这是在另一个领域内即在经济领域内进行的战争。我们必须适应这种情况，但是这一点应该善于根据党代表大会的精神来办。必须争取喘息时机，作出牺牲，忍受困苦，否则我们的目的就不能达到；我们的目的只有一个，就是要在资本主义包围中利用资本家对利润的贪婪和托拉斯与托拉斯之间的敌对关系，为社会主义共和国的生存创造条件。社会主义共和国不同世界发生联系是不能生存下去的，在目前情况下应当把自己的生存同资本主义的关系联系起来。这里就发生了一个问题：租让的具体条件究竟怎么样。例如在石油合同方面，这些具体条件就是把 $1/3$ — $1/4$ 的格罗兹尼和巴库租让出去。提成的幅度是，从开采的石油中给我们留下 30％—40％。我们要求保证在一定期限内使石油的开采量达到 1 亿普特，保证使输油管从格罗兹尼、从彼得罗夫斯克通到莫斯科。至于是否需要付出一定的补贴，这个问题可以在每个合同中加以规定。但是根据这些条件来看，合同什么样应该是清楚的。对工会来说，重要的是党员领导干部要领会这个政策的特点，并为自己规定一个任务：为了执行党代表大会的决定，根据在资本主义包围下社会主义制度的任务，无论如何要实行这种租让。任何一项租让都会带来好处，都能立即改善一部分工人和农民的生活状况。所以说能改善农民的生活状况，是因为每一项租让都将提供一些我们所无力生产的额外产品，因而我们可以拿这些产品去同农民进行交换，而不必采用税收的办法。

　　事情不是很容易的，对苏维埃政权机关来说更是如此。从这个基本立场出发，就应当把实行租让作为我们的任务，而不顾这方面存在的一切偏见，抛弃不愿意变动、不愿意革除旧习气的心理，不怕一部分工人收入多另一部分工人收入少造成的麻烦。这样的麻烦和抱怨还可以举出很多很多，它们足以使任何一项实际的改善都无法实现。外国资本也正是利用这一点在兴风作浪。我还没有看到过其他的政策遭到俄国白卫分子报刊聪明透顶的代表人物这样强烈的反对；喀琅施塔得事件表明了这些人物要比五个切尔诺夫和五个马尔托夫加起来还要高明得多。他们很清楚，如果我们由于偏见而不能改善工农的生活状况，那我们就会给自己造成更大的困难，从而使苏维埃政权的信誉扫地。你们知道，我们一定要实现这种改善。只要能够改善工农的生活状况，我们不惜让外国资本家拿走 2 000% 的利润——而改善工农生活状况这一点则是无论如何应当实现的。

2

讨论时的插话

我们刚才听了施略普尼柯夫同志和梁赞诺夫同志的充满外交辞令的演说。尽管他们现在大声疾呼地提出抗议，但用的却是这样的外交口吻，如果用来同承租人和资产阶级国家进行谈判，他俩倒是最高明不过的了。我们来开会，由我向会议报告中央委员会和人民委员会内部发生的意见分歧。这些分歧在会上的辩论中也会暴露出来……　由于有意见分歧，才出现了第十次代表大会的决定。决定说："赞同人民委员会的法令，在巴库和格罗兹尼实行租让。"我们打算在这个会上对这个问题彻底讨论一下，因此我请求拒绝施略普尼柯夫和梁赞诺夫的建议，让拟将继续进行的辩论的结果满足他们的求知欲（姑且不说是好奇心）。

3

总 结 发 言

同志们！这里从一开始就有人问起，我们对租让问题的意见分歧是否很大。施略普尼柯夫同志还希望更系统地了解每一项合同。我担心，单是由于技术条件的限制，这一点也是办不到的。例如，在同一些强国签订和约时，总是先作出一般性的指示（起初这种指示拟得非常详细），然后我们的做法往往是这样：同资产阶级国家签订的某一种类型的和约不加声张地予以接受，而大量的细节问题就交给受权签订条约的代表们去处理。人民委员会和中央委员会的大多数委员则很可能对大部分细节并不了解。这件事也是如此：我们注意的是原则问题，而我们感到有产生意见分歧的危险。所以党的代表大会不得不进行干预。所以我们这个只有党员参加的会议是一次互相通气的会议。我们向你们宣读了人民委员会作出的决定。

人民委员会作出的决定是同两位很有名的工会工作者[83]的建议截然相反的。除了举行现在这样的会议，还有什么其他办法向共产党党团的多数成员征求意见呢？结果，意见分歧比我们想象的要小。这是最符合我们的愿望的。这次会议不作记录，我们不准备在报刊上进行讨论。目的已经达到了。

我们向你们介绍人民委员会的决定，是要让你们了解，我们是怎样作出党代表大会的决定的。遗留下来的意见分歧，无非是一些在日常工作中的各种问题上常见的分歧，可以用简单表决的办法来解决，不致成为妨碍工作的理由。这样，服从多数就不仅是一种形式，而且是一种使工作不致受到妨碍的办法。我认为，我们在这里取得了这样的成果，即没有发生任何重大的意见分歧，而局部性的意见分歧在工作进程中是会消除的。

梁赞诺夫同志纯粹出于个人的特性，竭力把同工人反对派的意见分歧也牵扯出来。他特地挑选了那种必然惹怒别人的措辞，然而他并没有达到目的，发言的人谁也没有受到挑动。

一位同志在字条上写道，我们这里是在签订第二个布列斯特条约。第一个布列斯特条约是成功的，而对第二个他有怀疑。从某种程度上说，这样说是对的。但是现在这个条约是经济领域里介乎布列斯特条约和同任何一个资产阶级强国签订的条约两者之间的东西。我们已经签订了几项这样的条约，其中包括同英国签订的一项通商条约。租让合同就是介乎布列斯特条约和同资产阶级列强签订的这类条约之间的一种条约。

接着梁赞诺夫同志提出了一个完全正确的看法，这一点我想在开始时就强调一下。他说：如果说我们想签订租让合同，那并不是为了改善工人的生活状况，而是为了提高生产力。完全正确！我们决不放弃改善工人的生活状况，我手头就有国民经济委员会的工作人员拟订的同瑞典"滚珠轴承"公司签订的合同草案。（读草案）

在这份合同里没有规定改善工人生活状况的义务。确实，合同规定：俄国政府负责供应工人的一切必需品，如果俄国政府做不到这一点，资本家就有权从国外调进工人。至于俄国政府是否有能力向工人提供计划规定的一切，我想，无论是我们，还是国民经济委员会，或是瑞典方面，谁都不抱幻想。但是不管怎样，在这一点上梁赞诺夫同志是完全正确的，因为实行租让的出发点不是改善工人的生活状况，而是提高生产力，是我们为了增加产品数量而作出巨大牺牲的一笔交易。那么，这些牺牲表现在哪里？有人说我在粉饰或者缩小这些牺牲。特别是梁赞诺夫同志企图对此大加挖苦。我并没有缩小这些牺牲，我倒说过，也许我们不得不把百分之几百的，甚至百分之几千的利润给予资本家。关键就在于此！

我原来设想，根据专家们的计算，假如资本家从他生产的 1 亿普特石油中，拿走 5 000 万到 6 000 万普特，运去出售，获利 1 000%，或许更多，而我们拿 30%—40% 的石油，那么情况是很清楚的。而当我们试图弄清楚克拉辛同那些生意人，即同那些贪婪的商人初步商谈的合同条件时，我问他："是否能设想这样一种合同，即商定给资本家一定百分比的利润，譬如 80%，行不行？"他说："现在谈不到利润多少的问题，因为这帮强盗们现在要攫取的不是 80%，而是 1 000% 的利润。"

在我看来，牺牲将是极其巨大的。如果我们把矿山或者森林租让出去，把国外急需的原料，譬如说锰矿石，拿出去，那就是说，我们无疑要作出巨大的牺牲。格鲁吉亚现在已经成了苏维埃的格鲁吉亚。目前是要把格鲁吉亚、阿塞拜疆和亚美尼亚这三个高加索共和国联合成为一个经济中心。石油是阿塞拜疆生产的，需要通过巴统，通过格鲁吉亚境内运输，这就会形成一个统一的经济中心。

有一条消息说，格鲁吉亚的孟什维克政府曾签订过一项租让合同，这项合同对我们来说大体上也可以接受。我在此之前只能同格鲁吉亚的同志们联系了一下，从同全俄中央执行委员会秘书叶努基泽同志(他本人就是格鲁吉亚人)的谈话中了解到,他曾经到过那里,并且同格鲁吉亚的孟什维克政府签订过一项条约,但不是租让合同,规定他们无抵抗地把格鲁吉亚 $\frac{1}{6}$ 的土地交给我们,而他们则得到不受侵犯的保证。[84]

但是,他们在叶努基泽同志参与下签订了这项条约以后,尽管得到了不受侵犯的保证,却还是宁肯从巴统跑到君士坦丁堡去了。这样一来,从得失这两方面对我们都有利:我们得到了领土,即巴统及其周围地区——不是为俄罗斯,而是为苏维埃格鲁吉亚;失去了大批跑到君士坦丁堡去的孟什维克。

现在知道,格鲁吉亚革命委员会十分倾向于批准租让那些过去从未开采过的煤矿,并认为这种租让是极其重要的。有两个外国的代表——意大利和德国的代表——曾来到格鲁吉亚,并且在苏维埃革命时也没有离开。这个情况极为重要,因为同这些国家发展关系,即便是通过租让发展关系,也是我们所希望的。意大利甚至同格鲁吉亚已订有租让合同;而德国的情况是,奇阿图拉锰矿中极大一部分是属于某些德国资本家的。现在的问题是把这项所有权改为租借权或者承租权,也就是把那些原来为德国资本家所有的矿山仍然租借给那些德国资本家。鉴于高加索政治局势的变化,租让关系是有可能形成的。而对我们来说,重要的是把一扇又一扇窗户打开。同英国签署的条约是社会主义共和国同一个资产阶级国家签订的条约,是一项给我们增加了一定负担的条约。

对于第一个同我们签订条约的国家,我们支付给它的黄金数额,要比给其他国家的多得多。而结果证明,由于签订了这个条约,我们才开了一扇窗户。而我们对任何一种租让也正是应当从这个观点出发来加以评价。

德国和意大利迫于自己的经济状况，不得不找俄国结成联盟。对于俄国来说，同德国联盟能开辟经济发展的广阔前景，这与德国革命是否将很快取得胜利无关。我们同德国的资产阶级政府也能谈判，因为凡尔赛条约[85]使德国处于难以忍受的地位，而同俄国的联盟则能开辟完全不同的前景。意大利由于没有自己的燃料来源，所以决定开采在他们之前从未有人开采过的高加索煤矿。如果德国人对石油租让动了心，那是毫不奇怪的，因为德国根本没有燃料。

这里有位同志说，堪察加的租让项目不会改善工人的生活状况。这个说法是完全错误的。梁赞诺夫同志挖苦说，我们同万德利普打交道是要吃亏的。这说得也根本不对。的确，我们犯过一个错误，就是给哈定发了电报。但是既然直到目前为止我们同美国没有签订任何合同，也未有任何交往，所以在这方面也就不存在错误了。我们仅仅看出了万德利普是在吹嘘他同美国政府的联系而已。现在完全有可能通过派遣我们的代表到加拿大去购买机车，通过这扇旁门，我们将能取得进入美国市场的某种通道。

关于堪察加的租让谈判，现在已开始积极进行。说这些租让项目不会改善工人的生活状况，那是完全不正确的。如果这些租让项目能够实现，工人的生活状况无疑会得到改善，因为我们将会得到一定的提成，似乎是2％吧。当我们一无所有时，就这2％也多少是笔收入。如果我们从100万中提取2万，把这2万用来同农民进行交换，那我们就会得到工人所必需的一部分农产品。

其次，我想指出，你们向我们提出的某些意见仍然表明，在工会工作者中还存在着意见分歧，或者更确切地说，还存在着疑虑。这是唯一的危险。我们需要在我们中间，譬如说通过党员之间深入进行讨论来加以消除。例如，马尔舍夫同志说，支付应用现金，而不是用流通券。至于说阿姆斯特丹分子[86]，不管他们会不会攻击我们，我们应当就这个问题取得一致意见。

不久前我重新翻阅了我在1918年5月所写的一本小册子。我在这本小册子中引用了孟什维克的《前进报》[87]。孟什维克伊苏夫在这份报纸上指责苏维埃政权准备实行租让制，指责苏维埃政权同资产阶级国家搞妥协。[①] 这是孟什维克就租让问题来指责我们的老伎俩。在西欧也已经因为这个问题形成许多集团。共产党人懂得，租让就是一个布列斯特条约。由于我们这个农民占人口绝大多数的国家遭到破坏，我们才不得不去签订这个条约。任何人都知道，没有大工业，国家的复兴是不可能的。

德国的共产党人理解我们为什么要让步，而谢德曼分子和第二半国际[88]却说，实行租让证明我们遭到了破产。我还记得，去年在一次会议上我引用了美国沙文主义者斯帕戈的话[②]，他专门写了一大堆用类似我国阿列克辛斯基的观点来谈论布尔什维克的书。在谈到租让时，他简直是手舞足蹈，欣喜若狂。那时我就指出，这是彻头彻尾的颠倒是非。昨天国际资本企图扼杀我们，而今天我们却同这个国际资本签订了一系列协定。

我们作出牺牲，把数以百万计的极其宝贵的物资交给外国资本家。他们利用这些物资可以获取百分之几百的利润。这是我们完全有意识地作出的牺牲。但同时我们应当指出：我们容许他们获取随便多少利润，而我们也必须得到我们所需要的好处，即增加产品数量和在可能情况下既改善租让企业中又改善非租让企业中

---

① 见本版全集第34卷第287页。——编者注
② 见本版全集第40卷第25、41页。——编者注

我国工人的生活状况。

施略普尼柯夫同志在这里说，最好把企业租让给俄国工人。这种说法太可笑了。那样的话，就要保证供应燃料等等，而我们连自己最重点的企业都不能保证供应。我们的燃料情况很糟。一般说来，同俄国工人签订任何一种租让合同，在原则上是完全允许的。但是这种解决问题的办法对我国的大工业是不严肃的，因为我们什么也不能保证供应，而外国的承租人则可以把必需品从国外运来。这就是同外国资本家签订租让合同的不同之处。他们拥有世界市场，我们在经济上却没有一个可靠的后方。而要建立这样的后方，我们至少要花十年时间。这正是我们应当清醒地估计到的。我们所有的工作人员都证明在这个问题上情况就是如此。

我们知道，电气化计划是最节约的计划。我们不能把我国的大工厂出租给俄国工人。这里我们要指望小工业，要发展它，并且首先不该像梁赞诺夫同志或一本小册子的作者那样咒骂我们征收粮食税的措施，那本小册子说我们实施的是无政府工团主义的法律。

谈到发展小工业，我们应当采取一些步骤。这方面不需要国家提供保证就能立即得到一些东西，再说我们连自己最重点的企业都无法保证供应，所以要全力以赴地发展小工业，它会向我们提供农民所需要的某些产品。

关于用现金还是用流通券的问题，我认为：当政权在资本家手里时，这是可怕的。现在对我们并不可怕，因为所有的工厂和企业都掌握在我们手里，而我们现在出租给资本家的连十分之一都不到。我再说一遍，我们不害怕流通券，因为资本家有责任提供我们规定的商品，不光是像这里所提到的咸鱼，还有这样那样的东西。

我们既然采用了外国工人的标准，那么，我们知道，外国工人按标准所得到的食品，比俄国工人所得到的甚至更多、更好一些。

在这个会上施略普尼柯夫同志说："我们看到过租让是怎么回事。"施略普尼柯夫同志和很多实际工作者都常犯这样的错误。我还常常听到有人说："你们是公式化地理解租让。资本家总是使最有经验的俄国法学家受骗。"是的，当国家政权掌握在资本家手里，一切实力都掌握在资本家手里时，是有过这种情形。那时的国家政权是什么？那时的国家政权是居统治地位的有产阶级的事务委员会。资本主义政府是地主和资本家的事务委员会。但是，如果我们手里拥有大批工厂、铁路，我们又有居领导地位的党（在基层有共产党支部，在上层有共产党员），还不能捍卫自己的利益，那就应当去自杀。这就是惊慌失措！

但是我想，我们无论多么不中用，也不至于上当受骗。到目前为止，法国和英国当局同我们签订了几项协定，尽管他们有第一流资产阶级外交家效劳，却一次也没有能够使我们上当受骗，既然如此，那为什么要惊慌失措，似乎一用流通券就能够使我们上当受骗呢？让我们回忆一下布列斯特条约。布列斯特条约难在什么地方呢？为这个条约辩护有什么困难呢？当时有人问我，我是否指望我们能骗过德国人。我由于职务关系必须说，不指望。而现在布列斯特条约已经成了历史的陈迹。

我不知道，加米涅夫同志写的那本小册子（其中谈到鲁登道夫）是否已经出版。但是我知道，不是别人，正是鲁登道夫写了一本极好的回忆录，其中有10页是专门讲述布列斯特谈判的。我和加米涅夫读完这一章后说过：这是对布列斯特条约作的最好的辩护。作者叙述说，在布列斯特谈判中托洛茨基等人是怎样对他们施加压力，又怎样哄骗了他们，等等。那时我们就认为必须把这几页翻译出来，并由加米涅夫同志写一篇短序出版。假如这件事到现在还没有办好，那就是苏维埃政权无能的一件典型事例。其次，我们再举出另一个事实。大家知道，我国驻德大使越飞同志在德国革命前夕被驱逐出境。在这件事之后，请你们不要再轻易预言，谁能骗得过谁。我们不去推断从签订第一个租让合同到欧洲爆发第一次大规模革命将相隔多少天。因此，关于合同问题，我肯定地说，同志们说得完全不对。这对我们一点也不可怕。

合同将规定，他们应当提供哪些商品和按什么价格出售。我们可以同意使用任何一种流通券和配售证。如果他们破坏合同，我们就有权立即废除合同。合同是一种民事契约。至于应该有什么样的仲裁，以及纠纷应由谁来解决的问题，我至今没有去研究。不过我现在可以来看一下同瑞典公司签订的合同草稿。这里是这样说的：意见分歧的解决由……

这里动用了院士，而院士们又设法动用法学家。我记得倍倍尔说过：法学家是最反动的人，而且都是一些资产阶级的人物。当然，这一点我们可以设法纠正过来。但是这里并没有什么可怕之处。假如承租人提出这个条件，那么我们可以接受它。既然合同明确规定，应当提供哪些商品和配售证如何支付，那么我们可以采纳这个办法。无论是流通券，还是配售证，对社会主义共和国来说都没有什么可怕。另外还有人说，第9条不好，因为我们会脱离国际工会理事会[89]。洛佐夫斯基恫吓我们说，阿姆斯特丹分子会攻击我们。不过反正他们根据其他所有各条也是会来攻击我们的，而结果正像以往那样，还是他们自己碰壁。

你们记得，因为我们向资本家作了一点点让步，孟什维克就曾打算猛烈攻击我们。当我们想要推翻资本主义时,他们说,我们最多只能推翻几天。而当我们推翻了几年以后,他们又在给我们设圈套。他们总是想方设法把对手引到必然挨打的地位。

最初他们称我们是空想主义者,后来建议我们从五层楼倒栽下来。我们知道,我们这里小经济是大量的。小私有者是我们的对手。小私有者的自发势力是我们最危险的敌人。承租人和租借者则是较次要的敌人。官僚制度和官僚主义弊病也是我们的敌人。

至于洛佐夫斯基同志所谈到的那一条,我要说的是:请大家仔细听一听这一条的内容。这里是这样讲的:"工会无权要求对这样的工人实行俄国的工资率,同样也无权要求采用俄国有关雇用的规章。"这里指的是俄国工会,有人却跟我谈国际工会。当然,如果资本家看到俄国的条件,那他们就会说这是共产党的条件,是荒谬的条件,会说俄国工会无权提出俄国的雇用条件,因为在这些条件里"塞进"了某种不合情理的要求。但是俄国工会完全有权采用国际上的职业合同。仅这一点也就够了。这里没有一处谈到禁止罢工。在这方面不应当过早地讲出一切。

至于改善俄国工人生活状况的问题,马尔舍夫同志和塔尔塔科夫斯基同志就这一点攻击说:你们同工人是搞不好关系的,也不能强迫他们去工作,因为如果你们只保证五分之一工人的生活,那么其余五分之四就不愿在较差的条件下工作了。难道我们的工人是如此不讲道理、不讲文明和不守纪律的吗?假如是这样,那自然理应惊慌失措,并且应当自杀了事。假如有 100 个工人挨饿,而我们对他们说,我们只能养活 20 个,再多不行,难道他们会不让我们这样做吗?事实上直到如今我们还没有遇到过这种情况。我们勉勉强强供养了某些工业部门的工人，而并不是所有工业部门的工人，这些企业的工人毕竟并没有全部跑掉，而其他企业的工人却统统跑掉了。难道俄国工人竟然被苏维埃政权的错误弄得连这样一笔账也不会算了：哪怕养活 20 个人，总比逼得 100 个人全都挨饿要强吧？这里有很多事情不该把话说得过早。为什么不能使工人在资本家那里轮流干活呢？一部分工人可以干上六个月，领取工作服，然后把位子让给另一部分工人，使他们也能有饭吃。当然，在这个问题上，要同各种偏见作斗争。

当承租人到我们这里来的时候，我们应当约束我们的工会，不让它们提出过分的要求。你们知道，通常的合同期限很短。在欧洲没有签订长期合同的条件。通常的期限是六个月。这样，工人们可以得到东西吃，领取鞋子和服装，然后离开，把位子让给别人。

一部分人干上半年活，吃饱了，领取了美国的鞋子和服装，然后把位子让给别人，这一点我们是否绝对无法做到呢？当然，做到这一点有困难。这需要有比我们现在更强的组织性和纪律性，但并不是不可能做到的。既然我们在三年可怕的饥饿时期能想出办法使工人坚定地反对外国资本的侵略，难道在现在这个问题上我们就不能想出办法来吗？在这条道路上将会遇到什么困难，我是非常清楚的。所以我才说，租让并不意味着阶级间和平的到来。租让是阶级间战争的继续。

如果说，从前的战争表现为我让你挨饿，你什么也得不到，那么现在我要说，我愿意给每人一双鞋，但是工人必须干半年活。而我们将为全部工人都能得到鞋子进行战斗。我们不放弃举行罢工的权利，这一切都还掌握在我们手中，只要我们聪明一些，现在就应当尽量强调对资本家有诱惑力的方面。

这里有人说，让资本家来，让他们来欺骗我们，真是太可怕了。而我肯定地说这并不可怕，为了提高生产率，就是希望他们来，因为他们有组织得很好的后方、设备完善的工厂。我们可以在这些工厂里订购需要的部件，而不必去自由市场购买，因为自由市场上只有一堆破烂货。第一流工厂今后几年的产品已经预订完了。即使我们用我们的黄金去支付，我们还是什么都买不到，而辛迪加的成员却可以得到一切。只要能改善哪怕是一小部分工人和农民的生活状况，我们即使给资本家多付一点，也在所不惜，因为每多生产一些产品，都可以用来向农民换取粮食，这样就会建立起工人阶级同农民之间的牢固关系。

总之，在结束讲话时，我请求工会工作者不要再辩论这些原则问题，不要再争论了。这都是些无谓之争，都是不切实际的空谈。应当停止这些空谈了。应当把全部注意力放在租让合同的实际条件上，我们只要不是笨蛋，就能从中获得好处。在这方面，工会工作者和党的领导人应当发挥聪明才智，应当切实了解这些条件，而这一切我们不能也不会在报刊上谈论，因为资本家正盯着俄国的报刊，正如在布列斯特条约时期，我们没有在报刊上谈论过交给越飞同志的是哪些任务一样。事实上，我们要把注意力放在对改善工人和农民生活状况有利的实际办法上。任何一种这样的改善对我们来说都具有重大意义。这才是工会工作者应当注意的事。要消除一切摩擦和偏见。这是一件难事。目前还没有人愿意同我们签订租让合同。人们都预计我们会提出无法实现的要求。

因此，从我们这方面来说，应当全力以赴签订几项这样的合同。我们无疑会犯许多错误。这是一项新的事业。到目前为止，还没有任何一个社会主义共和国同资本家签订过任何租让合同。但是我们需要工会工作者给我们以帮助。在这方面是大有可为的，可以对合同作各种解释，也可以施加各种压力，直至发动罢工，这是我们仍然保留着的权利。

载于 1932 年《列宁文集》俄文版
第 20 卷

译自《列宁全集》俄文第 5 版
第 43 卷第 165—196 页

人民委员会关于
对外贸易申请的决定草案[90]

(1921 年 4 月 12 日)

责成国家计划委员会对 3 890 万金卢布的申请,以及对外贸易方面的其他申请重新加以审查。审查的着眼点是:在假定收成极坏和燃料供应极为困难的情况下,只是为了储备最低限度所需的粮食和燃料而必须在 1921—1922 年度购买的东西。

载于 1932 年《列宁文集》俄文版
第 20 卷

译自《列宁全集》俄文第 5 版
第 43 卷第 197 页

致阿塞拜疆、格鲁吉亚、亚美尼亚、达吉斯坦、哥里共和国的共产党员同志们

(1921 年 4 月 14 日)

我热烈祝贺高加索各苏维埃共和国,希望它们的紧密联盟成为在资产阶级统治下从来没有见过的、在资产阶级制度内决不可能有的民族和睦的典范。

尽管高加索各族工人和农民之间的民族和睦非常重要,但更加重要得多的是保持和发展苏维埃政权,因为这是向社会主义过渡的通道。任务是困难的,但是完全可以完成。为了顺利地完成这个任务,最重要的是要使外高加索的共产党员懂得他们的情况的**特殊性**,即他们共和国的情况和俄罗斯联邦的情况和条件不同的地方,懂得决不可以照搬我们的策略,而必须经过周密思考改变策略,使它适合于不同的具体条件。

俄罗斯苏维埃共和国没有从任何地方得到过政治上和军事上的援助。恰恰相反,过去这几年内,它一直在同协约国的军事侵犯和封锁作斗争。

高加索各苏维埃共和国却从俄罗斯联邦得到了政治上的援助和不大的军事援助。这是一个根本的区别。

第二,现在不用害怕协约国方面的侵犯以及它在军事上对格

鲁吉亚、阿塞拜疆、亚美尼亚、达吉斯坦、哥里的白卫分子的支援。协约国在俄罗斯境内已经弄得"焦头烂额"了,这迫使它暂时大概要放谨慎一些。

第三,高加索各共和国,同俄罗斯比较起来,更加是农民的国家。

第四,俄罗斯在经济上过去是同先进的资本主义国家隔绝的,现在在很大程度上也还是这样;高加索却可以较快、较容易地同资本主义的西方搞好"共居关系"和进行商品交换。

区别还不止这些。但是就从上述种种区别看来,已经足以懂得必须采取另一种策略。

对于小资产阶级、知识分子、特别是农民,要温和一点,谨慎一点,通融一点。通过实行租让和商品交换政策,对资本主义的西方在经济上要千方百计地加以利用,加强和加紧利用。石油、锰、煤(特克瓦尔切利煤矿)、铜——丰富的矿产资源还远远不止这一些。有充分的可能来广泛实行租让政策和开展同外国的商品交换。

应当广泛地、坚定地、巧妙地、谨慎地做好这方面的工作,千方百计地利用这方面的工作来改善工农的生活状况和吸引知识分子参加经济建设。要利用同意大利、美国等国家的商品交换,来尽力发展物产丰富的边疆的生产力,发展水力和灌溉。为了尽力发展农业和畜牧业,灌溉是特别重要的。

更加缓慢、更加谨慎、更加有步骤地向社会主义过渡——这对于高加索各共和国来说是可能的和必要的,这就是它们不同于俄罗斯联邦的特点。这就是必须懂得和善于实行的、跟我们的策略不同的策略。

我们曾致力于打开世界资本主义的第一个缺口。现在缺口已经打开了。我们在反对白卫分子、社会革命党人和孟什维克（他们得到全体协约国的支援，协约国用封锁和军事援助了他们）的极端残酷、艰苦、剧烈、异乎寻常的战争中，捍卫住了自己的生存。

高加索的共产党员同志们，你们已经用不着去打开缺口了，你们应当善于利用1921年的有利于你们的国际形势，更谨慎地、更有步骤地创造新局面。1921年，无论欧洲或全世界，都已经不同于1917年和1918年了。

不要照搬我们的策略，而要独立地仔细考虑我们的策略为什么具有那些特点以及它的条件和结果，不要在你们那里照抄1917—1921年的经验，而要运用它的精神实质和教训。应当立刻在经济上依靠同资本主义外国的商品交换，不要吝啬：就让它们得到几千万普特宝贵的矿产品吧。

应当立刻努力改善农民的生活，开始兴建电气化和灌溉方面的巨大工程。灌溉是最需要的，它将最有效地改造边疆，复兴边疆，它将埋葬过去，可靠地保证向社会主义的过渡。

这封信写得很潦草，请你们原谅，因为我必须赶快把它写出来，好交给米雅斯尼科夫同志带去。让我再一次向高加索各苏维埃共和国的工人和农民致最崇高的敬礼和祝愿。

尼·列宁

1921年4月14日于莫斯科

载于1921年5月8日《格鲁吉亚真理报》第55号

译自《列宁全集》俄文第5版第43卷第198—200页

致彼得格勒市非党工人会议[91]

(1921 年 4 月 14 日)

同志们！非常遗憾，我不能接受你们的邀请到彼得格勒去。我对你们的会议和你们的工作表示衷心的祝贺。现在，正当全世界资产阶级穷凶极恶地对苏维埃俄国造谣诽谤，力图破坏我们同外国的贸易协定的时候，非党群众的帮助以及同非党群众的合作，就显得特别重要。在喀琅施塔得事件以后，工人和农民比过去更加懂得，俄国政权的任何变动都有利于白卫分子；难怪米留可夫和一切聪明的资产阶级领袖都欢迎喀琅施塔得提出的"没有布尔什维克参加的苏维埃"这一口号。

我再一次向你们的会议致敬，并祝你们在工作中取得种种成就，特别要提请你们注意的是，必须现在就挑选一批非党工人和农民去参加经济建设工作，并且今后还要经常推荐更多的非党工人和农民去参加这项工作。彼得格勒形成了一个区域经济中心。必须更加努力地进行工作。地方工作人员现在有了更多的权利和主动性。非党人员应该把工作担当起来，输送一批又一批的人才。

敬礼！

列　宁

载于 1921 年 4 月 21 日《红色日报》第 88 号

译自《列宁全集》俄文第 5 版第 43 卷第 201 页

对俄共（布）中央委员会
和人民委员会直属财政委员会的
决定草案的补充和修改意见[92]

(1921 年 4 月 14 日)

普列奥布拉任斯基同志的委员会
关于改革纸币流通问题的决定

1. 确定货币改值的比率**不小于** 1∶1 000。

2. 规定各地同时开始改革，要有一定的兑换期限，其时间长短各地区可以有所不同。

3. 宣布货币改值的确切时间以后另定。

4. 确定从货币改值时起国家出售商品一律按新币计价。

5. 确定以叶努基泽同志提出的称做"共和国流通券"的样券作为新纸币的式样，并责成叶努基泽同志在 1921 年 10 月 15 日前提供至少 50 亿卢布面值尽量小的纸币。

6. 新纸币定名为"国家货币"。

7. 新纸币上保留"伪造必究"字样。

8. 删去外文。

9. 仅用国徽标明该纸币由俄罗斯联邦发行。

取消
10.新纸币发行由人民委员会主席和财政人民委员签署。①

11.责成普列奥布拉任斯基同志通知各报编辑部,不要在报刊上透露即将实行币制改革的消息。

11.+保留该委员会,以便系统地(通过中央统计局)研究:

(1)物价的涨落

(2)国家的商品储备

(3)城乡商品流转和有关币制改革的其他问题。

(4)②

载于1959年《列宁文集》俄文版
第36卷

译自《列宁全集》俄文第5版
第43卷第388—389页

---

① 列宁删去了第10条,而将第11条改为第10条。——俄文版编者注
② 这一条列宁未写出。——俄文版编者注

劳动国防委员会关于
"亚—恩巴工程"的决定草案[93]

(1921 年 4 月 15 日)

指定下列人员组成一个专门委员会：

国家计划委员会	2 人
石油专家或燃料专家	2 人
石油总委员会	2 人
铁路专家	2 人

责成委员会在两周内查明：

（1）亚—恩巴铁路工程哪一段已经完成；

（2）输油管工程哪一段已经完成；

（3）特别是钢轨和油管能否及时供应，以及充分保证供应的前景；

（4）向恩巴油田供应淡水的可能性，以及保证恩巴工程的其他条件；

（5）核实石油由水路经拉库希—阿斯特拉罕和由铁路或输油管经萨拉托夫运到中部地区的对比费用；

（6）铁路（亚—恩巴线）和输油管竣工的大致的和可能的期限；

（7）为了从恩巴经拉库希—阿斯特拉罕运送石油，是否有可能、有把握增购并调进一批内河船只和海洋船只，需要多少费用？

（8）同时查明这一问题的其余方面。

载于 1959 年《列宁文集》俄文版
第 36 卷

译自《列宁全集》俄文第 5 版
第 43 卷第 202 页

论 粮 食 税

（新政策的意义及其条件）[94]

（1921 年 4 月 21 日）

代 引 言

粮食税问题在现时引起了特别多的注意、讨论和争论。这是完全可以理解的,因为它确实是当前情况下我们政策的主要问题之一。

讨论稍微有些混乱。由于极其明显的原因,我们都犯有这种毛病。所以,如果不从这个问题的"眼前最惹人注目的"方面,而从它的一般原则方面来加以考察,那将更为有益。换句话说:就是要看一看我们现时正在勾画当前政策中某些实际措施的那幅图画的整个基本背景。

为了作这样的尝试,我想从我那本《当前的主要任务。论"左派"幼稚性和小资产阶级性》[①]的小册子中,摘引一大段话。这本小册子在 1918 年曾由彼得格勒苏维埃出版过,内容包括:第一,登在 1918 年 3 月 11 日报上的谈布列斯特和约的文章,第二,1918 年

---

① 见本版全集第 34 卷第 264—293 页。——编者注

Российская Социалистическая Федеративная Советская Республика

Пролетарии всех стран, соединяйтесь!

Н. ЛЕНИН

О ПРОДОВОЛЬСТВЕННОМ НАЛОГЕ

(Значение новой политики и ее условия)

(Статья т. Ленина будет помещена в № 1 журнала Главполитпросвета „КРАСНАЯ НОВЬ", находящегося в наборе. Редакция издает ее предварительно в виде отдельной брошюры)

ГОСУДАРСТВЕННОЕ ИЗДАТЕЛЬСТВО
1921

1921 年列宁《论粮食税》小册子封面

（按原版缩小）

5月5日登载的与当时左派共产主义者集团论战的文章。论战部分现在已用不着,所以我把它删掉,只留下了有关"国家资本主义"和从资本主义向社会主义过渡的我国现时经济的基本成分的论断。

当时我这样写道:

关于俄国现时经济

(摘自1918年出版的小册子)

"……国家资本主义较之我们苏维埃共和国目前的情况,将是一个进步。如果国家资本主义在半年左右能在我国建立起来,那将是一个很大的胜利,那将极其可靠地保证社会主义一年以后在我国最终地巩固起来而立于不败之地。

我可以想象,有人将怎样义愤填膺,怒斥这些话…… 怎么?在苏维埃社会主义共和国内,向国家**资本主义**过渡竟会是一个进步? …… 这岂不是背叛社会主义吗?

对于这一点,我们应该比较详细地谈一谈。

第一,应当弄清楚,这个使我们有权利和有根据自称为苏维埃社会主义共和国的、从资本主义到社会主义的**过渡**,究竟是怎样的。

第二,应当揭露那些看不到小资产阶级经济条件和小资产阶级自发势力是我国社会主义的**主要**敌人的人的错误。

第三,应当很好地了解**苏维埃**国家在经济上与资产阶级国家迥然不同的意义。

　　我们来研究一下这三点。

　　看来，还没有一个专心研究俄国经济问题的人否认过这种经济的过渡性质。看来，也没有一个共产主义者否认过'社会主义苏维埃共和国'这个名称是表明苏维埃政权有决心实现向社会主义的过渡，而决不是表明现在的经济制度就是社会主义制度。

　　那么过渡这个词到底是什么意思呢？它用在经济上是不是说，在这个制度内有资本主义的和社会主义的成分、部分和因素呢？谁都承认是这样的，但并不是所有承认这点的人都考虑到：俄国现有各种社会经济结构成分究竟是怎样的。问题的全部关键就在这里。

　　现在我们把这些成分列举如下：

　　(1)宗法式的，即在很大程度上属于自然经济的农民经济；

　　(2)小商品生产(这里包括大多数出卖粮食的农民)；

　　(3)私人资本主义；

　　(4)国家资本主义；

　　(5)社会主义。

　　俄国幅员如此辽阔，情况如此复杂，社会经济结构中的所有这些不同的类型都互相错综地交织在一起。特点就在这里。

　　试问，占优势的是哪些成分呢？显然，在一个小农国家内，占优势而且不能不占优势的是小资产阶级自发势力，因为大多数甚至绝大多数耕作者都是小商品生产者。在我国，**投机商**时此时彼地破坏国家资本主义的外壳(粮食垄断，受监督的企业主和商人，资产阶级合作社工作者)，而投机活动的主要对象是**粮食**。

　　主要的斗争正是在这方面展开。如果用'国家资本主义'等这些经济范畴的术语来说，究竟是谁和谁进行这一斗争呢？按我刚

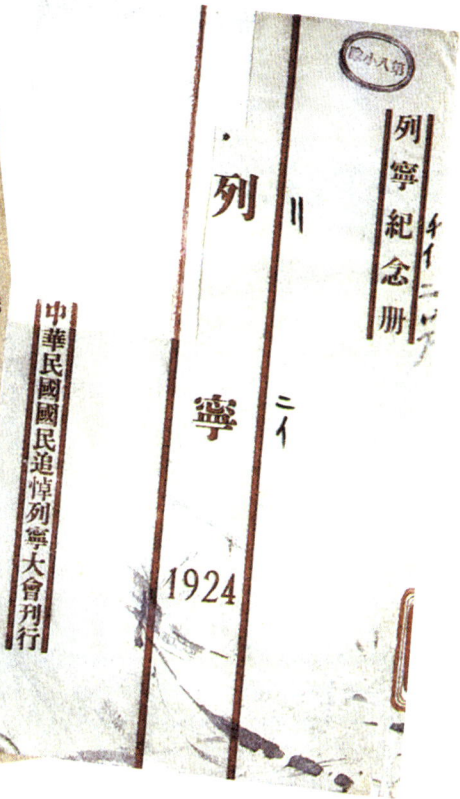

1924 年 3 月为悼念列宁而在北京出版的
《列宁纪念册》和该纪念册所载列宁《论粮食税》一文
（当时译《农税底意义》）

才列举的次序,是第四种成分和第五种成分作斗争吗? 当然不是。在这里不是国家资本主义同社会主义作斗争,而是小资产阶级和私人资本主义合在一起,既同国家资本主义又同社会主义作斗争。小资产阶级抗拒**任何的**国家干涉、计算与监督,不论它是国家资本主义的还是国家社会主义的。这是丝毫不容争辩的事实,许多经济问题上的错误的根源就在于不了解这一事实。投机商、奸商、垄断制破坏者就是我国'内部的'主要敌人,即反对苏维埃政权的经济措施的敌人。如果说在125年以前,法国小资产者这些最热情、最真诚的革命家想通过处死个别几个'要犯'和颁布大批文告来战胜投机商的愿望在当时还情有可原的话,那么,现在某些左派社会革命党人用纯法国式的态度来对待这个问题,就只能引起每个觉悟的革命者的憎恶或厌弃了。我们非常明白,投机活动的经济基础,就是在俄国人数特别众多的小私有者阶层,以及以每一个小资产者作为自己代理人的私人资本主义。我们知道,这种小资产阶级九头蛇的千百万触角,时此时彼地缠住了工人中的个别阶层,投机活动正在取代国家垄断而渗入我国社会经济生活的每个毛孔。

谁要是看不到这一点,那他就恰恰由于盲目无知而暴露出自己做了小资产阶级偏见的俘虏……

小资产者手头拥有在战时用'正当'办法,特别是用不正当办法积攒起来的几千几千的小款项。这就是作为投机活动和私人资本主义的基础的典型经济形式。货币是取得社会财富的凭证,千百万小私有者紧紧地握住这种凭证,把它瞒过'国家'的耳目,不相信任何社会主义和共产主义,一心想'躲过'无产阶级的风暴。或者是我们使这些小资产者服从我们的监督和计算(只有把贫民即多数居民或者说半无产者组织在觉悟的无产阶级先锋队的周围,我们才能做到这一点），或者是这些小资产者必然地、不可避免地推翻我们的工人政权，就像那些正是在这种小私有者土壤上生长起来的拿破仑们和卡芬雅克们推翻了革命一样。问题就是如此。问题也只能是如此……

存有几千小款项的小资产者是国家资本主义的敌人，他们希望一定要为自己使用这几千小款项，反对贫民，反对任何的国家监督，而这几千几千的小款项加起来就是好多个亿，它们成为破坏我国社会主义建设的投机活动的基础。假定说，一定数目的工人在几天内创造出为数 1 000 的价值。又假定说，由于小投机活动，由于各种盗窃行为，由于小私有者逃避苏维埃的法令和条例，这个总数中的 200 消失了。每一个觉悟的工人都会说：假如我从这 1 000 中拿出 300 来就能建立起更好的秩序和组织，那我乐意拿出 300，而不是 200，因为在苏维埃政权下，既然秩序和组织会整顿好，既然小私有者对国家各种垄断的破坏会被彻底粉碎，那么以后减少这种‘贡赋’，比如说减到 100 或 50，就会是轻而易举的事。

这个用简单数字来表示的例子（为了使说明通俗起见，我故意把它尽量简化）说明了当前国家资本主义和社会主义的相互关系，工人掌握着国家政权，他们在法律上有最充分的可能把 1 000 统统‘拿到手’，就是说，不让一个戈比落在非社会主义用途上。这种由于政权实际已转到工人手中而产生的法律上的可能性，就是社会主义的因素。但小私有者的和私人资本主义的自发势力却通过很多渠道来破坏法律上的规定，暗中投机，破坏苏维埃法令的执行。国家资本主义将是一个巨大的进步，**哪怕**（我故意用这样的数字作例子，是为了更明显地说明这点）我们付出的代价要比现在**大**，因为‘为了学习’是值得付出代价的，因为这对工人有好处，因为消除无秩序、经济破坏和松懈现象比什么都重要，因为让小私有者的无政府状态继续下去就是最大、最严重的危险，它**无疑**会葬送我们（如果我们不战胜它的话），而付给国家资本主义较多的贡赋，不仅不会葬送我们，反会使我们通过最可靠的道路走向社会主义。工人阶级一经学会了怎样保卫国家秩序来反对小私有者的无政府性，一经学会了怎样根据国家资本主义原则来整顿好全国性的大生产组织，那时就会掌握全副王牌（恕我如此来形容），社会主义的巩固就有了保证。

国家资本主义**在经济**上大大高于我国现时的经济，这是第一。

第二，国家资本主义中没有任何使苏维埃政权感到可怕的东西，因为苏维埃国家是工人和贫民的权力得到保障的国家……

　　　　　*　　　　　*　　　　　*

为了把问题说得更清楚，我们首先来举一个最具体的国家资本主义的例子。大家都知道，这个例子就是德国。那里有达到'最新成就'的现代大资本主义技术和服从于**容克资产阶级帝国主义**的有计划的组织。如果把这些黑体字删掉，不要军阀的、容克的、资产阶级的、帝国主义的国家，同样用国家，然而是另一种社会类型、另一种阶级内容的国家，苏维埃国家，即无产阶级国家来代替，那你们就会得到实现社会主义所需要的全部条件。

没有建筑在现代科学最新成就基础上的大资本主义技术，没有一个使千百万人在产品的生产和分配中严格遵守统一标准的有计划的国家组织，社会主义就无从设想。我们马克思主义者从来都是这么说的，而对那些甚至连这点都不了解的人（无政府主义者和至少半数的左派社会革命党人）是不值得多费唇舌的。

同时，无产阶级若不在国家内占统治地位，社会主义也是无从设想的，这也是一个起码的常识。历史（除了孟什维克这类头号蠢人，没有人期待历史会顺利、平静、轻易、简单地产生出"完整的"社会主义来）发展得如此奇特，到1918年竟产生出分成了两半的社会主义，两者紧挨着，正如在国际帝国主义一个蛋壳中两只未来的鸡雏。德国和俄国在1918年最明显地分别体现了具体实现社会主义的两方面的条件：一方面是经济、生产、社会经济条件，另一方面是政治条件。

如果德国无产阶级革命获得胜利，那它就能轻而易举地一下子击破任何帝国主义的蛋壳（可惜这种蛋壳是由最好的钢材制成的，因此不是任何鸡雏的力量所能啄破的），就一定能不经过困难或只经过极小的困难而实现世界社会主义的胜利，当然这里是指全世界历史范围的'困难'，而不是指平常小范围的'困难'。

如果德国革命迟迟不'诞生'，我们的任务就是要**学习**德国人的国家资本主义，**全力**仿效这种国家资本主义，要不惜采用独裁的方法，不惜用野蛮的斗争手段对付野蛮，以促使野蛮的俄罗斯加紧仿效西欧文化。如果无政府主义者和左派社会革命党人中有人（我不由得想起了卡列林和格耶在中央执行委员会上的发言）竟像卡列林那样地议论说，向德帝国主义'学习'不是我们革命家干的事，那么我们只需这样回答：要是认真听信这帮人的意见，革命早就会遭到无可挽救的（也是理所当然的）失败了。

在俄国目前占优势的正是小资产阶级资本主义，从这种资本主义无论走向国家大资本主义或者走向社会主义，都是经过**同一条道路**，都是**经过同一个**中间站，即我们所说的'对产品的生产和分配实行全民的计算和监督'。谁不懂得这一点，谁就会犯不可饶恕的经济错误，他们或者是不了解具体事实，看不到实际存在的事物，不能正视现实，或者是只把'资本主义'和'社会主义'抽象地对立起来，而不研究目前我国这种过渡的具体形式和步骤。

顺便说一下，这就是把《新生活报》[95]和《前进报》营垒中的优秀人物弄糊涂的同一个理论错误。这个营垒中最差的和中等的人物，由于秉性愚钝，毫无气节，已被资产阶级吓倒，做了他们的尾巴；而其优秀人物也不了解，社会主义的导师们之所以说从资本主义到社会主义要有一整个过渡时期并不是没有原因的，他们强调新社会诞生时的那种'长久阵痛'①也不是没有缘故的，并且这新社会还是一种抽象的东西，它只有经过一系列建立这个或那个社会主义国家的各种各样的、不尽完善的具体尝试才会成为现实。

不经过国家资本主义和社会主义所**共有的**东西（全民的计算和监督），就不能从俄国现时的经济情况前进，正因为如此，用'**向国家资本主义方向演变**'来吓唬别人也吓唬自己，在理论上是荒谬透顶的。这恰恰意味着在思想上'偏离了方向'，离开了'演变'的真正道路，不懂得这条道路；而在实践上，这等于是向小私有者的资本主义**倒退**。

我绝不只是现在，而是早**在布尔什维克取得政权以前**，就对国家资本主义作过'高度的'评价；为了让读者相信这一点，我想从我在1917年9月所写的《大难临头，出路何在？》这本小册子中摘引几段：

'……试一试用革命民主国家，即用采取革命手段摧毁一切特权、不怕以革命手段实现最完备的民主制度的国家来代替容克资

---

① 见《马克思恩格斯文集》第3卷第435页。——编者注

本家的国家,代替地主资本家的国家,那又会怎样呢? 那你就会看到,真正革命民主国家中的国家垄断资本主义,必然会是走向社会主义的一个或一些步骤。

……因为社会主义无非是从国家资本主义垄断再向前跨进一步。

……国家垄断资本主义是社会主义的最充分的物质准备,是社会主义的前阶,是历史阶梯上的一级,在这一级和叫做社会主义的那一级之间,没有任何中间级。'(第27页和第28页)①

请注意,这几段话是在克伦斯基执政时期写的,这里所谈的**不是无产阶级专政**,**不是**社会主义国家,而是'革命民主'国家。我们由这一政治阶梯往上登得**愈高**,我们在苏维埃内把社会主义国家和无产阶级专政体现得**愈充分**,我们就应该**愈不惧怕**'国家资本主义',这难道还不清楚吗? 从**物质**、经济、生产意义上说,我们还没有到达社会主义的'前阶',而不通过我们尚未到达的这个'前阶',就不能走进社会主义的大门,这难道还不清楚吗? ……

　　　　　　　　＊　　　　　＊　　　　　＊

下面这个情况也是极有教益的。

当我们在中央执行委员会和布哈林同志争论时②,他还谈到一个意见:在给专家以高额薪金的问题上,'我们''比列宁要右一些',因为我们看不出这里有任何违背原则的地方,我们记得马克思说过,在一定条件下,对工人阶级说来,最适当的是'能赎买下这个匪帮'③(指资本家匪帮,也就是说,从资产阶级手里**赎买**土地、

---

① 见本版全集第32卷第217、219页。——编者注
② 见本版全集第34卷第252—253页。——编者注
③ 参看《马克思恩格斯文集》第4卷第529页。——编者注

工厂及其他生产资料）。

这个非常值得注意的意见……

……让我们深入思考一下马克思的思想吧。

他指的是上一世纪70年代的英国，是垄断前的资本主义的极盛时代，是当时军阀机构和官僚机构最少的国家，是当时最有可能‘和平地’即通过工人向资产阶级‘赎买’的办法取得社会主义胜利的国家。所以马克思说：在一定条件下，工人决不拒绝向资产阶级赎买。至于变革的形式、方法和手段，马克思没有束缚自己的手脚，也没有束缚未来的社会主义革命活动家的手脚，他非常懂得在变革时会有怎样多的新问题发生，在变革进程中整个情况会怎样变化，在变革进程中情况会怎样频繁而剧烈地变化。

在苏维埃俄国，**在无产阶级取得政权以后**，在剥削者的军事反抗和怠工反抗被镇压下去**以后**，已经形成**某些**类似半世纪前在英国可以形成的条件（如果英国当时开始和平地向社会主义过渡的话），这难道还不明显吗？当时英国有下列种种情况可以保证资本家屈服于工人：(1)工人即无产者在人口中占绝对优势，因为已经没有农民（在70年代的英国已经有一些征象，可以指望社会主义在农业工人中非常迅速地得到成功）；(2)加入工会的无产阶级具有很高的组织程度（当时英国在这方面居世界第一位）；(3)在长期的政治自由发展中受到严格训练的无产阶级具有比较高的文明程度；(4)组织得极好的英国资本家——当时他们是世界各国中最有组织的资本家（现在这个领先地位已经转到德国）——长时期惯于用妥协的方法解决政治和经济问题。就因为这些情况，当时才会产生有可能使英国资本家**和平地**屈服于英国工人的想法。

在我国，目前已有某些具体前提（10月的胜利和从10月到今年2月对资本家军事反抗和怠工反抗的镇压)使这种屈服得到保证。在我国,工人即无产者**没有**在人口中占绝对优势,**没有**很高的组织程度,胜利的因素是最贫苦的、迅速破产的农民对无产者的支持。最后,在我国,既没有高度的文明,也没有妥协的习惯。如果考虑一下这些具体条件,那就很清楚,我们现在能够而且应该把两种办法**结合起来**,一方面对不文明的资本家,对那些既不肯接受任何'国家资本主义',也不想实行任何妥协,继续以投机和收买贫民等方法来破坏苏维埃措施的资本家,无情地加以惩治;另一方面对文明的资本家,对那些肯接受并能实施'国家资本主义',能精明干练地组织真正以产品供应千百万人的大企业而对无产阶级有益的资本家**谋求妥协**或向他们实行赎买。

布哈林是一位学识卓越的马克思主义经济学家。因此他想起马克思曾经十分正确地教导工人说:正是为了易于过渡到社会主义,保存大生产的组织是很重要的;如果(作为一种例外,当时英国是一种例外)将来种种情况迫使资本家和平屈服,在赎买的条件下文明地有组织地转到社会主义,那就**给资本家付相当多的钱**,向他们赎买,这种思想是完全可以容许的。

但是,布哈林错了,因为他没有考虑到俄国目前的具体特点。我们目前正处在一种特殊的情况下,就是说,我们俄国无产阶级在政治制度方面,在工人政权的力量方面,比不管什么英国或德国都要**先进**,但在组织像样的国家资本主义方面,在文明程度方面,在从物质和生产上'实施'社会主义的准备程度方面,却比西欧最落后的国家还要**落后**。正是由于这种特殊情况,工人们目前有必要对那些最文明、最有才干、最有组织能力、愿意为苏维埃政权服务并且诚心诚意地帮助搞好大的和最大的'国家'生产的资本家实行特殊的'赎买',这难道还不明白吗？在这种特殊情况下,我们应该竭力避免两种都是小资产阶级性质的错误,这难道还不明白吗？一方面,如果说我们既然承认我国经济'力量'和政治力量不相称,'因而'就不应该夺取政权,那就犯了不可救药的错误。所谓的'套中人'⁹⁶就是这样推论的,他们忘记了,'相称'是永远不会有的,在自然界的发展中,也和在社会的发展中一样,这样的相称都是不可能有的,只有经过多次的尝试——其中每次单独的尝试都会是片面的,都会有某种不相称的毛病——才能从**一切**国家无产者的革命合作中建立起胜利的社会主义。

另一方面,纵容那些空喊家和清谈家,显然也是错误的,这些人一味陶醉于'鲜明的'革命性,但要从事坚韧不拔、深思熟虑、周密审慎并考虑到各种十分困难的转变的革命工作,他们却无能为力。

幸而一些革命政党的发展史以及布尔什维主义与它们作斗争的历史给我们留下了各种鲜明的典型,其中左派社会革命党人及无政府主义者充分表现出自己是一种不大好的革命者典型。现在他们歇斯底里地叫嚣,上气不接下气,高喊反对'右派布尔什维克'的'妥协'。但是他们没有能力深入地思考一下,过去那种'妥协'究竟坏在**哪里**,它**为什么**理所当然地受到历史和革命进程的谴责。

克伦斯基时代的妥协把政权交给了帝国主义资产阶级,而政权问题是一切革命的根本问题。1917年10月和11月间一部分布尔什维克主张妥协或者是由于害怕无产阶级取得政权,或者是想不仅同左派社会革命党人之类的'不可靠的同路人',而且同切尔诺夫分子和孟什维克这些敌人来平等地**分掌**政权,而这些敌人在驱散立宪会议、无情地消灭鲍加耶夫斯基之流、普遍实行苏维埃制度和进行每一次没收等基本问题上是必然会妨碍我们的。

　　现在政权已经由一个政党，由无产阶级政党夺取到手，保持下来，巩固下来，甚至没有'不可靠的同路人'参加。现在已不存在而且也根本不可能存在分掌**政权**和放弃无产者对资产阶级的专政问题，这时候再说什么妥协，那就等于是鹦鹉学舌，只是简单重复一些背得烂熟但毫不了解其意义的词句。现在，当我们能够而且应该管理国家的时候，我们不吝惜金钱，竭力把那些受过资本主义训练的最文明的人吸引过来，利用他们来对付小私有者的瓦解作用。如果把这说成是'妥协'，那就是根本不理解社会主义建设的经济任务。"①

论粮食税、贸易自由、租让制

　　上面所引的 1918 年的论断，在估计期限方面有许多错误。实际期限比当时估计的要长。这是毫不足怪的。可是我国经济的基本成分仍然和从前一样。农民中的"贫民"（无产者和半无产者）在很多场合下变成了中农。因此，小私有者的、小资产阶级的"自发势力"加强了。而 1918 年至 1920 年的国内战争，特别加剧了我国的经济破坏，阻碍了我国生产力的恢复，其中受害最深的就是无产阶级。加之，1920 年的歉收，饲料缺乏，牲畜死亡，这就更严重地阻碍了运输业和工业的恢复，例如农民用马匹运输我们的主要燃料木柴的工作就受到了影响。

---

　　① 见本版全集第 34 卷第 274—286 页。——编者注

　　结果，1921年春天形成了这样的政治形势：要求必须立刻采取迅速的、最坚决的、最紧急的办法来改善农民的生活状况和提高他们的生产力。

　　为什么不是改善工人的生活状况，而是改善农民的生活状况呢？

　　因为要改善工人的生活状况，就需要有粮食和燃料。从整个国家经济的角度来看，现在最大的"阻碍"正是这方面引起的。要增加粮食的生产和收成，增加燃料的收购和运输，非得改善农民的生活状况，提高他们的生产力不可。应该从农民方面开始。谁若不明白这一点，谁若认为把农民提到第一位就等于"放弃"或者类似放弃无产阶级专政，那他简直是不动脑筋，只会空谈。无产阶级专政就是无产阶级对政治的领导。无产阶级作为一个领导阶级、统治阶级，应当善于指导政治，以便首先去解决最迫切而又最"棘手的"任务。现在最迫切的就是采取那种能够立刻提高农民经济生产力的办法。只有**经过**这种办法才能做到既改善工人生活状况，又巩固工农联盟，巩固无产阶级专政。那些想**不经过这种办法**来改善工人生活状况的无产者或无产阶级代表，**实际上**只会成为白卫分子和资本家的帮凶。这是因为不经过这种办法，就无异是把工人的行会利益置于阶级利益之上，就无异是为了工人眼前的暂时的局部的利益，而牺牲整个工人阶级的利益，牺牲工人阶级专政的利益，牺牲工农为反对地主、资本家而结成的联盟的利益，牺牲工人阶级在争取劳动摆脱资本桎梏的斗争中的领导作用的利益。

　　总之，首先必须采取紧急的、认真的措施来提高农民的生产力。

　　要做到这点，就非认真改变粮食政策不可。这种改变就是用粮食税来代替余粮收集制,而这种代替是与交完粮食税之后的贸易自由,至少是与地方经济流转中的贸易自由相联系的。

用粮食税来代替余粮收集制这一政策的实质何在呢?

关于这点,现在非常广泛地流行着一些不正确的观念。这些观念所以不正确,大部分是由于人们不深入研究过渡的实质,不自问一下,究竟这一过渡是从什么过渡到什么。照他们看来,这似乎是从共产主义过渡到资产阶级制度。为了批驳这种错误看法,我不得不引用我在1918年5月说过的话。

粮食税,是从极度贫困、经济破坏和战争迫使我们所实行的特殊的"战时共产主义"向正常的社会主义的产品交换过渡的一种形式。而正常的社会主义的产品交换,又是从带有小农占人口多数所造成的种种特点的社会主义向共产主义过渡的一种形式。

特殊的"战时共产主义"就是:我们实际上从农民手里拿来了全部余粮,甚至有时不仅是余粮,而是农民的一部分必需的粮食,我们拿来这些粮食,为的是供给军队和养活工人。其中大部分,我们是借来的,付的都是纸币。我们当时不这样做就不能在一个经济遭到破坏的小农国家里战胜地主和资本家。我们取得了胜利(尽管世界上一些最强大的国家都支持我国的剥削者)这一事实不仅表明,工人和农民在谋求自身解放的斗争中能创造出什么样的英勇奇迹。这一事实也表明,当孟什维克、社会革命党人、考茨基之流说我们实行这种"战时共产主义"是一种**过错**时,他们实际上起了资产阶级走狗的作用。应当说我们实行"战时共产主义"是一种功劳。

但同样必须知道这个功劳的真正限度。"战时共产主义"是战争和经济破坏迫使我们实行的。它不是而且也不能是一项适应无产阶级经济任务的政策。它是一种临时的办法。在小农国家内实现本阶级专政的无产阶级，其正确政策是要用农民所必需的工业品去换取粮食。只有这样的粮食政策才能适应无产阶级的任务，只有这样的粮食政策才能巩固社会主义的基础，才能使社会主义取得完全的胜利。

粮食税就是向这种粮食政策的过渡。我国的经济破坏至今还十分严重，战争（昨天已经进行过，由于资本家的贪婪和恶毒，明天还可能爆发）所造成的负担还把我们压得喘不过气来，以致我们还拿不出工业品向农民换取我们所必需的**全部**粮食。我们了解到这一点，所以才实行粮食税，即把最必需（对军队和工人来说）的粮食作为税收征来，其余的粮食我们将用工业品去交换。

同时还不应该忘记下面这一点：贫困和经济破坏到了这种程度，竟使我们不能**立刻**恢复大规模的社会主义的国营工厂的生产。要做到这一点，就必须在各大工业中心有大量粮食和燃料的储备，必须以新机器代替破旧机器，等等。根据经验，我们深信不能马上做到这一点，同时我们也知道，经过这场破坏性的帝国主义战争之后，甚至连最富裕和最先进的国家，也要在一定的、相当长的年限内才能完成这个任务。可见，在一定程度上帮助恢复小工业是必要的，因为它不需要机器，不需要国家的和大批的原料、燃料和粮食的储备，却能够立刻给农民经济以相当帮助并提高其生产力。

这样，结果又会怎样呢？

结果小资产阶级和资本主义就会在一定的（即使只是地方性的）贸易自由基础上复活。这是毫无疑问的。无视这样的事实便太可笑了。

试问，有必要这样做吗？能够证明这样做是对的吗？这样做不危险吗？

类似的问题还可以提出很多，但这些问题多半只能暴露出提这些问题的人的幼稚无知（说得轻一点）。

请看我在 1918 年 5 月是怎样确定我国经济现有的各种社会经济结构的成分（组成部分）的。从宗法式的即半野蛮的直到社会主义的这五种结构、五个层次（或者说组成部分）都是存在的，这一点谁也否认不了。在一个小农国家内，不言而喻是小农"结构"，即部分是宗法式的、部分是小资产阶级的"结构"占着优势。既然有交换，那么，小经济的发展就是小资产阶级的发展，就是资本主义的发展；这是无可争辩的真理，这是政治经济学的初步原理，而且被日常经验甚至是普通百姓的观察所证实。

社会主义的无产阶级面对着这样的经济现实，能采取什么样的政策呢？是从社会主义大工厂的生产中拿出小农所需要的**全部**产品来向小农交换粮食和原料吗？这是一个最理想的最"正确的"政策，这种政策我们已开始实行了。但是，我们现在不可能，根本不可能拿出所需要的**全部**产品，而且也不可能很快就拿出来，至少在全国电气化第一批工程完成之前是拿不出来的。那该怎么办呢？或者是试图完全禁止、堵塞一切私人的非国营的交换的发展，即商业的发展，即资本主义的发展，而这种发展在有千百万小生产者存在的条件下是不可避免的。一个政党要是试行这样的政策，那它就是在干蠢事，就是自杀。说它在干蠢事，是因为这种政策在经济上行不通；说它在自杀，是因为试行这类政策的政党，必然会遭到失败。老实说，有些共产党员执行的正是**这样的**政策，所以在"思想、言论和行动"上犯了错误。我们要努力纠正这些错误。一定要纠正这些错误，否则后果将不堪设想。

　　或者是(这是最后一种**可行的**和唯一合理的政策)不去试图禁止或堵塞资本主义的发展,而努力把这一发展纳入**国家资本主义**的轨道。这在经济上是可行的,因为凡是有自由贸易成分以至任何资本主义成分的地方,都已经有了——这种或那种形式、这种或那种程度的——国家资本主义。

　　苏维埃国家即无产阶级专政能不能同国家资本主义结合、联合和并存呢?

　　当然能够。我在1918年5月就反复论证过这一点,并且我相信在1918年5月就已经证明了这一点。此外,当时我还证明说,与小私有者的(小宗法式的和小资产阶级的)自发势力比较,国家资本主义是一个进步。现在有些人犯了很多错误,就是因为他们只把国家资本主义同社会主义相对照或相比较,而在当前的政治经济情况下,也应该把国家资本主义同小资产阶级生产作一番比较。

　　全部问题,无论是理论上的还是实践上的问题,在于找出正确的方法,即应当怎样把不可避免的(在一定程度上和在一定期限内不可避免的)资本主义的发展纳入国家资本主义的轨道,靠什么条件来做成这件事,怎样保证在不久的将来把国家资本主义变成社会主义。

　　为了解决这个问题,首先应当尽可能明确地想到,在我们苏维埃体系内,在我们苏维埃国家范围内,国家资本主义实际上将是怎样的,而且可能是怎样的。

　　苏维埃政权怎样把资本主义的发展纳入国家资本主义的轨道,苏维埃政权怎样"培植"国家资本主义,可以说明这一点的最简单的事例,就是租让。现在我们这里,大家都一致认为租让是必要的,但并不是所有的人都考虑过租让有什么意义。就各种社会经济结构及其相互关系来看,苏维埃制度下的租让是什么呢? 这就是苏维埃政权即无产阶级的国家政权为反对小私有者的(宗法式的和小资产阶级的)自发势力而和国家资本主义订立的一种合同、同盟或联盟。承租人就是资本家。他按资本主义方式经营,是为了获得利润,他同意和无产阶级政权订立合同,是为了获得高于一般利润的额外利润,或者是为了获得用别的办法得不到或极难得到的原料。苏维埃政权获得的利益,就是发展生产力,就是立刻或在最短期间增加产品数量。譬如说,我们有 100 个油田、矿山和林区。我们不能全部开发,因为我们的机器、粮食和运输工具都不够。由于同样原因,已经开发的产区我们工作得也不好。正由于大企业的开发工作做得不好、不充分,因此小私有者的自发势力在各方面都猖獗起来:附近的(以至整个的)农民经济遭到削弱,它的生产力受到破坏,农民对苏维埃政权愈来愈不信任,盗窃公共财物的现象时常发生,小规模的(但是最危险的)投机倒把活动大量出现,等等。苏维埃政权"培植"租让制这种国家资本主义,就是加强大生产来反对小生产,加强先进生产来反对落后生产,加强机器生产来反对手工生产,增加可由自己支配的大工业产品的数量(即提成),加强由国家调整的经济关系来对抗小资产阶级无政府状态的经济关系。租让政策执行得恰当而谨慎,无疑能帮助我们迅速(在某种不大的程度上)改进生产状况,改善工人和农民的生活,——当然要以某些牺牲作代价,要以把千百万普特最宝贵的产品交给资本家作代价。租让在什么程度上和什么条件下对我们有利而无害,这要取决于力量的对比,取决于斗争,因为租让也是一种斗争形式,是阶级斗争在另一种形式下的继续,而决不是用阶级和平来代替阶级斗争。至于斗争的方式如何，将由实践来表明。

租让制这种国家资本主义，和苏维埃体系内其他形式的国家资本主义比较起来，大概是最简单、明显、清楚和一目了然的形式。在这里，我们和最文明先进的西欧资本主义直接订立正式的书面合同。我们确切知道自己的得失、自己的权利和义务，我们确切知道租让的期限，如果合同规定有提前赎回的权利，我们也确切知道提前赎回的条件。我们给世界资本主义一定的"贡赋"，在某些方面向他们"赎买"，从而立刻在某种程度上使苏维埃政权的地位得到加强，使我们经营的条件得到改善。在租让方面，任务的全部困难就在于，当订立租让合同时，一切都要经过深思熟虑，反复权衡，而订立之后还要善于监督该合同的执行。这方面困难无疑是有的，而错误在初期大概也是不可避免的，但这些困难，与社会革命的其他任务比较，尤其是与发展、推行、培植国家资本主义的其他形式比较，还是极其微小的。

由于要实行粮食税，党和苏维埃机关全体工作人员的最重要任务，就是要把"租让"（即和"租让制的"国家资本主义相类似的）政策的原则和原理运用到自由贸易及地方流转等等的其他资本主义形式上去。

拿合作社来说吧。粮食税法令立即引起了对合作社条例的修改和合作社"自由"与权利的一定的扩大，并不是没有原因的。合作社也是国家资本主义的一种形式，但它却不那样简单，不那样明显和一目了然，而比较复杂，因此它使我国政权在实践上遇到的困难更多。小商品生产者合作社（这里所说的不是工人合作社，而是在小农国家中占优势的典型的小商品生产者合作社）必然会产生出小资产阶级的、资本主义的关系，促进这种关系的发展，把小资本家提到首位,给他们以最大的利益。既然小业主占优势,既然有交换的可能和必要,那么事情也只能是这样。在俄国目前情况下,合作社有自由,有权利,就等于资本主义有自由,有权利。无视这一明显的真理,便是干蠢事或犯罪。

但在苏维埃政权下,"合作制"资本主义和私人资本主义不同,是国家资本主义的一个变种,正因为如此,所以目前它对我们是有利的,有好处的,当然这只是在一定程度上。既然粮食税意味着可以自由出卖剩下的(纳税以后的)余粮,那么我们就必须竭力设法把资本主义的**这种**发展(因为买卖自由、贸易自由**就是**资本主义的发展)纳入合作制资本主义的轨道。从便于计算、监督、监察以及便于推行国家(这里指苏维埃国家)和资本家之间的合同关系说来,合作制资本主义和国家资本主义相类似。合作社这一商业形式比私营商业有利,有好处,不仅是由于上述一些原因,而且是由于合作社便于把千百万居民以至全体居民联合起来,组织起来,而这种情况,从国家资本主义进一步过渡到社会主义的观点来看,又是一大优点。

我们把国家资本主义的两种形式——租让和合作社比较一下。租让的基础是大机器工业,合作社的基础则是手工的、部分甚至是宗法式的小生产。租让在每一份租让合同中,只关系到一个资本家,或者一个公司,一个辛迪加,一个卡特尔,一个托拉斯。合作社则包括成千上万,甚至千百万个小业主。租让容许有,甚至要求有确切的合同和确切的期限。合作社则既不能有十分确切的合同,也不能有十分确切的期限。撤销合作社法令,要比解除租让合同容易得多,但中断租让合同就意味着一下子干脆地立即与资本家断绝在经济上的联盟或"共居"的实际关系,而撤销合作社法令也好,颁布任何法令也好,都不仅不能一下子就中断苏维埃政权与小资本家的实际"共居"关系,而且根本不能断绝实际的经济关系。"监视"承租人容易,"监视"合作社工作者困难。由租让向社会主义过渡,是由一种大生产形式向另一种大生产形式过渡。由小业主合作社向社会主义过渡,则是由小生产向大生产过渡,就是说,是比较复杂的过渡,但是它一旦获得成功,却能包括比较广大的居民群众,却能把根深蒂固的旧的关系,社会主义以前的,甚至资本主义以前的即最顽固地反抗一切"革新"的那些关系彻底铲除。租让政策一旦获得成功,就会使我们获得为数不多,但却具有现代先进资本主义水平的模范的——和我们的相比较——大企业;经过几十年以后,这些企业就会完全归我们所有。合作制政策一旦获得成功,就会使我们把小经济发展起来,并使小经济比较容易在相当期间内,在自愿联合的基础上过渡到大生产。

再拿国家资本主义的第三种形式来说。国家把作为商人的资本家吸引过来,付给他们一定的佣金,由他们来销售国家的产品和收购小生产者的产品。第四种形式就是:国家把国有的企业或油田、林区、土地等租给企业资本家,而且租借合同与租让合同极为相似。对于国家资本主义这后两种形式,我们根本没有人谈过,根本没有人想过,根本没有人注意过。这种情况的产生,倒不是由于我们又强又聪明,而是由于我们又弱又愚蠢。我们害怕正视"卑微的真理",往往受"令人鼓舞的谎言"[97]所摆布。我们经常爱谈论"我们"是从资本主义向社会主义过渡,却没有明确地想到这个"我们"究竟是指谁。我在1918年5月5日的文章中列举的我国经济中社会经济的一切——一切,绝无例外——组成部分,一切不同的结构,必须予以重视,务必使这一清楚的概念不致被遗忘。"我们"，无产阶级的先锋队，无产阶级的先进部队，正直接向社会主义过渡，但先进部队只是整个无产阶级中的一小部分，而无产阶级又只是全体居民群众中的一小部分。所以为了使"我们"能顺利地完成我们直接向社会主义过渡的任务，就必须懂得，需要经过哪些**中间的**途径、方法、手段和辅助办法，才能使**资本主义以前的**各种关系过渡到社会主义。关键就在这里。

看一下俄罗斯联邦的地图吧。在沃洛格达以北、顿河畔罗斯托夫及萨拉托夫东南、奥伦堡和鄂木斯克以南、托木斯克以北有一片片一望无际的空旷地带，可以容下几十个文明大国。然而主宰这一片片空旷地带的却是宗法制度、半野蛮状态和十足的野蛮状态。那么在俄国所有其余的穷乡僻壤又是怎样的呢？乡村同铁路，即同那联结文明、联结资本主义、联结大工业、联结大城市的物质脉络往往相隔几十俄里，而只有羊肠小道可通，确切些说，是无路可通。到处都是这样。这些地方不也是到处都是宗法制度、奥勃洛摩夫精神[98]和半野蛮状态占优势吗？

试问能不能由这种在俄国占优势的状态，直接过渡到社会主义去呢？是的，在某种程度上是可能的，但必须有一个条件，现在我们有了一部业已完成的科学巨著[99]，知道这个条件是什么。这个条件就是电气化。如果我们能建立起几十座区域电站（现在我们知道：这些电站可以而且应该在哪里建立以及如何建立），如果我们能把电力从这些电站送到每个村子，如果我们能得到足够数量的电动机及其他机器，那么从宗法制度到社会主义就不需要或者几乎不需要过渡阶段和中间环节了。我们很清楚，实现这"一个"条件，单是完成第一批工程，就至少要花上十年工夫，至于缩短这一期限，那只有等到无产阶级革命在英、德、美这些国家中获得胜利的时候才有可能。

在最近这几年，必须善于考虑那些便于从宗法制度、从小生产过渡到社会主义的中间环节。"我们"直到现在还常常爱这样议论："资本主义是祸害，社会主义是幸福。"但这种议论是不正确的，因为它忘记了现存的各种社会经济结构的总和，而只从中抽出了两种结构来看。

同社会主义比较，资本主义是祸害。但同中世纪制度、同小生产、同小生产者涣散性引起的官僚主义比较，资本主义则是幸福。既然我们还不能实现从小生产到社会主义的直接过渡，所以作为小生产和交换的自发产物的资本主义，在一定程度上是不可避免的，所以我们应该利用资本主义（特别是要把它纳入国家资本主义的轨道）作为小生产和社会主义之间的中间环节，作为提高生产力的手段、途径、方法和方式。

拿官僚主义问题来说，从经济方面来看一看这个问题吧。在1918年5月5日，官僚主义还没有引起我们注意。十月革命才过了半年，我们自上而下地摧毁旧官僚机构才过了半年，我们还没有感觉到这个祸害。

又过了一年。在1919年3月18日至23日举行的俄国共产党第八次代表大会[100]上，通过了新党纲，在这个党纲中，我们讲得很直率，我们不怕承认祸害，而愿意暴露它，揭穿它，使人人唾弃它，唤起同祸害作斗争的想法、意志、毅力和行动，我们说，"**官僚主义就在苏维埃制度内部部分地复活起来**"[1]。

又过了两年。1921年春，即在苏维埃第八次代表大会[101]

---

① 见本版全集第36卷第408页。——编者注

(1920年12月)讨论了官僚主义问题以后,在俄国共产党第十次代表大会(1921年3月)总结了同分析官僚主义有极密切关系的争论以后,我们把**这个**祸害看得更清楚,更明确,更严重了。官僚主义的经济根源是什么呢?这种根源主要有两个方面:一方面是已发展起来的资产阶级正是为了反对工人的(部分地也是为了反对农民的)革命运动而需要官僚机构,首先是军事的,其次是法庭等等的官僚机构。这种现象我们这里是没有的。我们的法庭是反资产阶级的阶级法庭,我们的军队是反资产阶级的阶级军队。官僚主义并不在军队里面,而是在为军队服务的机关里面。我们这里官僚主义的经济根源是另外一种:小生产者的分散性和涣散性,他们的贫困、不开化,交通的闭塞,文盲现象的存在,缺乏农工业之间的**流转**,缺乏两者之间的联系和协作。这在很大程度上是国内战争的结果。那时我们四面被封锁,被包围,与全世界隔绝,以后又与南方产粮区、与西伯利亚、与产煤区隔绝,我们无法恢复工业。那时我们不得不果断地实行"战时共产主义",不畏最大的艰险:我们宁可忍受半饥饿,甚至比半饥饿更坏的生活,也无论如何要捍卫住工农政权;尽管经济破坏空前严重,流转停顿,我们也要把它捍卫住。把社会革命党人和孟什维克吓坏了的情况(他们实际上往往是出于恐惧,出于害怕,才去追随资产阶级的)并没有把我们吓倒。我们的做法在一个被封锁的国家中,在一个被包围的要塞内曾是取得胜利的条件,然而正是到了1921年春,在最后一批白卫军彻底被驱逐出俄罗斯联邦领土以后,却暴露出它的坏的一面。在一个被包围的要塞内,可以而且只能"堵塞"一切流转;由于群众发扬了非凡的英勇精神,这种情况可以忍受三年之久。此后,小生产者的破产更厉害了。大工业的恢复又往后拖,往后推了。于是,官僚主义作为"包围状态"的后果，作为小生产者涣散性和受压制状态的上层建筑，就充分暴露了出来。

应当大胆承认这一祸害，以便更坚决地同它作斗争，以便一次又一次地从头做起——在我国的一切建设部门中，我们还不得不多次反复地从头做起，改正没有做好的事，选择各种完成任务的途径。既然大工业的恢复要推迟，既然工业和农业之间流转"被堵塞"的情况已经到了不堪忍受的地步，那就是说，我们应该致力于较容易做到的事情，即恢复小工业。从这方面来帮助我们的事业，把被战争和封锁弄得摇摇欲坠的建筑物的这一边先支撑起来。要用一切办法坚决发展流转，不要害怕资本主义，因为在我国（经济上剥夺了地主和资产阶级，政治上有工农政权）给予资本主义活动的范围，是相当狭小而"适度"的。这就是粮食税的基本精神，这就是粮食税的经济意义。

党和苏维埃机关的所有工作人员，必须全力以赴、全神贯注地培养和唤起各地方在经济建设事业中较大的主动性——省里的要大；县里的更大；乡和村里的还要大——其目的就是要迅速地振兴农民经济（即使是使用"小笔"资金在小范围里这样做也好），靠发展附近的小工业来帮助农民经济。全国统一的经济计划要求把这件事作为注意和关怀的中心，作为各项"突击"工作的中心。在这里，也就是在最接近极广泛极深厚的"基础"的地方所取得的某种改善，能使我们在最短时间内更积极更顺利地把大工业恢复起来。

粮食工作者过去只知道一个基本指令：收集100％的余粮。现在则是另一个指令了，这就是要在最短期间内征收100％的粮食税，而后再用大工业和小工业的产品换取100％的余粮。一个征收了 75％的粮食税,又用大小工业的产品换取了 75％(指第二个百分数内的)的余粮的人,同另一个征收了 100％的粮食税和换取了 55％(指第二个百分数内的)的余粮的人相比,前者做的事情对国家更有利。粮食工作者的任务愈来愈复杂了。一方面,这是国库的任务。征收粮食税要尽量快,要尽量合理。另一方面,这又是总的经济任务。要努力循着扩大和巩固农业和工业间的流转这一方向来指导合作社,来帮助小工业,来发挥地方的主动性和创造性。我们还很不善于做这件事;官僚主义就是一个证明。我们应当大胆承认,在这方面还有**很多东西可以而且应当向资本家学习**。我们要一个个省、一个个县、一个个乡、一个个村地来比较实际经验的总结:在某个地方,私人资本家和小资本家取得了什么什么成绩。他们得到的利润大概有多少。这就是我们"为了学习"而付出的费用或酬金。为了学习要不惜破费,只要能学到东西就行。而在邻近的地方,采用办合作社的办法取得了什么什么成绩。合作社的利润有多少。至于第三个地方,则用纯粹国营的、纯粹共产主义的方式取得了什么什么成绩(这第三种情况在目前是罕见的例外)。

任务就在于每个区域的经济中心,每个省执行委员会所属的经济会议,应把交纳粮食税后余粮如何"流转"的各种试验或办法立即安排好,并把这一工作提到首位。几个月之后,就应当有一些实际结果,以便加以比较和研究。本地盐或外来盐;从中部地区运来的煤油;手工木材加工业;靠当地原料生产一些虽不很重要,但对农民却有用的必需品的手工业;"绿煤"(利用当地小水力来发电);等等——这一切全都应当利用起来,目的是想方设法活跃工业和农业间的流转。谁能在这方面取得最大的成绩,即使是用私人资本主义的办法，甚至没有经过合作社，没有把这种资本主义直接变为国家资本主义，那他给全俄社会主义建设事业带来的益处，也比那些只是"关心"共产主义纯洁性，只是为国家资本主义和合作社起草规章、条文、细则，而实际上却不去推动流转的人，要多得多。

有人可能会认为这是奇谈怪论：私人资本主义能成为社会主义的帮手吗？

但这一点也不是奇谈怪论，而是经济上完全无可争辩的事实。既然这个小农国家，经历了战争和封锁，在运输业方面遭到严重破坏，而在政治上是由掌握运输业和大工业的无产阶级领导的，那么根据这些前提必然得出这样的结论：第一，地方流转在目前具有头等意义，第二，有可能通过私人资本主义（更不用说国家资本主义）来促进社会主义。

少争论些字眼吧。直到现在，我们在这方面的毛病还非常大。多积累一些各种各样的实际经验吧，多研究研究这些经验吧。常常有这样的情况：模范的地方工作，哪怕是很小范围内的地方工作，往往比中央许多部门的国家工作具有更重要的全国性意义。我国目前在农民经济方面，特别在用工业品交换剩余农产品方面的情况恰恰就是这样。在上述方面，即使只是一个乡的模范工作，也比"模范地"改善某个人民委员部的中央机关具有更大的全国性意义。这是因为我们的中央机关在三年半来竟已沾染了某些有害的因循习气；我们还不能大大地迅速地改善这种机关，我们还不知道应该怎么办。要帮助中央机关作比较彻底的改善，帮助它增加大批新生力量，帮助它有成效地与官僚主义作斗争，帮助它克服有害的因循习气，这种帮助应当来自地方，来自下层，来自一个不大的"整体的"模范工作，这里需要的正是"整体"，即不是一种经济，不是一个经济部门，不是一个企业，而是**全部**经济关系的**总和**，是**整个**经济流转——哪怕是在不大的地方范围内——的**总和**。

我们中间一切必须留在中央机关工作的人，将要——即使是在有限的、力所能及的范围内——继续改善机关工作和清除其中的官僚主义。但在这方面，主要的帮助来自地方，今后也一定来自地方。据我看来，我们在地方上的情况一般比中央要好，这也是可以理解的，因为官僚主义这一祸害，自然是集中在中央；在这方面，莫斯科不能不是一个糟糕的城市，而且算得上是全国最糟糕的"地方"。在地方上有两种倾向；坏倾向比好倾向要少。坏倾向就是：混到共产党里来的旧官吏、地主、资产者以及其他败类滥用职权，他们有时做出违法乱纪、欺压农民等恶劣行为。这就需要用恐怖手段进行清洗：就地审判，立即枪决。让马尔托夫之流、切尔诺夫之流以及诸如此类的非党市侩去捶胸大叫："感谢上帝，我不像'他们'，向来不赞成恐怖手段。"这些傻瓜是"不赞成恐怖手段"的，因为他们为自己挑了这样的角色，即充当帮助白卫分子愚弄工人和农民的奴才。社会革命党人和孟什维克是"不赞成恐怖手段"的，因为他们所扮演的角色，就是打着"社会主义"旗帜**带领**群众去**受白卫分子的恐怖统治**。俄罗斯的克伦斯基执政时期和科尔尼洛夫叛乱，西伯利亚的高尔察克叛乱，格鲁吉亚的孟什维主义都证明了这一点，芬兰、匈牙利、奥地利、德国、意大利、英国及其他国家的第二国际和"第二半"国际的英雄们也证明了这一点。让那些帮助白卫分子使用恐怖手段的奴才们去自吹自擂，说他们否定任何恐怖手段吧。而我们还是要说出一个严酷而不容置疑的真理：在那些经历了1914—1918年帝国主义战争后的空前危机、旧的联系中断、阶级斗争激烈的国家里（世界各国都是如此），和伪君子及空谈家说的正相反，没有恐怖手段是绝对不行的。或者是美国式、英国式（爱尔兰）、意大利式（法西斯分子）、德国式、匈牙利式以及其他形式的白卫分子的、资产阶级的恐怖手段，或者是红色的、无产阶级的恐怖手段。中间道路是没有的，没有也不可能有"第三条道路"。

好倾向就是：有成效地与官僚主义作斗争，非常注意工人和农民的需要，非常关心经济的振兴，提高劳动生产率，发展地方上农业和工业间的流转。这种好倾向虽然比坏倾向多，但毕竟还嫌太少。可是这些好倾向是有的。各地都在培养那些经受过国内战争和艰苦生活考验的新的年轻的有朝气的共产主义力量。至于经常不断地把这种力量从下面提拔上来，我们做得还很不够很不够。这一点可以而且必须更广泛更坚决地做下去。某些工作人员可以而且应当调离中央机关到地方上去工作；他们以县和**乡**的领导者身份，在那里**模范地**做好**整个**经济工作，就会有很大的贡献，就能比有的中央机构做出更重要的**有全国意义的**事业。这是因为模范工作是培养工作人员的园地，是可供仿效的榜样，有了榜样，仿效就会比较容易了，何况我们还能从中央给以帮助，使各地都来广泛地"仿效"这种榜样。

利用交清粮食税后的余粮和利用小工业主要是手工业来发展农业和工业之间的"流转"问题，实质上就是要求**地方上**发挥独立的、熟悉情况的、巧妙的**首创精神**，所以，从全国观点看来，一个模范县和一个模范乡的工作在目前具有非常重要的意义。例如，在军事上，在最近的对波战争期间，我们就没有害怕违背官僚主义的等级制，没有害怕"降低官衔"，没有害怕把共和国革命军事委员会委员（仍保留他们在中央机关的高级职务）调到下面去工作。为什么现在不可以把全俄中央执行委员会某些委员，或者某些部务委员，或者其他身任要职的同志们，调到下面去工作，甚至是担任县的、乡的工作呢？我们确实还没有"官僚化"到这样的程度，还不至于因为下调就"感到难堪"。而且我们这里可以找到几十个乐意担负这种工作的中央工作人员。我们这样做了，全共和国的经济建设事业就会得到非常大的好处，模范乡或模范县将起到不仅是巨大的，而且简直是有决定意义的历史作用。

顺便说说，必须指出在与投机倒把活动作斗争这一问题的原则提法上所作的必要的改变，这虽是小问题，但却是很有意义的。凡是不逃避国家的监督的"正当"贸易，我们都应当加以支持，发展这种贸易对我们是有利的。投机倒把活动，如果从政治经济学意义上来理解，那它和"正当"贸易就区分不开来。贸易自由就是资本主义，资本主义就是投机倒把，无视这一点是很可笑的。

怎么办呢？难道宣布投机倒把活动可以不受制裁吗？

不。应当重新审查和修改关于投机倒把活动的一切法令，宣布一切**盗窃公共财物行为**，一切直接或间接、公开或秘密地**逃避国家监督、监察和计算的行为**，都要受到制裁（事实上要比从前更严厉三倍地加以惩办）。正是要这样来提出问题（人民委员会已经开始这样做，就是说，人民委员会已下令开始重新审查关于投机倒把活动的法令），才能做到把某种程度上不可避免的、而且为我们所必需的资本主义发展纳入**国家资本主义**的轨道。

政治总结和结论

　　我还要谈谈,哪怕是简略地谈谈政治局势,究竟目前的政治局势怎样,由于上述经济情况,它起了什么变化。

　　前面已经说过,1921 年我国经济的基本特征与 1918 年时相同。由于战争和封锁,农民的生活本来就非常困难,而 1921 年春天,主要是由于歉收和牲畜死亡,农民的生活状况更是达到了极严重的地步,结果就引起了政治上的动摇,而这种动摇一般说来是小生产者的"本性"。这种动摇最明显的表现就是喀琅施塔得叛乱。

　　在喀琅施塔得事件中,正是小资产阶级自发势力的动摇表现得最为突出。那里很少有表述十分完整、明确、肯定的东西,有的仅仅是"自由"、"贸易自由"、"解放"、"没有布尔什维克参加的苏维埃"或改选苏维埃、摆脱"党的专政"以及诸如此类的意思含混的口号。无论孟什维克或社会革命党人都宣称喀琅施塔得运动是他们"自己的"运动。维克多·切尔诺夫派了一位特使到喀琅施塔得去,喀琅施塔得叛乱的首领之一孟什维克瓦尔克,依照这位特使的建议,在喀琅施塔得表示赞成召开**"立宪会议"**。全部白卫分子简直可以说像无线电波那样迅速地动员起来**"支持喀琅施塔得"**。喀琅施塔得的白卫军事专家(是许多专家而不是科兹洛夫斯基一人)制定了在奥拉宁包姆登陆的计划,这个计划把许多动摇不定的孟什维克、社会革命党人和非党群众都吓倒了。国外用俄文出版的50 多种白卫分子报纸展开了疯狂的宣传运动来**"支持喀琅施塔得"**。大银行以及金融资本的全部力量都来发起募捐,援助喀琅施塔得。资产阶级和地主的聪明领袖立宪民主党人米留可夫，直接向傻瓜维克多·切尔诺夫（间接向同喀琅施塔得事件有牵连而被囚禁在彼得格勒监狱里的孟什维克唐恩和罗日柯夫）耐心地解释说，不必急于召开立宪会议，**可以而且应该拥护只要是没有布尔什维克参加的苏维埃政权**。

当然，要比妄自尊大的笨伯，如切尔诺夫这样的小资产阶级空谈英雄或马尔托夫这样的以市侩改良主义冒充"马克思主义"的骑士聪明一些，并不是难事。其实，问题并不在于米留可夫个人比较聪明，而在于大资产阶级的政党领袖，由于自己的阶级地位，对问题的阶级实质和政治上的相互关系，比切尔诺夫之流和马尔托夫之流小资产阶级领袖们认识得更清楚，了解得更透彻。这是因为资产阶级真正是一支阶级力量，它在资本主义制度下，无论是在君主国内还是在最民主的共和国内，都必须居于统治地位，并且必然受到全世界资产阶级的支持。而小资产阶级，**亦即**第二国际和"第二半"国际的全体英雄们，按其经济实质来说，只能表现出这一阶级的软弱，因此他们动摇不定，空话连篇，一筹莫展。在1789年，小资产者还能成为伟大的革命者；到了1848年，他们已是可笑而又可怜；而在1917年至1921年，他们叫做切尔诺夫之流或马尔托夫之流也罢，叫做考茨基之流，麦克唐纳之流等等也罢，按其实际作用来看，他们都已成为反动势力的可恶帮凶和真正奴仆。

马尔托夫在其柏林出版的杂志[102]上声称，喀琅施塔得不仅贯彻了孟什维克的口号，而且证明掀起一场并非完全为白卫分子、为资本家和地主效劳的反布尔什维克运动是可能的。这正是妄自尊大的市侩式的纳尔苏修斯[103]的典型。好吧，让我们干脆闭眼不看所有真正的白卫分子向喀琅施塔得分子表示欢迎并通过银行募款援助喀琅施塔得叛乱的事实吧！同切尔诺夫之流和马尔托夫之流比较起来，米留可夫说得对，因为他泄露了**真正**白卫势力，即资本家和地主势力的**真正**策略：好吧，**只要能**打倒布尔什维克，**只要能使政权变动**，我们可以拥护随便什么人，甚至是无政府主义者，我们可以拥护随便什么样的苏维埃政权！政权往右变也罢，往左变也罢，往孟什维克方面变也罢，往无政府主义者方面变也罢，只要能从布尔什维克手里变掉就行；至于其余的事，那就由"我们"米留可夫这些人，由"我们"资本家和地主"自己"来办好了，我们几巴掌就能把区区无政府主义者、切尔诺夫之流、马尔托夫之流赶走，就像在西伯利亚对付切尔诺夫和马伊斯基，在匈牙利对付匈牙利的切尔诺夫之流和马尔托夫之流，在德国对付考茨基，在维也纳对付弗·阿德勒之流一样。孟什维克、社会革命党人、非党人员这些市侩式的纳尔苏修斯几百个几百个地被真正讲实际的资产阶级愚弄过，在各个国家的历次革命中几十次地被他们赶走过。这是历史证明了的，这是事实验证了的。纳尔苏修斯们还将继续空谈。米留可夫之流和白卫分子却将继续实干。

"政权稍微向右变动一下或稍微向左变动一下都是一样，只要能从布尔什维克手里变掉就行，其余的问题，到时候自会迎刃而解"，这一点米留可夫说得完全对。这是自中世纪以来长达数百年的全部近代史，一切国家的全部革命史所证实了的阶级真理。零星分散的小生产者即农民，在经济上**和政治上**或者是由资产阶级来联合（在资本主义制度下，在一切国家中，在近代的历次革命中，从来就是这样，而只要是在资本主义制度下，将来还永远会这样），或者是由无产阶级来联合（萌芽形态的这种联合在近代史上某些最伟大的革命高潮中有过，只是时间极短；在1917年至1921年间的俄国,这种联合则具有较为发达的形态)。只有妄自尊大的纳尔苏修斯们才会侈谈和幻想"第三条"道路,"第三种力量"。

布尔什维克历尽千辛万苦,在殊死的斗争中锻炼出了一支能够实行管理的无产阶级先锋队,建立并保卫住了无产阶级专政。经过四年来经验和实践的检验,俄国阶级力量的对比已经非常明显:唯一的革命阶级的先锋队经过了千锤百炼,坚强如钢;小资产阶级自发势力动摇不定;米留可夫之流即资本家、地主隐匿在国外并得到全世界资产阶级的支持。问题一清二楚。只有他们才来利用和才能利用一切"政权变动"。

在上面所引证的1918年的小册子里,关于这点曾直截了当地说道:"主要敌人"是"小资产阶级自发势力"。"或者是我们使它服从我们的监督和计算,或者是这种小资产阶级自发势力必然地推翻工人政权,就像那些正是在这种小私有者土壤上生长起来的拿破仑们和卡芬雅克们推翻了革命一样。问题就是如此。问题也只能是如此。"(摘自1918年5月5日的小册子,见上面)

我们的力量在于能对俄国和国际**一切**现存阶级力量作十分清晰和冷静的估计,其次就在于由此产生的进行斗争的钢铁般的毅力,坚定的意志,果断的决心和忘我的精神。我们的敌人虽多,但他们是四分五裂的,或者不知道自己要干什么(如所有的小资产者,所有的马尔托夫之流和切尔诺夫之流,所有的非党人员,所有的无政府主义者)。而我们是团结一致的——我们内部是直接地团结一致,与世界各国无产者是间接地团结一致;我们知道自己要干什么。因此,我们在世界范围内是不可战胜的,虽然这丝毫也不排除个别的无产阶级革命在某一时期遭到失败的可能性。

小资产阶级自发势力被称为自发势力不是没有原因的,因为它的确是一种最不定型、最不肯定、最不觉悟的势力。小资产阶级的纳尔苏修斯们以为在资本主义制度下实行"普选"就能消除小生产者的本性,其实这只能**帮助**资产阶级利用教会、报刊、学校、警察局、军阀机构和种类繁多的经济压迫,去**控制**涣散的小生产者。破产、贫困和艰苦的生活引起了他们的动摇:今天跟着资产阶级走,明天跟着无产阶级走。只有久经锻炼的无产阶级先锋队才能巍然屹立而不为动摇所影响。

1921年春天的事态再次表明了社会革命党人和孟什维克的作用:他们帮助动摇的小资产阶级自发势力背离布尔什维克,帮助"政权"作有利于资本家和地主的"变动"。**孟什维克和社会革命党人现在已经学会如何装扮成"非党人员"**。这一点已经完全证实了。现在也只有傻瓜才看不到这一点,才不了解我们是不会受人愚弄的。非党代表会议并不是值得盲目崇拜的东西。如果我们能用这种会议来接近尚未接触过政治的群众,接近置身于政治之外的各阶层千百万劳动者,那这种会议就是有益的,但如果这种会议变成装扮成"非党人员"的孟什维克和社会革命党人的讲坛,那这种会议就有害了。这班人是帮助叛乱者、帮助白卫分子的。孟什维克和社会革命党人,不论是公开的还是装扮成非党人员的,他们的安身之地应该是监狱(或者是国外的杂志社,与白卫分子为伍;我们曾很乐意放马尔托夫出国),而决不是非党代表会议。为了检验群众情绪和接近群众,可以而且应该找出其他的方法。让那些希望玩议会活动、立宪会议和非党代表会议游戏的人到国外去好了,请你们到那里去,到马尔托夫那里去,请你们不妨去领略一下"民主"的妙趣,请你们费神问问弗兰格尔手下的士兵这种妙趣究竟如何。可是我们顾不上到这种"代表会议"上去玩"反对派"的游戏。全世界的资产阶级包围着我们，他们正窥测时机，一旦发现动摇，就要把"自己的人"送回，就要恢复地主和资产阶级的统治。而我们则要把孟什维克和社会革命党人，不论他们是公开的或装扮成"非党人员"的，统统关进监狱。

我们将采用一切方法来和尚未接触过政治的劳动群众建立更紧密的联系，但是决不采用那些使孟什维克和社会革命党人得以活动、**使对米留可夫有利的动摇得以发展**的方法。我们将特别热心地提拔成百成千的非党人员，即来自群众，来自普通工农的真正的非党人员，来担任苏维埃工作，首先是担任经济工作，但决不提拔那些"装扮"成非党人员、暗中推行孟什维克和社会革命党人发出的对米留可夫十分有利的指令的人。我们这里有成百成千的非党人员在工作，其中有几十个担负着最重要的和负责的职务。要多多检查他们的工作。要多多提拔成千上万的普通劳动者来接受新的检验，要考验他们，根据实际检验的结果，经常地、坚定不移地、成百成百地把他们提升到更高的职位上去。

我们的共产党员直到现在还不很善于领会自己在管理方面的真正任务：不是要"亲手"包办"一切"，这样就会疲于奔命，顾此失彼，一事无成，而是要去检查几十个几百个助手的工作，对他们的工作组织自下而上的检查，即真正群众的检查；要一面**指导**工作，一面向那些有知识的人（专家）和有组织大企业经验的人（资本家）**学习**。聪明的共产党员不怕向军事专家学习，虽然十分之九的军事专家随时都有叛变的可能。聪明的共产党员也不会怕向资本家学习（不管他是承租企业的大资本家，还是代销商，抑或是办合作社的小资本家等等），虽然资本家并不比军事专家好。在红军中，我们已经学会如何抓出叛变的军事专家,如何识别正直诚实的军事专家,整个说来是学会了利用成千上万的军事专家。对于工程师、教师,我们也在学习这样做(采取特殊的方式),虽然在这方面我们所做的比在红军中差得多(在那里,邓尼金和高尔察克逼我们逼得好,使我们不得不比较迅速、比较用心、比较有效地学习)。对于为国家经营的代销商和包买主、办合作社的小资本家、企业承租人等等,我们也一定能学会这样做(也是采取特殊的方式)。

工农群众需要立即改善自己的生活状况。我们把新生力量,包括非党人员在内,放到有益的工作岗位上去,就能做到这一点。粮食税以及与之有关的种种措施,定能有助于这一点。做到了这一点,我们也就挖掉了使小生产者必然动摇的经济根子。至于仅对米留可夫有利的政治上的动摇,那我们会同它进行无情的斗争。动摇分子的人数多。我们的人数少。动摇分子是四分五裂的。我们是团结一致的。动摇分子在经济上是依赖别人的。无产阶级在经济上是独立的。动摇分子不知道自己要干什么:又想干,又怕疼,米留可夫又不许他们动。而我们知道自己要干什么。

所以我们一定会胜利。

结 束 语

现在来总结一下。

粮食税是从战时共产主义到正常的社会主义产品交换的过渡。

经济的极度破坏因1920年的歉收而更加严重,同时大工业又不可能迅速恢复,所以我们迫切需要实行这一过渡。

结论:首先改善农民的生活状况。方法:实行粮食税,发展农业和工业间的流转,发展小工业。

流转就是贸易自由,就是资本主义。它有助于克服小生产者的涣散性,并且在某种程度上也有助于同官僚主义作斗争,在这一限度内,流转对我们是有利的。至于限度的大小,这要由实践和经验来确定。只要无产阶级牢牢掌握着政权,牢牢掌握着运输业和大工业,无产阶级政权在这方面就没有什么可以害怕的。

反对投机倒把活动的斗争应转变为反对盗窃公共财物、反对逃避国家监察、计算和监督的斗争。我们要通过实行这样的监督把在一定限度内是不可避免的并为我们所必需的资本主义纳入国家资本主义的轨道。

在活跃农业和工业间的流转方面,应全面、大力、坚决地发挥地方的首创精神、创新精神和扩大它们的独立程度。要研究这方面的实际经验。这种经验要尽可能多种多样。

支援为农业服务并帮助农业发展的小工业;为了支援它,在一定程度上也要供给它一些国家的原料。把原料留着不去加工,是极大的罪恶。

不要害怕让共产党员去向资产阶级专家"学习",其中也包括向商人,向办合作社的小资本家,向资本家"学习"。向他们学习,虽与我们过去向军事专家学习在形式上有所不同,但在实质上是一样的。"学习"成绩,只有靠实践经验来检查:要比自己身旁的资产阶级专家做得好,要会用各种办法振兴农业,振兴工业,发展农业和工业间的流转。多花点"学费"并不可惜:为了学习要不惜破费,只要能学到东西就行。

要竭力帮助广大劳动者，接近他们，从他们中间提拔成百成千的非党工作人员来做经济工作。而对于实际上不外乎是换上了时髦的喀琅施塔得式非党服装的孟什维克和社会革命党人这样一些"非党人员"，那就要小心地把他们关在监狱里，或者把他们打发到柏林马尔托夫那里，让他们去自由地领略纯粹民主的种种妙趣，去自由地和切尔诺夫、米留可夫以及格鲁吉亚的孟什维克们交流思想吧。

1921 年 4 月 21 日

1921 年 5 月由国家出版社
在莫斯科印成单行本

译自《列宁全集》俄文第 5 版
第 43 卷第 205—245 页

留声机片录音讲话[104]

(1921 年 4 月 25 日)

1

非党人员和苏维埃政权

工人和农民们：请向我们输送那些正直的、忠于苏维埃政权的非党工作人员来参加管理国家和改善经济的工作吧。苏维埃政权必须有正直的和忠诚的非党工作人员，因为单有党员是不够的。在非党的工人和农民当中，有许许多多非常正直而且有能力从事管理工作和经济工作的人。例如，办好手工业企业，办好合作社，合理地分配产品，改进食堂、住房、儿童膳食，如此等等。

每个省都有成千上万的非党的工人和农民还没有被派去参加管理工作和恢复国民经济的工作。党和苏维埃工作人员的一个直接的义务就是发现这样的人，把他们推到前面来，给他们工作，检验他们的才能，让他们大显身手，发挥自己的作用。

我们并不害怕非党的工人和农民的帮助，而且恰恰相反，我们需要和希望得到这样的帮助。要提防的只是孟什维克和社会革命党人，他们现在喜欢自称是非党人员，而实际上却在干他们的叛卖勾当，为白卫分子和地主效劳。难怪所有的白卫分子和地主都跑去援助喀琅施塔得叛乱。这种乔装打扮的非党人员应当**揭露**和抓起来，而对于正直的非党的工人和农民，则应千方百计、尽一切可能吸收他们参加工作。

译自《列宁文集》俄文版第 37 卷
第 289—290 页

2

关于粮食税

余粮收集制已为粮食税所代替。全俄中央执行委员会为此颁布了一项法令[105]。为了执行这项法令，人民委员会已经公布了粮食税法。所有苏维埃机关现在应该尽可能广泛地使农民了解粮食税法，并且阐明它的意义。

为什么必须用粮食税代替余粮收集制呢？因为余粮收集制使农民负担过重，给农民造成了困难，而1920年的歉收又进一步加剧了农民的贫困和破产。此外，由于饲料缺乏，牲畜死亡的情况更趋严重，从森林中运出木柴的工作受到了影响，为交换农民的粮食提供产品的工厂的生产也受到了影响。这就要求工农政权采取措施来立刻帮助处于困境的农民。

粮食税征收的粮食比余粮收集制征收的几乎少一半，前者是24 000万普特粮食，后者是42 300万普特粮食。粮食税额多少，每个农民从开春起就能预先确切知道。这样在征税时滥用职权的现象就会少些。农民对扩大播种面积，改善自己的经营，努力提高收成的兴趣就会大些。

我们的国家遭到了空前的破坏，最初遭到沙皇进行的战争的破坏，后来遭到国内战争即地主和资本家对工农苏维埃政权进攻的破坏。要坚决振兴经济。首先要振兴、加强和改善农民经济。

粮食税必将有助于改善农民经济这一事业。农民们现在正以更大的信心、更大的干劲来从事自己的经营，而这是最主要的。

尼·列宁

1921 年 4 月 25 日

载于 1924 年《青年近卫军》杂志
第 2—3 期合刊

译自《列宁全集》俄文第 5 版
第 43 卷第 246—247 页

3

关于租让和关于发展资本主义

苏维埃政权邀请了那些愿意在俄国经营租让企业的外国资本家到俄国来。

什么是租让呢？它是国家同资本家订立的一种合同，资本家负责安排或改进生产（如采伐和浮运木材，开采煤炭、石油和矿石等等），把所得的一部分产品交给国家，另一部分作为利润归自己所有。

苏维埃政权赶走了俄国的地主和资本家，而现在却把外国资本家请到俄国来，这样做对吗？这样做是对的，因为，既然其他国家的工人革命迟迟没有到来，那我们就不得不作出某些牺牲，只要能迅速改善甚至立即改善工农的生活状况。所谓牺牲，就是我们要在许多年内把几千万普特宝贵的产品交给资本家，而所谓改善工农的生活状况，就是我们将立即得到更多的石油、煤油、食盐、煤以及农具等等。我们没有权利不去立即改善工农的生活状况，因为在我国经济破坏的情况下这是必要的，而我们并不会因为作出上述牺牲就遭到毁灭。

把资本家请到俄国来不危险吗？这不是意味着发展资本主义吗？是的，这是意味着发展资本主义，但是这并不危险，因为政权掌握在工农手中，地主和资本家的所有制不会恢复。租让是一种特殊的租借合同。根据合同,资本家在一定期限内是一部分国家财产的租借者,但不是所有者。所有权仍然属于国家。

苏维埃政权将监督承租的资本家履行合同,使合同对我们有利,使工农的生活状况得到改善。在这种条件下发展资本主义是不危险的,而产品的增加却会使工农得到好处。

尼·列宁

1921 年 4 月 25 日

载于 1924 年《青年近卫军》杂志
第 2—3 期合刊

译自《列宁全集》俄文第 5 版
第 43 卷第 248—249 页

4

关于消费合作社和产销合作社

消费合作社是工人或农民的一种联合，其目的是为了取得和分配他们所必需的产品。产销合作社是小农或手工业者的一种联合，其目的是为了生产和销售各种农产品（如蔬菜、乳制品等等）和非农产品（如各种手工业品、木器、铁器和皮革制品等等）。

由于余粮收集制为粮食税所代替，农民就会有归自己支配的余粮，就会用这些余粮去自由交换各种产品。

产销合作社有助于小工业的发展，小工业可以增加农民所必需的产品，这些产品大部分不需要通过铁路长途运输，也不需要由大工厂来供应。必须采取一切措施来支持和发展产销合作社，向它提供种种帮助，这是党和苏维埃工作人员的一项义务，因为这能立刻减轻农民的负担并改善他们的生活状况。而目前工农国家国民经济的恢复和发展，主要取决于农民生活和农民经济的改善。

消费合作社也应当得到支持和发展，因为它能保证迅速、合理、费用较省地分配产品。苏维埃政权机关只应当检查合作社的工作，防止弄虚作假、对国家隐瞒实情、滥用职权等现象的发生，但决不能限制合作社的发展，而应用全力去帮助它，促进它。

载于 1924 年《青年近卫军》杂志　　　　译自《列宁全集》俄文第 5 版
第 2—3 期合刊　　　　　　　　　　　第 43 卷第 250—251 页

对人民委员会《关于分配农业机器》的决定草案的补充[106]

(1921 年 4 月 26 日)

如果粮食人民委员部对于用农业机具为国家换取农产品这一点没有建立切实可行的监督，就不得供应任何农业机具。

监督的方法应由农业人民委员部会同粮食人民委员部颁发专门的条例予以规定。

责成农业人民委员部和粮食人民委员部研究并提出一个向消费者提供机器的最简便、最节约的方案。[①]

载于 1932 年《列宁文集》俄文版
第 20 卷

译自《列宁全集》俄文第 5 版
第 43 卷第 252 页

---

① 最后一段是莉·亚·福季耶娃的笔迹，看来是按列宁口授笔录的。——俄文版编者注

关于对待非党工人的态度[107]

（1921年4—5月）

1

俄共（布）中央关于
对待非党工人态度问题的信稿

（不晚于4月27日）

起草一份给各省委的电报，用密码拍发。

内容：

非党代表会议的经验充分证明，这种会议成了孟什维克和社会革命党人进行鼓动①的场所；

因此，召开非党代表会议必须极其慎重。如果在每一个工厂没有事先进行充分细致的准备，决不允许召开这类会议。省委应向党负责，保证每次非党代表会议都取得成功。

每个省委不仅应向中央报告每次非党代表会议的成就，而且要在每次会议召开以前向中央报告会议召开的条件及准备情况。

同时，绝对必须加强工作以保持和发展共产党员同非党群众的联系。为此必须：

---

① 在手稿上"进行鼓动"上面还写了"从事组织活动"。——俄文版编者注

不仅定期召开工农群众的全体会议,而且定期收集所有负责的公职人员向工农群众所作的切实的工作报告。这样的工作报告每月至少安排一次,使广大非党工人和农民有机会对苏维埃机关及其工作提出批评。不仅担任负责工作的共产党员,而且担任负责工作的所有公职人员,首先是粮食机关和国民经济委员会机关的这些人员,都应当作这类工作报告。

每个省委应按月向中央上报精确的材料,说明这类工作报告作过多少次,进行的情况如何,以及非党群众在这种会议上提出了什么要求。

关于这类工作报告的安排,关于检查同群众联系的措施,关于改善群众生活状况的工作进展情况,以及关于同那些装扮成非党人员的孟什维克和社会革命党人进行斗争等问题,中央均将作出较详细的指示。

载于1932年《列宁文集》俄文版第20卷

译自《列宁全集》俄文第5版第43卷第253—254页

2

对俄共（布）中央关于
对待非党工人态度问题的
信稿的补充和修改意见

（不晚于 5 月 4 日）

致各省委、县委，各共产党党团和工会

我党同广大工人群众的相互关系问题，在当前就是共产党员同非党人员的相互关系问题。

敌视我们的社会革命党和孟什维克党，由于他们抛头露面地公开活动，所以未能取得显著的成效。广大工人群众觉得自己是非党的。因此，社会革命党人和孟什维克便愈来愈经常地把自己打扮成无党无派。

我们的任务就在于千方百计地加强共产党员同正直的非党人员的联系。这是使我们有时显得暮气沉沉的党支部能活跃起来的唯一方法。凡是那些在共产党员和非党工人之间出现一堵墙的地方，要不惜任何代价消除隔阂。谁不能把一些正直的非党工人团结在自己周围，经常同他们联系，经常走访他们的家庭，在日常生活中帮助他们，向他们提供报纸以及从他们当中推荐工会和苏维埃机关的工作人员等等，谁就不是共产党员。

在工会中工作的共产党员在这方面可以而且应当做更多的工作。通过工会能最好地争取广大正直的非党工人。但这不是唯一的途径。地方党组织应当能够吸收占相当大比例的非党工人参加苏维埃工作。苏维埃机关中的共产党员下工厂，部分非党的无产阶级新生力量进苏维埃机关和工会理事会——这就是当前的口号。所有党组织应当切实讨论这个问题，并因地制宜

地制定出尽快贯彻中央这项号召的措施。

[非党工人的积极性提高了。他们希望参加政权。他们]①**非党工人**希望担任苏维埃和工会的负责职务。党应当对此表示欢迎。党必须能够通过自己的支部和工会发现最优秀的和最坚定的非党男女工人(以及农民),并将他们安排在适当的岗位上(其中包括工农检查院)。这也是我们反官僚主义斗争取得胜利的保证。

非党代表会议有助于密切共产党员同非党人员的联系,有利于同官僚主义作斗争,可以推荐新的工作人员。但是只有在一定的条件下才可能做到这一点。其中最主要的条件就是认真地、切实地筹备好这类非党代表会议。

非党代表会议的经验证明,这种会议正在成为社会革命党人和孟什维克进行鼓动和从事组织活动的场所。这两个党都作出了专门的指示,利用非党代表会议达到社会革命党和孟什维克的反革命目的。我们的党组织对此应当予以注意。

为此,各地方组织在召开非党代表会议时,应当:(1)能够自行[造成]**选择**适当时机,而不允许在[对我们的敌人来讲是混乱的]**对工人阶级的敌人有利的**时机将这种代表会议强加给我们;(2)能够在筹备非党代表会议的过程中就撕下装扮成非党人员的社会革命党人和孟什维克的假面具;(3)主要的是能够为在每一个工厂的选举中取得胜利作好准备。

彼得格勒为召开最近一次非党代表会议在每一个企业里事先举行了下列四个会议:(1)全体党员加上同情者;(2)工厂代表会议;(3)代表会议加全体党员;(4)工厂全体人员大会,在这个大会上通过了前三个会议就已准备好的参加非党代表会议的候选人名单和指令。

县委应将每次非党代表会议的筹备情况、经过和结果上报省委,省委则上报中央。必须极其细致地进行筹备工作。如力量不足,则应事先请求中央协助。

为建立同非党人员的联系,以后不仅必须定期召开工农群众的全体会议,而且所有的公职人员应向工农群众提出切实的工作报告。这样的工作报告每月至少安排一次,使广大的非党工人和农民有机会对苏维埃机关及其工作提出批评。不仅担任负责工作的共产党员,而且担任负责工作的所有公职人员,首先是粮食机关和国民经济委员会机关的工作人员,都应当作这类工作报告。

---

① 此处及以下的方括号内的词句均被列宁删去或修改,修改后的词句用黑体加着重号标出。——俄文版编者注

每个省委应按月向中央上报精确的材料,说明这类工作报告作过多少次,进行的情况如何,以及非党群众在这种会议上提出了什么要求。

地方上的同志们应当千方百计地密切同非党人员的联系和从他们中推荐新的工作人员。应当更加接近群众。加强同非党人员的切实联系。更加经常地**选拔**新的非党工作人员。公职人员应当更加注意在我们贫困的状况下还能解决的生活必需品缺乏的问题。必须更加经常地同官僚主义和拖拉作风作斗争。共产党员应当深入工人和人民群众。

俄共中央委员会

1921 年 5 月 1 日

中央委员会极为重视这一问题,坚决要求严格地、以最大努力执行本指示。凡不执行本指示或者在这方面表现出无所作为的人,中央委员会将给予最严厉的处分,直至将其开除出党。

各县委和省委每月应按下列形式将执行本指示的情况总结上报:

(1)有多少在苏维埃机关担任职务的共产党员调到工厂?(2)有多少在苏维埃机关担任职务的共产党员调往农村从事农业工作?(3)预计调多少最正直、最有才干的非党工人去担任苏维埃工作?(4)他们的名单?(5)其中有多少人已吸收到苏维埃各部门工作?(6)他们工作的时间有多久,成绩如何?(7—10)农民方面同上(第3、4、5、6条)。(11)非党工人有哪些主要的要求和申诉?(12)农民?——同上。(13)吸收工人参加工农检查院的情况和结果如何?(14)农民?——同上。(15)按照中央委员会这封信的精神,将每次非党代表会议的主要情况扼要上报。

载于 1921 年 5 月 7 日《真理报》第 97 号

译自《列宁全集》俄文第 5 版第 43 卷第 390—392 页

在克里姆林区俄共(布)
党员和预备党员会议上的发言

(1921年5月9日)

(记　录)

　　列宁同志在报告中指出:你们党员必须读一读我那本论粮食税的小册子①,这本小册子现在已经出版,正在分发。列宁同志还指出:我们党的每个党员都不应当脱离非党群众,而这种现象在我们这里却还经常发生。所以每个党员必须更多地置身于非党群众之中,更多地进行宣传。最后列宁同志说:你们大家经常看报,经常参加会议和听报告,见识比较广,应当在农民中多做工作,向他们宣传实行粮食税的意义。这样,就能获得良好的结果。

译自《列宁全集》俄文第5版
第43卷第255页

---

① 见本卷第192—233页。——编者注

俄共(布)中央关于在格鲁吉亚发生侵犯外国人权益问题的决定草案[108]

(1921 年 5 月 9 日或 10 日)

俄共中央讨论了 5 月 8 日斯瓦尼泽给斯大林的第 2031 号电报,认为:格鲁吉亚的同志们没有采用果断有力的手段制止征用、没收、侵占外国人财产和把他们逐出住宅的行为,是犯了极其严重的政治错误。

中央决定:

(1)责成格鲁吉亚革命委员会立即颁布一项严格禁止一切类似行为,违者逮捕法办的决定。决定副本报送中央。

(2)格鲁吉亚革命委员会应立即对下列案件组织侦查:一、德国高加索银行仓库证券被盗案。要逮捕罪犯,追回证券。二、意大利高加索银行货物被盗案。处理同上。三、库塔伊西一车皮纺织品被盗案。处理也同上。

(3)格鲁吉亚革命委员会应同高加索方面军司令部协商,立即指派两名最有魄力、最有斗争性和最坚定的共产党员(高加索方面军一名,格鲁吉亚革命委员会一名),责成这个两人小组负责监督制止征用、侵占、没收外国人财产和把他们逐出住宅的行为。电告所指派人员的姓名。中央指定马哈拉泽和吉季斯亲自负责贯彻执行上述措施。两人小组应具有紧急处置的全权,对任何违抗者均有权予以逮捕。两人小组每周用电报向中央作一次简要汇报。

中央提醒格鲁吉亚的同志们注意,格鲁吉亚及其同意大利和德国的贸易,对整个俄罗斯联邦具有特别重要的意义,在美国和法国企图破坏我们同国外的一切贸易关系时尤其如此。凡执行本指示不力者,中央将以反苏维埃政权罪论处。

载于1959年《列宁文集》俄文版第36卷

译自《列宁全集》俄文第5版第43卷第256—257页

俄共(布)中央政治局关于
实行生产集中的措施的决定草案[109]

(1921年5月11日)

1. 责成五金工会中央委员会和全俄工会中央理事会特别注意尽快执行如下计划:尽可能关闭无法继续生产的企业,由少数生产状况最好的企业集中进行生产。

关于企业停办的确切计划、日程安排和实际执行情况,责成施略普尼柯夫和梅德维捷夫或他们的副手,

责成库比亚克

和哥尔茨曼

责成安德列耶夫

在一个月后向

劳动国防委员会报告。

2. 责成施略普尼柯夫:根据他的初步设想更具体地提出一些最重要的、有可能迅速实现的建议。

载于1959年《列宁文集》俄文版
第36卷

译自《列宁全集》俄文第5版
第43卷第258页

恩巴地区铁路工程检查委员会的任务

（不晚于 1921 年 5 月 11 日）

供星期三用的决定草案

委员会的工作期限最多一个月。

最好是三周。

上述期限包括返回莫斯科的时间在内。

委员会的任务：

（1）现场检查（亚—恩巴工程）哪一部分工程已经完成，特别是已完成的路段用了多少材料，尚余多少。

（2）委员会应查明，一旦亚—恩巴工程停工，实际上是否有可能将材料管好并运回。

（3）委员会应查明，亚—恩巴工程从重点项目转为一般项目的条件如何（指材料的消耗等）。

（4）委员会应查明，如果除铺轨外，工程继续进行，施工的条件，特别是利用工地现有材料的条件如何。

列　宁

载于 1945 年《列宁文集》俄文版第 35 卷

译自《列宁全集》俄文第 5 版第 43 卷第 259 页

致国家计划委员会主席团
克尔日扎诺夫斯基同志

（1921 年 5 月 14 日）

我们现在几乎还没有一个统一的国家经济计划。大多数人力求"振兴"一切，即振兴一切经济部门，甚至资本主义遗留下来的一切企业。

国家计划委员会应力求至少在秋收以前拟定出最近一两年内全国经济计划的纲要。

应该以粮食作为出发点，因为它是全部困难的根源。在拟定全国经济计划时应估计到三种情况，即一年内（1921 年 9 月 1 日—1922 年 9 月 1 日）国家手中可能掌握（1）2 亿普特粮食；（2）2.5 亿普特粮食；（3）3 亿普特粮食。如果全面估计这三种情况的工作量太大而难以完成，那么比较合理的办法是，只详细估计一下国家得到 2.5 亿普特粮食时的情况，并附带说明，如有余粮（2.5 亿到 3 亿），则作为储备，供困难的日子使用；另外，对粮食完全不够的情况（2 亿普特），只作一下大致的研究（要从国外买进多少粮食；在工业、运输业、军队等部门一般应如何"缩减"）。

假定国家得到的粮食是这么多，那就要扣除一部分作为储备，以备发生战争、铁路交通中断等情况时使用。

其次是燃料。可望得到多少，即上下幅度如何。这方面所需粮食的最低数量和最高数量。在粮食储备增加多少的情况下,燃料供应能增加多少。

用少数优秀企业生产集中的办法节约燃料的可能性如何。这一点必须加以估计。进而估计一下:能否用关闭不必要或并非绝对必要的企业和使工人转业(转到哪里去? 我们能否办到? 如果不能,那我们至少要缩减这些工人的口粮)的办法来节约粮食。

还可以采取对爱惜燃料者发给奖励和对燃料消费加强监督的办法来节约燃料。如果在这方面有某些依据的话,可以对这项节约大致估计一下。

军队(舰队可单独计算。必须最大限度地缩减舰队及其开支,接近于全部取消)。估计在1921年9月1日以前共有160万人,以后,可以假定减半。

苏维埃职员。现有人数。可能裁减25%或50%。裁减人员以后,可以在绝对必需的、占现有人数 $\frac{1}{4}$ 的工作人员中间发奖。裁减人员以后(以及至少在实行三班制和在关闭了 $\frac{2}{3}$ 企业而减少了燃料消耗量以后),对剩下的 $\frac{1}{4}$ (或 $\frac{1}{3}$,或 $\frac{1}{2}$)工作人员发奖的问题,应当专门加以研究,因为这一问题特别重要。

工业。可把工业分为若干部门,分为尽可能少的几个主要部门。水电。为满足(α)生产消费、(β)个人消费的最低需要而必不可少的最低量。应对一定数目的主要部门作出计算(各个工业部门和各个区域或城市的详细规划,也许可以交给专门小组、各地特派代表或省统计局等去拟定)。可计算一下全部生产能集中到多少个大企业中,有多少个企业可以关闭。显然,这是一个极其重要的问题,它要求进行特别仔细的研究:第一,进行纯粹统计方面的研究(即研究1920年的统计材料,同时尽可能也研究1918—1919

年的材料；在特殊情况下，战前的统计材料有时也能起辅助作用）；第二，进行经济情况的研究，以便解决下面的特殊问题：

能否替被解雇的城市工人和产业工人在产粮区找到期限为一两年的能够满足周围农民需要的临时工作？因为这些工人不应该由国家来供养，但他们在城市里又找不到其他工作。

工业之后（必须把建筑业单独划分出来），接着是运输业（也许应该先于工业？），并专门研究一下电气化问题。

如此等等。

必须在短时间内，即在一个月或至多两个月内，作出一个初步的计算，哪怕只是一个大致的粗略的计算。也就是说，要估计一下总的情况，估计一下一年内全部粮食和燃料的总消耗量。以后我们再修改这个粗略的计划，使它更加精确，但我们必须在上述最短期间内作出一个基本的、哪怕是极为粗略的一年计划（或者4个单独的季度计划，或者3个单独的四个月计划，即1921年9月1日—1922年1月1日；1922年1月1日—5月1日；1922年5月1日—9月1日）。

必须经常同1920年的情况作比较。也许可以而且应当作许多计算，即在统计和经济方面有比较地研究1920年的材料和1921—1922年的"前景"。

请国家计划委员会主席团在把我这个提议交付国家计划委员会全体会议讨论之前，先把主席团中多数委员或个别委员对这封信的意见告诉我。

　　　　劳动国防委员会主席　　**弗·乌里扬诺夫**（列宁）

　　　　　　　　　　　　　　　　　　　1921年5月14日

附言:(1)应该特别注意产品适合于交换粮食的(即可以在国内换取粮食的)工业。无论如何应该把这种工业单独划分出来,以便能确切地回答这样一个问题:在粮食普遍缺乏的情况下,把若干数量的粮食和燃料投到某个工业部门或某些企业中去之后,能得到多大数量的产品,用这些产品能换取多少粮食。这个估算应该及早作出,以便秋收后在某种情况下加以运用。

(2)应当把下面这两种企业单独划分出来,分别作出统计:(a)国家所绝对必需的企业(包括工人数);(b)应予关闭的企业(包括工人数),这类企业从合理经营和使生产集中于实行多班制生产的少数优秀企业这一角度来看是应予关闭的,但由于传统和惯例或工人不愿改变职业和住处等原因却在勉强维持。统计出这两类企业的总数。考虑减少后一类企业的口粮,以促使其关闭。

载于1923年《国家计划委员会
公报》第3—4期合刊

译自《列宁全集》俄文第5版
第43卷第260—263页

对俄共(布)中央全会关于
党纲第 13 条的决定草案的建议[110]

(1921 年 5 月 18 日)

委托雅罗斯拉夫斯基和布哈林进行修改,方针是不要突出同宗教作斗争的问题(例如删去第 7 条[111]),在加以种种特别限制的条件下,容许信仰宗教的但又确实是正直忠诚的共产党员留在党内。

同宗教作斗争的问题要提得更科学些。

(去掉第 10 条[112])

由政治局批准。

经过认真准备后开展运动。

译自《列宁全集》俄文第 5 版
第 54 卷第 440 页

劳动国防委员会关于地方经济会议、关于报告制度和关于贯彻执行劳动国防委员会指令的决定草案

(1921 年 5 月 19—20 日)

1.各地都应成立省、县经济会议,它们同省、县执行委员会的关系就像劳动国防委员会同人民委员会的关系一样。两者合用一个办公厅或秘书处。一切工作均应通过各有关主管部门的机构办理,不另设专门机构。

2.劳动国防委员会在地方上的基层机关应是农委[113]和村苏维埃,在工厂区和城市居民区则是区苏维埃、区经济委员会和工厂委员会。乡执行委员会或者完全代行乡经济委员会的职责,或者指派自己的若干委员组成乡经济会议。

3.建立各级经济会议务必向劳动国防委员会报告工作的制度。贯彻执行与本决定同时颁发的劳动国防委员会指令。

区域经济委员会,省、县经济委员会的报告至少应印 100 份(送劳动国防委员会三份,给莫斯科的鲁勉采夫图书馆和彼得格勒的公共图书馆这些国立大图书馆各一份,每个省经济委员会的图书馆一份)。报告时间:每两个月(或三四个月?)一次。

基层机关的报告应当是书面的,一份报送省经济委员会,一份报送劳动国防委员会;每年至少报送两次。

送劳动国防委员会的报告应附有系统收集的有关地方经济生活问题的地方报纸或剪报,以及有关这些问题的一切出版物。

编写报告应吸收中央统计局和工农检查院在地方上的工作人员参加。

每个地方机关应立即指定负责按时编写报告(包括编写报告各个部分以及负责总校审)的人员及其副手,并将名单立即上报劳动国防委员会。

4.《经济生活报》[114]改为劳动国防委员会的机关报。

该报除刊登现时登载的那些材料之外,应遵照上述指令刊登有关地方经济工作的系统的综合材料。《经济生活报》的主要任务应当是:注意和研究俄罗斯联邦的全部经济工作的实际经验,以及根据这些经验提出指导性的意见。

编辑部应挑选和扩充党和非党的地方通讯员,以便了解各地工作情况。

责成中央出版物发行处向每个省、县和乡的图书馆按期寄送《经济生活报》各两份,而这些图书馆则负责将这两份报纸装订保存供全体居民使用。

载于 1959 年《列宁文集》俄文版　　　　　　译自《列宁全集》俄文第 5 版
第 36 卷　　　　　　　　　　　　　　　　　第 43 卷第 264—265 页

劳动国防委员会给
各地方苏维埃机关的指令

草　案[115]

(1921年5月19—21日)

苏维埃共和国的首要任务是恢复生产力,发展农业、工业和运输业。帝国主义战争在各处造成了极为严重的经济破坏和贫困,以致经济危机在全世界都来得非常猛烈,甚至在战前比俄国远为发达的和遭受战争灾害极少的先进国家里,恢复经济也异常困难,也需要长达若干年的时间。许多"战胜"国的情况也是这样,虽然它们同最富裕的资本主义强国结成联盟,可以从战败国、附属国和殖民地国家得到巨额贡赋。

落后的俄国既经受了帝国主义战争,又经受了地主和资本家在全世界资产阶级支持下强加在工农身上的三年多的国内战争,自然在恢复经济时会遇到极大的困难。1920年的严重歉收,饲料缺乏和牲畜死亡,使农民经济的状况更加困苦不堪。

根据全俄中央执行委员会颁布的法令,粮食税代替了余粮收集制。法令规定农民可以用余粮自由交换各种产品。税率已经用人民委员会决定的形式公布。粮食税的税额大约比征粮数减少一半。人民委员会还颁布了新的合作社法令,因实行剩余农产品的自由交换,这个法令扩大了合作社的权利[116]。

这些法令对于迅速改善农民经济的状况，提高农民扩大耕地和改进农业与畜牧业的兴趣，以及对于振兴和发展不必由国家筹划供应大量粮食、原料和燃料的地方小工业，都起了很大作用。

在改善农民经济、发展工业、建立农业和工业间的流转等工作中，地方的独创精神在目前具有特别重大的意义。利用新的力量和发挥更大干劲来恢复国民经济的可能性日益增加。

根据全俄苏维埃第八次代表大会的决定负责统一和指导经济系统各人民委员部活动的劳动国防委员会，迫切要求各级地方机关大力开展全面改善农民经济和发展工业的广泛活动，严格执行各项新的法令，并且遵守下述的基本原则和指示。

现在我们用来实际衡量全国范围内经济建设成就的标准主要有两条：第一，是否能够按照国家的规定迅速地把粮食税收齐；第二，——这一点特别重要——农产品与工业品的商品交换和产品交换的成绩怎样，即农业和工业间的流转的成绩怎样。

这是刻不容缓、非做不可的。这是对整个工作的检查，是为实现伟大的电气化计划奠定基础，而电气化能够恢复大工业和运输业，使它们的规模与技术基础达到足以彻底地永远地战胜饥饿和贫困的水平。

必须先把粮食税百分之百地征足，然后通过剩余农产品同工业品的自由交换，再筹集数量相当于粮食税税额的粮食。当然，这不可能一下子在所有地区都做到，但是我们大家都应当给自己提出这个最迫切的任务。只要我们能够正确理解我国的经济状况，并坚决采取发展经济的正确措施，我们一定能够在最短时期内完成这一任务。各省、各县、各区域中心、各自治共和国的一切地方政权和地方机关，都必须同心协力地开展工作，促进剩余农产品的

1921 年 5 月列宁《劳动国防委员会给
各地方苏维埃机关的指令（草案）》手稿第 1 页
（按原稿缩小）

交换。让经验来表明：通过增加生产和提供社会主义大企业的国家产品来促进这种交换的成效如何；鼓励和发展地方小工业的成效如何；在国家计算之中的合作社、私营商业、企业主以及资本家将起什么样的作用。总之，各种各样的能尽量发挥地方首创精神的办法都应当进行试验。我们面临的新任务是世界上任何地方还没有遇到过的，我们在完成这项任务时，由于战后的经济破坏，不但无法精确计算资源，而且无从预测工人和农民还能承受多大的辛劳，因为他们为了战胜地主和资本家已经作出了无比惨重的牺牲。我们应当更大胆更广泛地采取种种办法，从各方面来解决问题，可以在不同程度上允许资本和私营商业存在，不必害怕资本主义的某些滋长，只要能够迅速加强流转，使农业和工业得到复苏就行，并且应当根据实际经验，弄清国家究竟有哪些资源，考虑用什么办法才能最有效地改善工农的生活状况，以便进一步更广泛和更稳固地展开经济建设工作，实现电气化计划。

农民除了交纳粮食税，还有多少剩余农产品可以用来换取小工业和私营商业的产品，还有多少可以用来换取国家提供的产品？这两个问题是一切从事经济建设的苏维埃工作人员都必须首先关心的。这是当前的主要方面，我们必须在这方面获得最大的成就，并且以此来衡量我们的工作成绩，然后考虑，应该怎样去完成今后的任务。一切经济建设问题都应该和当前这两个问题结合起来考虑。

为了实现这种结合，为了鼓励地方尽量发挥首创精神、自主精神和进取精神，为了用地方经验和地方监督来检查中央机关的工作以及由中央来检查地方的工作，从而克服拖拉作风和官僚主义，劳动国防委员会决定（见决定原文①）：

第一，在各地建立经济会议，使经济系统各人民委员部所属地方机关的工作互相配合。

第二，建立地方经济会议的正常报告制度，以便交流经验，组织竞赛，主要的是根据地方工作及其成绩来检验各中央机关的工作方法和组织形式是否正确。

地方经济会议应当按劳动国防委员会的形式组织起来，它同地方执行委员会的关系就像劳动国防委员会同人民委员会的关系一样。劳动国防委员会行使人民委员会直属委员会的职权。劳动国防委员会的委员是从人民委员会的委员中挑选出来的，因此，这两个机关的工作完全能够互相配合，决不会发生摩擦，而且办事迅速，机构简单，因为劳动国防委员会不设立任何机构，只是通过各部门的机构进行工作，并且尽量使这种机构简化，彼此协调。

省经济委员会和省执行委员会的关系也应当这样，事实上也正是这样。同时，劳动国防委员会在批准区域和边疆区经济委员会的委员和主席的名单时，应当尽量考虑地方工作人员的经验，应当同他们商量之后再予批准。毫无疑问，区域经济委员会无论现在或将来都应当努力使自己的工作和省经济委员会的工作配合好，保证后者尽可能多地参与、过问和关心区域的工作。但是，现在就想对这些相互关系作出统一的规定，则未必恰当，因为经验还很少，这种规定可能变成纯粹官僚主义的创作。比较恰当的是先在实践中摸索出这种关系的适当形式（劳动国防委员会已和人民委员会一起工作了将近一年，但实际上任何组织条例也没有）。这

---

① 见本卷第 257—258 页。——编者注

些形式在开始时最好不要绝对固定下来，最好能够多样化一些，这是有益的，甚至是必要的，这样就可以更精确地研究、更充分地比较各种相互关系的不同形式。

县和乡的经济委员会应当按同样原则组织起来。当然，也可以对基本形式作各种改变，比如，执行委员会可以把经济会议的全部任务和职责承担下来，可以使它召开的"行政性"或"经济性"会议发挥经济会议的作用，可以单独设立（例如在乡里，有时也可以在县里）专门委员会或甚至专门委任一些人去执行经济会议的全部任务或某些任务，如此等等。基层组织应当是**农委**，它应当成为劳动国防委员会在农村中的基层机构。关于适当扩大农委权力和确定它与村苏维埃之间关系的法令，已经由人民委员会批准，并于1921年5月公布。省执行委员会的职责是初步规定一些适合当地情况的条例，这些条例必须有助于**发扬**而不是限制"地方"的**特别是**基层组织的独创精神。

劳动国防委员会在各工业县和各工业区的基层机构应当是区委员会、工厂委员会或工厂管理委员会——这要看是涉及一个工业部门还是涉及几个工业部门而定。总之，采取各种形式同县执行委员会、乡执行委员会和农委在工作上**结合**起来，是领导**整个**地方经济生活所绝对必需的方法。

其次，地方机关必须向劳动国防委员会经常报告工作的问题，具有特别重要的意义，因为我们当前的主要弊病之一，就是缺乏对实际经验的研究，缺乏经验交流，缺乏互相监督——通过地方的实践检查中央的指示，通过中央的领导监督地方的实践。克服官僚主义和拖拉作风的一个极重要手段，就是检查地方执行中央的法令和指示的情况，为此，就必须有印成**工作通讯**的报告，而且必须

更多地吸收非党人员和非主管机关的工作人员参加编写报告的工作。像《我们的经济(特维尔省经济委员会半月刊)》(1921年4月15日第1期;1921年4月30日第2期)这样的刊物表明,地方上已经意识到需要研究、阐述和公布我们经济工作经验的总结,并且已经找到满足这种需要的正确途径。当然,并不是每一个省都能出版刊物,至少在最近几个月内是如此,也不是各地都能像特维尔省那样每月出版两次,每次发行3 000份。但是,每一个省,甚至每一个县都能够而且应当每两个月写一次(起初允许有例外,间隔时间可以长一些)地方经济工作的报告,把它印出来,比如说印上100—300份。只要我们认识到这项工作的重要性和迫切性,认识到为了满足这种需要就不能让许多部门拿纸张去印大量没有用的或根本不是急需的东西,那我们一定到处都可以找到纸张和印刷所来进行这项小小的工作。假如排小号字,分两栏印(像特维尔省同志所做的那样),并且懂得这样一个不难了解的道理,即哪怕印100份,给每个省图书馆和每个国立大图书馆各送一份,就有可能(诚然,可能性还很小,但这种可能性是**毋庸置疑**的)使**全俄国**都了解和参考该地的经验,假如能这样做,那就可以清楚地看到,这一工作是行得通的,是刻不容缓的。

不经常编印工作报告(哪怕份数很少),就谈不上真正吸取经验,真正交流经验,就不可能从非党人员中吸收一切卓越的和有才能的组织家参加工作。而编印工作报告是能够而且应当立刻做到的。

报告必须尽量简短,必须确切地汇报提出的问题。问题分四类:第一类是目前特别重要的问题。对这类问题在每份报告中都必须极其确切详尽地汇报。这所以十分必要,是因为这类问题在目前对大多数县来说，都有非常迫切的意义。对少数的县和区来说，即对纯粹的工业县和工业区来说，提到第一位的是另一些问题。第二类问题也是每份报告都必须汇报的，但往往可以而且应当采用简单综合送交有关主管部门的报告的形式。在这种场合，送交劳动国防委员会的报告必须说明：送交有关部门的报告是在什么时候发出的，发往什么机关，这些报告为说明工作的简要总结列出了哪些数字。劳动国防委员会需要这种说明，以便检查各主管部门的工作，获得各项总结数字，从而了解粮食、燃料、工业等部门的工作成绩。第三类问题**不**必在每份报告中都加以汇报。最初，即在第一份报告中必须作出汇报，在以后的报告中随着新的资料的积累，只需补充新的材料就行。假如每两个月都要对这些问题汇报，往往会无话可谈。第四类问题是各种补充问题，这些问题事先没有提出，也不是中央提出的，而是地方上发生的问题。这类问题应当由各地方机关自行拟定，不受任何限制。当然，属于国家机密的问题（军事的或与军事行动以及与国家保卫工作有关的问题等等）应当另写专门报告，作为密件专送劳动国防委员会，不得公开发表。

现将各类问题列举如下：

第一类问题

1. 同农民的商品交换

这是当前最重要最迫切的问题。首先，不向军队和城市工人充分地正常地供应粮食,国家就无法进行经济建设,而商品交换应当成为收集粮食的主要手段。其次,商品交换是对工农业相互关系是否正常的检验,是建立能较正常地发挥作用的货币制度的基础。现在,所有经济委员会和所有经济建设机关,都必须特别重视商品交换问题(包括产品交换在内,因为用来交换农民粮食的国家产品,即社会主义工厂的产品,已不是政治经济学意义上的商品,决不单纯是商品,已不是商品,已不再是商品)。

商品交换的准备工作怎样?做了哪些准备工作?粮食人民委员部做了哪些工作?合作社做了哪些工作?为此设立了多少个合作商店?是否各乡都有?多少村有?商品交换的储备有多少?"自由"市场的价格怎样?余粮和其他剩余农产品的情况怎样?有没有商品交换的经验?有哪些?结果和成绩怎样?同盗窃商品交换储备和盗窃粮食的现象作斗争的情况怎样?(这一点特别重要,必须具体分析**每一起**盗窃事件。)

作为商品交换对象的盐和煤油的情况怎样?纺织品的情况怎样?其他产品的情况怎样?最需要的是什么?农民最缺的是什么?地方小手工业生产能提供些什么?发展地方工业能提供些什么?

涉及商品交换进展情况及其结果的数字和事实,对于在全国范围内进行试验具有极重大的意义。

检查和监督商品交换的粮食人民委员部和实现商品交换的合作社之间的关系是否正常?在实践中这种关系究竟怎样?在地方上这种关系怎样建立?

私营商业在商品交换中的作用怎样?私营商业有了多大发展?私商人数和他们在主要产品上的交易额怎样?特别在粮食方

面的交易额怎样?

2. 国家对资本家的态度

商品交换和贸易自由意味着资本家和资本主义关系必然出现。这是没有什么可怕的。工人国家掌握的各种手段足以使这种在小生产条件下有益的和必要的资本主义关系**只在适当的限度内**发展,足以监督这种关系。现在全部问题就在于确切地研究这种现象的范围,找出国家对它进行监督和计算的适当方法(不是压制,确切些说,不是禁止)。

在粮食税代替余粮收集制后,私营商业有什么发展? 是否在计算之内? 都是倒卖粮食,还是也有正当的买卖? 它们的登记情况及其结果怎样?

企业主的活动情况:是否有资本家和企业主申请租借某些企业、作坊或店铺? 对这类事情的精确计算和分析结果如何? 贸易总额是怎样确定的(即使大致确定)? 如果有租借者和代销人,那么他们是如何呈报报表的?

有没有人提出代购代销的建议? 是要求提取一定佣金代国家收集和采购产品? 还是代为销售和分配? 或者是要求组织工业企业?

手工业的情况怎样? 实行粮食税后有什么变化? 它的总的发展情况怎样? 材料来自何处?

3. 鼓励商品交换工作和整个经济建设
工作中的独创精神

这个问题同上一个问题有密切联系。鼓励创新精神往往可能同资本主义关系没有联系。怎样鼓励呢？——这是各经济委员会以至所有经济建设机关应予解决的问题。这是一个新问题,目前恐怕不可能有十分明确的指示。整个关键在于要特别注意这个问题,鼓励经济上的任何创新精神,仔细地研究实际经验,并向全国推广。

小农向国家交纳粮食税,并且同国家即同社会主义工厂进行商品交换,这种经济情况当然要求国家即国家的地方机关,从各方面鼓励创新精神和首创精神。交流地方机关的心得和经验,使我们有可能收集资料,今后也许有可能用许多实例和详细指示来补充说明这个普遍的、没有完全明确的问题。

4. 协调地方行政单位——乡、县、省内
各部门的经济工作

地方各部门工作的不协调,是阻碍经济建设的一大祸害。对这个问题必须特别注意。经济委员会的任务就是要消灭这种不协调现象,扩大地方机关的独立程度。应当收集种种实例,以便把事情办得更好,使成功的例子成为大家的榜样。例如,在粮食极端缺乏的时候,地方在使用存粮方面的独立程度自然不免受到极大的限制。随着适当的监督的建立和粮食储备的增加,这种独立程度

也应逐渐扩大。只有这样，才能够而且一定会减少官僚主义，减少运输量，鼓励生产，改善农民和工人的生活状况。粮食、地方小工业、燃料以及全国性大工业等等部门都是有密切联系的，但是，为了管理国家，它们又必须分属于不同的"主管机关"，如果它们不能经常协调工作，不能消除摩擦、拖拉作风、本位主义和官僚习气，就一定会带来害处。地方最接近工农群众，这些缺点也就更明显，因此，地方应当通过交流经验，拟定出一套办法，以便同这些缺点进行有效的斗争。

为协调地方的国营农场、林业委员会、县土地局、国民经济委员会等机构做了哪些工作？做得怎样？对这个问题必须有确切、仔细和详尽的回答。

对只顾地方利益而违反中央命令、损害中央利益的工作人员是怎样处分的？开出受处分者的名单。这种违反纪律现象有没有减少？处分办法是否加重了？具体情况怎样？

5. 改善工人的生活状况；

6. 改善农民的生活状况

经济建设的一切成就都会改善工人和农民的生活状况。但是就是在这方面，本位主义和各行其是也带来了不少害处，这是第一。第二，必须把改善工农生活状况的问题单独提出来，以便密切注意这方面所取得的成绩。已经取得了哪些成绩？怎样取得的？对这些问题都必须回答。

连年战争（起初是帝国主义战争，后来是国内战争），使人民疲惫不堪，往往简直是精疲力竭，因此必须特别努力改善工农的生活状况。但是，在资金缺乏的情况下也可以做到而且应当做到的事情，我们还远远没有全部做到。还远不是所有部门和机关都重视这个问题。因此，收集和研究这方面的地方经验，是极为迫切需要的。对这个问题必须提出最确切、最完备和最及时的报告，以便立刻可以看出，到底哪些地区和哪些部门最落后。这样我们就可以共同努力来更快地改善这种状况。

7. 扩大国家经济建设人员的队伍

我们非常需要扩大国家经济建设人员的队伍，但是经常努力这样做的却极其少见。在资本主义制度下，各个企业的"主人"都想方设法——瞒着别人并且阻挠别人——物色精明的职员、经理和厂长；他们为此奔忙了几十年，可是只有少数几个办得最好的"公司"才获得了良好的结果。现在是工农国家做了"主人"，它就应当广泛地、有计划有步骤地**并且公开地**挑选最优秀的经济建设人员，挑选专业的和一般的、地方的和全国的行政管理人员和组织人员。现在我们还常常可以看到苏维埃政权初期即激烈的国内战争和疯狂的暗中破坏时期的后果，这就是共产党员局限在领导者的小圈子内，不敢或不善于吸收足够数量的非党人员参加工作。

应当赶快用一切力量克服这一缺点。在广大的工人、农民和知识分子中涌现出不少有才干而又忠实的非党人员，我们应当把这些人安插到较重要的经济建设岗位上去，同时由共产党员对他们进行必要的监督和指导。另一方面，非党人员也要监督党员。为此必须吸收一批批经过考验而证明其忠诚的非党工人和农民参加工农检查院，或者不担任任何职务，非正式地参加检查工作和对工作提出意见。

最了解工农群众的地方机关，特别是乡、县、区，应当在给劳动国防委员会的报告中提出那些在工作中表现忠诚的、或在非党代表会议上表现突出的、或在全厂全村全乡享有极大威望的非党人员的**名单**，并说明已吸收他们参加什么经济建设工作。这里所说的"工作"，既指担任一定的职务，也指**不担任任何职务但参加监督或检查的工作**，以及定期参加非正式会议等等。

必须定期汇报这方面的问题。否则，社会主义国家就做不好吸收群众参加经济建设的工作。忠诚老实的新工作人员是有的，在非党人员中就有很多，只是我们不知道。只有地方的报告才能帮助我们了解他们，帮助我们在更广泛的、逐步扩大的工作中考验他们，帮助我们消除党支部脱离群众这一类弊病，而这种弊病在很多地方是存在的。

8. 同官僚主义和拖拉作风作斗争的方法和效果

起先对这个问题的汇报大都可能是很简单的：既谈不上什么方法，也谈不上任何效果。全俄苏维埃第八次代表大会的决定人们都读过了，但是也都忘掉了。

这方面的情况虽然令人失望，但是我们决不能学那些灰心丧气撒手不管的人。我们知道，官僚主义和拖拉作风主要是同俄国的文化水平低、战争所造成的严重经济破坏和贫困等后果有关的。同这种弊病作斗争只有经过多年的顽强努力才能取得成效。因此决不能灰心丧气，必须一次又一次地从头开始，恢复中断的工作，试行能达到目的的各种办法。

　　办法有：改组工农检查院；通过工农检查院或者用其他办法吸收非党人员参加检查工作；司法追究；裁减职员和精选职员；检查和协调各部门的工作，如此等等。所有这些办法，苏维埃第八次代表大会决定中所提出的一切措施，以及报刊上指出的一切方法，都应当有步骤地、坚持不懈地、反复多次地加以试验、比较和研究。

　　省经济委员会和负责统一及指导地方经济建设工作的其他一切机关，都必须要求实行法律所规定的和从实际经验中得出的一切办法。必须把地方的经验汇集起来。必须向劳动国防委员会提出有关上述问题的报告，不管在开始时对提出确切、全面、及时的报告多么不习惯。劳动国防委员会一定要求做到这一点。这项工作无疑一定会收到良好的效果，虽然不会像有些人所期望的那样快，这些人不是为采取各种具体措施而进行坚韧不拔的工作，而往往把"反对官僚主义的斗争"变成空谈（或变成重复白卫分子、社会革命党人以及孟什维克所散播的诽谤）。

第二类问题

9.农业的发展：(1)农民经济；(2)国营农场；(3)公社；(4)劳动组合；(5)协作社；(6)其他形式的公有经济

　　极简要地综合送交主管部门的各项报告中的数据，并注明发出每份报告的日期。

　　比较详尽地汇报(不必在每份报告中汇报,可以每隔四个月至六个月汇报一次)地方经济中最重要的情况、调查研究的总结、各项重大的措施和对这些措施的效果必须进行的检查情况等。

　　各种集体经济组织(**第2—6项**)的数目,每年至少确切地汇报两次,并且把它们分成办得最好的、中等的和不好的三类。每年至少要有两次详细地介绍每一类的一个典型例子,并提出一切有关材料,确切地说明该单位的大小、所在地、总产量以及它对农民经济的帮助等等。

　　10. 工业的发展:(1)中央直接管理的大工业;
　　　　　　　　(2)部分或完全由地方管理的大工业;
　　　　　　　　(3)小工业、手工业和家庭工业等等

　　汇报的要求同前一节。地方机关可以就近直接了解**第1项**全国性大企业的日常活动和工作,了解它对周围居民的影响和居民对它的态度,因此地方机关在每个报告中都必须汇报这些大企业的情况,汇报地方机关是怎样帮助这些大企业的,帮助的结果怎样,这些企业对当地居民是怎样进行帮助的,这些企业迫切需要什么,它们的工作有什么缺点,等等。

　　11. 燃料:(1)木柴;(2)煤;(3)石油;
　　　　　　(4)页岩;(5)其他燃料(柴火等)

　　和前两个问题一样,极简要地综合送交主管部门的各项报告中的数据,务必注明发出这些报告的日期。

　　详细汇报特别重要的问题,汇报本部门范围以外的问题以及工作上与地方互相配合的问题等。

　　必须特别注意节约燃料。在这方面采取了哪些措施? 效果怎样?

12. 粮　食

　　综合送交粮食人民委员部的各项报告,要求同上。

　　蔬菜业和郊区(以及工厂区附近的)农业的情况。它们的生产结果。

　　地方在办理学生和儿童的膳食、建立食堂和办理公共饮食业方面的经验。

　　各项综合材料必须有两方面的数字:领粮的人数和每两个月的粮食供应量。

　　在各大消费中心(大中城市,特别居民区的军事机关等)我们养活着很多多余的人,这就是那些混进来的旧官吏、暗藏的资产者和投机商等。必须经常"捕捉"这些"多余的"人口,因为他们违反了"不劳动者不得食"这条基本准则。为此,应在上述各地指定专职统计人员负责研究1920年8月28日的人口普查材料和日常的统计材料,每两个月报告一次关于多余的人口的情况,报告由统计人员签字。

13. 建　筑　业

　　汇报的方式同上。在这个部门里,地方的首创精神和自主精神特别重要,应当充分地加以发挥。必须详细汇报该部门所采取的最重要的措施及其效果。

14. 模范的企业与作坊和最糟的企业与作坊

必须汇报每一个与经济建设有关的,称得上模范的、或比较优秀的、或工作有些成绩的(如果连一个模范的和优秀的都没有的话)企业、作坊和机关的情况。列出这些单位管理委员会的成员(姓名)。说明它的工作方法和效果以及工人和居民的态度等。

最糟的和无益的企业的情况也应当这样汇报。

特别重要的问题是关闭那些非绝对需要的企业(最糟的以及关闭后可以把工作移交给少数较大企业的企业等)。统计这种"多余的"企业有多少,国家如何逐步关闭这些企业。

15. 经济工作的改进

汇报某些发明者和优秀工作者(列举其姓名)所实行的特别重要的和有示范意义的改进,以及地方机关认为重要的试验等等。

16. 实物奖励

在社会主义建设中这是一项有极重要意义的制度。吸引人们参加劳动是社会主义的一个最重要和最困难的问题。

必须经常注意实际经验,加以收集和研究。

每两个月必须具体报告一次:发了多少实物奖? 奖了什么物

品？发给哪一个工作部门？（可以把林业部门和其他一切部门分别列出）把工作总结、工作成绩、产品数量同发出的实物奖数量作比较的情况如何？

有没有把实物奖变成工资后备金的情况？如果有，必须分别说明。

对成绩特别好的企业发过多少实物奖？对工人分别发过多少实物奖？确切介绍每个事例。

研究一下：有没有可以通过提高实物奖的办法来获得当地的产品（用来同国外进行商品交换和满足国内特别重要的用途）？这种研究是非常重要的，如果能够正确地、普遍地进行这种研究，我们就能获得许多宝贵的产品，用来行销国外，获得利润；甚至从国外输入一定数量的货物作为实物奖，我们仍能获利。

17. 工会及其参加生产的问题

省工会理事会和县级工会机构应当立即指定正副报告人，责令他们每两个月必须亲自和在地方统计人员协助下就这个问题作一次报告。

在生产宣传方面，必须汇报举行讲座、群众大会、游行等的确切次数，主持人的姓名等。

但是，关于工厂委员会以至工会实际参加生产的材料，比生产宣传还重要得多。用什么形式参加？说明每个典型事例，实际效果如何。把工会参加生产这项工作做得好的或尚好的企业与根本没有做的企业相比较。

劳动纪律问题特别重要。必须汇报旷工的次数。把劳动纪律松弛的企业和劳动纪律严格的企业相比较。

加强劳动纪律的方法。

同志纪律审判会的情况。这种审判会建立了多少？什么时候建立的？每月处理多少案件？效果怎样？

18. 盗窃公共财物现象

有些机关已经注意到这种祸害带有普遍性，正在同它进行斗争，但是也有一些机关却汇报说："本部门（或机关、或企业）没有盗窃公共财物的现象"；"平安无事"。

每两个月必须切实报告一次。有多少机关、企业等作了报告？有多少没有作？

就这些报告提出简短的综合报告。

列举同盗窃公共财物现象作斗争的措施。

对同盗窃公共财物现象斗争不力的经理、管理委员会或工厂委员会是否追究责任？

有没有进行搜查？有没有采取其他监督措施？哪些措施？

关于商品交换以及为此发给工人一部分本厂产品的新法令颁布以后，盗窃公共财物现象是否有所减少？提出关于这个问题的确切材料。

当地仓库（不论是属于国家的，还是属于地方政权机关的）情况怎样？简要地综合关于仓库情况的报告，注明发出每份报告的日期。

地方当局应汇报国家仓库的情况。说明保管仓库的方法，仓库被盗现象以及仓库管理人员的数目等。

19. 私贩粮食情况

根据地方的材料,私贩粮食的规模怎样? 粮贩大多数是哪些人? 是工人? 农民? 铁路员工? 还是苏维埃职员? 等等。

铁路和水路运输的情况。

同私贩粮食作斗争的方法及其效果。

粮贩和私贩粮食的情况是怎样清查的?

20. 组织部队参加劳动

劳动军[117]。劳动军的组成、人数和工作。报告制度执行得如何? 当地居民的态度怎样?

组织部队以及接受普遍军训的人员参加劳动的其他形式。

地方部队的人数,地方普遍军训机关的人数和受训青年的人数。

组织接受普遍军训的青年以及红军战士参加某些工作(如监督、卫生、帮助当地居民以及各种经济工作)的实际试验。详细说明每一次试验,如果有好几次试验,则必须说明两次典型的试验,即最成功的试验和最不成功的试验。

21. 劳动义务制和劳动动员

劳动人民委员部的各级地方机关是怎样组织的? 它们的工作情况怎样?

简要地综合它们送交劳动人民委员部的各项报告，并须注明发出每份报告的日期。

至少每四个月要报告一次劳动动员工作中最成功的和最不成功的两种典型事例。

列举已经实行的劳动义务制项目。参加义务劳动的人数和工作结果的总结材料。

中央统计局的地方机关在贯彻劳动义务制和劳动动员中做了哪些工作？

第三类问题

22. 区域和地方的经济委员会

区域经济委员会，省、县、乡的经济委员会是在什么时候成立的？怎样成立的？它们彼此之间以及同农委之间的工作关系怎样？同工厂委员会的工作关系怎样？

各大城市区苏维埃所属的经济委员会的情况怎样？它们的成员和工作，工作情况以及同市工人、农民和红军代表苏维埃的关系怎样？

有没有设立区委员会和区经济委员会？有没有设立的必要？是否需要把工厂稠密地区或工业区及其周围的地区划分出来？等等。

23. 国家计划委员会（直属于劳动国防委员会的国家计划委员会）及其同地方经济机关的关系

国家计划委员会有没有设立区域机关？或派出特派员？或相当于特派员的专家组？

同国家计划委员会的关系是否已经确定？怎样确定的？是否有必要确定这种关系？

24. 电 气 化

省和县的地方图书馆有没有《俄罗斯联邦电气化计划》，即向苏维埃第八次代表大会提出的报告？有多少份？如果没有，那说明当地出席苏维埃第八次代表大会的代表，或者是一些应被驱逐出党并应解除一切重要职务的不忠实分子，或者是一些游手好闲之徒，必须用监禁办法来使他们学会履行自己的职责（上述文件曾在苏维埃第八次代表大会上分发了1 500—2 000份，提供给各个地方图书馆）。

为了执行苏维埃第八次代表大会关于广泛宣传电气化计划的决定采取了哪些措施？地方报纸登载了多少篇这方面的文章？作过多少次报告？有多少人听过？

是否动员一切具备有关电的理论知识和实际经验的地方工作人员作过这类报告，讲过这类课？这样的工作人员有多少？他们的工作进行得怎样？有没有利用当地的或附近的电站来举办讲座和进行学习？利用了多少电站？

有多少学校已经根据苏维埃第八次代表大会的决定讲授电气化计划？

在执行这一计划方面，是否已经做了一些实际工作？究竟做了哪些工作？在电气化计划以外还做了哪些工作？

地方上是否已经制定了电气化的计划和步骤？

25. 对外商品交换

所有边疆地区必须汇报这个问题，但也不限于这些地区。接近边疆地区的各县、各省都可以进行这种商品交换并对这种商品交换加以监督。甚至远离边疆的地方，也可以像上面所讲的（第16节：实物奖励），进行对外商品交换。

各港口的情况怎样？边防情况怎样？贸易往来的规模和形式怎样？简要地综合送交对外贸易人民委员部的报告，注明发出每份报告的日期。

地方经济委员会是否检查对外贸易人民委员部的工作？它们对工作的实际情况和效果有什么意见？

26. 铁路、水路和地方运输

简要地综合送交主管部门的各项报告，注明发出每份报告的日期。

从地方的角度对目前形势作出估计。

运输工作的缺点。改进的办法及其效果怎样？

地方运输的情况及其改进的办法。

27. 报刊为经济工作服务

地方机关报刊和《经济生活报》的情况。关于经济工作的情况是怎样组织报道的？有没有非党人员参加？检查和评价实际经验的工作进行得怎样？

地方机关报刊和《经济生活报》的发行情况怎样？图书馆有没有这些报刊？居民是否都能看到？

有关经济建设的小册子和书籍的出版情况。提出已出版书刊的目录。

对国外书刊的需求情况和满足这一需求的情况。有没有收到外国科学技术局的书刊？对它们的评价怎样？有没有收到用俄文或其他文字出版的其他外国书刊？

第四类问题

这一类问题应由地方机关和个人自行选定和提出，而且凡是与经济建设有关的，不论是直接的或间接的，密切的或不密切的，都可以提出。

————
————
————

必须吸收中央统计局在地方的工作人员参加各项报告的编写工作。这项工作是否直接委托他们做或委托其他人做，由地方经济委员会决定,但是省统计局和县统计人员必须参加。每份报告或对每一个问题的汇报(如果这些问题是由不同的人汇报的)必须由汇报人签名,如果是公职人员,必须注明其职务。写报告的人和地方经济委员会全体人员都应对报告负责,因为地方经济委员会的职责就是经常而及时地提出真实的报告。

如果地方的力量不够,应由统计人员和特别委派的同志(从工农检查院或其他机关委派)负责开办编写报告的训练班,并公布训练班的负责人员名单和工作计划。

列　宁

1921 年 5 月 21 日

1921 年印成单行本　　　　　　　　译自《列宁全集》俄文第 5 版
　　　　　　　　　　　　　　　　第 43 卷第 266—291 页

俄共（布）中央关于全俄工会第四次代表大会共产党党团决议问题的决定草案[118]

中央委员会（政治局）1921年5月22日

关于工会代表大会俄共党团决议问题的决定

中央委员会赞同（由党团委员会通过的）丘巴尔同志的提纲，否决哥尔茨曼同志的提纲，因为前一个提纲对我国资源、我国人力和资金的实际状况的估计要正确得多，而这种实际状况要求我们必须把实现我们最近目标的步子放慢一些。

后一个提纲，即哥尔茨曼同志的提纲，则在许多方面陷入脱离生活的幻想。这也是极力维护这个提纲的拉林同志的主要毛病。

两个提纲实际上最重要的组成部分无非是丘巴尔提纲第3条的附注①和哥尔茨曼提纲的第6条②中所表达的思想，而且两位同志对中央委员会1921年5月10日就拉林同志和全俄工会中央理

---

① 该附注注文如下：

"整个上述分配制度必须在某些企业中试行，在提高企业工作人员的劳动生产率的前提下，在这些企业中实行企业工作人员的集体供应制以代替个人凭卡配给制。"

② 第6条条文如下：

"在建立工资的粮食储备以前，必须在某些企业中试行上述分配制，即在这些企业中，在提高工人劳动生产率的前提下，实行企业工人的集体供应制以代替个人凭卡配给制。"

事会草案所通过的决定①都表示赞成,并无异议。

工会代表大会俄共党团违背党中央委员会的推荐,竟以567票通过了哥尔茨曼的提纲,否决了得到317票的丘巴尔的提纲。

中央委员会无意撤销党团就不涉及立即改变政府政策的问题所作的决议(因为这项政策已由中央委员会1921年5月10日的决定所确定,而且如上所述,哥尔茨曼同志和丘巴尔同志对此项决定都表示赞成,并无异议),这一次不行使对代表大会的工作进程和决议进行干预的权利。

中央委员会只是指示在党团中宣读本决定,使代表们加倍重视由于通过哥尔茨曼的决议而承担的责任,这个责任就是在同广大工人群众的旧习惯、旧风尚、旧的生活环境作斗争中,不仅要发扬异乎寻常的英勇精神,而且要表现出远远超出甚至革命时期的通常标准的那种刚毅、坚韧和顽强的精神。由于工会通过了决议,现在它就有责任把工人集中到数量尽可能少的一些最好和最大的企业中去,从而极其迅速地削减企业及工人的数目。

载于1921年8月《俄共(布)中央委员会通报》第32期(非全文)全文载于1959年《列宁文集》俄文版第36卷

译自《列宁全集》俄文第5版第43卷第292—293页

---

① 该决定**119**全文如下:

　"拉林同志和全俄工会中央理事会的草案中有关工资政策的部分应予否决,责成起草人更加仔细地重新研究这个问题,特别是要考虑到对最少数量的工人实际供应最起码数量的粮食的可能性。草案修改后提交人民委员会,以便在提高生产率的前提下,在某些企业中试行集体供应制以代替个人凭卡配给制。"

在全俄工会第四次
代表大会上的讲话的提纲

（1921年5月下半月）

1

在工会代表大会
共产党党团会议上的讲话的提纲[120]

（5月18日）

5月18日**讲话提纲**

1. 俄国共产党章程：党和党团。

2. 中央委员会的决议——决议被**隐瞒**。

3. 梁赞诺夫及其扮演的角色。（梁赞诺夫的反党决议。）……

4. 托姆斯基及其**错误或罪行**？……

（（四人小组的组成。））

5. 工人的极度焦躁、愤怒和不满：

工人的负担。

1920 年的余粮收集制——农民的负担。

减轻农民负担:仍然取决于收成如何。

对工人来说:当他们看到"打火机"以及盗窃公共财物等现象时极为愤怒。

载于 1959 年《列宁文集》俄文版第 36 卷

译自《列宁全集》俄文第 5 版第 43 卷第 393 页

2

在工会代表大会上的讲话的提纲[121]

（不晚于5月25日）

1. 从三年级到四年级的升级考试。

2. 俄国从"民意党"到社会民主党，世界从第二国际到第三国际。

3. 一年级：1886—1903年。（（17年））

4. 二年级：1903—1917年。（（14年））

5. 三年级：1917—1921年。（（4年））

6. 四年级：1921—？（1931年）

7. "不"是最后的斗争。但……为期已经不远（若干年）。

8. 在世界范围内取得胜利是困难的（难两倍、三倍），但一定会取得胜利。

9. 对资本主义和资本家一步就将死。

10. 相反：俄国的共产主义事业**坚不可摧**。

11. **私有**制带来争斗，与私有制相反，劳动则促使联合。

12. 可以"不考虑"印度吗？应当考虑！

13. "凡尔赛条约"？

补 13. 国际贸易。

14. **经济战线**是困难的。

15. 无产阶级正在丧失阶级特性吗？是的！结论呢？小私有者的

意识形态。

16.大生产和机器是无产阶级的物质和**精神**基础。由此说明**丧失阶级特性**。

17.政治是正号,经济是负号。

18.坚毅精神,党性。

19.经济战线。

升级考试:粮食,燃料。1917年

（粮食税） 1918年

1919年

1920年

与1921年相比

20.经济工作的经验已经有了——有步骤地、坚定不移地继续进行建设。

21.劳动纪律,提高劳动生产率,组织劳动,增加产量,同怠惰习气和官僚主义进行无情的斗争。

22.以此将取胜。

载于1945年《列宁文集》俄文版
第35卷

译自《列宁全集》俄文第5版
第43卷第401—402页

关于俄共(布)中央工作计划的意见[122]

(1921 年 5 月 24 日)

五月全俄工作会议[123]的主要任务是准备和收集有关下列问题的材料：

> (1)关于进一步密切党组织和非党群众的联系；
>
> (2)关于更广泛更经常地吸收非党工作人员参加工作；
>
> (3)关于改组工农检查院,以利于开展反对官僚主义和拖拉作风的斗争,改善工人和农民的生活状况,以及吸收非党人员参加苏维埃机关工作。

对所有这些问题,会议不仅应当收集和研究实际经验的全部材料,而且应当拟定向中央提出的实际建议。

在全体会议上的报告：

(α)两三个关于**中央**和全党当前(实际)**工作**的报告；

(β)以及关于根据新任务重新调整工作的计划的报告。

载于 1932 年《列宁文集》俄文版第 20 卷

译自《列宁全集》俄文第 5 版第 43 卷第 410 页

致彼得罗夫斯科耶
联合企业的矿工同志们[124]

（1921 年 5 月 25 日）

梅日劳克同志向我转告了你们在 1921 年 4 月份工作中取得的巨大成绩：每个采煤工的平均采煤量达到 294 普特，而 1914 年 4 月为 291 普特。我向矿工同志们祝贺取得这个少有的巨大成绩，并致最良好的祝愿。我们这样工作，就能克服一切困难，实现顿巴斯和克里沃罗格区的电气化，而这就是一切。

致共产主义敬礼！

弗·乌里扬诺夫（列宁）

载于 1921 年 7 月《工人管理委员会通报》第 9—10 期合刊

译自《列宁全集》俄文第 5 版第 43 卷第 294 页

俄共(布)第十次全国代表会议文献[125]

(1921年5月下旬)

1

开 幕 词

(5月26日)

同志们,俄国共产党全国代表会议现在开幕。

同志们,你们知道,这次代表会议的召开比党章所规定的时间提前了。因此,它不是或者至少不完全是例行会议。其次,你们知道,促使我们提前召开这次会议的一项主要议程,即主要的问题,就是关于经济政策、关于粮食税的问题。这是目前主要的问题。

现在我提议选举会议的主席团。

载于1921年5月27日《俄共(布)全国代表会议公报》第1号

译自《列宁全集》俄文第5版第43卷第297页

2

关于议事日程问题的发言

（5月26日）

同志们！我已经说过了，我们预定的，也是代表会议的性质所规定的议事日程只有经济政策问题这一项。其他的报告原定都属于交流情况的性质，所以我没有准备政治报告，而且我认为作政治报告也只好讲这同一个经济问题。因此，为了满足大家的要求，如果报告以后有人向我再提出一些问题，我将在总结发言中给以解答。再说一遍，我对这个问题毫无准备，现在我想象不出，除了粮食税问题还能谈些什么别的。

载于1921年5月27日《俄共（布）全国代表会议公报》第1号

译自《列宁全集》俄文第5版第43卷第298页

3

关于粮食税的报告

(5月26日)

同志们,关于粮食税的问题,我已经在为党写的那本小册子里讨论过了,这本小册子,我想大多数到会的人都是知道的①。把这个问题提到党的代表会议上来讨论,对我个人来说是感到有些突然的,因为我手边没有说明必须这样做的材料,但是很多在地方上待过的同志,其中包括奥新斯基同志,在视察了若干省以后,曾经向中央报告——而且还得到几个同志的支持——说在地方上,对于因实行粮食税而规定的政策,大都没有弄清楚,有一部分甚至还没有弄懂。而这个政策是非常重要的,看来有必要在党的代表会议上进一步加以讨论,所以决定提前召开代表会议。

你们知道,我们中央委员会决定把这个问题分成四个部分,由四个人来作报告:加米涅夫谈合作社的工作问题,米柳亭谈小工业;斯维杰尔斯基同志谈粮食人民委员部的精确计算和预测以及与此有关的组织措施。这方面特别重要的是关于粮食税制度的指示和条例,这些指示和条例一部分已由人民委员会批准,另一部分最近也将被批准。最后,第四个报告人是欣丘克同志,他作为中央消费合作总社的主席,现在已经完全不担任粮食人民委员部的工

---

① 见本卷第192—233页。——编者注

作,以便集中全力做好合作社工作。

作为基本原则,已决定采取下述办法:商品交换由粮食人民委员部在很大程度上,甚至基本上是通过中央消费合作总社,通过合作社来进行。因此我们要通过粮食人民委员部和中央消费合作社达成的协议,把这些已经以协议的形式表现出来的关系固定下来。这个协议规定,用于商品交换的一切商品,由粮食人民委员部交中央消费合作总社掌握。由此可以看出中央消费合作总社的作用,对这一点没有必要详谈。所以我的任务是就这个政策的一般意义问题来一个开场白,我想只对我在小册子里所谈过的稍微作些补充。现在地方上究竟是怎样提出问题的,在地方上最明显地感到的究竟是哪些缺点、毛病和模糊不清的地方,关于这些,我并没有直接得到报告。根据在代表会议上提出的问题或接着展开的讨论,我们将会弄清楚现在地方工作人员和党的注意力应当集中在哪一方面,到那时我大概还要作一些补充说明。

就我所能够看到的来说,人们对实行粮食税和新经济政策之后提出的政治任务发生误解和认识不清,可能是由于把事情的某些方面说过了头。但是在我们没有实际进行工作以前,话说过头是完全不可避免的;按新原则进行的征粮运动我们一次也还没有搞过,因此,要比较准确地规定适用这个政策某些特点的实际界限,也几乎是不可能的。这里我只概括地谈一谈几个矛盾,从会上所收到的一些字条看来,这些矛盾引起的误解最多。有些人往往把粮食税以及由此引起的我们政策中的某些改变说成是政策的根本转变。国外白卫分子的报刊,主要是社会革命党和孟什维克的报刊,对这种说法大事渲染,这是不奇怪的。但是我不知道,是由于类似的行动在俄罗斯联邦境内也产生了一些影响呢,还是由于某些人因粮食状况的极端恶化而产生了(也许现在还在产生)强烈的不满，以致这种误解看来在某种程度上竟在我们这里也扩散开来，从而造成了对这一改变的意义和新政策的性质的相当错误的看法。

在农民占大多数的条件下，我们的政策，特别是我们的经济政策的主要任务，就是要在工人阶级和农民之间建立一定的关系，这是很自然的。在现代史上，第一次建立了这样的社会制度，在这个制度下，剥削阶级已经被消灭，但是还存在着两个不同的阶级——工人阶级和农民。农民占大多数这一情况就不能不影响到经济政策以至全部政策。对于我们，主要的问题目前是而且今后若干年内一定仍然是正确(从消灭阶级的观点来说)建立这两个阶级之间的关系。苏维埃政权的敌人常常谈到工人阶级和农民妥协这个公式，并且常常利用它来反对我们，因为这个公式本身是很不明确的。对于工人阶级和农民之间的妥协，可以有种种不同的理解。从工人阶级的观点看来，只有当这种妥协支持工人阶级专政并且成为一种消灭阶级的手段时，它才是可以容许的、正确的和原则上可行的。如果不这样看，那么工人阶级和农民妥协这个公式自然就会成为苏维埃政权的一切敌人和专政的一切敌人按照自己的观点所理解的公式。在我们革命的初期，即现在大体上可以说是已经过去了的那个时期，是如何实现这种妥协的呢？在农民占大多数的条件下，无产阶级专政是怎样坚持和巩固下来的呢？我们达成妥协的主要原因、主要动力和主要的决定性因素是国内战争。国内战争，虽然在开始时往往是白卫分子、社会革命党人和孟什维克结成联盟来反对我们，但是，每一次都不可避免地——不管是否经过政变——导致这样的局面：社会革命党立宪会议派分子和孟什维克分子统统被排挤到次要地位,而由资本家和地主完全占据了白卫分子的领导地位。在高尔察克和邓尼金的统治下是如此,在其他无数次比较小的叛乱和对我们的进攻中也是如此。这就是决定无产阶级同农民结成联盟的形式的主要因素。这种情况给我们造成了加倍的难以想象的困难。但是另一方面,它也使我们不必再为应当怎样实现工人阶级和农民联盟的公式而伤脑筋,因为战争的形势已经斩钉截铁地规定了这种公式和条件,我们丝毫没有选择的余地。

只有工人阶级这样一个阶级,才能实现战争和这场国内战争的条件所要求的那种形式的专政。地主参加国内战争,使工人阶级和农民无条件地、无保留地、坚定不移地联合起来了。在这方面没有发生过任何内部的政治上的动摇。我们当时遇到了极大的困难,俄罗斯同它的主要产粮区断绝了联系,粮食困难到了极点。因此,当时我们不采取余粮收集制,实际上就无法实行我们的粮食政策。这种余粮收集制还不仅仅是征收余粮,这些余粮即使合理地加以分配也未必够用。我在这里不能详细地来谈余粮收集制有过哪些偏差。但是余粮收集制毕竟完成了它的任务——即使是在同产粮区完全断绝联系的条件下也保住了工业。然而这一点也只有在战争的环境下才差强人意。而当我们真正彻底地肃清了外来的敌人时(这到1921年才成为事实),我们就面临了一项新任务:在工人阶级和农民之间建立**经济上的**联盟。只是到1921年春季,我们才直接提出这个任务,这个时候,1920年的歉收使农民的生活状况恶化到了极点,我们第一次在一定程度上遇到了内部的政治上的动摇,这种动摇不是由外部敌人的进攻,而是由工人阶级和农民之间的关系造成的。如果1920年我们的收成很好,或者至少过得去,如果我们从计划征收的42 000万普特粮食中征收到40 000万普特,那么我们就能完成大部分的工业计划,就会有一定数量的城市工业品去同农产品进行交换。但是实际情况恰巧相反。有些地方发生了比粮食危机更为严重的燃料危机,城市产品完全不能满足农民经济的需要。农民经济发生了十分严重的危机。这种情况使我们无论如何不能再继续执行旧的粮食政策了。这时,我们必须把这样一个问题提到日程上来:我们必须立即为工农联盟奠定怎样的经济基础,即在采取进一步的措施之前采用怎样的过渡办法。

为走下一步而采取的过渡办法就是为工业品同农产品的交换作好准备,以便形成这样一种局面:农民只有为了换取城市的和工厂的产品,才需要交出自己的产品,同时,农民不应当受资本主义制度下存在过的一切形式的支配。可是,由于经济条件,这一点我们连想都没有去想过。这就是我们要采取我说过的那种过渡形式的原因,这种过渡形式就是:用税收的方式无偿地取得产品,另外再用商品交换的方式取得一部分产品。但是这样做必须有相应的物资储备,而我们的物资储备却非常少,直到今年,由于同一些资本主义强国订立了一些条约,才出现了通过对外商品交换以充实这种物资储备的可能。其实,这些条约目前还只是一个开端,只是一个序幕,真正的商品交换直到现在还没有开始。大多数或者说大部分资本家还在继续不断地进行暗中破坏,千方百计地想破坏这些协定。尤其值得注意的是,俄国白卫分子报刊,包括社会革命党和孟什维克的报刊在内,恐怕对任何事情都没有像对攻击这些协定那样坚决,那样卖力。很明显,资产阶级对于斗争更有准备,它比无产阶级老练,它所经历的种种"不快"使它的阶级自觉更加强烈,它有超乎寻常的敏感。只要仔细读一读白卫分子报刊就可以看出,它攻击的正是我们的政策的中心和要害。

在武装进攻失败以后(武装进攻显然已经失败,虽然斗争还在进行),俄国的一切白卫分子报刊都提出了一个不能实现的目标:破坏贸易协定。这个运动在今年春季来势极其猛烈,而社会革命党人和孟什维克在各种反革命势力中占着首要地位,这场斗争有着明确的目的:在今年春季破坏俄国和资本主义世界的经济协定。他们在很大程度上达到了这个目的。不错,我们已经签订了一些主要的合同,合同的数目正在增加,我们正在克服这方面已经增强的阻力,但是现在出现了一种对我们非常危险的拖延现象,因为没有一定的国外援助,大工业和正常的商品交换就无法恢复,或者往后推迟,而这是非常危险的。这就是我们进行活动的条件,这就是把恢复农民贸易的问题提到首要地位的条件。租让问题我就不谈了,因为这个问题过去在党的会议上争论得最多,而近来并没有引起任何疑问。现在的情况仍旧同过去一样:我们积极提出租让建议,但是到现在为止,外国资本家还没有接受过一项比较重要的租让,我们还没有签订过一个比较像样的租让合同。全部困难就在于要找出一个行之有效的吸引西欧资本的办法。

对于我们来说在理论上十分清楚:用几千万或几亿向欧洲资本赎买,这对我们是有利的,在这方面,我觉得大家的疑虑都已经打消了。而为了在最短期间增加用来恢复我们的大工业的装备、材料、原料和机器,这几千万或几亿我们还是拿得出来的。

开发资源、建立社会主义社会的真正的和唯一的基础只有一个,这就是大工业。如果没有资本主义的大工厂,没有高度发达的大工业,那就根本谈不上社会主义,而对于一个农民国家来说就更是如此；我们在俄国，对于这一点比以前知道得具体多了，我们现在所谈的已经不是模糊的或抽象的恢复大工业的方式，而是明确的、经过精确计算的、具体的电气化计划。我们已经有了计算得非常精确的计划，这个计划是在俄国优秀的专家和学者的帮助下制定的，它使我们获得一个明确的概念，即我们估计到俄国的自然特点，可以用、应当用而且一定要用哪些资源来为我国的经济奠定这一大工业的基础。否则，就谈不到我们经济生活中任何真正社会主义的基础。这始终是毫无疑问的。如果说近来由于要实行粮食税，我们在议论这个问题时谈得抽象了一点，那现在就应当具体地说：必须首先恢复大工业。我就亲自听几个同志说过这一类的话，自然，我只有耸耸肩膀来回答他们。如果认为我们什么时候会忘记这一主要目标，那自然是十分可笑和荒唐的。这里问题仅仅在于，同志们为什么会产生这种怀疑和误解，他们怎么会认为这个基本的主要的任务（这个任务完不成，社会主义的物质生产基础就建立不起来）已经退居次要地位了。这些同志不过是错误地理解了我们国家和小工业之间的关系。我们的基本任务是恢复大工业。可是，为了使我们能够比较认真地有步骤地着手恢复这种大工业，我们就需要恢复小工业。在今年（1921年）和去年，我们恢复大工业的工作曾经有过很长时间的停顿。

1920年秋季和冬季，我们大工业的某些重要部门曾经开工，但是后来不得不又停工了。原因是什么呢？为什么会停工呢？当时很多工厂是有可能得到足够的劳动力，有可能得到足够的原料的，为什么这些工厂要停工呢？因为我们缺乏足够的粮食和燃料储备。假如国家没有4亿普特的粮食储备（我说的只是一个约数），以保证按月合理地进行分配，那就很难谈得上什么正常的经济建设,很难谈得上恢复大工业;由于没有粮食储备,我们开始了好几个月的恢复大工业的工作才不得不再停下来。已经开工的为数不多的企业,现在大多数都停工了。没有完全有保证的和足够的粮食储备,国家就根本无法全神贯注地有步骤地进行恢复大工业的工作,哪怕是小规模的恢复工作也无法不间断地进行下去。

至于说到燃料,在顿巴斯没有恢复起来以前,在石油还不能正常供应以前,我们还只能依靠木柴,靠木柴来取暖,也就是说,还只能依赖那种小经济。

这就是某些同志产生错误或迷误的原因,这些同志没有理解到为什么目前必须把主要的注意力放在农民身上。有些工人说:农民得到了一定的好处,可是我们什么也没有得到。这样的言论经常可以听到,应当指出,我认为这样的言论散布得并不太广,应当说这种言论是危险的,因为这种言论是在附和社会革命党人的说法。这是一种明显的政治上的挑拨离间,同时也是工人的行会偏见的残余,不是阶级的而是行业的偏见的残余,在这里工人阶级把自己看成是权利平等的资本主义社会中的一个部分,没有意识到他们依然是站在那种资本主义的基础上:既然农民得了好处,摆脱了余粮收集制,可以把自由处理的那部分余粮拿去进行交换,那我们操作机床的工人也希望得到这些好处。

这种观点的根源是什么呢? 本质上同样是小资产阶级的意识形态。既然农民是资本主义社会的一个组成部分,工人阶级也仍然是这个社会的一个组成部分,那么农民做买卖,我们也要做买卖。于是,那种把工人同旧世界联结在一起的旧偏见无疑又复活了。旧的资本主义世界的最狂热的甚至是唯一真诚的拥护者,就是社会革命党人和孟什维克。在别的阵营里面,你们在几百人、几千人甚至几十万人当中，也找不出几个资本主义世界的真诚拥护者。但是在以社会革命党人和孟什维克为代表的所谓纯粹民主派中间，这种少见的赤诚拥护资本主义的人物却依然存在着。他们愈是顽固地坚持他们的观点，他们对于工人阶级的影响就愈危险。当工人阶级处在生产中断的时期，他们的危险性也就更大。提高无产阶级阶级自觉的主要物质基础是大工业，因为有了大工业，工人就可以看到开工的工厂，每天都可以感觉到那种真正能够消灭阶级的力量。

工人一旦失去这种物质生产基础，某些工人阶层就会摇摆不定，迷失方向，悲观绝望，丧失信念，这种情绪再同我国资产阶级民主派（社会革命党人和孟什维克）的公然的挑拨结合起来，就要发生一定的作用了。于是就产生了这样一种心理，甚至在共产党内有些人也这样议论：既然农民得了好处，那就必须在同样的基础上以同样的方式让工人得些好处。对于这样一种情绪，我们已经给了某种程度的照顾。很明显，关于以一部分工厂产品奖励工人的法令，就是对这种植根于旧时代而同丧失信念和悲观绝望的精神状态有关的情绪所作的让步。多少作一点这种让步是必要的。我们已经作了这种让步，但是一秒钟也不要忘记：我们过去和现在所作的让步是出于经济的需要、出于无产阶级的利益的需要，而不是出于别的什么需要。无产阶级的基本的和最重要的利益，就是重建大工业及其牢固的经济基础，有了这些，无产阶级才能巩固自己的专政，才能克服政治上和军事上的重重困难，真正把专政坚持到底。我们为什么不得不让步呢？不从需要出发来看待这种让步为什么是极端危险的呢？这是因为我们只是由于粮食和燃料方面的暂时的情况和困难才不得不这样做。

我们对农民的关系不应当建立在余粮收集制的基础上，而必须建立在粮食税的基础上，当我们这样说的时候，决定这种政策的主要经济因素究竟是什么呢？这就是：在实行余粮收集制的情况下，小农户没有正常的经济基础，许多年都必然死气沉沉，小经济不能存在和发展，因为小业主对于巩固和发展家业、增加产量失去兴趣，结果我们就失去了经济基础。我们没有别的基础，没有别的源泉，如果不把大量的粮食储备集中在国家手里，那就根本谈不到重建大工业。因此，我们首先要执行这种能够改变我们粮食关系的政策。

我们实行这种政策，是为了获得重建大工业所需要的粮食储备，为了使工人阶级不再遇到大工业（即使是我国的、同先进国家比较起来小得可怜的大工业）不应有的停工，为了使无产者在寻求生活资料时不必去采取非无产阶级的、投机倒把的、小资产阶级的方式，因为这种方式对于我们是一种经济上的最大的危险。由于我们可悲的现实情况，无产者不得不采取非无产阶级的、同大工业没有联系的、小资产阶级的、投机倒把的谋生方式，不得不通过盗窃公共财物或者在公有工厂中干私活来获得产品，然后拿这些产品去交换农产品——这就是我们经济上的主要危险，威胁着整个苏维埃制度生存的主要危险。现在无产阶级在实现自己的专政的时候，必须感到自己是一个巩固的阶级，感到自己脚下根基扎实。可是现在这个根基却正在消失。无产者见到的不是使用机器的大工厂在连续生产，而是另一番景象；无产者在经济领域里不得不以投机倒把者或小生产者的姿态出现。

为了使无产者摆脱这种状况，我们在过渡时期应当不惜任何牺牲。为了保证不间断地、哪怕是缓慢地恢复大工业，我们不妨让那些爱占便宜的外国资本家占些便宜，因为从建设社会主义的观点来看，现在多付几亿给外国资本家并因此获得恢复大工业所需的机器和材料，这对于我们是有利的，这些机器和材料可以使我们恢复无产阶级的经济基础，使无产阶级变成一个坚强的无产阶级，而不再是一个从事投机倒把的无产阶级。孟什维克和社会革命党人喊叫得使我们厌烦，他们说无产阶级既然丧失了阶级特性，就应当放弃无产阶级专政的任务。他们自1917年以来就在这样喊叫，但使人奇怪的是直到1921年他们还是不厌其烦地在重复这些话。当我们听到这种攻击时，我们不是回答说，根本没有丧失阶级特性，根本没有缺点，而是说，俄国的和国际的现实情况是，即使无产阶级要经历一个丧失阶级特性的阶段，即使有这些缺点，无产阶级仍然能够实现夺取和保持政权的任务。

否认无产阶级丧失阶级特性的情况是一种缺点，这是荒谬可笑的。我们在1921年到来时已经看到，在同外部敌人的斗争结束之后，最主要的危险和最大的祸害就是我们不能保证剩下的为数不多的大企业不间断地进行生产。这是基本的问题。没有这样的经济基础，工人阶级就不可能有巩固的政权。为了保证不间断地恢复大工业，必须这样来进行粮食工作，譬如说，要保证有4亿普特的粮食储备并且要合理地进行分配。用旧的余粮收集制的办法我们绝对征收不到这样多的粮食。1920年和1921年的事实已经表明了这一点。现在我们看到，这个十分困难的任务用征收粮食税的办法还是能够完成的。用老办法我们完成不了这个任务，我们必须准备好新的办法。通过实行粮食税，通过正确处理同农民这些小生产者之间的关系，我们是能够完成这个任务的。直到现在为止，我们花了不少精力从理论上来证明这一点。

我认为,根据党的报刊和会议上的讨论来看,在理论上已经完全证明了:只要我们把运输业、大工厂、经济基础连同政权一起保持在无产阶级手里,我们就能够完成这个任务。我们应当给农民这些小生产者相当大的活动余地。不提高农民经济,我们就解决不了粮食问题。

这就说明了我们应当在什么范围内提出在贸易自由、流转自由的基础上发展小工业的问题。这种流转自由是使我们有可能在工人阶级和农民之间建立牢固的经济关系的手段。我们所掌握的关于农业生产规模的材料现在愈来愈精确了。在党的代表大会上曾经分发过一个关于粮食产量的小册子,当时发给大会代表的还是小册子的校样。这个材料后来又不断充实。现在小册子虽然已经定稿付排,但是在代表会议开幕时还没有印好,而且这本小册子能不能赶在代表会议结束以前出版,我也说不准。我们将尽量做到这一点,但是不能保证一定来得及出版。

这就是我们为了尽可能精确地说明农业生产状况以及我们拥有的资源而做的一小部分工作。

但是仍然可以说,我们已经有了材料说明我们完全能够完成经济方面的任务,特别是在今年;今年收成看来并不十分坏,或者说并不像我们在春天所预料的那样坏。这就保证了我们能够取得农产品储备,从而可以把全部力量都用在缓慢的然而是不间断的恢复大工业的工作上。

为了完成筹集粮食储备的任务,必须找到一种对待农民、对待小业主的形式,这方面除了粮食税,没有别的形式,别的形式谁也没有提出过,而且也想象不出来。现在必须实际完成这个任务,合理征收粮食税,不要像过去那样一征再征,使农民的处境非常困难,愈是勤劳的农民愈吃亏,以致一切建立稳定的经济关系的可能性都归于消失。粮食税同样是向每个农民征收粮食的一种办法,但是征收的方式应当有所不同。根据以前所收集和发表的材料来看,可以说现在粮食税在这方面会引起一个最大的、有决定意义的变化;至于能不能使一切都配合得好,这在某种程度上还是一个问题。但是我们必须立即改善农民的状况,这却是毫无疑问的。

摆在地方工作人员面前的任务是:粮食税的征收一方面要完成得彻底,另一方面时间又要尽可能短。由于今年收获期来得非常早,所以困难增加了,要是仍旧根据通常的期限作准备,那我们就会赶不上。因此提前召开党的代表会议是重要的和适时的。必须用比以前更快的速度使征收粮食税的整个机构作好准备工作。粮食税的迅速征收,是保证国家至少获得 24 000 万普特粮食储备和保证农民生活的关键所在。征税工作稍一拖延,就会给农民带来一定的麻烦。采取自愿的办法征税是行不通的,我们免不了要采取强制手段,征收粮食税会对农民经济造成许多麻烦。如果我们把征税工作拖得过久,农民就会不满意,他们会说,他们并没有得到支配余粮的自由。为了使这种自由真正像自由,必须迅速征税,使征税人不致长时间地同农民纠缠,而这只有缩短从收获到完成征税工作的期限才能办到。

这是一个任务。另一个任务就是尽量实现农民的流转自由和尽量发展小工业,给在小私有制和小商业的基础上生长起来的资本主义一点自由。不要害怕这种资本主义,因为它对我们一点也不可怕。

由于目前形成的总的经济政治局面是无产阶级掌握着大工业的一切命脉,而且根本不会取消国有化,我们是用不着害怕这种资本主义的。在我们主要是苦于产品极端缺乏、苦于极端贫困的时候，担心建立在小的农副业上面的资本主义会构成一种威胁，那是很可笑的。担心这一点，就是完全没有估计到我们经济力量的对比关系，就是完全不懂得：没有相当的流转自由，没有由此产生的资本主义关系，农民经济这种小农经济就绝对不能得到巩固。

同志们，这一点你们应当牢牢记住，而我们的主要任务就是广泛地推动地方的工作，使地方发挥出最大的首创精神，并且表现出最大的自主精神和勇气；到目前为止，我们在这方面的缺点就是，进展的规模稍微大一点，我们就害怕了。商品交换和商品流转在各地是怎样进行的，小工业（它马上就能够改善农民的生活状况，用不着费很大工夫按照大工业的要求把大批粮食和燃料运往工业中心）是怎样得到恢复和有所发展的，在这个问题上，我们还没有从各地收集到整理得比较具体的任何实际经验。在这方面，从经济总体看来，各地都做得不够。我们没有这种来自地方的材料，我们不知道整个共和国的情形如何，我们没有真正做好工作的例子，工会代表大会和国民经济委员会代表大会[126]都给我留下了这样的印象。

这些代表大会的主要缺点仍然是：我们注意多的是提纲和笼统的纲领、笼统的议论这些糟糕的东西，而没有让人们在会上真正地交流各地的经验，使他们在回去以后能够说：我们在成千个例子中找到了这么一个好的例子，让我们来仿效这个例子吧。而我们这里这种好的例子，并不是一千个里才有一个，而是多得多。但是我们很少看到这样来做工作。

对于工人的集体供应问题，也就是从凭卡配给制转到另一种制度的问题，我不想过早地去议论，但是我还是要简单地谈一谈。

这种将要实行的制度就是：对某一确实开工的企业，根据它生产的多少而给它一定数量的粮食。这种想法好极了，但是我们这里有人却把它变成了一种半幻想的东西。这方面真正的准备工作我们目前还没有做。我们还没有这样的例子：在某个县，在某个工厂（哪怕工人不多），我们采用了这个办法，获得了成绩。我们还没有这样的例子。这也就是我们全部工作中最大的缺点。我们应当反复地说，在1918年，即在很久以前，讨论笼统的问题是恰当的，但是现在，在1921年，我们就应当实际地提出问题了。我们在代表大会上应首先谈一谈，在什么地方我们有事情办得好的榜样（这样的榜样我们有的是），然后要求其余的地区向真正获得良好成绩的为数不多的模范地区看齐。这是就工会代表大会的工作说的，但是也适用于整个粮食工作。

有少数地方，征收粮食税和进行商品交换等等的准备工作做得不坏。可是我们偏偏没有好好地加以研究，而现在的重要任务就是使绝大多数的地方向已有的好榜样看齐。我们应当去进行这个工作，应当实际地研究经验，鞭策那些落后的和中等的县和乡，它们无疑还停留在完全不能令人满意的水平上，而只有极少数的县和乡工作是令人很满意的。代表大会应当特别重视的，不是研究会议提出的笼统的提纲和纲领，而是研究实际的试验，研究好的和更好的例子，并且把占多数的落后地区和中等地区，提高到现有的少数模范地区的水平。

我要说的话就是这些。（鼓掌）

载于1921年5月27日《俄共(布)全国代表会议公报》第1号

译自《列宁全集》俄文第5版第43卷第299—316页

4

关于粮食税的报告的总结发言

（5 月 27 日）

同志们，尽管各地来的许多同志对几个报告和讨论表示不满足，但是，我认为我们还是达到了一个目的：我们知道了各地是怎样理解和执行新政策的。除了交换意见，以便很好地领会这个新政策，步调一致地正确执行这个新政策之外，我们是很难给代表会议规定任何其他目的的。这个目的我们已经达到了。的确，在这方面有人有过怀疑，甚至在思想上有过动摇，遗憾的是，这种怀疑和动摇有时已经远远超出了那些只是在实践中产生的怀疑和猜测（这样做是"认真的"还是"不认真的"，是长期的还是非长期的）的范围。瓦雷基斯同志所说的话实质上不是共产主义的，就思想内容来说倒像是孟什维主义。这一点应当直截了当地加以指出。他怎么可以没完没了地问："你们说说看，农民是不是一个阶级？"当然，是一个阶级。他说，既然是一个阶级，那就应当在政治上对他们让步，如果不这样做，那也要在这方面采取一些措施，而这些措施还是会同祖巴托夫主义差不多。

在这里还提到了马尔托夫，说马尔托夫对这一点是完全肯定的，而瓦雷基斯同志却说"在某种程度上"，"在某种范围内"，"部分地"。这是一个极其荒谬的、骇人听闻的糊涂观念。这同人们责备我们使用暴力的那种糊涂观念一模一样。所以我们不得不再解释一遍：我们讲到专政，这就意味着使用暴力。任何国家都意味着使用暴力，而全部区别就在于：这种暴力是用来反对被剥削者还是反对剥削者，这种暴力是不是用来反对被剥削劳动者阶级的。用祖巴托夫主义作比喻也是这样。祖巴托夫主义的实质是什么呢？就是在经济上对各被压迫阶级作小小的让步，以此来维护压迫者阶级。因此我们当时曾经这样回答：无产阶级是为一切被压迫者的解放而斗争的阶级，你们想通过经济上作的让步使无产阶级放弃夺取政权和摧毁压迫制度的思想是办不到的。现在，无产阶级掌握着政权，领导着政权。它领导着农民。领导农民是什么意思呢？这就是说，第一，要实行消灭阶级而不是依靠小生产者的路线。如果我们离开了这条根本的和主要的路线，那我们就会不成其为社会主义者，就会滚到小资产者阵营，滚到无产阶级当前最凶恶的敌人社会革命党人和孟什维克的阵营里去。不久以前，布哈林同志曾经在《真理报》上引用了米留可夫这样一个重要的政治思想家（这是切尔诺夫和马尔托夫所不能比的）的话，米留可夫说，现在俄国政治斗争舞台上只有社会党才有地位。既然这些"社会"党即社会革命党人和孟什维克愿意负起同布尔什维克作斗争的重担，所以应该把他们——社会革命党人和孟什维克——"奉为上宾"。这是米留可夫的原话。他的这些话说明他比马尔托夫和切尔诺夫聪明，而这也只是因为他是大资产阶级的代表（虽然他本人可能没有切尔诺夫和马尔托夫那样聪明）。米留可夫说得对。他十分清醒地估计到了政治发展的阶段，他说，要恢复资本主义就必须经过社会革命主义和孟什维主义这样的阶段。资产阶级需要这样的阶段，谁不懂得这一点，谁就是傻瓜。

从资产阶级的利益来看，米留可夫说得绝对正确。但既然我们这个无产阶级政党领导着农民，我们就必须实行巩固大工业的路线，因而就必须在经济上作出让步。无产阶级领导过农民，并使他们在国内战争时期获得的经济利益超过了无产阶级本身。如果用马尔托夫的话来说，这自然是祖巴托夫主义了。在经济上对农民作了让步，这是对占全国人口大多数的那部分劳动者作的让步。难道这是错误的政策吗？不，这是唯一正确的政策！尽管人们在这里一再重复马尔托夫的那些话，说什么你们骗不了一个阶级，可是我还是要问问你们：我们究竟是怎么欺骗的？我们说，只有两条道路：或者是跟着马尔托夫和切尔诺夫走，跟着他们走到米留可夫那里去，或者是跟着共产党人走。至于我们，我们是在为消灭资本主义、建立共产主义而奋斗；我们的道路是崎岖不平的，在这一路途中有很多人疲惫了，失去了信心。农民就没有信心。但是，难道我们欺骗了谁吗？说我们欺骗一个阶级，说我们遇到三棵松树就迷路，甚至还不是三棵松树，而是两棵松树，因为无产阶级和农民只是两个阶级，这种说法是很可笑的。无产阶级领导着农民，但是不能用过去赶走和消灭地主、资本家的办法来赶走这个阶级。必须费很大的力气，付出很大的代价，长期地改造农民。无产阶级和农民各分担多少苦难，这取决于我们这个起领导作用的党。在分摊时所根据的是什么呢？是平均分摊，一半对一半吗？让切尔诺夫和马尔托夫议论去吧，我们则说，应当以无产阶级的利益为准绳，也就是说要防止资本主义复辟和保证走共产主义道路。如果现在农民更疲惫了，更痛苦了，或者确切些说，他们自己认为是更疲惫了，那么我们就要对他们作更多的让步，以防止资本主义复辟，保证走共产主义道路。这是正确的政策，我们只能以阶级利益为准绳。我们开诚布公地、老老实实地对农民说：为了坚持社会主义道路，我们将对你们农民同志作一系列的让步，但是只能在一定的范围和限度以内，自然，范围和限度的大小要由我们来决定。让步应当从分摊负担的角度来看，到现在为止，无产阶级的负担比农民重。在实行无产阶级专政的三年半中，无产阶级所承担的苦难比农民多。这是一个十分明显的、无可争辩的事实。无产阶级和农民的关系问题就是这样：或者是农民和我们达成妥协，而我们在经济上向他们让步；或者是斗争。因此任何别的说法都是极端荒谬的。事实上，任何别的道路都是通向米留可夫的道路，都是使地主和资本家复辟的道路，我们则说，无产阶级将排除一切困难和障碍，坚决地消灭阶级，走向共产主义，而只要无产阶级政权能得到支持和巩固，我们可以作任何让步。

其次，对斯维杰尔斯基同志讲话的批评也有很大的错误。反对派的代表们一下子就用他们那种有声有色的议会式演说对他进行了猛烈的抨击。"议会反对派"最出色的代表就是拉林同志。在苏维埃制度下发表议会式演说的机会是不多的，但是本性难移，虽然我们没有议会机关，议会风气却保留下来了。关于斯维杰尔斯基同志，有人说：你们看，他竟说要有粮食检查局！他甚至说出要实行粮食专政这样的话。也许，斯维杰尔斯基同志有一些话是讲得过头了。但实质上他说的是对的。我们在给报告人分配任务时是让他们各奏各的乐器。关于交换问题，中央消费合作总社的代表、合作社工作者欣丘克同志作了报告。你们知道，中央消费合作总社同国家已经达成了协议。谁要是没有看过这个协议，谁就是没有认真阅读材料。我们国家同中央消费合作总社的代表达成了协议，粮食人民委员部的代表同合作社的代表达成了协议，现在在国外的合作社工作者也应当考虑我们的协议。我们在协议中规定，一切商品都交给合作社，合作社工作者做生意是为了我们，为了中央集权制国家，为了大工厂，为了无产阶级，而不是为了自己。这是一个非常重要的条件，因为不这样做是不行的。彼得格勒和莫斯科正在闹粮荒，但是布留哈诺夫同志拿来的统计表表明，一些粮食富余的省份吃掉的粮食超过了规定的一倍，而送到我们这里来的却少了一半。你们说，在这种情况下是否需要实行粮食专政呢？我认为需要，非常需要，非常非常需要，因为在我们这里这种混乱现象太多了。应当认识到，没有强制是不行的，而中央消费合作总社的分配工作应当在我们的监督下进行。

我们对中央消费合作总社说：你们的买卖做得很好，我们要给你们一定的手续费作为奖励。这一点已经在协议上规定了，而且我们一定还要用各种奖励制度来鼓励这种代售业务，生意做得好的就发奖，但是我们将要求这种业务对我们有利，对由无产阶级领导的、集中掌握了大工业的国家有利。我们要问：是否对大工业有利？究竟对谁有利？

不通过税收你们怎么能够得到粮食呢？这在任何情况下都是不可能的！究竟是税收还是交换提供的粮食多，这我们不知道，但是没有足够的储备来进行交换，这却是事实。现在没有强制机构你们就得不到需要的东西。决不可能得到！这一点每个人都很清楚。在这方面，这一路线的代表斯维杰尔斯基是完全正确的。我们同意设立粮食检查局，同时，全俄中央执行委员会主席团将要加紧督促你们，你们知道应当委派谁，这是你们的事情；如果你们已经派了人，那你们就要监督他完成必须完成的任务。现在，如果不能保证国家获得大约4亿普特的粮食，就谈不到什么大工业和社会主义建设。谁要是经过这三年还没有懂得这一点，那就没有什么好同他谈的了。尽管我们犯了很多错误，但我们还是增加了粮食储备；1920年，我们在增加粮食储备的同时，在分配上犯了很大的错误，但终究还是获得了很大的进步。我们应当冷静地对待问题，应当指出，我们需要一个行动迅速的机构来征收粮食税，在这里还是少散布些自由主义的言论吧，还是不要老是说粮食检查局怎样怎样可恶吧。

在从资本主义向共产主义过渡的时期，在农民占多数的情况下，想要不采取强制手段就能收到税，据我所知，这样的"共产主义"现在还没有。假如你们愿意支持大工业这一无产阶级专政的基础，那么，你们就要让这个机构行动起来。自然，这就必须实行集中制。你们看一看统计材料吧！可惜你们中间只有少数人对它有足够的了解。请看一看，各地不顾中央的指令自己拿去了多少。莫斯科和彼得格勒的同志来找我们，他们提供了一些关于违反中央指令的统计材料。原来，已经三令五申，已经再三警告。下一步怎么办呢？下一步只有逮捕、撤职等等。（有人喊道："这样的情况有多少？"）违反指令的很多，撤职的很少。这就是我为了维护这条路线所要讲的。

看样子今年很多地方的收成都不坏，而且收获期会比我们所预料的早。因此应当早作准备，而现在就是要求迅速地征齐基本储备。因此，用这里很多同志采取的那种态度来对待这个工作是完全不对的。

至于拉林同志，他的才能主要表现在充当议会反对派和从事新闻业方面，而不是表现在干实际工作方面。他对拟草案的工作真是孜孜不倦。他在这里曾经提到，还在1920年1月他就提出过一个好的草案。不过,假如把拉林同志拟的所有的草案都收集起来加以选择,无疑只有万分之一是好的。

　　5月10日他送给我们中央政治局一份关于实行全盘集体供应的草案。它的基本原则倒是很吸引人的,但这个草案是在什么时候提出来的呢?是在1921年5月10日,是在莫斯科和彼得格勒这样一些中心城市极端缺乏粮食,俄罗斯共和国的这些重要的中心城市暂时陷于半饥饿的、甚至比半饥饿更严重的状态的时候。在人们已经精疲力竭,都守在接通西伯利亚、高加索和乌克兰的直达电报机旁,注视着每一列直达列车,甚至注视着每一节车厢的时候,建议改组粮食机关岂不可笑。真见鬼,在这样的时候还有什么全盘集体供应可谈的呢?政治局通过了这样一个决议:"拉林和全俄工会中央理事会的草案〈全俄工会中央理事会自然是不看内容、马上就签署了这个草案〉应予否决,责成起草人更加仔细地重新研究这个问题,要考虑到实际供应的可能性……"这就是我们的原则,这个原则在工会代表大会上也讲过(你们从丘巴尔和哥尔茨曼的提纲中就可以看出),而丘巴尔提纲的主要部分是符合中央提出的那个慎重的政策的。关于哥尔茨曼和拉林办事的原则,拉林在政治局一次会议结束时曾凑近我的耳朵半开玩笑地讲过。(我想,我转述一下这次谈话,也算不上唐突吧。)拉林在这个决议通过后对我说:"你们给了我们一个小指头,我们却要抓住一只手。"当时我想(虽然这一点我早就知道),现在我们知道该怎样同拉林讨价还价了。如果他要百万,那就给他半个卢布。(笑声)在讨论中已经弄清楚:当别人问起拉林材料在什么地方时,他举了基兹利亚尔—旧捷列克铁路建设工程这个他所谓的"出色"例子。虽然这里已经证明这个例子没有什么新的东西,这样的试验已经有了,但这毕竟是一个进步，因为他向我们提出了一个具体的例子，提出了一个试验的成果，而不是笼统的议论，不是不计其数的提纲。如果大家都来阅读和讨论那些十之八九使人头痛的提纲，那就太不幸了。

需要的不是提纲，而是注意地方上的经验。去研究这些经验吧！不然又干什么呢？只好在最低限度的实际供应都没有的情况下，专门在建立制度上玩花样，在关于集体供应的法案上费力气。各地是有实际工作的。有人对我们说，用不着责备各地没有交流地方经验。有人在这里责备中央，说中央没有介绍地方经验。我们确实没有收集地方经验，我们只是忙于搞法令。我们中间大多数人都在埋头干这种不愉快的工作，因此我们就看不到地方经验。你们应当把经验带来。拉林讲到基兹利亚尔—捷列克铁路这个出色的例子，这是对的，因为这是地方经验。但是他在这上面也太忘乎所以了，丘巴尔和奥新斯基不得不纠正他。这不是唯一的例子。他说，工人按旧的办法得到28俄磅，而按新的办法则得到4普特。我当时有些怀疑，就问他这些材料从哪里来的。他回答说，这是经工农检查院核实过的。但是我们知道，拉林不仅是一个议会人物，而且还善于画讽刺画。他起先画过一张讽刺画，硬说没有比工农检查院更凶的野兽，现在他又说，不是28俄磅而是4普特，这一点是经过工农检查院核实过的。他先用这种笑话来破坏工农检查院的威信，接着却拿工农检查院的认可当做唯一的证明。丘巴尔和奥新斯基都说，森林工业方面采用这种办法已经不止一次了。全部问题在于我们要把一个地区的经验拿来同另一个地区的经验比较。在拉林的发言中，比较好的一部分，是他讲到基兹利亚尔—捷列克铁路建设工程是怎样进行工作的那些地方。图拉或坦波夫的情况是不是更好呢？这就是我们需要知道的。这种材料中央不可能提供给你们,因为这是我们所不了解的,也正是要请你们从地方上带来的,请把这些材料告诉我们,教给我们,我们大家都要来学习,向最优秀的范例看齐。

在一千个县级或区级的地方中心,这样的试验是可以找到两三个的,也许还能找到更多,但两三个肯定能够找到。必须很好地研究这些试验,但要实事求是,要详细询问,要核实数字,不要光是相信反对派说的话。如果我们这样处理问题,那么中央就会学到一些东西。

其次,我认为,我们讨论中主要的收获,就是许多同志已指出,交换已经开始进行,所缺少的只是准确的材料。顿巴斯的同志们发来一个电报,说他们换到了 3 000 普特小麦。这是一个小地区的情况,详细情形我们还不知道。我想,有些同志会在这个会上提出问题:用什么东西来交换?通过什么组织?是通过粮食人民委员部,还是通过租借者、承租人或私人企业主?这一点我们不知道,而这一点却比我们的法令重要得多。法令大家都能读到,用不着到这里来讨论,可是为了要弄清楚顿巴斯怎样取得 3 000 普特小麦,沃伦或坦波夫的同志是否搞得更好,这就应当到这里来讨论了。地方上工作做得不错。应当让各地把实际经验带到这里来,譬如说,我做了些什么工作,可是受到中央机关的干扰,我又怎样制服了中央机关。关于坦波夫省的情况,有一位同志在这里讲得非常含糊,他热衷于发表议会式的演说,攻击了粮食人民委员部,说在他们那里设立了合作商店和合作社机构。是的,那些同志这样做了。那里还有很多别的糟糕事情,播种计划也没有完成,总之情况很严重,缺点到处都是,但是就从他的材料中仍然可以看出,交换已经开始,合作社已经着手工作。这位同志甚至提到了化妆品。你们拿到了多少化妆品？是怎么分配的？应当把化妆品也投入流转，因为做生意是应当考虑需求的。如果需要化妆品，我们就应当供应化妆品。如果经营得法，我们靠化妆品也可以建立大工业。不过应当计算一下，买1 000普特粮食，需要买进或弄到多少化妆品。（有人喊道："那么圣像行吗？有人还要圣像呢。"）至于圣像，有人在这里提到农民需要圣像，那么我想，我们跟资本主义国家不同，资本主义国家可以利用烧酒和其他麻醉剂，我们却不能这样做，因为无论做这些东西的买卖怎样赚钱，它们却会使我们退回到资本主义去，而不是走向共产主义，但是化妆品却没有这种危险。（笑声）至于说到钟，对这一点是有意见分歧的，某些同志认为，某些地方不久会自愿地把钟拿去回炉，变成电气化用的铜线。再说，俄国现在钟太多了，这些钟未必都直接用于信教人的需要，因为这种需要已经没有了(第26页)。关于沃伦的情况，有人说那里有些地方用1普特粮食换10俄磅盐。但是这项买卖是怎样进行的呢？你们有没有售货员？你们是怎样做买卖的呢？商品由谁保管？由谁上锁？失窃了多少？——关于这些情况，一点也没有讲。然而这些问题对你们来说恰恰很重要。有人还说，波兰人用1普特盐同我们换1普特粮食。我和同志们在交谈时说过，如果波兰人用1普特盐来换1普特粮食，而农民拿1普特粮食只向你们换10俄磅盐，那么你们就可以赚一笔了。谁妨碍你们这样做呢？有人说中央在妨碍这样做。对不起，我不相信中央会妨碍你们用1普特波兰盐去换4普特粮食。我们不会反对这样做，我决不相信这一点。过去有军队的时候，同志们抱怨什么事情都得通过军事当局，而现在军队没有了，战争停止了，又得请示中央；有一位同志说，他们那里现在有一个"南方造纸管理局"，他们正在同它进行斗争,可是当我问他们把对"南方造纸管理局"的控诉书送到哪个机关去了的时候,他却回答说不知道,但这一点却非常重要。

他们说不出把对"南方造纸管理局"的控诉书送到哪个机关去了。"南方造纸管理局"是个什么样的机关,我不知道;大概也像我们所有其他苏维埃机关一样,是个犯有官僚主义弊病的机关吧。到目前为止,资产阶级一直都在同我们作斗争。他们中间有很多人已经被我们驱逐出境,由米留可夫豢养起来,但是还有成千上万的人留在这里,他们用各种最巧妙的官场手法来同我们作战。同志们,你们是怎样同他们作战的呢? 你们以为赤手空拳就可以攻下这个"南方造纸管理局"以及诸如此类的单位吗? 当我们同邓尼金作战的时候,我们并不是赤手空拳,我们全副武装,组织了军队。现在有那么一些老奸巨猾的官吏,他们认为干些坏事,妨碍我们工作,是对他们本阶级有好处的,他们认为把布尔什维克搞垮就是拯救文化。他们对处理公文比我们要熟悉一百倍,因为我们过去哪里懂这一套呢! 应当用各种最巧妙的办法同他们作战。有些党员同志到处发牢骚或者传播某某机关干了某某坏事这一类笑话,在莫斯科到处宣扬关于官僚主义的笑料,应当追究这些党员同志的责任。同志们,你们是有觉悟的共产党员,在这场斗争中你们做了些什么呢? 有人说:我告发过了。但是你们把控告书送到哪个机关去了呢? 看来哪个机关也没有送去,而控告书是应当送到人民委员会或全俄中央执行委员会去的,也就是说,应当行使我们的宪法所赋予的一切权利。这是一场战争,所以有时候自然也会遭到失败。但是你们在什么地方见过,没有经过任何失败就能在战争中大获全胜的呢? 所以这方面同样也可能有失败,但是斗争必须进行。我们的人却不会认真地把事情抓下去。有没有把那些办事拖拉的人送交法院呢？工人或农民为了一件事，不得不到一个机关去四五趟，最后得到一个在手续上无懈可击、实际上却是一种嘲弄的答复——对于这样的事情，我们的人民法院是不是进行过审判呢？要知道你们是共产党员，为什么你们不设法揭发这些官老爷，为什么不把这些办事拖拉的人送交人民法院，关进监牢呢？有多少人因为办事拖拉而被关进监牢呢？当然，谁都会说这是一件麻烦事，也许还会得罪什么人。很多人都这样说，但是，发起牢骚来，讲起笑话来，倒是劲头十足。这样传来传去，最后就看不出这些笑话同孟什维克和社会革命党人在国外杂志上所散布的谣言有什么区别了。孟什维克宣布："我们在莫斯科所有的苏维埃机关里都有特派记者。"(笑声)我们这里所讲的笑话，特别是议会反对派最爱讲的那些笑话，往往过几天就会在孟什维克的杂志上全部登出来。应当知道界限，应当把严肃的斗争和信口开河的笑话区别开来。自然，当人们疲乏了的时候，某个有才华的演说家讲个笑话，也许可以让大家得到一点休息。从这个观点来看，我个人认为这是无可厚非的。但是决不能满足于这一点，应当总结经验：你们怎样揭发坏人坏事，审理了多少案件，取得了什么成绩。如果我们这样做，我们就能经得住这场战争的考验，尽管它打起来要比国内战争困难得多。

关于尼古拉耶夫省，我还想说几句话。尼古拉耶夫省的一位同志在这里提供了许多极宝贵的材料。但是其中大部分都没有经过仔细的研究。他说，"纺织品和铁器卖得出去，可是化妆品卖不出去。"而别的同志却说，纺织品卖不出去。这位同志还斥责了粮贩，他虽然被迫开放自由贸易，但他想知道，应当怎样同这种现象进行斗争。用老办法进行斗争不行了，至于用新办法，我们只是实行了对运输的保护,通过了一系列新的法令,当然,这些都还不能马上见效。但是,在这方面你们地方上有哪些经验呢?我们现在有一系列保护运输的法令,这些法令不是为了对付粮贩,而是为了防止"不合理地利用运输"。成立了专门委员会,成立了全俄肃反委员会和运输肃反委员会非常三人小组,这里还有军事部门和交通人民委员部。而你们在地方上有哪些机关在进行工作呢?它们彼此之间是如何配合的呢?有人抱怨说粮贩占了上风。在这方面这些机关做了些什么工作?它们是怎样工作的?应当谈谈这些问题。可是有人到这里来抱怨说:"粮贩占了我们的上风。"我们通过了一些指令。这些指令也许不正确,需要加以检验,但是这个工作怎样进行呢?我们用来检验这些法令的办法就是把法令公布出来。这些法令你们是知道的,你们到这里来就是为了讨论这些法令以及它们的实际执行情况。例如,可以谈谈在某个地方,某个运输三人小组是怎样进行工作的。什么地方有成绩,什么地方不成功。也许,这种发言不会像关于粮食专政问题的发言那样有声有色。但是,没有这种发言,我们就不能学会如何在我们制定法令时少犯错误,而这却是主要的问题。

最后,我想来谈谈我认为奥新斯基同志作得很正确的那几点结论,这些结论对我们的工作作了一个总结。奥新斯基作了三个结论。第一个结论是"认真地和长期地"。我认为他说得完全对。"认真地和长期地"这一点确实需要牢牢记住,好好记住。由于我们有一种传播流言的风气,现在到处都在传说目前的政策是一种带引号的政策,也就是说,是在要政治手腕,还说一切都是权宜之计。这是不对的。我们估计到阶级力量的对比,注意到无产阶级应当如何行动,以便领导农民排除一切障碍向共产主义前进。当然,有时要退却,但是应当以最严肃的态度,从阶级力量的观点来看待这个问题。如果认为这是在玩什么花招,那就是跟着那些小资产阶级庸人鹦鹉学舌了,而小资产阶级庸人不光是活跃在共产党之外。但是奥新斯基同志接着讲到了期限问题,这一点上我倒是有保留的。所谓"认真地和长期地",就是 25 年。我不那么悲观。我不想预测依我看究竟要多长时间,但是我认为,他说的多少有点悲观。我们能估计到 5—10 年的情况,就谢天谢地了,通常我们连 5 个星期的情况也估计不准。

我们应当提拔有进取心的非党工作人员。应当反复地说,在共产党里和在苏维埃俄国里,我们的各种集会、代表大会、代表会议和其他会议不能再像过去和现在那样发表一些议会反对派的演说,然后就写决议。现在我们的决议已经多得不仅没法看完,而且也没法整理了。我们应当做实际工作,而不是去写决议。在资产阶级制度下,干实事的是老板,不是国家机构,但是在我们这里,经济工作则是我们大家的事情。这是我们最感兴趣的政治。当然,我们可以第 999 次去骂孟什维克,这样做也是必要的,但是,这毕竟是一种重复,我们中间有许多人已经骂了 30 年。大多数人都感到厌烦了。

而现在的问题是:在社会主义国家里,如何用纺织品、化妆品以及其他物品来交换粮食,如何用波兰盐多换一些面粉。研究这个问题要有意义得多。虽然这样做不合常规,但必须在党的会议上研究这种有关进取精神的问题。现在整个资本主义世界的粮荒极为严重。可是食盐、化妆品和其他东西,他们却多得很,只要我们正确地贯彻开展地方流转和发挥地方首创精神的口号,我们就能多得到一些粮食。

　　古谢夫同志交给我一份共产主义生产合作社章程草案。草案的实质在第 5 条上已有说明：合作社社员要求保证供给他们"有益于健康的卫生口粮"。（笑声）我们整个粮食政策的目的就是要保证"有益于健康的卫生口粮"。应当通过粮食税征收 24 000 万普特粮食，通过商品交换取得 16 000 万普特粮食，也就是一共取得 4 亿普特粮食，要让农民感到这种筹集办法在经济上是稳定的。

　　余粮收集制已经不能再继续实行下去了。这种政策早就应当改变了。在这方面我们目前也许正处于我们的建设的最困难时期。如果拿共产党的全部工作同高等学校的四年课程相比较，那么我们的情况就是：我们正在参加从三年级到四年级的升级考试；虽然现在还没有考完，但是从种种迹象来看，我们是会考及格的。如果按年级计算，那么从上一个世纪 70 年代起到 1903 年是一年级，也就是从民意党、社会民主党和第二国际进到布尔什维主义这个最初阶段。这是一年级。

　　从 1903 年到 1917 年是二年级，在这个期间我们认真作了革命的准备，并且在 1905 年进行了初次的革命尝试。从 1917 年到 1921 年是三年级，按其内容来说，这四年比前四十年更丰富。这是无产阶级在掌握政权后受到的一个非常实际的考验，但这还不是决定性的考验。我们在歌里唱道："这是最后的斗争"，但是我应当说，可惜这还不是最后的斗争，而是接近最后的斗争的多次斗争中的一次斗争，这样说才是最确切的。现在我们正在参加从三年级到四年级的升级考试。如果要学奥新斯基的样也谈一谈年限的话，那么我认为这里该花十年时间，因为我们需要通过从三年级到四年级的升级考试，然后还要好好念完四年级的课程，那时我们就真正是不可战胜的了。在经济战线上我们能够取得胜利。如果我们今年在对农民关系上取得胜利,收集到"有益于健康的卫生口粮",那么从三年级到四年级的升级考试就及格了。此后,我们所规划的整个建设的规模就会更加巨大。

这就是摆在我们面前的任务。因此最后我还是要反复地说,虽然有困难,虽然一切旧传统不允许我们在代表大会、代表会议和好的议会会议上研究地方性的小经济问题,但是我们还是希望大家能够认识到:作为共产党员,我们应当研究这些问题,我们应当注意下层的经济工作的实际经验,因为法令是由下层执行和检验的,法令中的错误也需要由下层来纠正,而下层开始做的工作,则需要我们在这里的会上作出总结。这样,我们的建设事业就能真正地稳步地向前推进。(热烈鼓掌)

载于 1921 年 5 月 28 日《俄共(布)全国代表会议公报》第 2 号

译自《列宁全集》俄文第 5 版第 43 卷第 317—332 页

5

关于党的纪律和党的统一问题的讲话[127]

(5月27日)

同志们,我不知道莫洛托夫同志开头都讲了些什么,所以我就无法紧扣他的讲话内容对他的报告进行补充。我要换一个角度来作补充,就是把我本人看到的情况讲给大家听。在党团会议讨论这一问题时我讲了话。[128] 在我看来,一些接近我们工会运动领导人的人中间气氛不对头;不满和阴谋错综复杂。有的人是这一阴谋活动的牺牲品,也有的人是这一阴谋活动的参与者和策划者。我们中央对这个情况一清二楚。

中央委员会下达的指示应当无条件执行。否则就无法工作。在中央委员几乎个个病倒的情况下,工作就更困难了。托洛茨基同志到外地休假两个月,季诺维也夫同志两次心脏病发作,加米涅夫也是心脏病,斯大林长期耽误治病,最后至少得休假6周,布哈林刚刚休假回来。可见,整个中央委员会已经不能工作了。

因此只能这样工作:下达的每一项命令都应无条件执行。以往我们也曾有过激烈的意见分歧,但从未发生过中央明确下达的指示不执行的情况。这样是无法工作的,任何一届中央委员会都不会同意在这种情况下工作。争议总是很多,但只要某项决议获得通过,在代表大会取消该项决议前都应该无条件执行。

　　这是最起码的常识。这一回的问题是托姆斯基同志非常明确地反对这一指示。季诺维也夫同志卧病在床，他在病榻上交出了他亲手起草的指示稿。曾分别当着季诺维也夫的面和斯大林的面问过托姆斯基他有无异议，在中央委员会也问过他，收到指示后为什么不交给党团委员会，他说：我拿到的是一张纸，不是指示。

　　这时再要保持冷静就太困难了。我当时的回答是：将托姆斯基开除出中央委员会，开除出党，根据大家都知道的条文——我们的处境很困难，党内需要坚决执行纪律，因为第十次代表大会召开前夕党内的摇摆不定很严重，才专门想出了这个特殊的程序。一般来说，中央委员是不能开除的。为了在每次特殊的情况下能做到这一点，代表大会决定，如出现此类情况中央可召开一个专门的委员会会议，就是将全体中央委员、全体监察委员和全体中央候补委员共47人召集起来开会。这个47位负责人的会议受法定多数的制约；必须有三分之二的人同意才能作出开除的决定。

　　我向中央委员会提出了这样的建议。当时争论得非常热烈。事实本身没有被否定。梁赞诺夫同志提出的非常关键的决议与我的背道而驰。我对党团全体与会者强调指出这个关键：事关国计民生的重大措施都是中央委员会在没有最著名的党员工会运动工作者参与或者他们事先不知道的情况下采取的。我再说一遍，这是这个会场外可以听到的令人发指的谎言，但这一谎言同我们的所作所为出入太大了。较为重要的涉及工会运动的问题，无一不是在事先听取最著名的工会活动家的意见后再作出决定的。大家关心和感兴趣的一切问题，粮食税问题、工资问题等等，都事先在委员会里进行讨论，都是在工会运动工作者认可和参与的情况下作出决定的。

　　可见这是谎言，而且是令人发指的谎言，要是当真的话，那就应该指出，这样的指责可不是闹着玩的。

　　如果中央错了，就是说中央在没有工会运动工作者参与甚至在他们事先不知道的情况下提出涉及他们工作的有关国计民生的重大问题，那么这是中央的犯罪行为；反过来，如果这种指责明明不对，因为它完全违背事实，如果是在有几千名党员出席的党团会议上提出这种指责，那就是绝对不能容忍的行为；这种行为应该受到惩罚。

　　我提出了建议，我对建议作了说明。这个建议是走得最远的要求，最初它得到多数人赞成，但这是很微弱的多数，我记得好像是 19 票中的 9 票或者 10 票，微弱的多数，没有占到全体中央委员的绝对多数。

　　当时一位投票赞成我的建议的中央委员，就是捷尔任斯基同志，他说：我支持这个建议，我的观点是在这个问题上不能指责中央，这样是无法工作的。我看到没有获得压倒多数，便认定既然我们实际上对这一绝对不能容忍的行为的看法一致，就不必对处罚措施进行争论了。大家都对此表示同意。有人说这方面出了一连串的阴谋诡计和不满等等。要搞清楚谁是真正的阴谋家，谁是牺牲品根本不可能。当时决定立即成立一个委员会。这个委员会的根据是所谓开除中央委员的有关决议，斯大林、捷尔任斯基、伏龙芝和基谢廖夫当选为委员会委员。在这个四人委员会中，没有一种观点获得多数票。委员会的任务是询问所有的人，传唤当事人和收集文件；如果此后这个委员会作出一致的决定，我们就决定把它当成中央的意见。确实，这样一个委员会的一致决议无疑会反映出所有 19 位中央委员的意见。

委员会开了几个小时的会,最后作出决定:一致拒绝把开除作为处罚措施。我们同意了这一观点,并认为委员会的决定是最终决定。

按照党章,监察委员和中央候补委员有权参加中央委员会的会议。他们参加会议的人很多。监察委员会已意识到有人在极力夸大这个问题,因此独立地进行了研究,并作出决定,肯定了已经采取的步骤是正确的。根据党章,党团有权对这一决定提出异议,要求中央委员会再行审议。按照党章,中央委员会有责任再次审议。但是中央委员会的最终决定在下次党代表大会召开之前每个党团都必须执行。你们可以提前召开党代表大会,中央委员会的决定却不得更改。我认为中央委员会只能这么办。

代表大会期间莫斯科的气氛本应加以净化。决定是作了,但并未得到认真的对待,因大家将信将疑,传闻也多,结果是中央委员会对能否(通过专门委员会)贯彻自己的决定也没有把握。

这样中央委员会就无法工作,这样也无法去领导全党。

在我们执政的这三年中,中央委员会内部曾经出现过更为深刻的分歧,但是在中央委员会内提出中央指示不予执行的情况却从未有过;这是第一次,我认为它也是最后一次。至于第二件事,就是丘巴尔和哥尔茨曼之间的分歧[129],我在我的讲话中已经稍微谈了谈。分歧并不特别大。主要是我们以政治局的决定取代了拉林和全俄工会中央理事会的法令。[130]另一个尝试就是通过人民委员会实施法令。丘巴尔提纲第3条的附注和哥尔茨曼提纲第6条完全贯彻了政治局的这一方针。但是在其他的部分这两份冗长的提纲就不一致了:丘巴尔的提纲在内容上符合政治局决定的基本精神;拉林所维护的哥尔茨曼的提纲在内容上则与政治局决定的

基本思想相抵触，完全是想入非非。党团分裂了。我们认定可以
不采取处罚措施；如果破坏了整个纪律或者出现严重的原则性分
歧，那处罚就是必要的了。目前我们还没看到这两种情况。两个
决议都没有提出党的纪律这个问题。原则性分歧并不大，因为拉
林的过分膨胀不能称之为原则性分歧。我们只是让各党团提交一
份书面的东西（以便大家都可以看到），声明这一回中央不行使干
预代表大会工作的权力。情况是这样的：你们要是通过哥尔茨曼
的决议，你们的责任就更重。到时候可别抱怨对你们的要求太苛
刻。彻底改变工资政策，摆脱目前的处境等等，这些都谈何容易。
对我们来说可是再好不过了，因为那样一来人民委员会就可以卸
掉对饥寒交迫的工人群众所负的责任；让工人群众搬进好房子，使
他们摆脱目前的处境，改善他们的处境，这些都谈何容易。我认
为，这里需要七次量一次裁。我们说过，如果他们与中央背道而
驰，那就唯他们是问吧，我们会严加追究。以上就是我们这些党中
央委员所宣布的决定的大致内容。在党团会议上人们几经考虑，
投票表决，表决了两次还是三次我记不清了，人们犹豫再三，终于
投票赞成我们。我认为，目前大家都满意了。我们得到了我们所
努力争取的谨慎的决定。我要强调指出的事实真相就是如此。我
再说一遍，自第十次代表大会以来的一段时间，由于两个阶级力量
的对比，党内出现了某种摇摆不定，党员人数有所减少；如果说减
少了一二百人，那么党毕竟还是一个群众性的党，而一个50万人
的党不可能不反映出党外发生的事情。这种情况（党的第十次代
表大会专门十分明确地谈了这一问题）就要求加强党的纪律。第
十次代表大会通过了这项决定，根据决定党中央不仅有权把中央
委员开除出中央委员会，甚至有权将他开除出党。通过这样的决

议当然是自觉的、有意图的。意图就是采取行动确立党的统一，结束派别斗争。出于这个目的，第十次代表大会一致通过了一项专门的决定，就是关于党的统一的主要决定。遗憾的是，必须执行决定的时间来得比我们预料的要早；当然还没有达到残酷无情的地步，我们没有这样做；决定可是赋予了开除的权力。尽管我本人主张这么做，但是由于上面谈到的情况我们没有这么做，没有原原本本地严格执行代表大会的决定，不过我们应该坚持要求实行真正的领导，否则我们就无法履行我们对党的代表大会的职责。（鼓掌）

译自未刊印的《列宁文集》
俄文版第 41 卷

6

关于新经济政策问题的决议草案

（5月28日）

1. 当前的基本政治任务是使党和苏维埃的全体工作人员充分领会和确切执行新经济政策。

党认为这是一个要在若干年内长期实行的政策，要求一切工作人员极其仔细和认真地加以执行。

2. 应当把商品交换提到首要地位，把它作为新经济政策的主要杠杆。如果不在工业和农业之间实行系统的商品交换或产品交换，无产阶级和农民就不可能建立正常的关系，就不可能在从资本主义到社会主义的过渡时期建立十分巩固的经济联盟。

同时，实行商品交换可以刺激农民扩大播种面积和改进农业。

对于地方的进取精神和自主程度必须充分给以支持和加以扩大。

应当以余粮最多的省份作为重点，首先实行商品交换。

3. 考虑到合作社是实行商品交换的主要机构，因此确认粮食人民委员部机关同合作社机关达成协议，粮食人民委员部机关把用来进行商品交换的储备交给合作社，由合作社在国家的监督下执行国家任务的政策是正确的。

保证合作社有广泛的可能进行收购工作，全面地发展地方工业和提高整个经济生活。

支持合作社的信贷业务。

同无政府状态的（即逃避国家的任何监督和监察的）商品交换作斗争，把商品交换主要集中在合作社手里，但是这决不排斥正当的自由贸易。

研究市场。

4. 对那些基本上不需要国家从储备中拨给原料、燃料和粮食的中小企业（私营企业和合作社企业）给以支持。

允许把国家企业租给私人、合作社、劳动组合和协作社。地方经济机关有权签订这种合同，而不必取得上级机关的同意；但是签订之后必须报告劳动国防委员会。

5. 部分地修改大工业的生产计划，加强日用必需品和农民日用品的生产。

扩大每个大企业在支配资金和物资方面的独立程度和首创精神。提出相应的精确的决定，交人民委员会批准。

6. 发展实物奖励制度，试行集体供应。

规定更合理的粮食分配制度，以提高劳动生产率。

7. 为了迅速地、如数地、普遍地征齐粮食税，必须保持和加强征收机构。为此，应当保证粮食机关具有必不可少的党的威信。应当保持和加强粮食机构的集中制。

8. 集中上述一切办法来完成今年的实际的战斗任务：至少取得4亿普特粮食储备作为恢复大工业和实现电气化计划的基础。

9. 原则上通过劳动国防委员会的指令草案，并且责成全俄中央执行委员会党团把它变为法令。

党当前的首要任务就是严格执行这一指令，特别是要提拔和吸收非党人员参加工作。

10. 如发生阻挠或不全力支持地方发挥首创精神的现象,中央机关应对此负有特别的责任。责成全俄中央执行委员会党团拟定相应的决定并在下次会议上加以通过。

11. 代表会议责成中央委员会和各级党组织有步骤地采取一系列措施来加强宣传鼓动工作,并且相应地调配党的力量,以便充分解释和有计划地执行上述各项任务。

12. 必须在报刊上,在工会、苏维埃、党的及其他的各种大会、代表会议和代表大会上仔细地全面地阐明和研究地方和中央在经济建设方面的实际经验,这项工作应当列为党的一项极重要的任务。

载于1932年《列宁文集》俄文版第20卷

译自《列宁全集》俄文第5版第43卷第333—335页

7

在讨论关于新经济政策问题的
决议草案时的发言

(5月28日)

(1)

　　我认为不应当采纳这一条修改意见[131],因为采纳了还得加以说明。不用说,如果欧洲爆发革命,我们当然是会改变政策的。你们知道,这样一种革命总是会引起国内战争,而国内战争在一段时期内实际上甚至可能使我们的处境恶化。当然,这段时期不会长,当然,也难以断定其他共和国的国内战争会打多久,但是到这场战争胜利结束的时候,我们会对政策作如下的改变,也许可以这样说:取得任何东西都不靠税收,而完全靠商品交换。这一点要向农民解释清楚,否则他们会想:怎么,又要回到余粮收集制吗? 因此,我认为这方面最好什么都不补充。欧洲革命和国内战争的漫长岁月,将导致不要任何税收,而靠商品交换。代表大会的决议已提到这一点,说税额将逐步减少。正是这一点与行将到来的胜利的革命有关,而漫长的岁月则会缩短这场革命所需的时间。

(2)¹³²

同志们,我们委员会正是在这一条上进行过讨论,有过不同意见。最初米柳亭不同意"同无政府状态的商品交换作斗争"这句话。他说,人们会把这句话曲解为故意刁难,贸易自由实际上会被取消掉。我们把这一条改成现在的措辞,即"同无政府状态的商品交换作斗争",而且加上"因为它逃避监督"——这里指的是私贩粮食,你们大家知道,在所有允许贸易自由的国家里,即使在资本主义国家里,非法贸易都是要取缔的——于是我们对这一条的意见就一致了。如何进行斗争呢? 通过把商品交换主要集中在合作社手里来进行斗争,并且加上"但是这决不排斥正当的自由贸易"这句话。这个修改方案确定下来以后,委员会又一致认为,排斥贸易自由的危险仍有可能产生。当然,这个问题是微妙的。我们希望指令不致排斥贸易自由,但不同非法贸易作斗争,特别是不同私贩粮食和破坏运输的行为作斗争是不行的。我们委员会考虑过,是否用一个比较温和的字眼来代替"斗争"这个词。可是后来一致同意这个用语,因为斗争的对象只是逃避国家任何监督的无政府状态的商品交换,何况还补充了"但是这决不排斥正当的自由贸易"这句话。补充了这些话以后,"斗争"这个词就不是过分强烈的词了。特别是这位同志所提的修改意见,还可能使我们适得其反。他要删去"但是这决不排斥正当的自由贸易"这句话……

(3)[133]

我认为国营农场还没有成长到这一步,它们的情况还很糟。如一年内情况稍有好转,我们到明年再看能不能扩大它们的自主程度。

(4)

最后一条修改意见[134]不妥,因为关于物资问题已在另一条,即第5条中作了规定:"部分地修改大工业的生产计划,加强日用必需品和农民日用品的生产。

扩大每个大企业在支配资金和物资方面的独立程度和首创精神。提出相应的精确的决定,交人民委员会批准。"因此,我们在这里就不再重复。关于物资(譬如粮食)分配的问题已经说得十分明确。当然不能使中心城市受到损害,因为不集中到中心城市,就根本谈不上发展工业了。至于这位同志讲的第一条意见,说目前不宜把地方经济会议问题看做已经定下来了,因为这些会议还可能坏事——这种意见我在任何地方都没有听说过。相反,各地都要求设立经济会议,履行人民委员会下属委员会的职能。人民委员会的每一个委员,劳动国防委员会的每一个代表,都有权向人民委员会提出申诉,因为我们挑选进劳动国防委员会的成员,本身就是人民委员会的委员。在地方上也不设什么专门的办事机构或机关,还是原有的那些机关和部门。省经济会议是十分合适的形式,这种形式对会议的工作并不妨碍,反而还有利。就像指令中所说

的:"也可以对基本形式作各种改变,比如,执行委员会可以把经济
会议的全部任务和职责承担下来……"(读指令①)因此,并没有事
先决定即事先规定一种绝对固定和千篇一律的活动方式。此外,
起草委员会135即将提出的决议案中还说明是"原则上通过"。委
员会正在开会,进行工作。该委员会的主席奥新斯基说,许多条文
经修订后已经以书面形式提出来了。这是一项复杂的工作,所以
需要再设立一个专门委员会。怕说了"原则上通过"会束缚手脚,
这种顾虑是不必要的。

(5)[136]

我们不反对这条修改意见,但从内容看,它不应放在这里,而
应放到第 6 条中去,我建议原则上通过并列入第 6 条。

(6)[137]

这是细节问题。这个问题应当提交全俄中央执行委员会会
议,由有关人员去讨论。在原则上是不能反对的,但是总的来说,
这是局部性的措施。

(7)[138]

在这个问题上,未免过虑了。

---

① 见本卷第 265 页。——编者注

我们在第7条中指出:为了迅速地、如数地征齐粮食税,要保持和加强征收机构。当然,征收粮食税不是靠说服,而只能靠强制,所以这才叫做征收机构。今天签署的几项重要的决定和条例,归结起来就是要保持和加强征收机构,并且要求迅速地征齐粮食税。有人担心,这里提出"应当把商品交换提到首要地位",农民会理解为先搞商品交换,那就改写成:"提到特别重要的地位"。

载于1921年5月28日《俄共(布)全国代表会议公报》第2号

译自《列宁全集》俄文第5版第43卷第336—339页

8

闭 幕 词

（5月28日）

同志们，我想我只要很简单地讲几句话。大家都知道，我们临时召开这次代表会议，主要的目的是使中央和地方、党的工作人员和全体苏维埃工作人员都对经济政策有一个透彻的了解。我认为，代表会议无疑是完成了这项任务。同志们在这里不止一次地指出，奥新斯基同志十分正确地表达了地方上很多甚至是大部分党的工作人员的情绪。他说，应当消除一切疑虑，党的第十次代表大会所制定的、后来又用一些法令和决定加以肯定下来的政策，无疑是党认为必须认真地和长期地实行的政策。代表会议对这一点也说得非常明确，而且还增加了许多条。同志们回到各地去以后，就不会再有什么误解了。自然，在我们制定一个必须长期实行的政策时，我们一分钟也没有忘记，国际革命及其发展的速度和条件可能改变一切。目前国际上已经形成了一种均势，虽然这是一种暂时的、不稳定的均势。这种均势表现在：各帝国主义强国虽然切齿痛恨苏维埃俄国并且企图进攻苏维埃俄国，但它们还是放弃了这个念头，因为资本主义世界愈来愈分崩离析，愈来愈不一致，而拥有10亿以上人口、受尽压迫的殖民地各国人民对它们所施加的压力却一年比一年、一月比一月、甚至一周比一周更加强大。不过,这方面的情况我们是无法加以推测的。现在我们是通过我们的经济政策对国际革命施加我们的主要影响。可以毫不夸大地说,所有的人,世界各国所有的劳动者,都毫无例外地注视着俄罗斯苏维埃共和国。这是我们的成就。资本家要想隐瞒和掩盖是绝对办不到的,因此,他们就拼命寻找我们在经济方面的错误和我们的弱点。在全世界范围内斗争已经转到这个方面来了。我们一旦完成了这个任务,那我们在国际范围内肯定就取得最终的胜利。因此,经济建设问题对于我们有非常重大的意义。在这条战线上,我们应当慢慢地、逐步地——图快是不行的——而又坚持不懈地提高和前进,以取得胜利。我认为,不管怎样,通过我们这次代表会议,我们无疑达到了这个目的。(鼓掌)

载于1921年6月2日《真理报》
第119号

译自《列宁全集》俄文第5版
第43卷第340—341页

致全体人民委员及中央统计局局长

抄送：全俄中央执行委员会主席和秘书

1921 年 5 月 28 日

全体人民委员都应有已印发的，由列宁和直属劳动国防委员会的起草委员会主席奥博连斯基（奥新斯基）同志签署的

　　　　劳动国防委员会指令草案。

该草案将提交 1921 年 5 月 30 日下午一时召开的全俄中央执行委员会会议**139**讨论。

全体人民委员必须：

（1）在 1921 年 5 月 30 日（星期一）下午二时前，就指令中与各该人民委员部直接或间接有关的所有的条文、问题和分题准备好书面的修改意见和补充意见；

（2）届时毫无例外地拟出所有与本人民委员部有关的问题（作报告用）和分题（即作报告用的细节问题的清单）的初稿。

这一点务必做到，因为全俄中央执行委员会将批准总的指令。其中包括两个部分：（a）劳动国防委员会关于建立经济系统各人民委员部报告制度的指令；（b）人民委员会关于建立所有的人民委员部（不仅是经济系统的而且包括非经济系统的人民委员部）的报告制度的指令。

后一类报告是汇报补充性的最后一类即"第五类问题"。每一

个人民委员部均应按劳动国防委员会指令草案中所列举的第1项至第27项问题的式样,各自列出供报告用的最重要的问题。

报告应由每个省执行委员会和每个县执行委员会各印制约1 000份(经我与造纸工业总管理局联系后得知,各县印刷的技术能力为每月不少于一个印张)。印刷与呈交报告的时间拟为每年四至六次。报告期限最后由全俄中央执行委员会会议在批准指令全文的同时确定。

每个人民委员应在上述期限(1921年5月30日下午二时)前书面提交应列入各该人民委员部报告中的最重要问题的一览表三至五份。

人民委员会主席

弗·乌里扬诺夫(列宁)

立即用书面和电话通知,由各人民委员签收。如本人不在,可由副人民委员、报告人或部务委员签收。

载于1932年《列宁文集》俄文版第20卷

译自《列宁全集》俄文第5版第43卷第342—343页

在全俄中央执行委员会第三次会议上关于地方经济机关的讲话[140]

（1921年5月30日）

同志们，有了奥新斯基同志的发言，我要补充的不多了，因为对你们手头的指令草案①以及这个法案的基本思想已经作了说明。正因为在这个问题上有些细则的规定实际上会决定整个问题的本质，所以才决定，这个问题不仅要提交劳动国防委员会和人民委员会审议，而且要提交党代表会议（会上原则上通过了这个指令）和最高立法机关——全俄中央执行委员会会议审议。地方工作人员必须仔细地检验执行这项法律的方法，也许在开始时还需要制定一系列的补充条例。

无论如何不能使这项措施再成为助长官僚主义的一个根源了。但是，如果我们收到的报告数量过多，或者写报告的方法叫人无法核实，那也许不能完全避免出现上述情况。同志们，这里应该好好地研究写报告的方法，也许你们认为应该选出一个专门的委员会，让这个委员会根据这里提出的意见和你们所作出的各项指示和指令来对这个问题进行彻底的讨论。现在有关这个问题的材料已经相当多了。当然，既然要提出报告，那就不应当仅仅由经济

① 见本卷第259—285页。——编者注

机关来做这项工作，各人民委员部，也就是说，那些虽然不属经济系统但与经济工作有密切联系的人民委员部也应当来做这项工作。刊印报告的一个主要目的，就是使非党群众以至全体居民都能够读到它们。为了做到这一点，我们目前还不能采用大量出版和刊印这些报告的办法，而只能把它们集中在图书馆里。既然如此，那就应该确定一种工作方法，使报告的主要内容，即居民最感兴趣的东西一定能刊印出来。这在技术方面是有可能的。我在发言前曾询问过造纸工业总管理局的一个代表。他提出了一个有关339个县的确切报告，指出这些县都有印刷能力，而且也有刊印最简短的报告所需的纸张。同时他估计最小的县城可以刊印一个印张，自然是一月一次。一月一次，这太密了。你们是否可以规定两月一次，或者四月一次，或者更长的期限。显然，这将根据地方的意见来决定。据他说，假定印数为1 000份，估计所需的纸张现在是有的。1 000份就保证至少能供给每个县图书馆一份，因而也就有可能使所有对这些报告感兴趣的人，特别是非党群众读到它们。当然，在开始时只是试行；保证一举成功而不出任何偏差，当然是不可能的。

在结束我这个简短的补充发言时，我想着重指出一点。现在最重要的一个任务，就是广泛地吸引非党人员参加工作，做到除了党员，至少除了本部门的代表以外，真正使广大的非党群众关心工作，并且尽量吸收他们参加工作。我们觉得，要做到这一点，除了把报告公布出来，至少把其中较重要的部分公布出来，没有其他办法。能够提供非常全面的报告的机关是有的。直到目前为止，我们在这个问题上所了解的一切情况都证明：工作得很出色的地方机关是有的。地方工作总是经常能够提供许多非常振奋人心的材料。我们真正缺少的东西,就是不善于广泛地利用卓越的范例(这种范例在我国并不多),使它们成为大家必须学习的榜样。在我们的机关报上还没有提出过具有实际经验的真正的模范地方机关。刊印这些报告,使广大居民群众能够读到这些报告,把这些报告集中在哪怕是每一个县图书馆里,这应当有助于在正常召开非党代表会议的情况下吸引更广大的群众参加经济建设工作。关于这方面的决议已经通过了不少。有的地方也做了一些工作。可是就全国范围来说,毫无疑问还做得很不够。同时我们这样做将能推动机关工作,使每一个在地方建设工作中负点责任的工作人员都有可能精确地写出自己的经验,经本人签字后呈报中央机关,并把它当做榜样加以推广。这项工作大概是我们现在做得最不够的。

至于今后我们将怎样总结和研究这些报告,怎样在代表会议、代表大会上和各个机关中利用它们,这将取决于今后的经验。现在最重要的是根据地方工作人员现有的经验来批准并试行这一法令。这样我们在即将召开(大概在今年12月)的全俄代表大会之前一定会取得某些成绩,这些成绩将表明应该怎样根据经验来发展、改进、修改和补充这一措施。

这就是我现在想谈的一点简短补充。

载于1922年莫斯科出版的《第八届全俄中央执行委员会第一次至第四次会议。速记记录》一书

译自《列宁全集》俄文第5版第43卷第344—347页

关于工作报告的每月摘抄

（1921 年 5 月底或 6 月初）

1. 所有主管部门、机关、总管理局、企业（包括非国营企业）均应编写定期工作报告，每月至少呈报一次。

2. 这些报告应定期、按时寄送《**经济生活报**》、**国家计划委员会**和**中央统计局**（无论各上级苏维埃机关是否提出必须执行的要求），以便了解情况。

3. 工作报告的摘抄（只列入生产规模、工人数、企业数等最必需的数字）一式三份，分送《**经济生活报**》、**中央统计局**和**国家计划委员会**。

4. 《**经济生活报**》应将摘抄立即刊载。

5. 由《**经济生活报**》各编辑部成员、**国家计划委员会**和**中央统计局**各委员按国民经济各重要部门，分别对这些报告进行分析，每人分析一份（目前按第 6 条规定办理）。

6. 《**经济生活报**》应定期地按编辑部规定的期限登载定期的综合述评，每年不少于两次。

7. **中央统计局**每月编制简明进度表。该局应于一周内制定简

明进度表的格式。格式批准后，应于**一周内**按批准的格式
编制此项简明进度表。

载于 1945 年《列宁文集》俄文版
第 35 卷

译自《列宁全集》俄文第 5 版
第 43 卷第 348—349 页

在全俄第三次
粮食工作会议上的讲话[141]

（1921 年 6 月 16 日）

同志们,首先请允许我代表人民委员会和俄国共产党中央委员会祝贺你们这次会议的召开。

同志们,我们大家当然都了解,为什么这次会议不仅应引起粮食工作者的极大注意,而且应引起全体苏维埃工作人员和党的工作人员,全党以至所有多少关心苏维埃共和国命运及其当前任务的人们的极大注意。你们这次会议是在极为重要的关头召开的,因此,它决不能与过去召开过多次并且今后还要不断召开的那种一般的定期粮食工作会议相提并论。

你们这次会议之所以极为重要,是由两个情况决定的。第一个是没有预料到的情况,我们就担心出现这种情况,可是它使我国遭到的极其可怕的灾难已经进入第二个年头了。我们是否会像某些人在这一年多来所预言的那样,一定会遭受连年旱灾呢？这一点我们还不知道,但是我们许多地区的粮食和牧草会又一年遭到极严重的歉收,这已是显而易见的了,这就为我们描绘了一幅非常可怕的图景。现在我不准备根据现有的关于粮食和牧草收成情况的综合材料来说明歉收地区有多大。总而言之,这样的地区是很大的。总而言之,我们看到的是这样一幅图景：许多省份收了粮食税后将会有很大的亏空；此外，许多省份的人民将陷于空前严重的困境，因而粮食工作者不但不可能从这些省份取得一定数量的余粮来供应军队、工人阶级和工业，反而要帮助这些省份，帮助这些挨饿的人们。粮食工作者因此而肩负的这些任务是我们没有意料到的，这将使你们的工作更加繁重。这是第一个情况。

第二个情况并不是完全不可预料的，那就是整个粮食政策处于过渡的、转折的关头。目前，粮食政策有极大的改变，苏维埃政权不仅要改变粮食政策，而且在许多方面要改变经济政策的基本原则；去年农民境况非常困难，大工业也显然不能迅速恢复，这就迫使我们把全部国家工作转上了另一条轨道，——现在我们就是在这样的条件下第一次搞征粮运动，第一次来开会总结地方粮食工作者的经验，并设法完成粮食工作者所肩负的任务。

必须估计到我国处境极为困难以及大工业不能很快恢复的情况，也就是说，我们要不惜任何代价坚决把小农经济从岌岌可危的状况提高到勉强过得去的状况；而要达到这一点，就必须振兴小工业和地方工业，采取一些措施尽快巩固小经济，允许它开展地方贸易，从而扩大使用资本的范围，这也就必须使整个苏维埃政权和它的基本原则以及它的全部经济政策转上另一条轨道。

你们非常清楚，三年来我们大家，特别是你们，为了初步巩固粮食机构，使它能够完成哪怕是最低限度的、最必要的任务，作了多么重大的努力。因此，我就无须再向你们这些身临其境、目睹其事的人讲述迅速改造并重新调整全部工作这一任务是怎么一回事，讲述在一切尚待摸索的情况下组织起来并同时完成获得更多粮食的任务有多大意义。这些你们自己全都知道。尽管国内战争时期所遭到的困难是骇人听闻的，前所未有的，有时甚至是非人所能忍受的，但粮食政策却年年取得有目共睹的成就；这项工作改进和提高的速度比苏维埃其他任何部门的实际工作所能表明的要快得多。但是你们当然也都知道，由于粮食工作者的积极努力，我们的粮食收购量虽然在头一年就从 11 000 万普特增加到 28 000 万普特或更多，但你们大家都很清楚，这是不够的。

现在，我们是第一次在俄罗斯联邦领土上没有白卫军和大股敌军的情况下开展大规模的征粮运动。但对这种情况还得附带说明几句：这里没有把日本人在远东共和国开始进行的武装干涉估计在内，也就是说，我们正处在可以说已基本结束国内战争的第一年，——这样大家就会明白，我们现在仍然处在国际资产阶级的包围之中，他们虽然受到了红军给予的狠狠的教训，但丝毫没有放弃以公开的或隐蔽的、经常不断的或时断时续的方式卷土重来的野心。因此，在这方面也决不能说我们已经有了充分的保障。此外，你们知道，关于从战争转到经济建设的问题我们已经谈论了很久，并且为此召开过几次党代表会议和党代表大会。这个转变，作为一种转变，本身就带来了很大的困难，因为在经济机构遭到破坏，运输瘫痪的情况下，要使原来战斗在国境线上的大批军队转变为和平时期的军队，这本身就会造成很大的困难，看来这些困难我们大部分已经克服，尽管如此，困难仍然不少，这是任何一个了解情况的人都不会怀疑的。

正因为如此，所以我才说：这次粮食工作会议的意义是十分重大的；它所要解决的问题决不限于专门的粮食问题；现在共和国要求你们在关心局势和努力工作时，不仅仅把自己看做粮食工作者，看做是担负着苏维埃政权所托付的供应居民粮食这一重任的人——这是不够的。你们是党的工作人员，所以还要求你们尽力完成苏维埃政权的高级机关和党组织以指示和决定形式规定的一系列任务。你们自己知道，从一般的决定、一般的指示变成某种实际的东西，这中间的距离有多么大。这就是说，为要顺利地实现这些原则指示，使这些指示不致成为一纸空文（遗憾的是，在苏维埃俄国，指示落为一纸空文的事还是屡见不鲜的），工作人员应当承担非常艰巨的任务。

我想提一下最近一次专门讨论新经济政策问题的党代表会议的决定①。这次代表会议之所以临时召开，是为了使全体同志都能完全相信，正如代表会议上所说的那样，决定下来的这一政策是认真的和长期的，今后对此决不会有任何动摇了。而以前是有过不少动摇和怀疑。党的代表会议这个领导工人阶级政权的执政党的高级机关，着重指出了筹集为数达 4 亿普特的大批粮食具有多么重大的意义。它着重指出，我们的粮食政策的全部意义，我们转而容许相当规模的自由贸易，是为了使我们能够筹集大批粮食，建立大量的国家储备。如果不能做到这一点，要想恢复大工业和货币流通都是不可能的，而任何一个社会主义者都懂得，不恢复作为唯一现实基础的大工业，就谈不到社会主义建设。

我们国家遭到了空前的破坏。过去，在帝国主义战争以前，它就比其他国家落后，在战争中它又比其他国家遭到更大的破坏，而且在同资产阶级和地主进行的三年战争中又承受了前所未闻的重负。情况同俄国差不多的塞尔维亚、奥地利这样的战败国，它们的

---

① 参看《苏联共产党代表大会、代表会议和中央全会决议汇编》1964 年人民出版社版第 2 分册第 120—122 页。——编者注

工业的破坏程度不比俄国小，甚至还要大，这些国家正处于完全绝望和毫无出路的状态。它们没有奋起同资产阶级作战，而是指望能得到资产阶级的帮助，这样，它们就受到双重的压力——一方面和我们一样遭受饥饿、破产和贫困，另一方面又意识到它们是孤立无援的，意识到它们虽然指靠资产阶级，却会因得不到任何帮助而灭亡。而我们在空前严重的困难中却看到并明确地意识到，工农群众也已清楚地看到，尽管有着空前严重的困难，新生力量已经产生。每一困难都会产生新的力量，产生新的源源不绝的力量，指明新的道路。这些力量向我们证明：我们的前进速度虽然慢得惊人，但我们终究是在前进；克服困难时的痛苦虽然有时是令人难以想象的，但我们终究是在克服这些困难。我们愈来愈明确地意识到，经济关系正在按照完全不同的原则建立起来，劳动阶级尽管遭受深重的灾难，却已经不要资本家的帮助在解决一切问题，并且一步一步地、一天一天地在进行反对资本家的斗争，夺取一个又一个阵地。

同志们，据我看来，党代表会议各项决定的实质、意义和结论就是这样。我想以此来特别强调指出：现在这次会议在很大程度上已经不仅是专家们的会议，而且是党和苏维埃工作者的会议。党和苏维埃工作者必须在极困难的条件下，在实践中建立经济政策的新的形式，为整座苏维埃大厦奠定基础。

这种工作必须从两方面着手：一方面是借助于税收，另一方面是借助于商品交换。税额按中等年成确定为 24 000 万普特。这个数额连勉强维持必要的军队和完全必要的工业企业都不够，而这个数额不仅在可能发生歉收的情况下，就是在一般情况下都很难百分之百地收齐。

关于在我们三年的粮食工作中,各个地区完成粮食工作计划和粮食工作任务的百分比起了哪些变化,我手头没有精确的材料。但是,在大家共同努力之下建立起来的机构,总的说来比其他许多人民委员部的机构要好些,这个机构的工作能力正在不断提高,这是大家都很清楚的。所以我认为,今年只要我们对这一工作更加注意,完成共和国所委托给我们的任务的百分比一定会提高,这是肯定无疑的。要是我们不能百分之百地完成任务,那也应该接近百分之百,即使在可能发生歉收的困难情况下,我们也可以完成任务。也许要少征收几千万普特的粮食,但也可能由于丰收地区的粮食税额的增加而得到弥补。

同志们,收成好坏同粮食机构工作的好坏决不是一回事,粮食机构工作做得特别好的地区,收成情况不见得就令人满意。如果看一下各地收成预测图,就知道俄罗斯联邦和其他邻近的兄弟共和国的某些地区的收成可能特别好或者超过中等水平,但恰恰在这些地区,粮食机构的工作却没有超过中等水平,甚至还低于中等水平。必须大力完成调配粮食机构人员的任务。可是我们对人的了解不适应人员的调配,不知道哪些人有能力、有丰富经验,哪些人到了新的岗位就能立即适应工作和迅速推进工作。这件事必须引起更大的注意。

党代表会议提到第一位并由最近一次党代表大会决定的最重要的任务,就是商品交换。这个问题引起了在莫斯科工作的苏维埃和党的中央机关中的人们的极大注意和关心。这方面的准备工作做得如何,做了哪些实际工作,计划做的事情哪些已经完成——这些问题需要你们在真正了解实际情况以后首先加以解决。在这里交流你们的实际经验并加以总结,这是具有极其重大的意义的。

工作是新的，需要调动更多的人力。这项工作所提出的要求，已经不是以前对粮食机构的要求了：那时只是要求粮食机构成为大体相同、能够正常运转的机器，它的任务是收集一定数量的粮食，如此而已。不，现在还要考虑地区的差别，考虑对商品的不同需要和不同的等价物。需要适应的并不是苏维埃政权要求什么和苏维埃机关能够完成什么。不，你们应该适应小农的经济生活条件，应当考虑他们需要什么以及哪些需要已经得到满足。你们曾经同私贩粮食和非法买卖进行过斗争。你们现在还应当继续同这类现象进行斗争。然而，为了实现商品交换，为了不被自由市场击败，即不被自由贸易击败，我们就需要很熟悉自由贸易，同自由贸易进行竞赛，并用自由贸易的王牌和武器来击败自由贸易。而要做到这一点，就必须熟悉它。

我们不需要那种旧的官僚主义的手段，我们需要考虑贸易情况，需要确切地了解它，善于很快地估计到一切变化。为此我们就需要在俄罗斯联邦的广大领域内迅速调拨粮食和用于交换的物品。我们所面临的困难是非常巨大的。然而，这正是我们在大工业还没有完全恢复时期的整个新经济政策的基础，这一恢复时期至少需要十年。在这期间，我们必须在工人和农民这仅有的两个阶级之间建立一种应当成为我们经济建设基础的关系；必须建立这两个阶级的联盟，它既要满足双方经济上的要求，又要照顾小农利益——在我们还不能供给小农一切大工业产品的时候，我们必须照顾他们的利益。

必须照顾出卖自己剩余产品的小业主，同时还应照顾城市居民和工人生活的改善。不这样做，我们在今后的建设工作——它能使我们不可逆转地向社会主义过渡——中，就不能取得胜利。正因为如此，商品交换在目前才成了我们整个经济政策中的一个最重要的问题。你们，无论粮食工作者，经济工作者，还是合作社工作者，都应该致力于这项工作。这就是苏维埃政权所期待于你们的，这就是党和整个共和国所期待于你们的，因为目前整个苏维埃共和国的兴亡和全部社会主义建设的成败都取决于你们对待这一工作的态度，取决于你们的工作成就。

同志们，我在结束这个发言时应当指出，你们的代表会议有一个特殊的任务，这就是考虑一下如何慎重地、稳步地、但又迅速地着手试行集体供应的问题。这个问题是在5月间向党中央政治局提出并经中央委员会讨论后在全俄工会代表大会上决定的。我们在粮食分配上是有缺点的，今后决不能这样继续下去。按照平均分配的原则来分配粮食会产生平均主义，这往往不利于提高生产。共和国必须把收集到的余粮只供应生产所必需的企业。我们不可能供应全部工业企业，而且也不需要这样做，因为这会造成经营上的浪费。我们不可能把大工业全部恢复起来；这就是说，要把设备较好的、有可能取得较高生产率的企业划分出来，我们应该供应的也仅仅是这种企业。

粮食工作者不能只考虑我们能得到多少万普特粮食，按照什么标准来分配，或者干脆按原来的配给证来分配，以为这样就万事大吉了，其他一切与我无关。经济系统各人民委员部的活动也到了应该统一起来的时候了。任何一个有觉悟的粮食工作者不仅应该关心同自己有直接关系的事情，而且应该关心全部经济活动。现在对粮食工作者的要求已经提高了。

仅仅做一个粮食工作者是不行的。应该做一个经济学家，要能够根据经济系统各人民委员部的工作以及这一工作的全部成就去评价每一个相应的工作步骤。

在粮食分配问题上，决不能认为只要分配得公平合理就行了，而应当考虑到粮食分配是提高生产的一种方法、工具和手段。国家的粮食只供应给为保持最高劳动生产率所真正必需的那些人员。如果把粮食分配作为推行政策的工具，那就要朝着能减少一些非绝对必需的人员、鼓励真正必需的人员的方向做。如果粮食分配是推行恢复我国工业的政策的工具，那就必须供应目前我们真正需要的工业企业，绝不能供应目前我们不需要的企业，以便节省燃料和粮食。几年来我们在这方面的工作是有很大缺点的。现在必须加以克服。

可见，对问题考虑得愈深入，向你们的粮食工作会议提出的任务就愈广泛。然而，我相信，你们这里的任何一个人都不会被这种复杂的任务所吓倒，相反，你们这些苏维埃工作人员和党的工作人员面临的这种非同寻常的任务，一定会激发你们用更大的干劲去完成这些任务。其他人民委员部过去的工作经验清楚地表明：必须使苏维埃的工作和党的工作配合起来。粮食工作者之所以能够在异常困难的条件下完成当前这一系列的战斗任务，完全是由于采取了决非通常惯用的方法，是由于采取了非常措施，运用了抓重点的方法和战斗的方式，是由于苏维埃机关和党的机关都采取了非同寻常的行动。我再说一遍，正是我们经济政策的基础构成了你们粮食工作会议的主要任务。这点是你们大家必须注意的。

最后，我相信，只要把力量联合起来，沿着既定的方向前进，我们就能巩固卓有成效的经济政策的基础，这一政策能建立作为苏

维埃政权支柱的两个基本阶级即工人阶级和农民的联盟,而只有这一经济联盟才能保证我国整个社会主义建设取得胜利。(热烈鼓掌)

载于1921年6月22日和23日
《真理报》第133号和第134号

译自《列宁全集》俄文第5版
第43卷第350—360页

关于清党问题的建议[142]

(不晚于 1921 年 6 月 21 日)

办理登记的中心组应当由一批俄共老党员组成(党龄不少于5—7 年),而且必须是工人党员。

一切可疑的、不可靠的和不坚定的俄共党员都必须清除出党,但他们经过进一步审查和考验以后有重新入党的权利。

对于:(1)1917 年 10 月以后从其他党派加入俄国共产党的党员;(2)原为旧政府官吏和公职人员的党员;(3)担任过拥有某种特权的职务的党员;(4)苏维埃职员中的党员。对这四类党员应当逐个进行特别的审查,而且还必须征询同这个俄共党员在工作上有过接触的党员劳动者和非党劳动者的意见。

要求推荐人提出确切的书面证明材料,而且推荐人中必须有几个是具有 5—7 年党龄的工人。

对于确实在本厂工作的真正的工人,以及对于在自己土地上劳动的农民,手续应尽量简化,不得用重新登记去难为这些人。

载于 1959 年《列宁文集》俄文版
第 36 卷

译自《列宁全集》俄文第 5 版
第 43 卷第 361 页

关于入党条件的意见

（不晚于 1921 年 6 月 21 日）

(1)从 8 月 1 日起至何时止？

(2)接收什么人？

工人和劳动农民

考察了解三个月

通过住宅管理部门[143]

通过红军

通过对待工作的认真态度

通过非党人员的反映

通过担任高级职务：对这段时间的情况进行审查。

载于 1959 年《列宁文集》俄文版
第 36 卷

译自《列宁全集》俄文第 5 版
第 43 卷第 362 页

附　录

俄共（布）第十次代表大会材料

（1921 年 3 月上半月）

1

对关于以实物税代替余粮收集制的
决定草案的修改意见[144]

（3 月 3 日）

瞿鲁巴同志：请您（召集委员会开会）讨论我的下列几点修改意见：

对第 9 条：末尾（从"在……监督下"开始）改成："为了进行监督，应按交纳不同的粮食税税额的纳税人分别成立当地农民的民选组织。"

对第 10 条：末尾（在"此外"之后）改成："为使商品交换不致变成投机倒把活动，其监督办法另行规定。"

对第 13 条：**暂取消**。

（在代表大会上我们再决定何时公布。我认为，应在运动开始前公布，就是说，在党代表大会后立即公布。）

列　宁

3 月 3 日

载于 1932 年《列宁文集》俄文版
第 20 卷

译自《列宁全集》俄文第 5 版
第 43 卷第 365 页

2

中央政治工作报告的两个提纲^①

（3 月 4 日和 7 日之间）

1

政 治 报 告

不是谈经过，而是讲教训

（1）从战争向和平的**转变**（1920 年和 1921 年初）。

1920—1921 年

1920 年 4 月：第九次代表大会（经济建设）

$$\left\{\begin{array}{l} 4\,月—9\,月：半年的对波战争。\\ —11\,月：弗兰格尔。 \end{array}\right\}$$

总之：一年中大部分时间是战争。

I（A）过去不可能集中精力研究经济
政策及其各项原则。

$\left\{\begin{array}{l}\text{教训：现在要多集中精力去}\\ \text{研究经济政策的各项原则。}\end{array}\right.$

（2）稍有富余而使用不当。

（αα）军事力量——华沙

---

① 中央政治工作报告见本卷第 4—26 页。——编者注

(ββ)余粮收集制 23 500－8 000＝15 500 万普特

$$15\ 500:6$$

$$=2\ 583\tfrac{1}{3}\text{ 万普特}$$

(γγ)　燃料

工厂开工问题考
　虑太不周到
歉收——饲料和
　畜力危机。

教训:存在着经济好转的因素,但使用和分配不当(不是只指支配,而是指各种经济因素的比例)。

（3）歉收加深了危机
从战争向和平转变的危机
对新的经济比例关系考虑不当的危机
基础的危机:小农经济的削弱。

歉收:尽量改善农民的处境及巩固小农经济的经济基础。

（4）　关于工会问题的辩论由关于党的建设问题的辩论发展而成（或者说**取代了**党的建设问题的辩论），**转移了党对主要问题的注意力**。

｛｛9 月—2 月｝｝

关于工会问题的辩论转移注意力。

（5）同英国的通商条约
同意大利建立经济关系的可能性
租让和美国。

6(a)　喀琅施塔得事件(1921 年 2—3 月)。**政治方面**及**经济**祸害在政治上的表现

6(b)　事件的政治方面及经济混乱和不适应在政治上的表现。

孟什维克,社会革命党人,无政府主义者。总之是政权的更替(在喀琅施塔得是**新政权**)。

这个政权是毫无希望的。

这个政权意味着:在"自由"的口号下转向资产阶级复辟。

在政治上战胜敌人,并且已经接近取胜,但**在经济上却掉以轻心**。

粮食税**代替**余粮收集制((不是粮食税**加**余粮收集制)):适应小业主的经济条件,地方流转自由,"**同农民妥协**"。

这一"妥协"的两个方面(按喀琅施塔得方式?):改变政权? 还是改变(?),即确定经济政策的原则。

地方经济流转的自由

无产阶级国家政权

为得到技术援助而交纳**贡赋**	αα(1)＋建立在合同关系(例如¼ 比 ¾)上的 ?
森林,石油,矿石等	国家资本主义(租让),1920 年 11 月 23 日的租让法令 采购(**1 500 万**金卢布的)煤

三条
"鲸鱼"[145]

ββ(2)＋有地方流转自由的小经济

同小经济签订合同

γγ(3)＋最坚决地同官僚主义作斗争

概括地说

(4)**工人民主**

‖‖两种经济基础

‖‖两种政治的上层建筑　　{反对官僚主义
　　　　　　　　　　　　　争取工人民主}

2

中央政治报告

最重大的政治事件和以往的"关键问题",并考虑它们对将来的教训＝主题。

下列主要问题
{
（1）从战争向和平转变。

（2）我们策略上的差错和"不适应"的错误。

（3）歉收和对农民的态度。

（4）关于工会问题的辩论。

（5）对资本主义世界的态度（通商条约和租让）。

（6）"喀琅施塔得"事件：这个事件在政治上和经济上的意义。

（7）实物税及其意义。

（8）上面有国家资本主义（租让），下面同小农妥协,以此作为根据经验制定的经济政策的基础。

（9）反对官僚主义和发扬"工人民主"是政治（内部）任务,也是"建设"任务。
}

1. 从战争向和平转变（远远不是立即能实现的）。

　　　　第九次代表大会和对波战争（"和平"）

　　　　——弗兰格尔……

复员带来社会方面和其他方面的**困难**。{注意}

2. 策略和政策上的差错，"不适应"

　　αα 打到华沙城下

　　ββ 粮食的分配　　　23 500 万—15 500 万普特

　　γγ 燃料的分配。　　　　（6）

　　稍有富余，而不善于量入为出。

　　没有考虑到各种因素的比例。

3. **歉收**：同农民的关系极度紧张。

4. 关于工会问题的辩论

　　错误。

　　党内"官僚主义的"上层　小资产阶

　　级的+无政府主义的自发势力（"工

　　人"反对派和农民反对派的"**倾向**"）

　　（转移党对主要问题的注意力）。

$$\left.\begin{array}{l} \textbf{教训：}\\ \text{一个有 50 万党员的}\\ \text{大党不可避免地要反}\\ \text{映出它周围的自发势}\\ \text{力的意愿和情绪。}\end{array}\right.$$

5. 对外关系

　　||||同英国的通商条约

$$\left.\begin{array}{l}2\text{月}\\1\text{日}\\ \text{关于}\\ \text{巴库}\\ \text{问题}\end{array}\right.\left\{\begin{array}{l}\text{租让，1920 年 11 月 23 日的法}\\ \text{令。采购（1 500 万金卢布的）}\\ \text{煤（（1921 年 2 月 1 日））1 840}\\ \text{万普特}\end{array}\right.$$

6. **喀琅施塔得事件**

　　政治：政权稍向右转＝灭亡　　　　振奋起来

　　　　　　　　　　　　　　　　　　　纪律

经济:农民的小资产阶级自发　　对小资产阶级"让步"?
　　　　势力　　　　　　　　　　对农民"让步"?

7.实物税

　　它的立法经过

　　　　1918 年 10 月 30 日
　　　　和延期执行

　　它现在的提法

8.上面有国家资本主义(租让)

　　(下面)同小农妥协

　　("贸易自由")

　　两种经济基础。

9.反对官僚主义和争取"工人民主"。吸取教训并提出新的任务:

　　一面侦察,一面前进。速度慢些,经济基础要坚实些! 这就是
　　"口令"。

载于1932 年《列宁文集》俄文版　　　　译自《列宁全集》俄文第5 版
第20 卷　　　　　　　　　　　　　　第43 卷第366—370 页

3

关于以实物税代替余粮收集制
的讲话的提纲①

（3月上半月）

1. 这个问题的一般政治意义：＝关于 | 在报刊上缓和"无产阶
农民的（小资产阶级的）**反革命性** | 级和农民的相互关系"
的问题。
这种反革命性已在反对我们。

2. 顺便从理论上说明

（α）资产阶级革命还是社会主 | 在报刊上缓和
义革命？ **决定于斗争**

（β）叛徒考茨基（1918年版第
102页）。②

3. 谁战胜谁？两个不同的阶级。

"喀琅施塔得事件"的教训

———政治上：加强党内的团结（和纪律），加强同孟什维克和社
会革命党人的斗争。

---

① 讲话见本卷第50—65页。——编者注
② 见本版全集第35卷第229—327页。——编者注

————经济上：尽量**满足中农**的要求。

4. **全体农民**(几乎)已经成为中农。"**贫农委员会**。"

5. 怎样才能从**经济上**满足**中农**的要求？满足小商品生产者的要求？

注意 ‖‖（α）**流转**自由，贸易自由（＝资本主义自由）
‖‖（β）为此弄到**商品**。

6. "流转自由"＝贸易自由＝资本主义自由。

　　　倒退到资本主义吗？

　我们实行过急的、直线式的、条件不成熟的"共产主义"是由于**战争**，是由于无法弄到商品和无法使工厂开工。

　还有一系列可行的过渡办法。可以把"绳子"**更放松些，不要绷断它**，"放得""松开些"。

注意：

7. ‖合作社。**撤销**第九次代表　　　**合作社**＝
　‖大会的决议。新的决议草　　　‖‖（社会革命党人和孟什维克）
　‖案(更自由地随机应变)。　　　‖‖政治上、经济上最好的自由
　　　　　　　　　　　　　　　　‖‖流转形式。

8. 从什么地方弄到商品？

（α）借款。（1亿金卢布）（两项建议）。

（β）同英国和美国的通商条约。

（γ）租让。

9. 国家资本主义,同它实行联合,**在上面,——在下面**给农民等流
　　转自由。

拐杖和绷带?

被打得半死。

10. 工人也精疲力竭,疲惫不堪。

　　像布列斯特和约时期的"喘息时机",经济上的喘息时机。

　　改善工人的生活状况

　　(1 000万金卢布[146]**和特别决议**[147])。

　　改善农民的生活状况和促进**流转**。

11. 个体商品交换?

　　是的! 要加紧生产,促进流转,提供喘息时机,加强**小资产阶
　　级**,但是也要更加努力地巩固**大生产和无产阶级**。

　　两者是有联系的。

12. **不在一定程度上**使小资产阶级和**它**的流转活跃起来,就不能巩
　　固大生产、工厂和无产阶级。

13. **实物税**。

　　　　立法经过(简要的)1918年10月30日。

　　　　现在的另一种提法。

　　　　它的经济意义。

　　(1)给小生产者以**刺激**:推动生产。最重要。

　　(2)现在不必实行国家垄断制(不是全部余粮)。

　　(3)对国家的明确义务。

减少官僚主义。

（4）全部"流转"更自由并且**可以不要**"征粮队"。

歉　收 　　和 收　成。	⎰波波夫和他的 ⎱"资料"。	预先颁布吗? 在算出收成后 修改。	注意

14. 保持"机构"的**坚定性**。

但是机构要**服从政治**（＝审查和调整阶级之间的关系），而不是政治服从机构!!（好的）官僚机构为政治服务,而不是政治为（好的）官僚机构服务。

现在需要最大限度的灵活性,**为了这一点**,为了灵活地随机应变,就需要机构的最大的坚定性。

载于 1931 年 3 月 21 日《真理报》
第 79 号

译自《列宁全集》俄文第 5 版
第 43 卷第 371—373 页

4

几项决议的提纲

（3月13日）

（1）

关于工团主义和无政府主义倾向的决议①

（1）在一部分派别,特别是工人反对派中的明显的工团主义和无政府主义倾向。

（2）"生产者代表大会"。

（3）理论上的错误。

（4）阐明俄共纲领。

（5）除理论上的错误外,还有重大的政治错误和政治上的危险性……

（6）小资产阶级自发势力:小资产阶级的动摇(情绪)与无政府主义……

（7）特别是在(因军队复员而加剧的)极端贫困的状况下,无产阶级中的非党群众容易受小资产阶级自发势力的影响而动摇。

＋第三(共产)国际第二次代表大会关于党的作用的决议

---

① 见本卷第84—87页。——编者注

（2）
关于党的统一的决议①

（1）派别活动的征兆（特别表现在工人反对派方面，局部地表现在民主集中派和其他派别方面）。

（2）派别活动的表现是什么？为什么说派别活动是危险的？

（3）克服派别活动的措施：

允许出版《争论专页》

批评自由。

（4）把对政治措施等方面的批评同实际的建议区别开来。这些建议的方向。

（5）原因之一是某种程度上的脱离群众（与群众联系不够密切）：对此要特别注意。

（6）"工人反对派"摆脱党的倾向特别危险，在关于工团主义和无政府主义的决议中，应比较详细地加以阐述。

（7）另一方面："工人反对派"的功劳——注意改善工人的生活状况

注意清党

注意同官僚主义作斗争

注意发扬民主和自主精神。

要坚决连根铲除派别活动，违者开除出党（应有 $\frac{2}{3}$ 中央委员＋候补中央委员＋监察委员会通过）。

---

① 见本卷第 78—83 页。——编者注

（3）
关于改善工人生活状况的决议①

不满情绪和政治危机的加剧，很多是由于精疲力竭和贫困不堪造成的。

对此要特别注意：立即予以救济。

同意拨出1 000万金卢布的决定，并且坚决要求放宽这项措施。

成立一个直属中央的并在劳动国防委员会和人民委员会领导下具有特殊权力的专门委员会。

在所有主管部门（特别是与林业有关的各部门、国家建筑工程委员会等）均设立该委员会的分委员会。

特别要吸收各个纯粹无产阶级的省份的工人参加。

载于1932年《列宁文集》俄文版　　　　　　　译自《列宁全集》俄文第5版
第20卷　　　　　　　　　　　　　　　　　　第43卷第374—375页

---

① 见本卷第76—77页。——编者注

5

关于中央委员会的组成的意见[148]

（3月13日）

注意　　＋中央委员会名额分配表

$$25——9　　　　　\frac{2}{3}$$

$$15——2(3)　　合计＝47　　11(12)$$

$$7——0$$

载于1932年《列宁文集》俄文版
第20卷

译自《列宁全集》俄文第5版
第43卷第376页

6

关于以实物税代替余粮收集制
的报告的总结发言的提纲①

（3月15日）

枪决粮食工作者？

合作社。

（1）一大堆小问题

（2）既不能全部罗列，也不能分类。

或者：分为两类

（3）基本问题：

（一）技术方面**有困难**，大量的细节问题

（4）（二）小资产阶级、资产阶级和**资本主义**会得到增强

（5）**谁多**？谁快？

我们在上层，我们＝无产阶级？他们在下层

（6）更多的产品＝基础。

────────

小工业））100 比 150 ‖ 100 比 175

大工业））200 比 175 ‖ 200 比 200**149**

载于1932年《列宁文集》俄文版
第20卷

译自《列宁全集》俄文第5版
第43卷第377页

────────

① 总结发言见本卷第66—75页。——编者注

《论粮食税》的几个提纲[150]

（1921 年 3—4 月）

1

大致如下：

1. 粮食税的一般意义。

> 后退？前进？（转向商品交换。）
>
> 是"布列斯特和约"吗？
>
> **从余粮收集制（征收余粮）转到商品交换。**
>
> "战时"共产主义与**正常**的经济关系。

2. 粮食税和自由贸易。

> 粮食税和自由贸易。
>
> 贸易自由与小经济的经济基础（"地方流转"）。
>
> 贸易自由与无产阶级的国家政权。
>
> 贸易自由与租让制。
>
> 贸易自由的范围和条件。

3. 中农。（平均化。）

> 指靠富农吗？
>
> 或者是**中农**。
>
> 平均化。
>
> 勤劳的农民。
>
> 提高产量。

4. 向社会主义农业过渡的途径。

> 小农
> 集体农庄
> **电气化**。

5. 合作制。

6. 同官僚主义作斗争

（这场斗争的经济基础）。

7. **国际形势和国内关系。**

8. 党内危机和政治危机（1920—1921年）。

孟什维克＋社会革命党人＋无政府主义者
（喀琅施塔得事件）。

9. 同农民"**妥协**"？还是**专政**？

10. 非党代表会议。

2

该书的提纲：

困难！

内容要表达得更确切：
说明粮食税代替余粮收集制与总任务和当前政治形势有关。

以粮食税代替余粮收集制与当前政治形势的特殊情况有关。

论以粮食税代替余粮收集制，论同农民妥协（或者论农民国家中的工人政府的任务）**和论工人阶级在同农民关系方面的任务。**

以粮食税代替余粮收集制,这一代替的根本意义就是从"战时"共产主义转向**正常的**社会主义基础。

不是余粮收集制,也不是粮食税,而是用大工业("社会化"工业)的产品来交换农民的产品,这就是社会主义的经济**实质**,社会主义的基础。

余粮收集制不是"理想",而是一种痛苦的和可悲的必要。相反的看法是危险的错误。

余粮收集制和"机构"。如果没有"机构",那我们早就灭亡了。如果不进行有步骤的和顽强的斗争来改善机构,那我们一定会在社会主义的基础还没有建成以前灭亡。

工农联盟＝苏维埃政权的 **α** 和 **ω**①。巩固苏维埃政权的"必要的和充分的"条件。

这个反对邓尼金之流的联盟**不是**(这个)**经济**建设中的联盟。

　　　前者＝资产阶级革命

　　　后者＝社会主义革命。

从战争转到建设。

第九次代表大会。1920 年(参看 1918 年 4 月)与第十次代表大会(1921 年 3 月)。

从余粮收集制转到正常的商品交换。

粮食税在原则上是容许自由买卖粮食和其他产品的。

形式上的民主与粮食税问题及诸如此类问题上阶级关系的实际情况。

强制＋说服(在征收余粮中)——在征粮食税中——在"商品

① α 和 ω 是希腊字母的第一个字母和最末一个字母,意为"全部"、"一切"。——编者注

交换"中。

"贸易自由"的范围如何？**在交纳粮食税以后**。

放手试验和实践。小商　║　地方工作人员的任务。地

业……　　　　　　　　　　║　方政权的任务。

在一些大国的无产阶级革命还没有到来**以前**，经济关系或经
济体制的类型＝上面实行集中

下面实行农民的贸易自由……

是一种独特的**国家**资本主义（参看 1918 年 4 月）。

"指靠"中农？富农？恢复资产阶级关系？

农村中的平均化

"贫苦农民"
{
得到了平分的土地
得到了地主的土地
得到了富农的财产
得到了国家的特殊帮助。

现在增加产品成为（已经成了）**关键和试金石**（参看俄共党
纲[151]）。因此，在农业方面要"指靠"中农。

勤劳的农民是我国经济振兴的"中心人物"。

个体商品交换。

集体农庄的作用：做了许多蠢事。把不执行法律的人**和无能
的人提交法庭审判**（3 年）。

农民的"个人主义"对社会主义是否可怕？他们的"自由贸易"
是否可怕？不可怕。

电气化:尺度。这是远景计划,但是**计划**也(因此)就是准则。(任何计划都是尺度、准则、灯塔、路标等等。)

如果经过10—20年的电气化,小农的个人主义和**他们**在地方流转中的自由贸易就一点也不可怕了。**如果**没有电气化,回到资本主义去**反正**是不可避免的。

国际形势是有利的:新的均势。

他们分 崩离析 我们团 结一致	协约国与德国。 美国与日本(和英国)。 美国与欧洲。 帝国主义世界与"亚洲"

$$(\tfrac{1}{7}) \qquad\qquad (\tfrac{4}{7})$$
$$(250\,000\,000\times7 \qquad (1\,750\,000\,000\text{ 中占}$$
$$=1\,750\,000\,000) \qquad 1\,000\,000\,000)^{[152]}$$

只要在10—20年内和农民保持正常的关系,就能保证全世界范围内的胜利(甚至在日益发展的各国无产阶级革命推迟爆发的情况下),否则就会遭到20—40年白卫恐怖的苦难。

两者必居其一。第三条道路是没有的。

注意:

同农民"妥协"吗?立宪会议(公开的和隐蔽的),投票,修改宪法,社会革命党人和孟什维克＋无政府主义者。	**合作制**。它的经济方面和政治(孟什维克和社会革命党人)方面。	"妥协"这一概念的双重意义特别对"专政"。

喀琅施塔得事件的经验教训(苏维埃政权政治史上的新事件)　同孟什维克、社会革命党人和无政府主义者作不调和的斗争。

什么是"政治"?

(1)无产阶级先锋队对**本阶级**群众

(2)无产阶级对**农民**。

(3)无产阶级(和农民)对**资产阶级**。

注意:

疲惫不堪,精疲力竭,悲观失望……没有力量……"喘息时机"……**官僚主义**(农民的反映)。	**既**在工人阶级中**又**在农民中。	"上层力量"消耗殆尽,从"下层"提拔新的人才＝(α)青年;(β)非党人员。

注意　注意:

无政府主义以及"马克思主义"同它的斗争。"悲观失望"?

不是这种速度(战时的与和平建设的)。

不论在 1918 年 4 月或在 1920 年 4 月,我们都是把从战争向和平建设的转变设想成在同一个**政策**轨道上的简单转变。

转变是复杂的:与农民的另一种关系,速度不同,情况不同。

军队的复员。

盗匪活动。(经济破坏。七年的战争。)

不是白卫恐怖,就是无产阶级的领导(愈来愈温和),即无产**级专政**。

"专政"一词可怕吗？

	注意：
非党农民是尺度,是标志,是参谋——也是政治口号(＝社会革命党人和孟什维克)。投票？推翻政权？还是寻求同**他们**的妥协？	非党代表会议**不是**绝对物。孟什维克和社会革命党人＋无政府主义者的政治工具。执政官们要注意了！**153**

一般资产阶级政党和资产阶级议会活动所用的一般方法:给让步者"设下陷阱"。但是我们不承认资产阶级议会活动和"一般的(资产阶级的)政党"的**基础本身**！！｜注意

注意：	注意：	注意
"国家消亡的经济基础"(《国家与革命》)①:**这里**也是官僚主义的**消亡**以及上层和下层的消亡、不平等的消亡的"经济基础"(与"从资本主义到共产主义的最初步骤"比较)。**社会主义的经济基础还没有。它在哪里？在同农民进行商品交换中**！！		关于同官僚主义作斗争。

注意

＋**注**。1921年春季(2—3月)的政治危机("各种转变")和党内危机(1920年11月或9月—1921年3月)的意义。是党的上层去适应它的群众,还是相反？是党去适应群众(无产阶级＋其次是农民),还是相反。

---

① 见本版全集第31卷第1—116页。——编者注

3

国家资本主义并不可怕,而**是符合我们愿望的**。

向国家资本主义学习。

举例:

(1)租让。

(2)合作社。

(3)代销人。

(4)租借。

没有组织起来的资本主义。

一切都要**有限度**和有**一定**的条件。

"自发势力"　就是这个词

1794 年与 1921 年相比。

什么样的限度?

经验会表明。

大概 $\frac{1}{4}$。

"流转"
主要的和首要的。

粮食税和流转。

同投机倒把活动作斗争。这是什么?

给粮食工作者的指令:

$$100+100=200\%$$

$$?\begin{cases}100+ \ 25 \\ 60+ \ 60\end{cases}$$

这两种(3 和 4)类型很薄弱,因为我们**又弱又蠢**。

比较官僚主义……

贸易自由(α)为了发展农民经济的生产力(β)为了发展小工业(γ)为了同官僚主义作斗争。

限度？条件？

实践一定会表明。

粮食工作者：收集100％

$$100+100=200$$

$$大概：\begin{cases} 100+\ 25=125 \\ 60+\ 60=120 \end{cases}$$

同投机倒把活动作斗争？

这是什么？

政治方面：

小资产阶级自发势力将推翻(1918 年 5 月 5 日)[1]。

"范例"法国革命

> 参看 1918 年
> 11 月 10 日
> 反对考茨基[2]

悲观还是乐观？

估计力量。冷静和炽烈的热情。

4

结束语大致如下：

向政治转化。

---

[1] 见本版全集第 34 卷第 264—293 页。——编者注
[2] 见本版全集第 35 卷第 229—327 页。——编者注

1921年春天的经济转化为政治："喀琅施塔得事件"。

社会革命党人＋孟什维克（唐恩、罗日柯夫之流和马尔托夫之流）扮演的角色。"不大的变动"，不管是向右变，还是向左变都一样。

米留可夫比切尔诺夫和马尔托夫聪明：要比这些妄自尊大的傻瓜、空谈的英雄和小资产阶级学说的骑士聪明，这是并不困难的（1789年—1848年—1920年）。

他们的安身之地应该是监狱，而决不是**非党**代表会议。

> **1794年与1921年**

"自发势力"的动摇。

（自发势力是什么）

和坚定性。

挑选和提拔人才。

悲观还是乐观？极冷静地估计祸害和困难。斗争中的奋不顾身的精神。总之＝

总结：

（1）"流转"。这是什么？

（2）小工业。原料何在？

（3）交换。

（4）资本主义。

（5）国家资本主义。

（6）地方上的首创精神。

（7）孟什维克和社会革命党人＋非党人员。

载于1925年《列宁文集》俄文版第4卷

译自《列宁全集》俄文第5版第43卷第379—387页

人民委员会关于
取消对出版物的货币结算的决定
和对这一决定的意见[154]

(1921 年 3—5 月)

1

人民委员会的决定

(3 月 23 日)

1. 从 1921 年 1 月 1 日起，一概取消对出版物(书籍、报纸、杂志、小册子、画像等)的货币结算，在俄罗斯联邦境内通过"中央出版物发行处"向各机关和组织免费供应出版物。

2. 本法令颁布前为购买出版物已付的款项不再退还，1921 年 1 月 1 日前购买出版物的欠款一律蠲免。

3. 拟免费供应的出版物由各苏维埃出版社向"中央出版物发行处"免费提供。

4. 本法令的实施细则和汇报办法细则由教育人民委员部会同

财政人民委员部、工农检查人民委员部在两周内颁布。

人民委员会主席

弗·乌里扬诺夫(列宁)①

1921年3月23日于莫斯科

克里姆林宫

---

① 在文件上签署的还有人民委员会办公厅主任尼·彼·哥尔布诺夫和秘书莉·亚·福季耶娃。——俄文版编者注

2

对决定的意见

（3月24日和5月5日之间）

不能这样。

应补充：只给图书馆。

"图书馆"的概念。

监督。

例外情况，等等。

　　仔细研究

列　宁

译自《列宁文集》俄文版第40卷
第75—76页

劳动国防委员会
关于地方经济会议、关于报告制度和
关于贯彻执行劳动国防委员会指令的
决定草案的提纲①

(1921年5月19—20日)

劳动国防委员会决定本身应包括的事项不多：

(1)必须在各地自上而下和自下而上地建立**经济委员会**或者与之完全类似的委员会和机构。

(2)必须**印发**每个区域、省、县、区的工作报告，每两月至少一次。

(3)必须把一些比较零星的工作报告和汇报的副本送交**劳动国防委员会**。

(4)贯彻执行**指令**。

(5)《**经济生活报**》多登来自各地的通讯，并使该报成为综合报告、研究和指导工作的机关报。

载于1932年《列宁文集》俄文版
第20卷

译自《列宁全集》俄文第5版
第43卷第394页

---

① 决定草案见本卷第257—258页。——编者注

劳动国防委员会给各地方苏维埃机关的指令草案的三个提纲[155]

（1921年5月19—21日）

1

（9）1.农业的发展：

　　　　　（α）农民经济

　　　　　（β）集体经济（国营农场；公社等）

（10）2.工业的发展：

　　　　　（α）大工业

　　　　　（β）小工业

（4）5.经济工作各方面（以及各部门）的**协调**。

（1）6.**商品交换**：（α）粮食人民委员部　＋（γ）私营

　　　　　　　（β）合作社　　　　　商业

　　　　　　　　　林木

　　　　　　　　　煤和页岩

（11）3.燃料　　石油　　　　　　进口和

　　　　　　　　　柴火　　　　　　自给

　　　　　　　　　及其他

（12）4. 粮食。

（5）8. 改善工人的生活状况。

（6）9. 改善农民的生活状况。

（13）7. 建筑业。

（16）10. 实物奖励。

（3）11. 鼓励首创精神。

（2）12. 资本主义、企业主的活动情况等。

私人经济的主动精神。

（23）13. 区域和省的经济计划（γγ）。

（24）14. 电气化（γγ）。

（25）15. 对于边疆地区：对外商品交换。港口。

（19）16. 私贩粮食情况。

（26）
17. {铁路运输。
18. {水路运输（γγ）。

19. 区域和省的国家计划委员会①见第 13 条。

（22）20. 区域经济委员会，省、县、乡经济会议和农委。（γγ）

（17）21. 工会，工会参加生产，生产宣传。劳动纪律。

（18）22. （职工）盗窃公共财物，进行斗争的措施、效果。仓库管理。

（20）23. 组织部队参加经济工作。军事部门，特别是普遍军训部的
人员参加经济工作。

（21）24. 劳动义务制，劳动动员。

（14）25. 模范的企业、作坊等。

（7）26. 经济建设工作人员（既包括党员，也包括非党员）的名单及

---

① 这些字句被列宁删去了。——俄文版编者注

工龄等等。

（8）27.同官僚主义和拖拉作风作斗争；特别要吸收工农检查院和非党工人和农民参加。

(15)28.改进农业和工业等生产。

(27)29.《经济生活报》的工作和同该报配合如何？

> 地方报刊及其对待
> 工作报告的态度。

————

＋

应当由谁写工作报告？

省经济委员会，县经济委员会＋

注意　　城市的区（区经济委员会）

————

县一次

市和城镇一次

区一次

限于(报告 50 次，和＞?)

　　　(报告 100 次，和＞?)

　　　　城市

全俄国约为 1 000

————

```
                    8 月 1 日前(6 月 1 日?)
                    11 月 1 日(10 月 15 日?)
                    1 月 1 日
   或一年    3 月 1 日
   6 次?     5 月 1 日
```

2

次序

大致如下：αα

要点

第

一

类

问

题

$$
\text{I} \begin{cases} 6\text{:商品交换——(1)} \\ 11\text{:鼓励首创精神——(3)} \\ 12\text{:资本主义——(2)} \\ 5\text{:协调——(4)} \end{cases}
$$

$$
\text{II} \begin{cases} 8\text{:改善工人的生活状况——(5)} \\ 9\text{:改善农民的生活状况——(6)} \end{cases}
$$

$$
\text{III} \begin{cases} 26\text{:经济建设工作人员——(7)} \\ 27\text{:同官僚主义和拖拉作风作斗争——(8)} \end{cases}
$$

＋ββ

大致如下：

1. ——农业（9）

2. ——工业（10）

4. 经济建设 ——粮食（12） ‖‖

3. 的总结 ——燃料（11）

7. ——建筑业（13） ‖‖

10. ——（16）

21. ——（17）

22. 劳动（18）
　　的

23. 条件（20） ‖‖‖

24. ——（21）

25. 经济建设的 （14）‖‖‖

28. 总结 （15）‖‖‖

13. ——国家计划委员会（23）

20. ——区域经济机构（22）

14. ——电气化（24）

15. γγ ——对外贸易‖（25）

16. ——私贩粮食情况（19）

17. ——铁路运输

18. ——水路运输 （26）

29. （27）

3

劳动国防委员会指令草案

I.新经济政策的实质：

{最大限度地提高生产力和改善工人和农民的生活状况，利用私人资本主义并把它纳入国家资本主义的轨道，全面支持地方的首创精神，同官僚主义和拖拉作风作斗争。　{合作社

II.100％的粮食税＋100％靠交换

{小工业；
对外商品交换；
支持大工业。}

＋ 补 II　劳动国防委员会的各级机构一直设到下面。

III.建立报告制度和交换经验，竞赛。

IV.工作报告的期限（每年 2—6 次）和格式（印 **100** 份）

V.每个工作报告都必须详细提出的最主要的问题。

1—8(αα)。　　[8 个问题]

VI.每个工作报告都必须以简短**总结**形式提出的非常重要的问题。

ββ　　　　　[12 个问题]

这些问题就其重要性来说都是相等的，但就顺序，就紧迫性来说则不相等。

第三类问题：

VII.重要的问题,但**不必**在**每个**工作报告中都提出。

γγ　　　　　　　　 7个问题

VIII.补充问题(可酌情提出)。

（第四类问题）

IX.结论。

————

关于工作报告问题**必须补充**:

（1）第五类问题可由各地自行选定。

（2）工作报告中的统计部分由省统计局和县统计人员编写。

（3）地方机关应向统计人员提供(有责任提供——明确指出这种责任)全部材料。

（4）工作报告中的**非统计**部分呢?

由谁来编写?

也由统计人员编写

＋专门指定的人员

（5）除了这些工作报告外,不得再要求其他任何报告。

（6）工作报告中什么问题应印发?

载于1932年《列宁文集》俄文版第20卷

译自《列宁全集》俄文第5版第43卷第395—400页

俄共（布）第十次全国代表会议材料

（1921 年 5 月下旬）

1

关于粮食税的报告的两个提纲[156]

（不晚于 5 月 26 日）

(1)

对粮食税和贸易自由等的种种流言蜚语（以及恶意歪曲）和误解。

参看 1918 年 5 月 5 日（《论"左派"幼稚性和小资产阶级性》[①]）

　　(α)"小私有者自发势力"的危险性。

　　(β)国家资本主义与小资产阶级的无政府主义自发势力。

粮食税和贸易自由

　　　　　是"让步"还是"缓和"？

流转自由和资产阶级性。

　　国家资本主义。

　　租让也是国家资本主义　　　　　国家资本主义。

---

　　①　见本版全集第 34 卷第 264—293 页。——编者注

由于歉收，经济破坏……而"缓和"、让步、妥协、退却。

忍受的限度？

　　工人忍受的限度？

　　农民忍受的限度？

是"热月政变"吗？头脑清醒地看待，**或许**是的？会发生吗？

　　会见分晓的。上战场别吹牛！

　　参看 1918 年 5 月 5 日（引证小册子）

　　参看 1918 年 11 月 10 日（反对考茨基①）。

当时和现在

　　觉悟和不觉悟。

　　专政和自由，当时和现在。

　　当时和现在的各阶级。

　　农民的理性与偏见。

两者必居其一。选择。是同工人政府达成困难的妥协还是轻易地

　　受资产阶级和地主的奴役？

载于 1932 年《列宁文集》俄文版　　　　　　　　译自《列宁全集》俄文第 5 版
第 20 卷　　　　　　　　　　　　　　　　　　　第 43 卷第 403—404 页

（2）

　　农民国家

1.（反对邓尼金）

---

　　① 见本版全集第 35 卷第 229—327 页。——编者注

2. **经济联盟**?

3. 余粮收集制:

　怎么可能?

4. 粮食税……

5. 交换、首创精神,等等。

6. 小工业

7. 大工业＝社会主义的基础

8. **电气化**

9. 国家储备

$$\begin{cases} 粮食储备 \\ 燃料储备 \end{cases}$$

10. 4 亿普特

11. 从三年级到四年级的升级考试。

12. $$\begin{cases} 1889—1903\ 年 \\ 1903—1917\ 年 \\ 1917—1921\ 年 \\ 1921—?\quad \boxed{31?} \end{cases}$$

13. 研究实际经验。

载于 1959 年《列宁文集》俄文版
第 36 卷

译自《列宁全集》俄文第 5 版
第 43 卷第 404 页

2

关于粮食税的报告的总结发言的提纲^①

（5月27日）

动摇：

（1）"农民是一个阶级"

　　　　（瓦雷基斯）。

（2）"粮食检查局"

　　　　斯维杰尔斯基的……

　　　　（瓦西里耶夫）……

　　　　（还有美舍利亚科夫）。

（3）拉林及其法令与 **1921 年 5 月 10 日政治局**的决议。

（4）"反过来指责中央委员会：

　　（α）换取煤和其他产品。**顿巴斯的电报**。

　　（β）坦波夫省的合作商店和合作社机构。

　　　　（？）

　　（γ）基兹利亚尔—旧捷列克铁路建设工程的经验。

---

① 总结发言见本卷第 311—326 页。——编者注

拉林的例子……"我们的制度"……

((每月 28 俄磅同 4 普特相对比))。

……"出色的经验"……

> 丘巴尔:"这样的例子不止一个。
> 在所有的采木场中"

(δ)10 俄磅盐＝1 普特粮食(沃伦)……

(ε)尼古拉耶夫省？(粮贩)……

纺织品
铁器—化妆品

(4)发扬首创精神……

(α)奥新斯基的几点结论:

> 粮食人民委员部工作人员在干扰;
> 工作不**协调**。

(β)从三年级到四年级的升级考试。

(γ)

"卫生口粮"
古谢夫

载于1932年《列宁文集》俄文版
第 20 卷

译自《列宁全集》俄文第5版
第 43 卷第 405—406 页

3

关于新经济政策问题的决议草案的提纲①

（5月27日）

题　目：

（1）当前的基本政治任务：新经济政策：

"认真地和长期地"……

（2）扩大商品交换。

进取精神……自主程度……

（3）合作社。

（4）中、小工业。出租。

（5）中央机关要对阻碍地方的首创精神或支持不力的现象负责。

（6）部分修改大工业的生产计划，以加强农民日用品的生产。

（7）实物奖励和集体供应。

（8）粮食税

加强（粮食税）征收机构。

（9）总之，要筹集大量的（近4亿普特）粮食储备，作为大工业和实现电气化的基础。

（10）要把劳动国防委员会的指令变成全俄中央执行委员会的指令

---

① 决议草案见本卷第333—335页。——编者注

1921 年 5 月列宁关于新经济政策问题的决议草案的提纲的手稿

＋特别是要提拔非党人员。

(11)有关这方面的宣传鼓动工作。

(12)仔细地、全面地阐明和研究各地的实际经验。

载于 1957 年《苏共历史问题》
杂志第 1 期

译自《列宁全集》俄文第 5 版
第 43 卷第 409 页

俄共(布)第十次代表大会代表登记表

1. 姓：	乌里扬诺夫(列宁)
2. 名和父称：	弗拉基米尔·伊里奇
3. 所属党组织： (省、市、县、集团军、师)	俄共中央,莫斯科市
4. 代表证编号　有表决权 　　　　　　　有发言权	第 21 号,有发言权[157]
5. 何时、如何当选为代表(省、县、集团军、师党代表会议,党员大会等等选出)：	由中央委员会选举为有发言权的代表
6. 推选您出席代表大会的省、县、集团军、师党代表会议所代表的党员数字：	中央委员会,19 人
7. 曾参加过哪几次全国党代表大会：	除 1917 年 7 月(或 8 月?)外,参加过其他各次代表大会
8. 出身年份及年龄：	1870 年
9. 健康状况,有无残疾：	健康
10. 家庭情况(由您赡养的家庭成员人数)：	妻子和妹妹同我一起生活

11. 民族：	俄罗斯
12. 母语：	俄语
13. 懂何种外语，熟练程度如何：	英语、德语、法语程度差；意大利语程度很差
14. 熟悉俄国哪些地区，在那里住过多少年：	对伏尔加河流域较熟悉，在那里出生，居住到 17 岁
15. 是否到过国外（何时，何地，多久）：	1895 年；1900—1905 年；1908—1917 年，在西欧一些国家
16. 是否受过军事训练？	否
17. 文化程度（曾在哪些学校学习，是否毕业，如未毕业，读完了几年级）：	1891 年（作为校外生考试及格）毕业于彼得格勒大学法律系
18. 1917 年以前的主要职业：	写作
19. 有何专长：	无
20. 1917 年后，除党、苏维埃、工会等及类似工作外，还从事何种工作：	除所列各项外，只从事写作
21. 目前属于何种工会组织：	新闻工作者协会

22. 从 1917 年起曾担任过何种工作——苏维埃工作、军事工作、工会工作、经济工作（党的工作除外）：

何时（注明起讫年月）	何地（省、县、市、集团军、师）	在何机关	担任何种职务
1917 年 10 月起至 1921 年 3 月	莫斯科	人民委员会和劳动国防委员会	主席

23.填表时担任何种工作:苏维埃工作、军事工作、经济工作、工会工作(党的工作除外):

何时(从何时起,注明年月)	何 地（省、县、市、集团军、师）	在何机关	担任何种职务
从 1917 年 10 月起	莫斯科	人民委员会和劳动国防委员会	主席

24.从何时起为俄共(布)党员:	1894 年起
25.是否参加过其他党派? 如参加过,是何党派,何时参加,参加多久?	未参加过

26.1917 年以前是否参加过革命运动:

何时(起讫时间)	何 地（省、县、市）	在何组织	担任何种工作
1892—1893 1894—1895 1895—1897 1898—1900 1900—1905 1905—1907 1908—1917	萨马拉 彼得堡 监狱 西伯利亚（叶尼塞斯克省） 国外 彼得堡 国外	社会民主主义者秘密小组,从俄国社会民主工党成立时起为党员	

27.是否因革命活动受过迫害(何时,因何种案件)	1887 被捕; 1895—1897 被捕; 1898—1900 在西伯利亚; 1900 被捕

28.在狱中被监禁时间 服苦役时间 流放时间 侨居国外时间	几天＋14 个月 未 3 年 9—10 年

29. 1917 年起担任何种党的工作：

何时(注明起讫年月)	何地（省、县、市、集团军、师等）	在何机关	担任何种职务
从 1917 年 10 月至 1921 年 3 月	莫斯科	中央委员会	中央委员

30. 填表时担任何种党的工作：

何时(何时起)	何地（省、县、市、集团军、师）	在何机关	担任何种职务
从 1917 年 10 月至 1921 年 3 月	莫斯科	中央委员会	中央委员

31. 是否受过俄罗斯联邦司法机关或党的法庭的审判(何时,何地,因何案件)	否
1921 年 3 月 7 日	代表签名 **弗·乌里扬诺夫(列宁)**

载于 1932 年《列宁文集》俄文版第 20 卷

译自《列宁全集》俄文第 5 版第 43 卷第 413—418 页

注　释

1　这是有关俄共（布）第十次代表大会的一组文献。

俄共（布）第十次代表大会于 1921 年 3 月 8—16 日在莫斯科举行。参加代表大会的有 717 名有表决权的代表和 418 名有发言权的代表，共代表 732 521 名党员。列入代表大会议程的问题是：中央委员会的政治报告；中央委员会的组织报告；监察委员会的报告；政治教育总委员会和党的宣传鼓动工作；党在民族问题方面的当前任务；党的建设；工会及其在国家经济生活中的作用；关于以实物税代替余粮收集制；社会主义共和国在资本主义包围中；俄共（布）驻共产国际代表的报告；关于党的统一和无政府工团主义倾向；选举党的领导机关。此外，代表大会还听取了党史委员会的报告并在秘密会议上讨论了军事问题。这次代表大会通过了有关国家政治生活和经济生活的根本性问题的一些决定，规定了俄国从资本主义向社会主义过渡的具体途径。

列宁领导了代表大会的工作。他就大会议程上的主要问题——关于俄共（布）中央委员会的政治工作、关于以实物税代替余粮收集制、关于党的统一和无政府工团主义倾向——作了报告，并起草了大会的最重要的决议草案。大会根据列宁的报告通过了关于以实物税代替余粮收集制这一从战时共产主义转向新经济政策的具有历史意义的决议。代表大会特别重视党的统一问题，通过了列宁起草的《关于党的统一的决议》（见本卷第 78—83 页），决议要求立即解散削弱党、破坏党的统一的一切派别集团，并授权中央委员会对进行派别活动的中央委员采取直到开除出党的极端措施。大会还通过了列宁起草的《关于我们党内的工团主义和无政府主义倾向的决议》（见本卷第 84—87 页），指出工人反对派的观点是小资产阶级无政府主义动摇性的表现。在党的建设方面，代表大会通过了扩大党内民主、改善党员素质的决定，并向中央委员会发出进行清党的指示。代表大会还通过了监察委员会条例,规定设立中央监察委员会和各省监察委员会,这对于巩固党和改善国家机关有重要意义。

代表大会总结了工会问题的争论,以绝大多数票通过了《关于工会的作用和任务的决议》。这个决议重申了工会是共产主义的学校的论点,规定了工会的作用和任务,并提出了扩大工会民主的措施。代表大会还通过了《党在民族问题方面的当前任务的决议》,要求彻底消除从前的被压迫民族的事实上的不平等现象,并谴责了大国沙文主义和地方民族主义这两种在民族问题上的错误倾向。代表大会选出了由25名委员和15名候补委员组成的新的中央委员会。——1。

2 共产国际第二次代表大会于1920年7月19日—8月7日举行(开幕式在彼得格勒举行,以后的会议从7月23日起在莫斯科举行)。出席大会的有来自37个国家的67个组织(其中有27个共产党)的217名代表。法国社会党和德国独立社会民主党派代表列席大会,有发言权。代表大会的全部筹备工作是在列宁的领导下进行的。他在会前写的《共产主义运动中的"左派"幼稚病》一书(见本版全集第39卷)对规定共产国际的任务和制定共产国际的政治路线起了重要的作用。列宁以俄共(布)代表团成员身份出席大会,被选入了主席团。

代表大会的议程包括:国际形势和共产国际的基本任务;共产党在无产阶级夺取政权以前和以后的作用和结构;工会和工厂委员会;议会斗争问题;民族和殖民地问题;土地问题;对新中派的立场和加入共产国际的条件;共产国际章程;组织问题(合法与不合法组织、妇女组织等等);青年共产主义运动;选举;其他事项。为了预先审议议程上的重大问题,在7月24日举行的大会第三次全体会议上成立了6个委员会:工会运动委员会、议会斗争委员会、土地问题委员会、国际形势和共产国际任务委员会、民族和殖民地问题委员会、制定加入共产国际的条件的委员会。列宁在代表大会上作了关于国际形势和共产国际的基本任务的报告、民族和殖民地委员会的报告,就共产党的作用、议会斗争等问题发了言,并积极参加了大多数委员会的工作。

代表大会将列宁起草的《关于共产国际第二次代表大会的基本任

务的提纲》作为大会决议予以批准。在民族和殖民地问题上,代表大会通过了以列宁的初稿为基础的《民族和殖民地问题提纲》和《民族和殖民地问题补充提纲》。在土地问题上,代表大会通过了以列宁提纲为基础的决议。代表大会非常注意共产党争取和领导劳动群众的问题,它谴责了左倾宗派主义,通过了《共产党和议会斗争》、《工会运动、工厂委员会和第三国际》等决议。代表大会通过的《共产党在无产阶级革命中的作用》的决议指出:共产党是工人阶级解放的主要的和基本的武器;共产党的作用在工人阶级夺得政权以后不但没有缩小,相反还无比地增大了。代表大会通过的《加入共产国际的条件》这一文件对于在革命纲领基础上巩固共产党和防止机会主义的和中派的政党钻入共产国际具有重大的作用。代表大会还批准了共产国际的章程,通过了《共产国际第二次代表大会宣言》和一系列号召书。

共产国际第二次代表大会奠定了共产国际的纲领的、策略的和组织的基础,对发展国际共产主义运动具有重大意义。——1。

3　指俄共(布)第九次代表大会。

俄共(布)第九次代表大会于 1920 年 3 月 29 日—4 月 5 日在莫斯科举行。参加代表大会的共有 715 名代表,其中有表决权的代表 553 名,有发言权的代表 162 名,共代表 611 978 名党员。这次代表大会是在红军取得了反对外国武装干涉和国内反革命的决定性胜利、苏维埃俄国获得了暂时的和平喘息时机的条件下召开的。大会主要议程是:中央委员会的工作报告;经济建设的当前任务;工会运动;组织问题;共产国际的任务;对合作社的态度;向民兵制过渡;选举中央委员会。列宁直接领导了代表大会的工作,作了中央委员会的工作报告,并就经济建设、合作社等问题发了言。

这次代表大会的中心议题是经济建设问题,即从军事战线的斗争转向劳动战线的斗争、战胜经济破坏、恢复和发展国民经济的问题。列·达·托洛茨基作了关于经济建设的当前任务的报告。大会就这个问题通过的决议指出,苏维埃俄国经济恢复的基本条件是贯彻执行最近一个历史时期的统一的经济计划。决议规定了完成统一计划的各项根本任务的先后顺序:(1)首先是改善运输部门的工作,调运和储备必要的粮食、燃料和原料;(2)发展为运输业和获取燃料、原料、粮食服务的机器制造业;(3)加紧发展为生产日用品服务的机器制造业;(4)加紧生产日用品。实现国家电气化在统一经济计划中居于重要地位;大会通过了关于制定电气化计划的指示。

代表大会要求各级党组织执行俄共(布)中央关于给运输部门调配5 000名优秀的经过考验的共产党员的指令,并决定动员这次代表大会的10%的代表投入运输战线。代表大会决定把1920年的"五一"节(适逢星期六)定为全俄星期六义务劳动日。

代表大会批准了俄共(布)中央关于动员工业无产阶级、实行劳动义务制、经济军事化以及为经济需要动用军队等问题的提纲,责成党组织帮助工会和劳动部门统计全部熟练工人,以便吸收他们参加生产,同时否决了托洛茨基关于把成立劳动军作为保证国民经济劳动力的唯一良策和把军事方法搬用于和平经济建设的意见。代表大会十分重视生产管理的组织问题。大会就这个问题通过的决议指出,必须在一长制的基础上建立熟悉业务、坚强得力的领导。以季·弗·萨普龙诺夫等为代表的民主集中派反对在企业中实行一长制和个人负责制,坚持无限制的集体管理制,同时也反对使用旧专家,反对国家的集中管理,他们得到了阿·伊·李可夫、米·巴·托姆斯基、弗·巴·米柳亭、阿·洛莫夫等的支持。大会谴责和拒绝了民主集中派的建议。

代表大会在关于工会问题的决议中明确规定了工会的作用、工会同国家和党的相互关系、共产党领导工会的形式和方法以及工会参加经济建设的方式,在关于合作社问题的决议中要求巩固党在合作社组织中的领导地位。

代表大会还作出了关于出版《列宁全集》的决定。

4月4日,在大会秘密会议上选出了由19名委员和12名候补委员组成的新的中央委员会。——2。

4 指俄共(布)第十次代表大会前党内关于工会的作用和任务的争论。列宁对这次争论的评价,对各个派别集团的评述和对工会任务的规定,见《论工会、目前局势及托洛茨基同志的错误》、《党内危机》、《再论工会、目前局势及托洛茨基同志和布哈林同志的错误》以及他在全俄矿工第二次代表大会俄共（布）党团会议上的报告（本版全集第 40 卷）。
——2。

5 1919—1920 年,苏维埃俄国政府为了同波兰建立睦邻关系,曾不止一
次向波兰政府提出缔结和约的建议。1920 年 1 月 28 日,苏俄人民委
员会向波兰政府和波兰人民发表声明,重申它承认波兰国家的独立和
主权,并表示它愿意在领土方面对波兰作出重大让步:同意两国边界沿
明斯克以东一线划定。苏维埃俄国建议的这条边界线比同年 10 月 12
日苏波双方缔结的初步和约所规定的边界线靠东一些。——5。

6 工人反对派是俄共（布）党内的一个无政府工团主义集团,主要代表
人物是亚·加·施略普尼柯夫、谢·巴·梅德维捷夫、亚·米·柯伦
泰等。工人反对派作为派别组织是在 1920—1921 年的工会问题争
论中形成的,但是这一名称在 1920 年 9 月俄共（布）第九次全国代表
会议上即已出现。工人反对派的纲领则早在 1919 年就已开始形成。
在 1920 年 3—4 月举行的俄共（布）第九次代表大会上,施略普尼柯
夫提出了一个关于俄共（布）、苏维埃和工会之间关系的提纲,主张由
党和苏维埃管政治,工会管经济。在 1920 年 12 月 30 日全俄苏维埃
第八次代表大会俄共（布）党员代表、全俄工会中央理事会党员委员及
莫斯科工会理事会党员委员联席会议上,施略普尼柯夫要求将国民经
济的管理交给工会。将工人反对派的观点表达得最充分的是柯伦泰在
俄共（布）第十次代表大会前出版的小册子《工人反对派》。它要求把整
个国民经济的管理交给全俄生产者代表大会,由各生产者选举出中央
机关来管理共和国的整个国民经济;各个国民经济管理机关也分别由
相应的工会选举产生,而且党政机关不得否决工会提出的候选人。工
人反对派曾一度得到部分工人的支持。1920 年 11 月,在俄共（布）莫
斯科省代表会议上,它的纲领获得了 21％ 的票数。1921 年初,在全俄
矿工第二次代表大会共产党党团会议上则获得 30％ 的票数。由于党
进行了解释工作,工人反对派的人数到俄共（布）第十次代表大会时已
大大减少,它的纲领在这次代表大会上得票不足 6％。第十次代表大
会批评了工人反对派的观点,并决定立即解散一切派别组织。但施略

普尼柯夫、梅德维捷夫等在这次代表大会后仍继续保留非法组织,并且在1922年2月向共产国际执行委员会递送了一份题为《二十二人声明》的文件。1922年俄共(布)第十一次代表大会从组织上粉碎了工人反对派。——11。

7 在全俄矿工第二次代表大会俄共(布)党团会议上,亚·加·施略普尼柯夫发言说:"我们被指责为工团主义。这种指责再也吓不住我们了。"阿·谢·基谢廖夫说:"工团主义——这是用来吓唬一切人的怪物。"——13。

8 加入第三国际的21项条件是共产国际第二次代表大会于1920年8月6日通过的。——14。

9 国际联盟(国际联合会)是根据1919年在巴黎和会上通过的《国际联盟章程》于1920年1月成立的,总部设在日内瓦,先后参加的国家有60多个。美国本是国际联盟的倡议者之一,但因没有批准《国际联盟章程》,所以不是会员国。国际联盟自成立起就为英、法帝国主义所操纵。它表面上标榜"促进国际合作,维持国际和平与安全",实际上是帝国主义国家推行侵略政策、重新瓜分殖民地的工具。1920—1921年,国际联盟是策划武装干涉苏维埃俄国的中心之一。第二次世界大战爆发后,国际联盟无形中瓦解,1946年4月正式宣告解散。——15。

10 这一条约于1921年3月16日签订。——16。

11 人民委员会1921年2月1日关于石油租让问题的决定是以列宁拟定的草稿(见本版全集第40卷第315页)为基础制定的。——17。

12 喀琅施塔得事件是1921年2—3月间在俄国波罗的海海军要塞喀琅施塔得发生的反革命叛乱。这一叛乱是社会革命党人、孟什维克、无政府主义者和白卫分子在外国帝国主义者支持下策动的。卷入叛乱的约有27 000名水兵和士兵。当时波罗的海舰队中参加过十月革命的水兵大都上了国内战争的前线,新补充的水兵多半来自农民,不少人受到小资产阶级无政府主义的影响。所以这次叛乱反映了农民对战时共产主义政策的不满和他们在政治上的动摇。叛乱分子的首领提出了"没有共产党人参加的苏维埃"的口号,指望由小资产阶级政党掌握政权,这实际上意味着推翻无产阶级专政并为公开的白卫统治和复辟资本主义创造条件。2月28日和3月1日,叛乱分子的首领召开大会,通过决议,要求让所谓"左派社会主义政党"自由活动,取消政治委员,允许自由贸易,改选苏维埃。3月2日,叛乱分子逮捕了舰队指挥人员,占领了喀琅施塔得,给彼得格勒的安全造成了严重威胁。俄共(布)中央和苏维埃政府为平定叛乱采取了紧急措施。3月2日宣布彼得格勒特别戒严。3月5日重组第7集团军,由米·尼·图哈切夫斯基任司令员,负责平息叛乱。正在开会的俄共(布)第十次代表大会派出克·叶·伏罗希洛夫等约300名有军事经验的代表加强第7集团军。经过激烈的战斗,叛乱于3月18日被彻底粉碎。——18。

13　指1921年2月14日《巴黎回声报》发表的文章《波罗的海舰队反对苏维埃政权的暴动》、1921年2月14日《晨报》刊登的电讯《莫斯科采取措施对付喀琅施塔得暴动者》和1921年2月15日《共同事业报》刊登的电讯《喀琅施塔得暴动在彼得格勒的反响》。——18。

14　指立宪会议委员会。
　　立宪会议委员会是社会革命党人组织的反革命政府,1918年6月8日在捷克斯洛伐克军占领的萨马拉成立。委员会自封为立宪会议召开前的"临时政权";最初由5名社会革命党立宪会议代表组成,弗·卡·沃尔斯基为主席;以后不断补充,到9月底增至96名。立宪会议委员会宣布"恢复民主自由",建立所谓的工人代表苏维埃,成立"国民军",同时废除苏维埃政权法令,将已经收归国有的企业归还原主,并在实际上让地主夺取已归农民的土地。1918年6—8月,立宪会议委员会的统治曾扩大到萨马拉、辛比尔斯克、喀山、乌法各省和萨拉托夫省的部分地区。9月,"国民军"在红军打击下节节败退,放弃了大部分地盘。1918年9月乌法执政府(即所谓"全俄临时政府")成立后,立宪会议委员会改名为"立宪会议代表大会",它的行政机关"部长会议"则成为乌法地区政府。11月19日,在亚·瓦·高尔察克发动政变后,"立宪会议代表大会"成员被逮捕；虽经捷克斯洛伐克军交涉获释，但12月3日再度被捕，一部分人并被白卫军枪决于鄂木斯克。1918年12月，"立宪会议代表大会"和"部长会议"均被撤销。——19。

15　关于以实物税代替余粮收集制的问题最初是在1921年2月8日俄共（布）中央政治局会议上提出的。这次会议听取了恩·奥新斯基《关于播种运动和农民状况的报告》，研究了改善农民状况的问题，并成立了一个专门委员会来起草关于这个问题的决议。在这次会议上，列宁给专门委员会写了一个题为《农民问题提纲初稿》的文件，其中表述了以实物税代替余粮收集制的基本原则（见本版全集第40卷第341页）。2月16日，中央政治局又决定，在《真理报》上就以实物税代替余粮收集制的问题进行公开讨论。第一批讨论文章于2月17日和26日发表。

　　2月19日，中央政治局讨论了专门委员会拟定的关于以实物税代替余粮收集制的决议草案，决定将草案提交中央全会审议。2月24日，俄共（布）中央全会审议并原则上通过了这一决议草案。会议指派一个新的委员会再次对该草案从细节上进行修订。

　　在专门委员会起草决议期间，列宁接见了一些农民和农民代表团，认真听取了他们对粮食政策的建议和要求。3月3日，列宁对专门委员会拟定的决议草案第二稿提出了三点修改意见（见本卷第363—364页）。3月7日，中央全会再次审查了决议草案，并将草案交给由列宁主持的专门委员会最后定稿。3月15日，俄共（布）第十次代表大会一致通过了《关于以实物税代替余粮收集制的决议》（参看《苏联共产党代表大会、代表会议和中央全会决议汇编》1964年人民出版社版第2分册第105—107页）。——22。

16　指1918年10月26日人民委员会通过、1918年10月30日全俄中央执行委员会批准的关于征收实物税的法令（公布于1918年11月14日《全俄中央执行委员会消息报》）。这个法令是根据列宁1918年8月2日写的《关于粮食问题的提纲》（见本版全集第35卷第27—29页）起草的。——22。

17　1920年9月4日《俄共（布）中央通报》发表了俄共（布）中央委员会致

各级党组织和全体党员的通告信,信中分析了党内产生官僚主义和其他不良现象的原因,提出了扩大党内民主、改变党的工作方法的措施。同年9月22—25日举行的俄共(布)第九次全国代表会议通过的《关于党的建设的当前任务的决议》肯定了这些措施,并作了更加详细具体的规定(参看《苏联共产党代表大会、代表会议和中央全会决议汇编》1964年人民出版社版第2分册第37—45页)。全俄苏维埃第八次代表大会于12月28日专门讨论了关于改进中央及地方的苏维埃机关的工作和同官僚主义作斗争的问题。——25。

18　工农检查院(工农检查人民委员部)是苏维埃俄国的国家监察机关,1920年2月由国家监察人民委员部改组而成,享有人民委员部的一切权力和职责。它的主要任务是:监督各国家机关和经济管理机关的活动,监督各社会团体,同官僚主义和拖拉作风作斗争,检查苏维埃政府法令和决议的执行情况等。工农检查院在工作中依靠广大的工人、农民和专家中的积极分子。根据列宁的意见,1923年俄共(布)第十二次代表大会决定成立中央监察委员会—工农检查院这一党和苏维埃的联合监察机构。1934年工农检查院撤销,分设党的监察委员会和苏维埃监察委员会。——26。

19　俄共(布)第十次代表大会选举工人反对派的亚·加·施略普尼柯夫和И.Н.佩列别奇科为主席团委员。民主集中派的季·弗·萨普龙诺夫曾被提名为主席团委员候选人,但被代表大会否决。——30。

20　指俄共(布)莫斯科省代表会议。

俄共(布)莫斯科省代表会议于1920年11月20—22日在克里姆林宫举行。出席会议的有289名有表决权的代表和89名有发言权的代表。会议议程是:关于俄共(布)莫斯科委员会的工作报告,关于国内外形势和党的任务的报告,关于国家经济状况的报告,关于生产宣传的报告,选举莫斯科委员会。列宁在代表会议上作了关于国内外形势和党的任务的报告,并就莫斯科委员会的选举问题发了言。代表会议是在工会问题争论已经开始时举行的。出席会议的民主集中派、工人反对派和伊格纳托夫派的代表激烈反对党的政策。他们从会议筹备时起

就企图在莫斯科的党组织中取得优势。工人反对派的一些人力图把自
己的人更多地安插进莫斯科委员会,竟撇开在斯维尔德洛夫大厅开会
的其他代表,而在米特罗范大厅另外召开工人代表的会议,从而形成了
"两个房间开会"的局面。代表会议在列宁领导下对反对派进行了回
击,就莫斯科委员会的工作报告通过了体现党中央观点的决议。代表
会议否决了反对派在非正式会议上拟的莫斯科委员会名单,通过了中
央政治局提出的名单。——30。

21 指俄共(布)第九次全国代表会议。

俄共(布)第九次全国代表会议于1920年9月22—25日在莫斯科
举行。出席会议的代表共241名,其中有表决权的116名,有发言权的
125名,共代表70万党员。会议议程是:波兰共产党人代表的报告;中
央委员会的政治报告;中央委员会的组织报告;关于党的建设的当前任
务;党史研究委员会的报告;关于共产国际第二次代表大会的报告。

列宁在会上作了中央委员会政治报告。根据列宁的报告,会议一
致通过了苏维埃俄国同波兰缔结和约的条件的决议。会议同意在列宁
直接领导下拟定的并经他审阅过的全俄中央执行委员会关于同波兰媾
和的具体条件的声明。

关于党的建设的当前任务的讨论,在这次代表会议上占有很重要
的位置。会议批评了民主集中派反对党的纪律和否定共产党在苏维埃
和工会工作中的领导作用的错误意见,通过了由列宁起草的《关于党的
建设的当前任务的决议》。决议在发扬党内民主、巩固党的团结和纪
律、加强苏维埃机关和经济机关中的反官僚主义斗争、加强对青年党员
进行共产主义教育工作等方面规定了一系列实际措施。代表会议指
出,必须广泛吸收普通党员积极参加省代表会议和俄共(布)省委全体
会议。为了同各种舞弊行为作斗争和审理党员提出的申诉,代表会议
认为必须成立监察委员会,在省委会下面则成立党的专门委员会。

会议根据中央委员会的组织报告通过决议,建议加强中央委员会
书记处在了解地方工作情况和总结地方工作经验方面的活动,改善中
央委员会对红军和红海军部队中党的组织工作的直接领导,不要使这
些组织的工作同社会生活脱节。——31。

22　指全俄矿工第二次代表大会。

全俄矿工第二次代表大会于 1921 年 1 月 25 日—2 月 2 日在莫斯科工会大厦圆柱大厅举行。出席大会的有 341 名代表(其中有表决权的代表 295 名,有发言权的代表 46 名),代表 332 000 余名矿工工会会员。代表中有共产党员和预备党员 259 名。

代表大会听取和讨论了矿工工会中央委员会的工作报告、矿业委员会和各总管理局的报告,讨论了燃料供应、工会任务、组织生产等问题,并选举了新的中央委员会。这次大会对克服燃料危机和制定矿业生产计划有巨大意义。

代表大会开幕前(1 月 22—24 日)俄共(布)党团召开了 4 次会议,对工会的作用和任务展开了充分的讨论。列宁、列·达·托洛茨基和亚·加·施略普尼柯夫分别在会上作了报告,阐述了各自的纲领。列宁的主张得到党团绝大多数人的拥护。表决中列宁所维护的纲领得137 票,施略普尼柯夫纲领得 61 票,托洛茨基纲领得 8 票。

下文提到的西伯利亚代表在这次代表大会上的发言是从亚·米·柯伦泰的小册子《工人反对派》中引来的。在全俄矿工第二次代表大会的记录里,西伯利亚局代表的报告中没有柯伦泰引的这段话。——32。

23　指西班牙全国劳动联盟的代表安赫尔·佩斯塔尼亚和英国工人组织车间代表委员会的代表杰克·坦纳于 1920 年 7 月 23 日在共产国际第二次代表大会上的发言。——35。

24　指 1921 年 3 月 5—6 日在哈尔科夫举行的讨论粮食问题的全市非党代表会议。出席这个会议的有约两千名代表。会上,左派社会革命党人和孟什维克对经济部门和粮食部门的工作进行了激烈的批评,但是会议没有赞同他们的决议案。会议根据哈尔科夫省执行委员会主席的报告通过决议,提出了一系列改善工人粮食供应状况的措施。——40。

25　指喀琅施塔得叛乱分子的两个文件:1921 年 3 月 1 日第 1、第 2 战列舰支队全体人员大会决议和 1921 年 3 月 2 日"临时革命委员会"《告喀琅施塔得要塞和城市居民书》。——40。

26　马赫诺分子是指以涅·伊·马赫诺为首的俄国无政府主义派别的成员。马赫诺分子是一伙作恶多端的政治匪徒。他们于1918—1920年在乌克兰组织武装队伍,以建立"没有政权的国家"和"自由的苏维埃"为行动口号,进行反对无产阶级国家的活动。——43。

27　第一个说"哎!"出自俄国作家尼·瓦·果戈理的讽刺喜剧《钦差大臣》。剧中两个地主博勃钦斯基和多勃钦斯基为了抢头功,争着说自己是第一个发现"钦差大臣"赫列斯塔科夫并且说了一声"哎!"的。——45。

28　全俄工会第五次代表会议于1920年11月2—6日在莫斯科举行。出席会议的共有261名代表,其中有表决权的202名,有发言权的59名。列入代表会议议程的问题是:全俄工会中央理事会工作报告;最高国民经济委员会主席团报告;工会的生产任务;粮食运动与工会;工资政策与工人的物质供应;工会目前的组织任务及其实现的方法;工会参加工农检查院;职业技术教育的当前措施;国际工人运动问题和国际工会理事会的建立。

　　俄共(布)在这次会议上提出了改变工会的工作方法即用民主的方法代替行政命令的军事的方法以适应社会主义和平建设任务的问题。列·达·托洛茨基反对采用新的工作方法。11月3日,他在代表会议俄共(布)党团会议上的发言中提出了"整刷"工会的口号,要求"拧紧螺母"和立即实现"工会国家化"。托洛茨基的发言挑起了党内关于工会的作用和任务问题的争论。

　　11月5日,扬·埃·鲁祖塔克向代表会议作了关于工会在生产中的任务的报告。会议通过了他提出的《工会在生产中的任务》的提纲。列宁肯定了这个提纲(见本版全集第40卷第221—223页)。——45。

29　指列·达·托洛茨基1920年12月30日在全俄苏维埃第八次代表大会俄共(布)党员代表、全俄工会中央理事会党员委员及莫斯科省工会理事会党员委员联席会议上的讲话。——46。

30　运输工会中央委员会即铁路和水路运输联合工会中央委员会,成立于1920年9月。两个运输工会之所以合并起来,是由于当时俄国运输业的破坏已使整个国民经济濒于瘫痪,因而需要建立起坚强的集中化领导,以保证迅速完成恢复运输业的任务。由于任务艰巨,运输工会中央委员会在工作中还采取了某些非常措施和军事工作方法。运输工会中央委员会在恢复运输业方面做了大量工作,但是后来却蜕化成为脱离职工群众的官僚主义机关。1920年底—1921年初,领导这个机构的托洛茨基分子培植官僚主义,单纯采用行政命令和委派制,拒绝民主的工作方法。所有这些引起了工人群众对党的不满,并分裂了运输工人的队伍。俄共(布)中央谴责了这些错误做法。1920年11月8日和12月7日中央全会决定将运输工会中央委员会和其他工会一样划归全俄工会中央理事会领导,同时建议它改变工作方法。1921年3月根据俄共(布)中央决议召开的全俄运输工人第一次代表大会改选了运输工会中央委员会,制定了工会工作的新方法。——46。

31　指1920年12月29日全俄苏维埃第八次代表大会通过的《关于运输业的决议》。——47。

32　《十人纲领》即俄共(布)中央设立的工会问题委员会制定的《俄共第十次代表大会关于工会的作用和任务问题的决定草案》,由俄共(布)中央委员列宁、费·安·谢尔盖耶夫(阿尔乔姆)、格·叶·季诺维也夫、米·伊·加里宁、列·波·加米涅夫、格·伊·彼得罗夫斯基、斯大林、米·巴·托姆斯基、扬·埃·鲁祖塔克和俄共(布)中央所属工会问题委员会委员索·阿·洛佐夫斯基签署,于1921年1月18日在《真理报》上发表。纲领根据国内战争结束和转向和平建设后出现的新形势规定了工会的任务,明确说明了工会的作用,指出工会应该是学习管理的学校、学习主持经济的学校、学习共产主义的学校,同时规定了工会工作的主要方法是说服教育的方法,即在工会内部广泛实行无产阶级民主的方法。这一纲领在工会问题争论中得到了大多数地方党组织的支持,成为俄共(布)第十次代表大会通过的关于工会的作用和任务的决定的基础(参看《苏联共产党代表大会、代表会议和中央全会决议汇编》1964年人民出版社版第2分册第72—90页)。——47。

33　指伊·伊·库图佐夫1921年3月14日在俄共(布)第十次代表大会全

体会议上的发言。库图佐夫为工人反对派提出的基本论点辩护,同时也指出党对工会关怀不够,以致工人群众对工会组织持消极态度。——47。

34 列宁起草的关于合作社的决议草案于1921年3月15日在俄共(布)第十次代表大会的第14次会议上通过。——57。

35 俄共(布)第十次代表大会《关于以实物税代替余粮收集制的决议》的第8条确定了关于地方流转自由的基本原则(参看《苏联共产党代表大会、代表会议和中央全会决议汇编》1964年人民出版社版第2分册第107页)。——58。

36 这句话显然是温·丘吉尔说的。1920年访问苏维埃俄国的英国雕塑家克·谢里登向列宁转述了这句话。——59。

37 列宁的这一决议草案经俄共(布)第十次代表大会第16次会议讨论并作了少许改动后通过。——63。

38 这里说的是1921年2月28日劳动国防委员会的决定。该决定规定拨1 000万金卢布到国外采购粮食和生活必需品来改善对工人的供应。——76。

39 劳动国防委员会是苏俄人民委员会的机关,负责指导经济系统各人民委员部和国防主管部门的活动,1920年4月在工农国防委员会的基础上成立。根据全俄苏维埃第八次代表大会通过的条例,劳动国防委员会享有俄罗斯联邦人民委员会直属委员会的权利。它在地方上的机关是各级经济会议。劳动国防委员会的成员包括人民委员会主席(兼劳动国防委员会主席),陆军、交通、农业、粮食、劳动、工农检查等人民委员,最高国民经济委员会主席,全俄工会中央理事会主席和中央统计局局长(有发言权)。列宁是第一任劳动国防委员会主席。劳动国防委员会存在到1937年4月。——76。

40 国家建筑工程委员会(最高国民经济委员会国家建筑工程委员会)是根

据 1918 年 5 月 9 日人民委员会的法令成立的,负责统一审议和管理国家建设工程项目,包括铁路、水利、公路、电力、工业等建筑工程以及城乡建设。1922 年 1 月 26 日,国家建筑工程委员会改组为最高国民经济委员会的一个部门——国家建筑工程总管理局。1924 年 5 月解散,所属机关移交各有关的人民委员部。——77。

41　指 1920 年 11 月在哈尔科夫举行的全乌克兰第五次党代表会议。参加这次代表会议的 316 名代表中有 23 名,即 7%,对工人反对派的纲领投了赞成票。——78。

42　民主集中派是俄共(布)党内的一个派别集团,1919 年初开始出现,1920 年最终形成,主要代表人物是季·弗·萨普龙诺夫、恩·奥新斯基、弗·米·斯米尔诺夫、弗·尼·马克西莫夫斯基等。民主集中派否认党在苏维埃和工会中的领导作用,反对在工业中实行一长制和个人负责制,要求在党内有组织派别和集团的自由。民主集中派的代表主张人民委员会和全俄中央执行委员会主席团合并,要求取消地方政权机关对中央的从属关系。他们还反对中央政治领导和组织领导的统一,力图把组织局排除于政治领导之外。在 1920—1921 年的工会问题争论中,民主集中派曾公布该派的纲领。俄共(布)第十次代表大会决定解散一切派别集团后,该派某些成员仍继续进行反对党的总路线的活动。1923 年,他们同托洛茨基反对派结成联盟。1926 年,他们结成了以萨普龙诺夫和斯米尔诺夫为首的所谓"十五人集团",参加了托洛茨基—季诺维也夫联盟。1927 年 12 月联共(布)第十五次代表大会把民主集中派分子共 23 人开除出党。——78。

43　《争论专页》(《Дискуссионный Листок》)是俄共(布)中央委员会的不定期出版物,根据 1920 年 9 月举行的俄共(布)第九次全国代表会议的决定创办。最初是文集,从 1923 年起是俄共(布)中央机关报《真理报》的附刊。一般在党的代表大会召开前出版。刊物的主要任务是开展党内批评,讨论有关党的战略、策略以及经济建设方面的问题。

　　在俄共(布)第十次代表大会前,《争论专页》出了两期:1921 年 1 月的第 1 期和 1921 年 2 月的第 2 期。——82。

44 根据俄共(布)第十次代表大会的决定,《关于党的统一的决议》的第7条当时没有公布。1924年1月17日,在俄共(布)第十三次代表会议上,斯大林在其《关于党的建设的当前任务的报告》中宣读了这一条(见《斯大林全集》第6卷第22页)。代表会议谴责了列·达·托洛茨基和托洛茨基分子的派别活动,在《关于争论总结和党内小资产阶级倾向的决议》中建议中央委员会公布这一条文(参看《苏联共产党代表大会、代表会议和中央全会决议汇编》1964年人民出版社版第2分册第371页)。这一决议为俄共(布)第十三次代表大会批准。——83。

45 指1920年7月24日共产国际第二次代表大会通过的《关于共产党在无产阶级革命中的作用的决议》。——85。

46 关于党的统一和无政府工团主义倾向的报告是在俄共(布)第十次代表大会最后一次会议即第16次会议上作的。大会对列宁的报告进行了详尽的讨论。在讨论中,工人反对派和民主集中派的代表反对列宁提出的《关于党的统一》和《关于党内的工团主义和无政府主义倾向》这两个决议草案。在列宁作了总结发言以后,大会以绝大多数票通过了这两个决议。——88。

47 德国共产主义工人党由被德国共产党第二次代表大会(1919年10月)开除出党的无政府主义"左派"分子组成,1920年4月在柏林成立。为了促使德国所有共产主义力量联合起来和争取德国共产主义工人党中的无产阶级优秀分子,共产国际执行委员会于1920年11月暂时同意该党作为同情政党加入共产国际,同时向该党提出同德国统一共产党合并和支持其一切行动的要求。共产国际第三次代表大会作出决议,要该党在一定期限内并入德国统一共产党,否则就要取消它作为共产国际同情政党的资格。由于没有执行共产国际的这项决议,该党被认为自行退出共产国际。该党后来蜕化成为宗派小集团,于1927年解散。——91。

48 指1920年8月4日共产国际第二次代表大会通过的《关于土地问题的决议》。——92。

49　这里说的"'民主集中派'的一个同志"是指阿·扎·卡缅斯基。——97。

50　指谢·巴·梅德维捷夫以工人反对派的名义提出的与列宁的《关于党的统一的决议》相对立的决议案。该决议案被代表大会所否决。——99。

51　列宁提出的这项决议略加修改后由俄共(布)第十次代表大会通过(参看《苏联共产党代表大会、代表会议和中央全会决议汇编》1964年人民出版社版第2分册第69—70页)。——100。

52　根据俄共(布)中央全会1921年1月12日的决定,俄共(布)第十次代表大会代表的选举"可以按不同纲领"进行。针对这一做法,达·波·梁赞诺夫建议对列宁提出的《关于党的统一的决议》草案作如下补充:"代表大会最坚决地谴责任何派别活动,同时,也同样坚决地反对按不同纲领进行代表大会的选举"。根据列宁的建议,代表大会否决了梁赞诺夫的这一修改意见。——101。

53　拉法伊尔(Р.Б.法尔布曼)的修改意见涉及《关于党的统一的决议》草案的第4条(见本卷第82页)。他建议对这一条作如下补充:有争论的问题应当"在全体党员大会上和报刊上"讨论。这条修改意见被代表大会否决。——102。

54　阿·谢·基谢廖夫在俄共(布)第十次代表大会上发言反对《关于党的统一的决议》草案的第7条。他说,列宁在说明这一条的意义时,使用了"架起机关枪"这样的字眼,而他是不愿充当"机关枪手"的。——103。

55　К.И.马尔琴科的修改意见涉及《关于我们党内的工团主义和无政府主义倾向的决议》草案第6条。他建议在决议中指出,争论文集只能由俄共(布)中央委员会或中央委员会区域局出版。这条修改意见被大会否决。——104。

56 报纸联合社是英国的一家通讯社,1868年创办。该通讯社是地方报纸发行人的合作组织,总社设在伦敦。——111。

57 路透社是英国最大的世界性通讯社,成立于1850年,总社设在伦敦。——111。

58 《晨报》(«Le Matin»)是法国的一家资产阶级报纸(日报),1882年在巴黎创刊,1944年8月停刊。——112。

59 《泰晤士报》(«The Times»)是英国最有影响的资产阶级报纸(日报),1785年1月1日在伦敦创刊。原名《环球纪事日报》,1788年1月改称《泰晤士报》。——112。

60 《每日纪事报》(«The Daily Chronicle»)是英国的一家资产阶级报纸,1855—1930年在伦敦出版。——113。

61 在伦敦的土耳其代表团是指出席解决希腊和土耳其冲突的伦敦会议的土耳其代表团。这个会议于1921年2月21日—3月14日举行,出席会议的除了希腊和土耳其的代表团外,还有英国、法国、意大利、日本、德国的代表。英、法两国操纵了这次会议。它们挑唆土耳其反对苏维埃俄国。英国首相劳合-乔治同土耳其代表团团长进行了幕后秘密谈判,但没有达成协议。对于英、法、意等国提出的关于解决希土争端的所谓"协约国建议",希土双方都不满意。伦敦会议遂无结果而散。希腊继续进行战争。土耳其则开始同苏维埃俄国政府谈判,双方于1921年3月16日签订了一项友好条约。

西里西亚的全民投票是指根据凡尔赛条约为解决上西里西亚的归属问题而于1921年3月20日在该地区举行的全民投票。德国当局采取各种手段,使自己获得了微弱的多数票。这一投票结果引起了5月2日夜波兰居民的起义。1921年10月20日,国际联盟行政院通过了关于瓜分上西里西亚的决定。上西里西亚领土的三分之一归波兰所有,大部分仍属德国。根据1945年波茨坦会议的决定,战前德国所属的西里西亚划归波兰。——113。

62　指伊·克拉克编的《关于苏维埃俄国的事实和捏造》一书。——113。

63　这是列宁在拥护《十人纲领》的俄共(布)第十次代表大会代表的一次非
正式会议上的发言的要点。这次会议是在 1921 年 3 月 13 日召开的。
——115。

64　马哈伊斯基主义是指 20 世纪初俄国工人运动中以瓦·康·马哈伊斯
基为首的一个接近无政府工团主义的派别的观点。马哈伊斯基的《脑
力劳动者》一书阐明了马哈伊斯基派的观点。马哈伊斯基主义的特点
是敌视知识分子,力图挑起工人阶级和知识分子之间的对抗。它认为
知识分子"垄断地占有知识",依靠工人劳动而生活,也是寄生阶级,并
攻击科学社会主义是"知识分子对工人的极大欺骗"。马哈伊斯基派在
伊尔库茨克、敖德萨、华沙、彼得堡等地有一些互不联系的小组,在工人
阶级中的影响是微不足道的,1905 年革命以后就无声无息了。
——115。

65　列宁在他写的《关于党的统一的决议》草案第 7 条中对这一点作了发挥
(见本卷第 83 页)。——115。

66　特别部(全俄肃反委员会特别部)是红军中的肃反机关,根据 1918 年
12 月 19 日俄共(布)中央政治局的决定,由共和国革命军事委员会防
谍局同军队中的肃反委员会合并而成。各集团军均成立了特别部,革
命军事委员会对特别部的活动有监督权。——117。

67　列宁的这个谈话首先由 1921 年 3 月 15 日《纽约先驱报》上午版作了报
道。第二天,法国《人民报》也作了报道。1921 年 3 月 26 日,《彼得格
勒真理报》摘要刊登了这个谈话。
　　　《纽约先驱报》(《The New York Herald》)是美国共和党的机关报
(日报),1835—1924 年在纽约出版。——118。

68　列宁的这个建议在俄共(布)中央政治局 1921 年 3 月 16 日会议上通
过。——119。

69　俄共（布）中央政治局于 1921 年 3 月 19 日批准了这一决定草案。
——120。

70　列宁在全俄运输工人第一次代表大会上的这篇讲话是 3 月 27 日下午作的，当年印成了小册子。

　　全俄运输工人第一次代表大会是根据俄共（布）中央的决定于 1921 年 3 月 22—31 日在莫斯科召开的。出席大会的有 1 079 名代表，其中大多数是共产党员。大会议程包括下列问题：运输工会中央委员会总结报告；交通人民委员部报告；水运员工部中央理事会工作总结；关于工资政策；关于运输工人的粮食供应；关于运输工人的国际联合。列宁当选为代表大会名誉主席，并在 1921 年 3 月 25 日接见了副交通人民委员瓦·瓦·佛敏，同他交谈了代表大会的工作和运输工会中央委员会的人员组成问题。代表大会改选了运输工会中央委员会，提出了运输工人积极参加国民经济恢复工作的任务。——121。

71　这句话出自俄国作家伊·费·哥尔布诺夫的故事《在驿站》：一个驿站马车夫自吹赶了 15 年车，对山坡很熟悉，却老是把车赶翻，翻车以后还满不在乎地逗趣说："你看，每次都在这个地方……"——127。

72　列宁对国营第一汽车制造厂工厂委员会和全体工人的这一祝贺是用电话传达给该厂的。列宁在贺词稿上批示：限 12 小时传到。——135。

73　列宁拟的这一决定草案于 1921 年 4 月 6 日由俄共（布）中央政治局通过。——136。

74　这是列宁对苏维埃各州及各共和国东方民族妇女部第一次代表会议的代表邀请他出席会议的复电。

　　苏维埃各州及各共和国东方民族妇女部第一次代表会议于 1921 年 4 月 5—7 日在莫斯科举行。出席会议的共有 45 名女共产党员代表，她们来自土耳其斯坦、阿塞拜疆、巴什基尔、克里木、高加索、鞑靼、西伯利亚以及一些有突厥族和山地居民的省份。会议讨论了东方妇女的经济地位和法律地位以及在她们中间进行组织工作和宣传鼓动工作的方式方法等问题。——137。

75　这是列宁在俄共(布)莫斯科市和莫斯科省支部书记及支部负责代表会议上就会议议程——粮食税问题——作的报告。这次会议是莫斯科委员会为了解释俄共(布)第十次代表大会的决议于1921年4月9日在工会大厦圆柱大厅召开的。出席会议的还有莫斯科党组织中参加平定喀琅施塔得反革命叛乱的部分人员以及莫斯科省部分乡的妇女工作者。——138。

76　指人民委员会1921年4月7日颁布的关于以实物奖励工人的法令,这项法令发表在1921年4月9日《全俄中央执行委员会消息报》第76号上。列宁对这项法令的评价见他在俄共(布)第十次代表会议所作的关于粮食税的报告(见本卷第304页)。——138。

77　贫苦农民委员会(贫委会)是根据全俄中央执行委员会1918年6月11日《关于组织贫苦农民和对贫苦农民的供应的法令》建立的,由一个乡或村的贫苦农民以及中农选举产生。根据上述法令,贫苦农民委员会的任务是:分配粮食、生活必需品和农具;协助当地粮食机构没收富农的余粮。到1918年11月,在欧俄33省和白俄罗斯,共建立了122 000个贫苦农民委员会。在许多地方,贫苦农民委员会改选了受富农影响的苏维埃,或把权力掌握在自己手里。贫苦农民委员会的活动超出了6月11日法令规定的范围,它们为红军动员和征集志愿兵员,从事文教工作,参加农民土地(包括份地)的分配,夺取富农的超过当地平均份额的土地(从富农8 000万俄亩土地中割去了5 000万俄亩),重新分配地主土地和农具,积极参加组织农村集体经济。贫苦农民委员会实际上是无产阶级专政在农村中的支柱。到1918年底,贫苦农民委员会已完成了自己的任务。根据1918年11月全俄苏维埃第六次(非常)代表大会的决定,由贫苦农民委员会主持改选乡、村苏维埃,改选后贫苦农民委员会停止活动。

　　乌克兰的贫委会即乌克兰贫苦农民委员会,是无地和少地农民的联合组织,1920年开始成立,1933年撤销。——147。

78 "左派共产主义者"是俄共(布)党内的一个左倾机会主义集团,产生于1918年1月。核心人物是尼·伊·布哈林、安·谢·布勃诺夫、阿·洛莫夫、瓦·瓦·奥博连斯基、叶·阿·普列奥布拉任斯基、卡·伯·拉狄克、格·列·皮达可夫等。"左派共产主义者"极力反对列宁在1918年初提出的尽快同德国媾和的建议,认为同帝国主义国家媾和在原则上是不允许的,力主当时还没有军队的年轻的苏维埃共和国继续同德国作战。他们把德国革命将会爆发设想为在最近某个短时期内就要爆发,认为德国政府很快会被德国革命所推翻。列宁在批评"左派共产主义者"的冒险主张时多次指出,相信德国革命成熟和宣布德国革命已经成熟,这是完全不同的两回事。

1918年4月,以布哈林为首的"左派共产主义者"发表《目前形势的提纲》来对抗列宁的《关于苏维埃政权的当前任务的提纲》。他们否认过渡时期的必要性,主张用"对资本实行骑兵突击"、颁布相应的法令和"生活公社化"的办法立即"实行"社会主义,反对利用国家资本主义,反对使用资产阶级专家,建议完全摧毁银行信贷机构,加速废除货币,等等。列宁在《论"左派"幼稚性和小资产阶级性》一文中批评了他们的错误观点(见本版全集第34卷)。1918年夏末,"左派共产主义者"公开承认了自己的错误。——148。

79 指苏维埃俄国同哥德堡瑞典滚珠轴承股份公司签订的租让合同的草案。合同于1923年4月正式签订。——150。

80 这是列宁在全俄工会中央理事会共产党党团会议上就租让问题所作的三次讲话。

鉴于部分工会工作人员对租让政策不够理解,思想上发生一些动摇,而亚·加·施略普尼柯夫和达·波·梁赞诺夫又在进行反对租让的鼓动,全俄工会中央理事会共产党党团于1921年4月11日开会讨论了租让问题和工人在租让企业中的地位问题。列宁在会上的这些讲话批评了施略普尼柯夫和梁赞诺夫,对明确苏维埃国家租让政策的实质和意义起了很大作用。——153。

81 关于必须制定租让合同的基本原则的问题,是在人民委员会1921年2

月1日通过有关租让巴库和格罗兹尼的油田的决定时提出的。原来委托最高国民经济委员会主席阿·伊·李可夫拟定租让合同的基本原则的草案。由于草案迟迟拟不出来,列宁就在深入研究有关材料的基础上,于3月底亲自拟了草案。人民委员会根据列宁的草案于1921年3月29日通过了关于租让合同的基本原则的决定。——155。

82 指英国矿工大罢工和德国的三月行动。

英国矿工大罢工发生于1921年4—6月。1921年3月24日,英国政府通过一项法令,停止国家在战时实行的对煤矿的管制。3月31日,矿主以同盟歇业相威胁,向工人发出最后通牒,要求将工资降低30％,有些地区降低50％。4月1日,矿工们开始罢工,参加人数达百万以上。政府在罢工的第一天就宣布全国处于紧急状态,并派军队进驻煤矿区。

一些主要工业部门的工人和运输业的工人决定于4月15日举行声援罢工。但是,改良主义的首领们在这一天取消了罢工。英国工人把工会领袖们破坏罢工的这一天称为"黑色的星期五"。矿工们又继续进行了9个星期的斗争,于6月底被迫复工。

德国的三月行动是指1921年3月德国中部工人的革命斗争。德国统一共产党在德国中部地区影响很大。德国政府当局为了镇压这里的革命运动,于3月18日派遣公安警察和国防军进入这个地区,占领了一些重要企业。德共梅泽堡专区党组织于3月21日号召以总罢工回答这个挑衅。罢工在几天之内扩展到整个德国中部,并在许多地区变成工人反对反动派的武装斗争。德国统一共产党中央也于3月25日宣布全德总罢工。德国中部地区工人的这次斗争坚持到4月1日,终因敌我力量悬殊而被镇压下去。一百多名工人惨遭屠杀,几千名工人被投入牢狱。列宁对德国三月行动的评论见他在共产国际第三次代表大会上作的《捍卫共产国际策略的讲话》和他的《给德国共产党员的一封信》(本版全集第42卷)。——160。

83 看来是指米·巴·托姆斯基和阿·季·哥尔茨曼。——170。

84 指格鲁吉亚革命委员会和格鲁吉亚孟什维克政府的代表在库塔伊西签

订的条约。1921年2月25日,红军第11集团军和格鲁吉亚起义军攻入梯弗利斯,格鲁吉亚孟什维克政府退到了巴统。格鲁吉亚革命委员会和孟什维克政府于1921年3月17—18日举行谈判,签订了这个条约。但格鲁吉亚孟什维克政府领导人于3月18日即逃往国外。——173。

85 凡尔赛条约即第一次世界大战后英、法、意、日等国对德和约,于1919年6月28日在巴黎郊区凡尔赛宫签订。和约的主要内容是,德国将阿尔萨斯—洛林归还法国,萨尔煤矿归法国;德国的殖民地由英、法、日等国瓜分;德国向美、英、法等国交付巨额赔款;德国承认奥地利独立;限制德国军备,把莱茵河以东50公里的地区划为非军事区。中国虽是战胜国,但和约却把战前德国在山东的特权交给了日本。这种做法遭到了中国人民的强烈反对,中国代表因而没有在和约上签字。列宁认为凡尔赛和约"是一个闻所未闻的、掠夺性的和约,它把亿万人,其中包括最文明的一部分人,置于奴隶地位"(见本版全集第39卷第394页)。——174。

86 指阿姆斯特丹工会国际的活动家。阿姆斯特丹工会国际是改良主义工会的国际联合组织,于1919年7月在阿姆斯特丹(荷兰)国际工会代表会议上成立,1945年底正式宣布解散。——175。

87 《前进报》(《Вперед》)是俄国孟什维克报纸(日报),1917年3月起在莫斯科出版。该报最初是孟什维克莫斯科组织的机关报,后来是俄国社会民主工党(孟什维克)莫斯科组织委员会和中部区域委员会的机关报。从1918年4月2日起,是孟什维克中央委员会的机关报,尔·马尔托夫、费·伊·唐恩和亚·萨·马尔丁诺夫都参加了该报编辑部。1918年5月10日,根据全俄肃反委员会的决定,该报被查封,领导人被送交法庭审判。5月14日,该报改称《永远前进报》,出了一号。1919年1月22日—2月25日继续出版。1919年2月,根据全俄中央执行委员会的决定被最终查封(决定草案是列宁写的,见本版全集第35卷第475—476页)。——175。

88　第二半国际是在革命群众压力下退出了伯尔尼国际的各国中派社会党
的国际组织。这一组织是在 1921 年 2 月 22—27 日举行的维也纳代表
会议上成立的,通称维也纳国际,正式名称是社会党国际联合会。参加
这一组织的有英国独立工党、德国独立社会民主党等十多个中派社会
党以及俄国的孟什维克和社会革命党。奥地利社会民主党的弗·阿德
勒任总书记。成立第二半国际的真正目的是阻碍广大群众转向共产国
际。第二半国际的领袖们(阿德勒、奥·鲍威尔、罗·格里姆、阿·克里
斯平、让·龙格、尔·马尔托夫、维·米·切尔诺夫等)口头上批评第二
国际,实际上在无产阶级运动的一切主要问题上都执行机会主义的中
派路线。1923 年 5 月,在革命浪潮开始低落的形势下,第二半国际同
伯尔尼国际合并为社会主义工人国际。——175。

89　国际工会理事会是根据共产国际执行委员会和全俄工会中央理事会的
倡议于 1920 年 7 月在莫斯科成立的革命工会联合组织,1921 年 7 月在
国际工会第一次代表大会上改名为红色工会国际。——178。

90　这个决定草案在作了若干文字修改后由人民委员会于 1921 年 4 月 12
日通过,有关的具体问题交由国家计划委员会详细研究。列宁于 1921
年 4 月 12 日和 13 日给国家计划委员会主席格·马·克尔日扎诺夫斯
基的两封信谈到了这个问题(见本版全集第 50 卷第 282、285 号文献)。
——183。

91　这是列宁给彼得格勒市非党工人会议代表们的回信,于 1921 年 4 月 20
日在这个会议上宣读。

　　彼得格勒市非党工人会议于 1921 年 4 月 10—20 日举行。出席会
议的有彼得格勒各工厂的 1 000 多名代表。会议议程包括:工人阶级
的任务和工人阶级参加苏维埃俄国的当前建设问题;与组织生产的任
务有关的工人日常生活问题;粮食问题和对工人的供应。打着"非党"
旗号钻进会议的孟什维克企图破坏会议,但遭到大多数工人代表的反
对而未能得逞。——187。

92　俄共(布)中央委员会和人民委员会直属财政委员会的决定草案经列宁

修改补充后,于 1921 年 4 月 14 日由俄共(布)中央政治局批准。
——188。

93 这个决定草案是在劳动国防委员会 1921 年 4 月 15 日会议上提出并得到批准的。

亚—恩巴工程是亚历山德罗夫盖—恩巴铁路支线与恩巴油田通往乌拉尔、萨拉托夫的输油管建筑工程的简称。由于这一工程处于遥远地区,运送材料、设备和粮食的费用浩大,1921 年 4 月 15 日,劳动国防委员会会议提出了该工程暂停施工的问题。此后,劳动国防委员会于 4 月 29 日决定停止铺设输油管,5 月 6 日又决定放慢铁路工程的施工进度,并决定成立一个铁路工程检查委员会。列宁起草的关于该委员会工作任务的决定草案于 5 月 11 日由劳动国防委员会批准(见本卷第 251 页及本版全集第 50 卷第 423 号文献)。——190。

94 《论粮食税(新政策的意义及其条件)》这本小册子是在俄共(布)第十次代表大会闭幕后不久于 1921 年 3 月底开始写的,4 月 21 日完稿。小册子于 5 月初由国家出版社刊印,接着又发表于 6 月出版的《红色处女地》杂志第 1 期。苏俄各地出版社随后相继翻印,中央和地方的报刊也都全文或摘要转载。同年,小册子用德文和法文发表在 1921 年《共产国际》杂志第 17 期上,用英文发表在该杂志第 16—17 期合刊上。

俄共(布)中央曾专门作出决定,要求各级党委按照列宁《论粮食税》的基本精神向劳动人民解释新经济政策的实质和意义。——192。

95 《新生活报》(《Новая Жизнь》)是由一批孟什维克国际主义者和聚集在《年鉴》杂志周围的作家创办的俄国报纸(日报),1917 年 4 月 18 日(5月 1 日)起在彼得格勒出版,1918 年 6 月 1 日起增出莫斯科版。出版人是阿·谢列布罗夫(阿·尼·吉洪诺夫),编辑部成员有马·高尔基、谢列布罗夫、瓦·阿·杰斯尼茨基、尼·苏汉诺夫,撰稿人有弗·亚·巴扎罗夫、波·瓦·阿维洛夫、亚·亚·波格丹诺夫等。在 1917 年 9 月 2—8 日(15—21 日)被克伦斯基政府查封期间,曾用《自由生活报》的名称出版。十月革命以前,该报的政治立场是动摇的,时而反对临时政府,时而反对布尔什维克。该报对十月革命和建立苏维埃政权抱敌对态度。1918 年 7 月被查封。——201。

96　套中人是俄国作家安·巴·契诃夫的同名小说的主人公别利科夫的绰
　　号。此人对一切变动担惊害怕，忧心忡忡，一天到晚总想用一个套子把
　　自己严严实实地包起来。后被喻为因循守旧、害怕变革的典型。
　　——205。

97　引自俄国诗人亚·谢·普希金的抒情诗《英雄》。这首诗采取"诗人"和
　　"友人"对话的形式，诗中的"诗人"认为：拿破仑冒着生命危险去传染病
　　院同患黑死病的士兵握手表示慰问一事，虽经历史学家考证并非事实，
　　但一句"令人鼓舞的谎言"，要比千万个"卑微的真理"更加可贵。此处
　　列宁是反普希金诗原意引用的。——215。

98　奥勃洛摩夫精神意为因循守旧、懒散懈怠。奥勃洛摩夫是俄国作家
　　伊·亚·冈察洛夫的长篇小说《奥勃洛摩夫》的主人公，他是一个怠惰
　　成性、害怕变动、终日耽于幻想、对生活抱消极态度的地主。——216。

99　指全俄电气化计划。该计划是根据列宁提出的任务并在他的指导下由
　　俄罗斯国家电气化委员会制定的，是一部 600 多页的巨著。计划规定，
　　除恢复和改建现有的电站外，在 10—15 年内建设 30 座区域电站，包括
　　20 座火电站和 10 座水电站，总装机容量为 175 万千瓦；总的年发电量
　　达到 88 亿度，而 1913 年俄国的年发电量为 19 亿度。根据计划，工业
　　品产量将比 1913 年的产量增加 80%—100%，比 1920 年增加许多倍。
　　——216。

100　俄共（布）第八次代表大会于 1919 年 3 月 18—23 日在莫斯科举行。参
　　加代表大会的有 301 名有表决权的代表和 102 名有发言权的代表，共
　　代表 313 766 名党员。列入大会议程的问题是：中央委员会的总结报
　　告；俄共（布）纲领；共产国际的建立；军事状况和军事政策；农村工作；
　　组织工作；选举中央委员会。
　　　　列宁主持了大会，作了俄共（布）中央委员会的工作报告、关于党纲
　　和农村工作的报告，并就军事问题发了言。

代表大会的中心问题是讨论并通过新党纲。第七次代表大会选出的纲领委员会已经通过了列宁的党纲草案,但是鉴于委员会内存在分歧,在第八次代表大会上就党纲问题作报告的除代表多数派的列宁外,还有代表少数派的尼·伊·布哈林。布哈林提议把关于资本主义和小商品生产的条文从纲领中删去,而只限于论述纯粹的帝国主义。他认为帝国主义是特殊的社会经济形态。布哈林和格·列·皮达可夫还提议把民族自决权的条文从党纲中删去。列宁反对他们的这些观点。代表大会先基本通过党纲草案,然后在纲领委员会对草案作了最后审定后于3月22日予以批准。本版全集第36卷《附录》中载有第八次代表大会通过的俄共(布)纲领全文。

代表大会解决的另一个重要问题是对中农的态度问题。列宁论证了党对中农的新政策,即在依靠贫苦农民、对富农斗争并保持无产阶级的领导作用的条件下从中立中农的政策转到工人阶级与中农建立牢固的联盟的政策。早在1918年11月底列宁就提出了这个口号。代表大会通过了列宁起草的《关于对中农的态度的决议》。

在代表大会的工作中,关于军事状况问题、关于党的军事政策问题、关于红军的建设问题占了相当重要的地位。在大会上,"军事反对派"维护游击主义残余,否认吸收旧的军事专家的必要性,反对在军队中建立铁的纪律。代表大会批驳了"军事反对派"的观点,批准了根据列宁的论点制定的军事问题决议。

代表大会在关于组织问题的决议中反击了萨普龙诺夫—奥新斯基集团,这个集团否认党在苏维埃中的领导作用,主张把人民委员会和全俄中央执行委员会主席团合并起来。代表大会否决了联邦制建党原则,认为必须建立一个集中统一的共产党和领导党的全部工作的统一的中央委员会。代表大会规定了中央委员会的内部组织机构,包括第一次设立的政治局,以及组织局和书记处。代表大会选出了由19名委员和8名候补委员组成的中央委员会。——217。

101 全俄苏维埃第八次代表大会于1920年12月22—29日在莫斯科举行。出席大会的代表有2 537名,其中有表决权的代表1 728名,有发言权的代表809名。按党派区分,代表中有共产党员2 284名,党的同情者

67名,无党派人士98名,孟什维克8名,崩得分子8名,左派社会革命党人2名,另外还有一些其他党派的成员。

这次代表大会是在国内战争胜利结束、经济战线成为主要战线的时候召开的。大会议程是:全俄中央执行委员会和人民委员会关于对外对内政策的报告;俄罗斯电气化;恢复工业和运输业;发展农业生产和帮助农民经济;改善苏维埃机关工作和同官僚主义作斗争;选举全俄中央执行委员会。议程上的主要问题预先在俄共(布)党团会议上进行讨论。

大会的工作是在列宁的直接领导下进行的。代表大会根据列宁所作的全俄中央执行委员会和人民委员会关于对外对内政策的报告,以压倒多数票通过了完全赞同政府工作的决议。大会通过了在列宁倡议下制定的国家电气化计划和列宁起草的关于电气化报告的决议(见本版全集第40卷第195—196页)。大会审议了人民委员会1920年12月14日通过的关于加强和发展农民农业经济的措施的法案,并一致通过了这一法案。大会通过了一个关于苏维埃建设的详尽决定。这个决定对中央和地方政权机关和经济管理机关的相互关系作了调整。大会还批准了劳动国防委员会的新条例,选举了由300名委员和100名候补委员组成的新的全俄中央执行委员会。——217。

102　指《社会主义通报》杂志。

《社会主义通报》杂志(《Социалистический Вестник》)是侨居国外的孟什维克的刊物,1921年2月由尔·马尔托夫创办。1933年3月以前在柏林出版,1933年5月—1940年6月在巴黎出版,以后在纽约出版。——226。

103　纳尔苏修斯是古希腊神话中的一个孤芳自赏的美少年。后来人们常用纳尔苏修斯来比喻高傲自大的人。——226。

104　列宁的留声机片录音讲话是由全俄中央执行委员会中央出版物发行处组织灌制的,1919—1921年共灌制了15篇。据中央出版物发行处主任波·费·马尔金回忆,列宁非常关心利用留声机片进行宣传。列宁的留声机片录音讲话销行数万份,其中最受群众欢迎的是《论中农》、

《什么是苏维埃政权?》(见本版全集第 36 卷)和《关于粮食税》(见本卷)。——234。

105　根据俄共(布)第十次代表大会的决议,全俄中央执行委员会于 1921 年 3 月 21 日通过了《关于以实物税代替余粮和原料收集制的决定》。为执行这一决定,人民委员会于 3 月 28 日批准、29 日颁布了《关于 1921—1922 年实物税税额的决定》和《关于在已完成收集余粮任务的各省实行粮食、饲料、马铃薯和干草自由交换的法令》。自 4 月 21 日起,人民委员会又陆续通过了确定粮食、马铃薯、油料和其他农产品的实物税税额的多项决定。——236。

106　这是列宁在 1921 年 4 月 26 日人民委员会会议上对关于分配农业机器问题的决定草案提出的补充意见。列宁的意见作为草案第 5 条被会议通过。决定草案交小人民委员会最后定稿后,于 5 月 17 日由人民委员会会议批准。——241。

107　这是有关俄共(布)中央关于对待非党工人态度问题的通告信的两个文件。第一个文件是列宁写的信稿;中央的信稿是以它为基础写成的。第二个文件是列宁对中央信稿的修改和补充。

　　　　俄共(布)中央于 5 月 4 日批准了经列宁修改和补充过的信稿,于 5 月 7 日把它作为给各省委、县委以及共产党党团和工会的通告信发表在《真理报》第 97 号上。——242。

108　这一决定草案于 1921 年 5 月 10 日由俄共(布)中央政治局会议通过。——248。

109　这个决定草案稍加补充后由俄共(布)中央政治局于 1921 年 5 月 11 日通过。——250。

110　这是列宁在 1921 年 5 月 18 日俄共(布)中央全会讨论关于贯彻党纲第 13 条(宗教关系方面的措施)的决定初稿时提出的修改建议。全会采纳了列宁的建议。——256。

111　中央全会决定初稿的第 7 条要求:"向党的一切支部和委员会"提出党对待宗教的态度问题。"责成鼓动宣传部拟出并下发报告提纲。各次会议记录以及与这个问题有关的全部材料,必须由各地收集后上报中央,供向俄共第十一次代表大会报告使用"。——256。

112　决定初稿的第 10 条说,"个别神职人员"企图"建立"起国家组织作用的"新的教会组织",党必须同这种企图进行最坚决的斗争。——256。

113　即农民改善农业委员会。

　　　　农民改善农业委员会隶属于村苏维埃,是根据 1920 年 12 月 28 日全俄苏维埃第八次代表大会通过的《关于加强和发展农民农业经济的措施的决定》建立的。——257。

114　《经济生活报》(《Экономическая Жизнь》)是苏维埃俄国的报纸(日报),1918 年 11 月—1937 年 11 月在莫斯科出版。该报最初是最高国民经济委员会和经济系统各人民委员部的机关报,1921 年 7 月 24 日起是劳动国防委员会机关报,后来是苏联财政人民委员部、国家银行及其他金融机关和银行工会中央委员会的机关报。1937 年 11 月 16 日,《经济生活报》改为《财政报》。——258。

115　《劳动国防委员会给各地方苏维埃机关的指令。草案》是和《劳动国防委员会关于地方经济会议、关于报告制度和关于贯彻执行劳动国防委员会指令的决定草案》(见本卷第257—258 页)同时拟定的。为制定这些文件,列宁做了大量的准备工作,详细研究了各地方经济会议的工作报告,尤其是关于地方上推行新经济政策初期的情况报告。1921 年 5 月 20 日,劳动国防委员会会议将指令草案和决定草案交给由恩·奥新斯基(任主席)、弗·巴·米柳亭和帕·伊·波波夫组成的专门委员会审定。专门委员会将指令草案印成了小册子,并吸收国家计委主席团成员、各主管部门和各地方组织的代表参加审定两个草案。根据列宁的提议,两个草案都交给劳动群众进行广泛讨论。5 月 24 日和 25 日,正在开会的国民经济委员会第四次代表大会和全俄工会第四次代表大会分别讨论了这两个草案。俄共(布)第十次全国代表会议也讨论了指令草案,对它表示赞同,并责成全俄中央执行委员会党团把它变成法令。5月30日,指令草案连同决定草案一起提交全俄中央执行委员会第三次会议讨论。列宁在讨论时讲了话(见本卷第345—347页)。全俄中央执行委员会会议原则通过这两个草案,并将其转交专门委员会作进一步的修改和补充。6月30日,全俄中央执行委员会主席团批准了全俄中央执行委员会关于地方经济会议的决定和指令这两个文件。决定在最后批准之前,列宁对它又作了许多文字上的修改。指令也涉及经济系统以外的各人民委员部,因此在正式颁布时改称《人民委员会和劳动国防委员会指令》。——259。

116 指人民委员会1921年4月7日通过的关于消费合作社的法令。该法令扩大了消费合作社在采购余粮及各种农产品、手工业品和实行商品交换方面的权利。——259。

117 劳动军是在国内战争末期暂时用于国民经济战线而保持军队建制的苏俄红军部队。第3集团军革命军事委员会首先倡议把军队用于经济战线,得到列宁的赞同。1920年1月15日,工农国防委员会把第3集团军改组成为第1(乌拉尔)革命劳动军。此后陆续成立的劳动军有:乌克兰劳动军(由西南方面军组成)、高加索劳动军(由高加索方面军第8集团军组成)、第2特种铁路劳动军(由高加索方面军第2集团军组成)、彼得格勒劳动军(由第7集团军组成)、第2革命劳动军(由土耳其斯坦方面军第4集团军组成)、顿涅茨劳动军、西伯利亚劳动军等。劳动军从事修复铁路、采煤、伐木、征购和运输粮食等工作,并在人民群众中开展文化教育活动。1920年对波战争爆发后,有些劳动军转为战斗部队。随着国内战争的结束,根据劳动国防委员会1921年12月30日的决定,劳动军被撤销。——280。

118 这一决定草案是由于全俄工会第四次代表大会共产党党团通过了阿·季·哥尔茨曼提出的不符合中央指示精神的工资问题提纲而写的。草案于1921年5月22日由中央政治局通过。见注129。——286。

119 俄共(布)中央的这一决定是列宁起草的。——287。

120　这是列宁在1921年5月18日举行的全俄工会第四次代表大会共产党党团会议上的讲话的提纲。这次会议讨论了全俄工会中央理事会的工作。

俄共(布)中央认为工会第四次代表大会很重要,因此指派了一个专门委员会领导代表大会的工作。委员会制定了一个应成为代表大会各项决议的基础的关于全俄工会中央理事会工作的决议草案,并委托该委员会委员米·巴·托姆斯基将它提交共产党党团讨论。但是托姆斯基没有这样做,而党团会议却通过了达·波·梁赞诺夫提出的与俄共(布)关于党和工会相互关系的历次决议精神背道而驰的决议。俄共(布)中央5月18日全体会议谴责了梁赞诺夫的决议,决定解除托姆斯基在专门委员会和在全俄工会中央理事会中的工作,免去梁赞诺夫在工会中的职务。

列宁受俄共(布)中央的委托,在党团会议上发表了讲话,剖析了梁赞诺夫决议的无政府工团主义性质。党团以大多数票否决了梁赞诺夫的决议,通过了中央的决议。

列宁讲话的记录没有找到。——288。

121　这个提纲是准备在1921年5月17—25日举行的全俄工会第四次代表大会上讲话用的。但是目前尚未找到有关列宁在这次代表大会上讲话的材料。——290。

122　这是列宁对准备提交俄共(布)第十次代表会议讨论的俄共(布)中央工作计划的意见。代表会议于1921年5月28日批准了中央的工作计划(参看《苏联共产党代表大会、代表会议和中央全会决议汇编》1964年人民出版社版第2分册第122—124页)。——292。

123　指预定在1921年5月召开的讨论党的组织工作当前任务的全俄各省委组织指导部部长工作会议。这次会议没有开成。——292。

124　这封信是列宁在接见彼得罗夫斯科耶冶金联合企业(1921年起称顿巴斯叶纳基耶沃冶金工厂)经理伊·伊·梅日劳克时写的,曾在该联合企业工人大会上宣读。——293。

125 这是有关俄共(布)第十次全国代表会议的一组文献。

俄共(布)第十次全国代表会议是一次非常代表会议,于1921年5月26—28日在莫斯科举行。出席会议的有239名代表,代表会议议程包括下列问题:经济政策(粮食税、合作社、财政改革、小型工业);社会革命党人和孟什维克在当前的作用;共产国际第三次代表大会;关于工会第四次代表大会的情况报告;组织问题。会议主要讨论了新经济政策的贯彻执行问题。

代表会议是在列宁直接领导下进行的。列宁在会议上论证了新经济政策的实质,对诽谤和歪曲新经济政策的言论进行了坚决的回击,指出新经济政策要"认真地和长期地"实行。代表会议通过了列宁起草的《关于经济政策的决议》(参看《苏联共产党代表大会、代表会议和中央全会决议汇编》1964年人民出版社版第2分册第120—122页),这一决议进一步肯定了新经济政策的基本原则并且对新经济政策的实施作了一系列具体指示。

代表会议听取了关于工会第四次代表大会工作情况的报告。列宁对这个问题作了补充报告。他尖锐地批评了工会领导人首先是全俄工会中央理事会主席米·巴·托姆斯基的派别活动。

代表会议还听取了维·米·莫洛托夫关于党的组织工作的当前任务的报告,通过了《俄共(布)中央委员会的工作计划》。——294。

126 指1921年5月17—25日在莫斯科举行的全俄工会第四次代表大会和1921年5月18—24日在莫斯科举行的全俄国民经济委员会第四次代表大会。

工会第四次代表大会的议程包括下列问题:全俄工会中央理事会的工作报告;最高国民经济委员会主席团的工作报告;工会的作用和任务与经济建设;组织问题;工资政策和工人的物质供应;工会与合作社;劳动保护。

国民经济委员会第四次代表大会的议程包括下列问题:最高国民经济委员会主席团的工作报告;最高国民经济委员会为贯彻执行粮食税法令和合作社法令采取的经济政策;最高国民经济委员会的组织建设;国家计划委员会的报告;关于对外贸易、俄罗斯电气化工程、国内物质资源和工业供应的安排等问题的报告。

　　两个代表大会的代表们曾开了一些联席会议，由有关专家和代表讨论经济建设中的重要问题。——309。

127　列宁的这篇讲话是在俄共（布）第十次全国代表会议1921年5月27日晚间会议上发表的，是对维·米·莫洛托夫关于工会第四次代表大会工作情况报告的补充。——327。

128　指列宁在1921年5月18日举行的全俄工会第四次代表大会共产党党团会议上的讲话。参看注120。——327。

129　指全俄工会第四次代表大会共产党党团在讨论工资问题时产生的分歧。弗·雅·丘巴尔和阿·季·哥尔茨曼提出了不同的提纲，前者的提纲较符合俄国当时的资源、人力和资金情况，后者的提纲则脱离俄国的现实。但是党团却通过了哥尔茨曼的提纲。为此，俄共（布）中央于1921年5月22日通过了列宁起草的关于全俄工会第四次代表大会共产党党团决议问题的决定。决定指出，"中央委员会赞同（由党团委员会通过的）丘巴尔同志的提纲，否决哥尔茨曼同志的提纲"。"中央委员会无意撤销党团就不涉及立即改变政府政策的问题所作的决议……　这一次不行使对代表大会的工作进程和建议进行干预的权利。中央委员会只是指示在党团中宣读本决定，使代表们加倍重视由于通过哥尔茨曼的决议而承担的责任……"（见本卷第286、287页）

　　此后，工会代表大会共产党党团根据五金、纺织、矿业等产业工会代表团和莫斯科、彼得格勒、伊万诺沃-沃兹涅先斯克等最重要的无产阶级中心城市代表团的提议，重新审查了已作出的决定，以多数票原则通过了中央赞同的丘巴尔的提纲。5月24日，工会第四次代表大会批准了党团通过的提纲。

　　关于丘巴尔和哥尔茨曼的提纲，列宁在俄共（布）第十次全国代表会议5月27日上午会议上作的关于粮食税的报告的总结发言中也提到过（见本卷第317页）。——330。

130　尤·拉林和阿·季·哥尔茨曼于1921年5月10日向俄共（布）中央政

治局递交了一份关于在企业中实行粮食集体供应的决定草案,中央政治局在当天的会议上没有批准这一草案,而作出如下决定:"拉林同志和全俄工会中央理事会的草案中有关工资政策的部分应予否决,责成起草人更加仔细地重新研究这个问题,特别是要考虑到对最少数量的工人实际供应最起码数量的粮食的可能性。草案修改后提交人民委员会,以便在提高生产率的前提下,在某些企业中试行集体供应制以代替个人凭卡配给制"(见本卷第287页)。

俄共(布)第十次全国代表会议通过的《关于新经济政策的决议》第6条规定:发展实物奖励制度,试行集体供应制(参看《苏联共产党代表大会、代表会议和中央全会决议汇编》1964年人民出版社版第2分册第121页)。

1921年6月14日和6月17日人民委员会和劳动国防委员会分别通过了关于对职工实行集体供应制的决定(见本版全集第42卷第71页,第50卷第500、504号文献,第51卷第237号文献)。——330。

131 指有人建议在决议草案(见本卷第333—335页)第1条添一句话:"只要世界革命的情况不变。"代表会议以多数票否决了这条修改意见。——336。

132 这段话说的是对决议草案第3条的修改意见。有人建议把这一条中的一句话"但是这决不排斥正当的自由贸易"改为"同时决不在这种商品交换中采用赤裸裸的行政命令手段"。这条修改意见被否决了。——337。

133 这段话说的是对决议草案第5条的修改意见。草案第5条规定要"扩大每个大企业在支配资金和物资方面的独立程度和首创精神",有人建议把这个规定扩大到国营农场。这条修改意见被否决了。——338。

134 指有人建议对决议草案第9条作如下补充:"特别注意扩大地方上的实际的和在物资方面的首创精神和独立程度"。这条修改意见被否决了。——338。

135　指以恩·奥新斯基为主席的制定指令草案的专门委员会(参看注115)。——339。

136　这段话说的是对决议草案第10条的修改意见。有人建议对这一条作如下补充:"加重惩处经营不善、盗窃国家财产和浪费劳动力的行为。"这条修改意见被通过并列入了决议的第6条(参看《苏联共产党代表大会、代表会议和中央全会决议汇编》1964年人民出版社版第2分册第121页)。——339。

137　这段话是针对阿·谢·基谢廖夫的一项建议说的。基谢廖夫建议在决议中增加关于对掌管国家财产的人员实行集体(以3人为限)推荐的内容,并规定如推荐不当要追究推荐者的责任。这项建议被多数票否决。——339。

138　这段话说的是对决议草案第2条的修改意见。这条意见要求在决议中指出:应当把粮食税提到经济建设的首要地位。这条修改意见被否决。

　　　草案第2条中"应当把商品交换提到首要地位"这句话在代表会议通过的决议里也删去了(参看《苏联共产党代表大会、代表会议和中央全会决议汇编》1964年人民出版社版第2分册第120页)。——339。

139　指第八届全俄中央执行委员会第三次会议。

　　　第八届全俄中央执行委员会第三次会议于1921年5月30—31日举行。米·伊·加里宁在会议上作了关于全俄中央执行委员会主席团的工作报告。会议讨论了下列问题:关于播种运动;关于协调经济系统各人民委员部工作的机关和地方的经济机关;关于以实物税代替余粮收集制;关于彼得格勒的工业;关于法院的改组。此外,还听取了特维尔省执行委员会和西伯利亚革命委员会的报告。关于这次会议,还可参看注115。——343。

140　列宁关于地方经济机关的讲话是在全俄中央执行委员会第三次会议5月30日下午的会上作的。在会议讨论这个问题时,列宁作了简要记录(见《列宁文集》俄文版第20卷第91页)。——345。

141　这是列宁在全俄第三次粮食工作会议第一天会议上的讲话。

全俄第三次粮食工作会议于1921年6月16—24日在莫斯科举行。出席会议的有各省粮食委员和省粮食委员会会务委员会委员,各粮食机构的代表以及各省执行委员会、合作社和工会的代表共499人。会议议程包括以下问题:粮食税;组织商品交换;粮食机关和合作社的相互关系;国家供应的原则。这次会议对改进苏维埃国家的粮食工作起了巨大的作用。——350。

142　列宁的这些建议在俄共(布)中央政治局1921年6月21日的会议上作为给清党委员会的指示通过。这些建议稍加改动后写进了6月25日中央政治局通过的关于清党问题的决定。中央的决定也考虑了列宁草拟的《关于入党条件的意见》(见本卷第361页)。——360。

143　指住宅委员会。

住宅委员会是二月革命后产生的群众组织,任务是集体维护本幢住宅居民的财产和生命安全。十月革命后,特别是1918年8月颁布了《关于废除城市不动产私有制的法令》以后,住宅委员会变成了管理地方公有房地产的正式机构,隶属于房地产局。住宅委员会的职责是:保护建筑物,监督本幢住宅的清洁卫生;负责住户登记;监督有服兵役义务的人执行登记条例的情况。1921—1922年,住宅委员会被房屋管理处取代。——361。

144　参看注15。——363。

145　三条"鲸鱼"意即三大支柱或三个要点,出典于关于开天辟地的俄国民间传说:地球是由三条鲸鱼的脊背支撑着的。布尔什维克常借用这一传说,在合法报刊和公开集会上以三条"鲸鱼"暗指建立民主共和国、没收地主全部土地、实行八小时工作制这三个基本革命口号。——367。

146　参看注38。——373。

147　指列宁起草的由俄共(布)第十次代表大会通过的《关于改善工人和贫苦农民的生活状况的决议》(参看《苏联共产党代表大会、代表会议和中央全会决议汇编》1964 年人民出版社版第 2 分册第 108—111 页）。
——373。

148　列宁在这个材料里试拟了中央委员名额的分配方案。为了保证出席代
　　　表大会的多数派将来能在中央委员会和中央监察委员会的联席全体会
　　　议上有三分之二的票数，他认为必须从拥护《十人纲领》的代表中推选
　　　出 25 名中央委员、15 名候补中央委员和 7 名中央监察委员。同时，他
　　　还建议给代表大会中不同意《十人纲领》的代表以 9 个中央委员、2 个
　　　或 3 个候补中央委员的名额。——378。

149　这是列宁对苏维埃俄国大小工业发展的比例关系的设想，单独写在另
　　　一张纸上，曾在俄共(布)第十次代表大会上关于实物税的报告的总结
　　　发言中引用(见本卷第 72—73 页)。——379。

150　这是列宁写作《论粮食税(新政策的意义及其条件)》这本小册子时拟的
　　　四个提纲。第一个提纲是小册子的最初方案。在此基础上，列宁起草
　　　了第二个提纲即关于整个小册子的较为详细的纲要。第三个提纲着重
　　　概述了小册子中阐述国家资本主义部分的内容。第四个提纲是小册子
　　　结尾部分——《政治总结和结论》的纲要。——380。

151　指俄共(布)第八次代表大会通过的《俄共(布)纲领》经济方面的第 2
　　　条："要以大力提高全国生产力作为决定苏维埃政权全部经济政策的主
　　　要点和基本点。由于国家遭到极严重的破坏，应当使一切都服从于一
　　　个实际目的——立即尽一切力量增加居民最必需的产品的数量。每一
　　　个与国民经济有关的苏维埃机关的工作成绩，都应当以这方面所获的
　　　实际结果来衡量。"(见本版全集第 36 卷第 414 页)——383。

152　这是帝国主义国家人口数和殖民地人口数以及它们之间的对比关系的
　　　资料。在全世界人口 175 000 万人(据 1920 年统计资料)中，帝国主义
　　　国家人口占 $\frac{1}{7}$，即 25 000 万人，殖民地的人口占 $\frac{4}{7}$，即 100 000 万人。
　　　——384。

153　执政官们要注意了！是一句拉丁文名言，源出于古罗马元老院的一项

规定:"责成执政官注意不使共和国遭受任何损失"。——386。

154 这是有关整顿出版物分配工作问题的两篇文献。列宁在1921年2月就提出过这个问题。在《中央委员会给教育人民委员部党员工作人员的指示》中,他对苏俄当时出版物分配工作中出现的浪费和不合理现象提出了尖锐的批评。他认为报纸和书籍为苏维埃职员这一人数不多的阶层所占有,而工人和农民所得到的却非常少,这是非常不能令人满意的。在《论教育人民委员部的工作》一文中,他提出报纸和书籍只免费分配给各图书馆和阅览室,以便更好地为广大工人、士兵和农民服务(参看本版全集第40卷第328—329、330—340页)。——390。

155 这是列宁在拟定指令草案提纲的过程中写下的三个提纲。第一个提纲列举了地方苏维埃机关在编写工作报告时必须回答的问题。这个提纲中各条原先的编号后来作了改动(左边括号内的编号为改动后的编号),指令草案使用的是改动后的编号。第二个提纲把所有的问题分为αα、ββ、γγ三大类。第三个提纲最完整,是指令草案(见本卷第259—285页)的基础。——394。

156 这是《关于粮食税的报告》(见本卷第296—310页)的两个提纲,第一个是提纲草稿,第二个比较接近报告的内容。——401。

157 彼得格勒省第十四次党代表会议选举列宁为出席俄共(布)十大的有表决权的代表(代表《十人纲领》拥护者)。但是由于喀琅施塔得发生叛乱,彼得格勒市形势紧张,共有38人的彼得格勒代表团只有3人(包括列宁)出席了代表大会。也许因为缺少彼得格勒代表团选举的记录,列宁在登记表上填写自己是有发言权的代表。根据俄共(布)第十次代表大会速记记录记载,列宁的名字列在该次代表大会有表决权的代表名单中,列宁实际参加了所有决议的表决。——410。

人 名 索 引

A

阿德勒，弗里德里希（Adler，Friedrich 1879—1960）——奥地利社会民主党右翼领袖之一，"奥地利马克思主义"理论家，第二半国际和社会主义工人国际的组织者和领袖之一；维·阿德勒的儿子。1907—1911 年任苏黎世大学理论物理学讲师。1910—1911 年任瑞士社会民主党机关报《民权报》编辑，1911 年起任奥地利社会民主党书记。在哲学上是经验批判主义的信徒，主张以马赫主义哲学"补充"马克思主义。第一次世界大战期间主张社会民主党对帝国主义战争保持"中立"和促使战争早日结束。1914 年 8 月辞去书记职务。1916 年 10 月 21 日因枪杀奥匈帝国首相卡·施图尔克伯爵被捕。1918 年 11 月获释后重新担任党的书记，走上改良主义道路。1919 年当选为全国工人代表苏维埃执行委员会主席。1923—1939 年任社会主义工人国际书记。——227。

阿列克辛斯基，格里戈里·阿列克谢耶维奇（Алексинский，Григорий Алексеевич 1879—1967）——俄国社会民主党人，后蜕化为反革命分子。1905—1907 年革命期间是布尔什维克。第二届国家杜马彼得堡工人代表，社会民主党党团成员，参加了杜马的失业工人救济委员会、粮食委员会和土地委员会，并就斯托雷平在杜马中宣读的政府宣言，就预算、土地等问题发了言。作为社会民主党杜马党团代表参加了俄国社会民主工党第五次（伦敦）代表大会的工作。斯托雷平反动时期是召回派分子、派别性的卡普里党校（意大利）的讲课人和"前进"集团的组织者之一。第一次世界大战期间是社会沙文主义者，曾为多个资产阶级报纸撰稿。1917 年加入孟什维克统一派，持反革命立场；七月事变期间伙同特务机关伪造文件诬陷列宁和布尔什维克。1918 年逃往国外，投入反动营垒。——175。

安德列耶夫，安德列·安德列耶维奇（Андреев，Андрей Андреевич 1895—1971）——1914 年加入俄国布尔什维克党。1915—1917 年任党的彼得堡委员会委员，彼得格勒五金工会组织者之一。十月革命期间在工人中做了大量工作。苏维埃政权建立初期，在乌拉尔和乌克兰担任工会和党政领导工作。在党的第九次和第十一至第二十次代表大会上当选为中央委员。1920—1922 年任全俄工会中央理事会书记，1922—1927 年任铁路工会中央委员会主席，1924—1925 年兼任党中央书记。1926—1930 年为党中央政治局候补委员，1932—1952 年为中央政治局委员。1927—1930 年任联共（布）北高加索边疆区委书记。1930—1931 年任联共（布）中央监察委员会主席、苏联工农检查人民委员和人民委员会副主席，1931—1935 年任交通人民委员。1935—1946 年任联共（布）中央书记，1939—1952 年任联共（布）中央党的监察委员会主席。1943—1946 年任农业人民委员，1946—1953 年任苏联部长会议副主席。1953—1962 年任苏联最高苏维埃主席团委员。1957 年起任苏中友好协会主席。——250。

奥博连斯基——见奥新斯基，恩·。

奥尔忠尼启则，格里戈里·康斯坦丁诺维奇（Орджоникидзе，Григорий Константинович 1886—1937）——1903 年加入俄国社会民主工党，布尔什维克。曾在西格鲁吉亚、阿布哈兹、巴库从事革命工作，多次被捕和流放。1912 年在党的第六次（布拉格）全国代表会议上当选为中央委员和中央委员会俄国局成员。1917 年二月革命后在雅库特从事建立革命政权的工作。1917 年 6 月任党的彼得堡委员会委员和彼得格勒苏维埃执行委员会委员。在彼得格勒参加十月武装起义。十月革命后任乌克兰地区临时特派员和南俄临时特派员。国内战争时期任第 16、第 14 集团军和高加索方面军革命军事委员会委员。1920 年起是俄共（布）中央委员会高加索局成员，是为建立阿塞拜疆、亚美尼亚和格鲁吉亚苏维埃政权而斗争的组织者之一。1921 年在党的第十次代表大会上当选为中央委员。1922—1926 年任党的外高加索边疆区委第一书记和北高加索边疆区委第一书记。1924—1927 年任苏联革命军事委员会委员。1926 年起为中央政治局候补委员，1930 年起为中央政治局委员。1926—1930 年任联共（布）中央监察委员会主席和苏联工农检查人民委员、苏联人民委员会和劳动国防委员会副主席。1930 年起任苏联最高国民经济委员会主席,1932 年起任重工业人民委员。——117。

奥新斯基,恩·(**奥博连斯基,瓦列里安·瓦列里安诺维奇**)(Осинский,Н.(Оболенский,Валериан Валерианович)1887 — 1938)——1907 年加入俄国社会民主工党。曾在莫斯科、特维尔、哈尔科夫等地做党的工作。屡遭沙皇政府迫害。斯托雷平反动时期是召回派分子,新的革命高涨年代参加布尔什维克的《明星报》、《真理报》和《启蒙》杂志的工作。1917 年二月革命后在党的莫斯科区域局工作,参加布尔什维克的《社会民主党人报》编辑部。十月革命后任俄罗斯联邦国家银行总委员、最高国民经济委员会主席。1918 年是"左派共产主义者"纲领起草人之一。1918—1919 年在《真理报》编辑部和全俄中央执行委员会宣传部工作;是共产国际第一次代表大会的代表。1920 年任图拉省执行委员会主席、粮食人民委员部部务委员。1920—1921 年是民主集中派的骨干分子。1921—1923 年任副农业人民委员、最高国民经济委员会副主席。后历任苏联驻瑞典全权代表、国家计划委员会主席团委员、中央统计局局长、最高国民经济委员会副主席。在党的第十次和第十四至第十七次代表大会上当选为候补中央委员。——30、31、36、296、318、323、324、325、341、343、345、405。

B

鲍加耶夫斯基,米特罗范·彼得罗维奇(Богаевский,Митрофан Петрович 1881 — 1918)——俄国顿河哥萨克反革命骨干分子。1917 年 6 月 18 日—1918 年 1 月 29 日是顿河哥萨克军阿塔曼卡列金将军的副手,1918 年 1 月初起又参加了反革命的顿河政府。因进行反革命活动被捕判刑,并于1918 年 4 月 1 日被枪决。——205。

倍倍尔,奥古斯特(Bebel,August 1840 — 1913)——德国工人运动和国际工人运动活动家,德国社会民主党和第二国际的创建人和领袖之一,马克思和恩格斯的朋友和战友;旋工出身。19 世纪 60 年代前半期开始参加政治活动,1867 年当选为德国工人协会联合会主席,1868 年该联合会加入第一国际。1869 年与威·李卜克内西共同创建了德国社会民主工党(爱森纳赫派),该党于 1875 年与拉萨尔派合并为德国社会主义工人党,后又改名为德国社会民主党。多次当选国会议员,利用国会讲坛揭露帝国政府反动的内外政策。1870—1871年普法战争期间持国际主义立场,在国会中投票反对军事拨款,支持巴黎公社,为此曾被捕和被控叛国,断断续续在狱中度过近六年时间。在反社会党人非常法施行时期,领导了党的地下活动和议会活动。90年代和20世纪初同党内的改良主义和修正主义进行斗争,反对伯恩施坦及其拥护者对马克思主义理论的歪曲和庸俗化。是出色的政论家和演说家,对德国和欧洲工人运动的发展有很大影响。马克思和恩格斯高度评价了他的活动。——178。

波波夫,帕维尔·伊里奇(Попов, Павел Ильич 1872—1950)——苏联统计学家,1924年加入俄共(布)。1918年起任中央统计局局长、苏联国家计划委员会主席团委员。1926—1949年任俄罗斯联邦国家计划委员会主席团委员和全苏列宁农业科学院主席团委员、俄罗斯联邦国家计划委员会农业局领导人。后任苏联中央统计局科学方法论委员会委员。写有统计学方面的著作。——64、73、145、374。

布尔采夫,弗拉基米尔·李沃维奇(Бурцев, Владимир Львович 1862—1942)——俄国政论家和出版家。19世纪80年代是民意党人。1885年被捕,流放西伯利亚,后逃往国外,从事收集和出版革命运动文献的工作。1897年在伦敦出版革命运动史料汇编《一百年来》。1900年开始出版《往事》杂志。曾把沙俄内务部警察司的秘密活动公之于众,揭露了奸细叶·菲·阿捷夫和罗·瓦·马林诺夫斯基等人。俄国第一次革命前夕接近社会革命党人,革命失败后支持立宪民主党人。1911年10月—1914年1月在巴黎出版自由派资产阶级的《未来报》。第一次世界大战期间是沙文主义者。1915年回国,反对布尔什维克。1917年二月革命后开始出版《共同事业报》(后转到巴黎出版)。十月革命后侨居国外,参与建立君主派白卫组织,反对苏维埃俄国。——129。

布哈林,尼古拉·伊万诺维奇(Бухарин, Николай Иванович 1888—1938)——1906年加入俄国社会民主工党。1907年进入莫斯科大学法律系经济学专业学习。1908年起任党的莫斯科委员会委员。1909—1910年几度被捕,1911年从流放地逃往欧洲。在国外开始著述活动,参加欧洲工人运动。1917年二月革命后回国,当选为莫斯科苏维埃执行委员会委员、党的莫斯科委员会委员,任《社会民主党人报》和《斯巴达克》杂志编辑。在党的第六至第十六次代表大会上当选为中央委员。1917 年 10 月起任莫斯科军事革命委员会委员,参与领导莫斯科的武装起义。同年 12 月起任《真理报》主编。1918 年初反对签订布列斯特和约,是"左派共产主义者"集团的领袖。1919 年 3 月当选为党中央政治局候补委员。1919 年共产国际成立后任共产国际执行委员会委员和主席团委员。1920—1921 年工会问题争论期间领导"缓冲"派。1924 年 6 月当选为中央政治局委员。1926—1929 年主持共产国际的工作。1929 年被作为"右倾派别集团"的领袖受到批判,同年被撤销《真理报》主编、中央政治局委员、共产国际执行委员会委员和主席团委员职务。1931 年起任苏联最高国民经济委员会主席团委员。1934—1937 年任《消息报》主编。1934 年当选为候补中央委员。1937 年 3 月被开除出党。1938 年 3 月 13 日被苏联最高法院军事审判庭以"参与托洛茨基的恐怖、间谍和破坏活动"的罪名判处枪决。1988 年平反并恢复党籍。——28、48、202—203、204、256、312、327。

布留哈诺夫,尼古拉·巴甫洛维奇(Брюханов, Николай Павлович 1878—1942)——1902 年加入俄国社会民主工党,1904 年起是布尔什维克。曾在喀山、辛比尔斯克、乌法及其他城市做党的工作,屡遭沙皇政府迫害。1917 年二月革命后任党的乌法统一委员会委员,乌法工兵代表苏维埃主席。1917 年 10 月起任乌法省革命委员会委员。1918 年 2 月起任粮食人民委员部部务委员,6 月起任副粮食人民委员;1919 年 8 月起兼任东方面军粮食特设委员会主席。1921 年起历任粮食人民委员、财政人民委员、副供给人民委员、苏联人民委员会农业产量核定委员会副主席等职。在党的第十五次和第十六次代表大会上当选为候补中央委员。——315。

布鲁西洛夫,阿列克谢·阿列克谢耶维奇(Брусилов, Алексей Алексеевич 1853—1926)——沙俄骑兵上将(1912),十月革命后转向苏维埃政权。第一次世界大战初期指挥第 8 集团军,1916 年 3 月起任西南方面军总司令,同年夏指挥部队成功地突破了奥德战线。1917 年 5 月 22 日(6 月 4 日)—7 月 19 日(8 月 1 日)任最高总司令。十月革命后留在苏俄,拒绝了白卫军要他指挥部队的建议。1920 年 5 月起任共和国武装力量总司令下属特别会议主席。1923—1924 年任工农红军骑兵监。——112。

布琼尼，谢苗·米哈伊洛维奇（Буденный，Семен Михайлович 1883—
1973）——苏联军事活动家，苏联元帅（1935），苏联英雄。1919 年加入俄
共（布）。1919 年 3—8 月任骑兵第 4 师师长，6—11 月任骑兵军军长，11
月起任骑兵第 1 集团军司令，该集团军对于歼灭邓尼金、波兰地主和弗兰
格尔白卫军起了突出的作用。1921—1923 年任北高加索军区革命军事委
员会委员和副司令。1923—1924 年任工农红军总司令助理（主管骑兵）和
苏联革命军事委员会委员。1924—1937 年任工农红军骑兵监。1937—
1939 年任莫斯科军区司令。1939 年起任副国防人民委员。1941—1945
年卫国战争时期担任多种指挥职务，1943 年被任命为苏军骑兵司令和苏
联国防人民委员部最高军事委员会委员。1947—1953 年兼任农业部副部
长，主管养马业。1953 年 5 月起任苏联国防部骑兵监。1920 年起先后当
选为全俄中央执行委员会委员、苏联中央执行委员会委员、苏联最高苏维
埃代表；1938 年起为苏联最高苏维埃主席团委员。1934—1939 年和
1952—1973 年为候补中央委员，1939—1952 年为中央委员。——
110、112。

D

达尼舍夫斯基，卡尔·尤利·克里斯蒂安诺维奇（Данишевский，Карл Юлий
Христианович 1884—1938）——1900 年加入俄国社会民主工党，布尔什维
克。1907 年在党的第五次（伦敦）代表大会上代表拉脱维亚边疆区社会民
主党当选为俄国社会民主工党中央委员。1907—1914 年在彼得堡、巴库、
梯弗利斯、华沙、里加、利耶帕亚和莫斯科等地做党的工作。1917 年二月
革命后任党的莫斯科委员会委员和莫斯科苏维埃代表。同年 5 月起在拉
脱维亚担任布尔什维克报纸《斗争报》和《战壕真理报》编辑。十月革命后
任东方面军革命军事委员会委员、共和国革命军事委员会委员和共和国革
命军事法庭庭长。拉脱维亚建立苏维埃政权后任拉脱维亚苏维埃政府副
主席和革命军事委员会主席。在党的第八次代表大会上当选为候补中央
委员。1921 年起任党中央委员会西伯利亚局书记、林业总委员会主席、苏
联对外贸易银行和全苏木材出口联合公司管理委员会主席等职。1932—
1936 年任苏联副森林工业人民委员。——66。

1919年起先后任东方面军第4集团军和土耳其斯坦集团军司令、东方面军南方军队集群司令、东方面军和土耳其斯坦方面军司令。1920年9月根据列宁的提议被任命为南方面军司令。国内战争结束后任共和国革命军事委员会驻乌克兰全权代表、乌克兰和克里木部队司令、乌克兰共产党(布)中央政治局委员和乌克兰人民委员会副主席(1922年2月起)。1925年起任苏联革命军事委员会主席和陆海军人民委员。1921年起为党中央委员,1924年起为中央政治局候补委员。——329。

G

高尔察克,亚历山大·瓦西里耶维奇(Колчак,Александр Васильевич 1873—1920)——沙俄海军上将(1916),君主派分子。第一次世界大战期间任波罗的海舰队作战部部长、水雷总队长,1916—1917年任黑海舰队司令。1918年10月抵鄂木斯克,11月起任白卫军"西伯利亚政府"陆海军部长。11月18日在外国武装干涉者支持下发动政变,在西伯利亚、乌拉尔和远东建立军事专政,自封为"俄国最高执政"和陆海军最高统帅。叛乱被平定后,1919年11月率残部逃往伊尔库茨克,后被俘。1920年2月7日根据伊尔库茨克军事革命委员会的决定被枪决。——7、13、15、19、65、67、124、126、127、129、132、231、299。

哥尔茨曼,阿布拉姆·季诺维耶维奇(Гольцман,Абрам Зиновьевич 1894—1933)——1910年参加俄国革命运动,1917年4月加入俄国社会民主工党(布)。十月革命后担任工会和经济部门的领导工作。1917—1920年任五金工会中央委员会委员,1920—1921年任全俄工会中央理事会主席团委员、劳动国防委员会俄罗斯联邦资源利用委员会委员。工会问题争论期间支持托洛茨基的纲领。1922年起在最高国民经济委员会、中央监察委员会—工农检查院和民航总局担任负责工作。——46、250、286、287、317、330、331。

格耶,亚历山大(Ге,Александр 1879—1919)——俄国无政府主义者,生于德国。十月革命后拥护苏维埃政权。曾任第三届和第四届全俄中央执行委员会委员。1918年参加北高加索苏维埃政府。——200。

古谢夫,谢尔盖·伊万诺维奇(德拉布金,雅柯夫·达维多维奇)(Гусев,

Сергей Иванович（Драбкин，Яков Давидович）1874 — 1933）——1896 年在俄国彼得堡工人阶级解放斗争协会开始革命活动。1899 年起住在顿河畔罗斯托夫，积极参加俄国社会民主工党顿河区委员会的工作，是 1902 年罗斯托夫罢工和 1903 年三月示威游行的领导人之一。1903 年在俄国社会民主工党第二次代表大会上是顿河区委员会的代表，属火星派多数派。会后到俄国南方一些城市传达大会情况。1904 年 8 月参加在日内瓦举行的22 个布尔什维克的会议。1904 年 12 月—1905 年 5 月任多数派委员会常务局书记和党的彼得堡委员会书记，后为敖德萨布尔什维克组织的领导人之一。1906 年起任党的莫斯科委员会委员，是党的第四次（统一）代表大会莫斯科组织的代表。当年被捕，流放托博尔斯克，1909 年从流放地逃走。斯托雷平反动时期反对取消派和召回派。屡遭沙皇政府迫害。十月革命期间领导彼得格勒军事革命委员会秘书处。1918—1920 年在红军中做政治工作，历任第 5 和第 2 集团军革命军事委员会委员，东方面军、东南方面军、高加索方面军和南方面军革命军事委员会委员，共和国革命军事委员会野战司令部政委等职。1921—1923 年任工农红军政治部主任、共和国革命军事委员会委员。1923 年起任党中央监察委员会书记和苏联工农检查人民委员部部务委员。1925 — 1926 年任党中央报刊部部长。1929—1933 年任共产国际执行委员会主席团委员。写有《统一的经济计划和统一的经济机构》(1920)、《经济建设的当前问题（关于俄共中央的提纲)》(1920)等小册子以及一些关于党史、军事、社会主义建设和国际工人运动方面的著作。——325、405。

H

哈定，沃伦（Harding，Warren 1865 — 1923）——美国政治活动家，共和党人。早年从事报纸出版业。曾任俄亥俄州议会议员和副州长，参议院议员。1921—1923 年任美国总统。——174。

J

基谢廖夫，阿列克谢·谢苗诺维奇（Киселев，Алексей Семенович 1879 — 1937）——1898 年加入俄国社会民主工党。曾在彼得堡、哈尔科夫、巴库、敖德萨和西伯利亚的一些城市做党的工作。1914年被增补进党中央委员会。多次被捕和流放。1917年二月革命后任伊万诺沃-沃兹涅先斯克市苏维埃主席和党的市委员会委员。在全俄苏维埃第一次代表大会上当选为全俄中央执行委员会委员。从党的第六次代表大会起多次当选为候补中央委员。十月革命后从事苏维埃、经济和工会工作。1918年当选为中央纺织工业委员会主席,后当选为最高国民经济委员会主席团委员。1920年任矿工工会主席。1920—1921年工会问题争论期间参加工人反对派。1921年在党的第十次代表大会上是莫斯科党组织的代表。1921—1923年任小人民委员会主席。1923年在党的第十二次代表大会上当选为中央监察委员会委员;曾任中央监察委员会主席团委员、俄罗斯联邦工农检查人民委员和苏联副工农检查人民委员。1924年起任全俄中央执行委员会秘书。苏联中央执行委员会主席团委员。——39、41、103、329。

吉季斯,弗拉基米尔·米哈伊洛维奇(Гиттис,Владимир Михайлович 1881—1938)——俄国旧军官。参加过第一次世界大战,任上校团长。十月革命后转向苏维埃政权。1918年2月起在红军中任职。1918年9—11月任北方面军第6集团军司令,12月起任南方面军第8集团军司令,1919年1—7月任南方面军司令,1919年7月—1920年4月任西方面军司令,1920年5月—1921年5月任高加索方面军司令。国内战争结束后先后任伏尔加河左岸军区和彼得格勒军区司令。1925年加入联共(布)。1926年起任工农红军供给部副部长。1930年起任陆海军人民委员部驻商业人民委员部全权代表。——248。

季诺维也夫(拉多梅斯尔斯基),格里戈里·叶夫谢耶维奇(Зиновьев(Радомысльский),Григорий Евсеевич 1883—1936)——1901年加入俄国社会民主工党,党的第二次代表大会后是布尔什维克。在党的第五至第十四次代表大会上当选为中央委员。1908—1917年侨居国外,参加布尔什维克《无产者报》编辑部和党的中央机关报《社会民主党人报》编辑部。斯托雷平反动时期对取消派、召回派和托洛茨基分子采取调和主义态度。1912年后和列宁一起领导中央委员会俄国局。第一次世界大战期间持国际主义立场。1917年4月回国,进入《真理报》编辑部。十月革命前夕反对举行武装起义的决定。1917年11月主张成立有孟什维克和社会革命党人参加的联合政府,遭到否决后声明退出党中央。1917 年 12 月起任彼得格勒苏维埃主席。1919 年共产国际成立后任共产国际执行委员会主席。1919 年当选为党中央政治局候补委员,1921 年当选为中央政治局委员。1925 年参与组织"新反对派",1926 年与托洛茨基结成"托季联盟"。1926 年被撤销中央政治局委员和共产国际的领导职务。1927 年 11 月被开除出党,后来两次恢复党籍,两次被开除出党。1936 年 8 月 25 日被苏联最高法院军事审判庭以"参与暗杀基洛夫、阴谋刺杀斯大林及其他苏联领导人"的罪名判处枪决。1988 年 6 月苏联最高法院为其平反。——111、112、116、327、328。

加米涅夫(**罗森费尔德**),列夫·波里索维奇(Каменев(Розенфельд),Лев Борисович 1883—1936)——1901 年加入俄国社会民主工党,党的第二次代表大会后是布尔什维克。是高加索联合会出席党的第三次代表大会的代表。1905—1907 年在彼得堡从事宣传鼓动工作,为党的报刊撰稿。1908 年底出国,任布尔什维克的《无产者报》编委。斯托雷平反动时期对取消派、召回派和托洛茨基分子采取调和主义态度。1914 年初回国,在《真理报》编辑部工作,曾领导第四届国家杜马布尔什维克党团。1914 年 11 月被捕,在沙皇法庭上宣布放弃使沙皇政府在帝国主义战争中失败的布尔什维克口号,次年 2 月被流放。1917 年二月革命后反对列宁的《四月提纲》。从党的第七次全国代表会议(1917 年 4 月)起多次当选为中央委员。十月革命前夕反对举行武装起义的决定。在全俄苏维埃第二次代表大会上当选为全俄中央执行委员会第一任主席。1917 年 11 月主张成立有孟什维克和社会革命党人参加的联合政府,遭到否决后声明退出党中央。1918 年起任莫斯科苏维埃主席。1922 年起任人民委员会副主席,1924—1926 年任劳动国防委员会主席。1923 年起为列宁研究院第一任院长。1919—1925 年为党中央政治局委员。1925 年参与组织"新反对派",1926 年 1 月当选为中央政治局候补委员,同年参与组织"托季联盟",10 月被撤销政治局候补委员职务。1927 年 12 月被开除出党,后来两次恢复党籍,两次被开除出党。1936 年 8 月 25 日被苏联最高法院军事审判庭以"参与暗杀基洛夫、阴谋刺杀斯大林及其他苏联领导人"的罪名判处枪决。1988 年 6 月苏联最高法院为其平反。——138、177、178、

296、327。

加涅茨基（菲尔斯滕贝格），雅柯夫·斯坦尼斯拉沃维奇（Ганецкий（Фюрстенберг），Яков Станиславович 1879—1937）——波兰和俄国革命运动活动家。1896年加入社会民主党。1903—1909年为波兰王国和立陶宛社会民主党总执行委员会委员。1907年在俄国社会民主工党第五次（伦敦）代表大会上缺席当选为中央委员。在波兰王国和立陶宛社会民主党第六次代表大会上，因在党内一系列问题上持不同意见，退出总执行委员会。1912年波兰王国和立陶宛社会民主党分裂后，是最接近布尔什维克的所谓分裂派的领导人之一。第一次世界大战期间参加齐美尔瓦尔德左派。1917年是俄国社会民主工党（布）中央委员会国外局成员。十月革命后历任财政人民委员部部务委员、人民银行委员和行长、对外贸易人民委员部和外交人民委员部部务委员等职。1935年起任国家革命博物馆馆长。——111。

捷尔任斯基，费利克斯·埃德蒙多维奇（Дзержинский，Феликс Эдмундович 1877—1926）——波兰和俄国革命运动活动家，波兰王国和立陶宛社会民主党的组织者和领导人之一。1895年在维尔诺加入立陶宛社会民主党组织，1903年当选为波兰王国和立陶宛社会民主党总执行委员会委员。积极参加1905—1907年革命，领导波兰无产阶级的斗争。1907年在俄国社会民主工党第五次（伦敦）代表大会上被缺席选入中央委员会。屡遭沙皇政府迫害，度过十年以上的监禁、苦役和流放生活。1917年二月革命后在莫斯科做党的工作。在党的第六次代表大会上当选为中央委员，进入党中央书记处。十月革命期间是彼得格勒军事革命委员会委员和党的军事革命总部成员。十月革命后当选为全俄中央执行委员会委员和主席团委员。1917年12月起任全俄肃反委员会（1923年起为国家政治保卫总局）主席。1918年初在布列斯特和约问题上一度采取"左派共产主义者"的立场。1919—1923年兼任内务人民委员，1921—1924年兼任交通人民委员，1924年起兼任最高国民经济委员会主席。1920年4月起为党中央组织局候补委员，1921年起为中央组织局委员，1924年6月起为中央政治局候补委员。——329。

K

卡芬雅克,路易·欧仁(Cavaignac, Louis-Eugène 1802—1857)——法国将军,资产阶级共和党人。1831—1848 年参与侵占阿尔及利亚的战争,以野蛮的作战方式著称。1848 年二月革命后任阿尔及利亚总督;5 月任法国陆军部长,镇压巴黎工人的六月起义。1848 年 6—12 月任法兰西第二共和国政府首脑。卡芬雅克的名字已成为军事独裁者、屠杀工人的刽子手的通称。——198、228。

卡列林,弗拉基米尔·亚历山德罗维奇(Карелин, Владимир Александрович 1891—1938)——俄国左派社会革命党组织者之一,该党中央委员。1917年 11 月在全俄苏维埃第二次代表大会上代表左派社会革命党被选进全俄中央执行委员会主席团。同年 12 月进入人民委员会,任国家产业人民委员,兼任司法人民委员部部务委员。1918 年是苏俄布列斯特和谈代表团的成员,因反对签订布列斯特和约退出人民委员会。1918 年 7 月参与领导莫斯科左派社会革命党人的叛乱。1919 年 2 月被捕,获释后逃往国外,继续进行反苏维埃活动。——200。

卡缅斯基,阿布拉姆·扎哈罗维奇(Каменский, Абрам Захарович 1885—1938)——1917 年加入俄国社会民主工党(布)。十月革命后从事党政和工会工作。1920—1921 年任俄罗斯联邦副民族事务人民委员;工会问题争论期间参加民主集中派。1921—1922 年任顿河州委书记,1922—1923年任农业人民委员部部务委员。1925—1926 年参加托洛茨基反对派。1927—1933 年任工业学院院长,1933—1936 年任轻工业人民委员部部务委员,1936 年起在俄罗斯联邦财政人民委员部工作。——99。

考茨基,卡尔(Kautsky, Karl 1854—1938)——德国社会民主党和第二国际的领袖和主要理论家之一。1875 年加入奥地利社会民主党,1877 年加入德国社会民主党。1881 年与马克思和恩格斯相识后,在他们的影响下逐渐转向马克思主义。从 19 世纪 80 年代到 20 世纪初写过一些宣传和解释马克思主义的著作:《卡尔·马克思的经济学说》(1887)、《土地问题》(1899)等。但在这个时期已表现出向机会主义方面摇摆,在批判伯恩施坦时作了很多让步。1883—1917 年任德国社会民主党理论刊物《新时代》杂志主编。曾参与起草1891年德国社会民主党纲领（爱尔福特纲领）。1910年以后逐渐转到机会主义立场，成为中派领袖。第一次世界大战前夕提出超帝国主义论，大战期间打着中派旗号支持帝国主义战争。1917年参与建立德国独立社会民主党，1922年拥护该党右翼与德国社会民主党合并。1918年后发表《无产阶级专政》等书，攻击俄国十月革命，反对无产阶级专政。——208、226、227、371、388、402。

柯伦泰，亚历山德拉·米哈伊洛夫娜（Коллонтай，Александра Михайловна 1872—1952）——19世纪90年代参加俄国社会民主主义运动。1906—1915年是孟什维克，1915年加入布尔什维克党。曾参加1905—1907年革命。1908—1917年侨居国外。第一次世界大战一开始即持革命的国际主义立场；受列宁委托，在斯堪的纳维亚国家和美国进行团结社会民主党国际主义左派的工作。1917年二月革命后回国，被选入彼得格勒苏维埃执行委员会，在波罗的海舰队水兵和彼得格勒卫戍部队士兵中开展工作。1917年七月事变时被临时政府逮捕入狱。在俄国社会民主工党（布）第六次代表大会上当选为中央委员。在彼得格勒参加十月武装起义。十月革命后参加第一届人民委员会，任国家救济人民委员。1918年持"左派共产主义者"立场。1920年起任党中央妇女部部长。1920—1921年工会问题争论期间是工人反对派的骨干分子。1921—1922年任共产国际国际妇女书记处书记。1923年起在外交部门担任负责工作，历任驻挪威、墨西哥全权代表和商务代表，驻瑞典公使和大使等职。——27、29—30、31、32、33—34、35、37、39—40、42、43、48。

科罗廖夫，格里戈里·库兹米奇（Королев，Григорий Кузьмич 1884—1927）——俄国伊万诺沃-沃兹涅先斯克的纺织工人，1905年加入俄国社会民主工党。十月革命后在伊万诺沃-沃兹涅先斯克从事苏维埃、经济和工会工作。1921年5月起在党中央委员会担任同地方机关建立联系的负责工作。——143。

科兹洛夫斯基，А.（Козловский，А.）——沙俄将军，喀琅施塔得叛乱最积极的参加者之一。叛乱被平定后逃往国外。——225。

克尔日扎诺夫斯基，格列勃·马克西米利安诺维奇（Кржижановский，Глеб Максимилианович 1872—1959）——1893年参加俄国革命运动，协助列宁组织彼得堡工人阶级解放斗争协会。1895 年 12 月被捕,1897 年流放西伯利亚(米努辛斯克专区捷辛斯克村),为期三年。1901 年流放期满后住在萨马拉,领导当地的火星派中心。1902 年秋参加筹备召开俄国社会民主工党第二次代表大会的组织委员会。1903 年在俄国社会民主工党第二次代表大会上缺席当选为中央委员。积极参加 1905—1907 年革命。在布尔什维克的出版机关做了大量工作。1917 年二月革命后任莫斯科苏维埃委员,参加布尔什维克党团。十月革命后致力于恢复和发展莫斯科的动力事业。1919 年底起任最高国民经济委员会电机工业总管理局局长。1920 年被任命为俄罗斯国家电气化委员会主席。1921—1930 年任国家计划委员会主席。1930—1936 年历任最高国民经济委员会动力总管理局局长、苏联中央执行委员会高等技术教育委员会主席和俄罗斯联邦副教育人民委员。在党的第十三至第十七次代表大会上当选为中央委员。1929 年当选为苏联科学院院士,1929—1939 年任苏联科学院副院长。1930 年创建苏联科学院动力研究所,担任所长直至逝世。写有许多动力学方面的著作。——252—255。

克拉辛,列昂尼德·波里索维奇(Красин, Леонид Борисович 1870 — 1926)——1890 年参加俄国社会民主主义运动,是布鲁斯涅夫小组成员。1895年被捕,流放伊尔库茨克三年。流放期满后进入哈尔科夫工艺学院学习,1900 年毕业。1900—1904 年在巴库当工程师,与弗·扎·克茨霍韦利一起建立《火星报》秘密印刷所。俄国社会民主工党第二次代表大会后加入布尔什维克党,被增补进中央委员会;在中央委员会里一度对孟什维克采取调和主义态度,帮助把三名孟什维克代表增补进中央委员会,但不久即同孟什维克决裂。俄国社会民主工党第三次代表大会的参加者,在会上当选为中央委员。1905 年是布尔什维克第一份合法报纸《新生活报》的创办人之一。1905—1907 年革命期间参加彼得堡工人代表苏维埃,领导党中央战斗技术组。在党的第四次(统一)代表大会上代表布尔什维克作了关于武装起义问题的报告,并再次当选为中央委员,在第五次(伦敦)代表大会上当选为候补中央委员。1908 年侨居国外。一度参加反布尔什维克的"前进"集团,后脱离政治活动,在国内外当工程师。十月革命后是红军供给工作的组织者之一,任红军供给非常委员会主席、最高国民经济委员会主席团委员、工商业人民委员、交通人民委员。1919年起从事外交工作。1920年起任对外贸易人民委员,1920—1923年兼任驻英国全权代表和商务代表,参加了热那亚国际会议和海牙国际会议。1924年任驻法国全权代表,1925年起任驻英国全权代表。在党的第十三次和第十四次代表大会上当选为中央委员。——15、72、112、113、156、172。

克雷什科,尼古拉·克利缅季耶维奇(Клышко,Николай Климентьевич 1880—1937)——1898年参加俄国革命运动,1904年加入俄国社会民主工党。多次被捕和流放。1907年到英国。十月革命后回国,从事苏维埃工作以及外交和经济工作,历任国家出版社副社长、俄罗斯联邦驻爱沙尼亚全权代表、苏俄驻伦敦贸易代表团秘书。1923年起任对外贸易人民委员部出口局局长。1924年6月—1926年6月任驻中国商务代表。后在最高国民经济委员会工作。1937年任国营橡胶工业托拉斯计划处处长。——111、112。

克伦斯基,亚历山大·费多罗维奇(Керенский,Александр Федорович 1881—1970)——俄国政治活动家,资产阶级临时政府首脑。1917年3月起为社会革命党人。第四届国家杜马代表,劳动派党团领袖。第一次世界大战期间是护国派分子。1917年二月革命后任彼得格勒工兵代表苏维埃副主席、国家杜马临时委员会委员。在临时政府中任司法部长(3—5月)、陆海军部长(5—9月)、总理(7月21日起)兼最高总司令(9月12日起)。执政期间继续进行帝国主义战争,七月事变时镇压工人和士兵,迫害布尔什维克。1917年11月7日彼得格勒爆发武装起义时,从首都逃往前线,纠集部队向彼得格勒进犯,失败后逃亡巴黎。在国外参加白俄流亡分子的反革命活动,1922—1932年编辑《白日》周刊。1940年移居美国。——126、128、202、205、222。

库比亚克,尼古拉·阿法纳西耶维奇(Кубяк,Николай Афанасьевич 1881—1937)——1898年加入俄国社会民主工党。曾参加1905—1907年革命。1908—1915年坐牢和流放。积极参加十月革命。十月革命后担任苏维埃和党的负责工作。1918—1920年任党的彼得格勒省委员会主席、彼得格勒省执行委员会副主席。1920年起任全俄农林工会中央委员会主席、党中央委员会责任指导员。曾参加工人反对派,后退出。1922年起任党中央委员会远东局书记。在党的第十二至第十六次代表大会上当选为中央委员。1927 年任党中央委员会书记。1928 年起任俄罗斯联邦农业人民委员、伊万诺沃州执行委员会主席。1934 年在党的第十七次代表大会上当选为候补中央委员。1934 年起任苏联中央执行委员会全苏公用事业和住房合作委员会主席。——250。

库图佐夫，伊万·伊万诺维奇（Кутузов，Иван Иванович 1885 — 1943）——1917 年加入俄国社会民主工党（布）。1917 年二月革命后任莫斯科苏维埃委员、莫斯科纺织工会主席。1918 年起任纺织工会中央委员会主席。1920 — 1921 年参加工人反对派。后任全苏工会中央理事会俄共（布）党团委员会委员和主席团委员、苏联中央执行委员会国家贷款和储蓄事业促进委员会主席。1920 年起为全俄中央执行委员会主席团委员，后为苏联中央执行委员会主席团委员。——47。

L

拉狄克，卡尔·伯恩哈多维奇（Радек，Карл Бернгардович 1885 — 1939）——生于东加利西亚。20 世纪初参加加利西亚、波兰和德国的社会民主主义运动。1901 年起为加利西亚社会民主党的积极成员，1904 — 1908 年在波兰王国和立陶宛社会民主党内工作。1908 年到柏林，为德国左派社会民主党人的报刊撰稿。第一次世界大战期间持国际主义立场，但表现出向中派方面动摇。1917 年加入俄国社会民主工党（布）。十月革命后在外交人民委员部工作。1918 年是"左派共产主义者"。在党的第八至第十二次代表大会上当选为中央委员。1920 — 1924 年任共产国际执行委员会书记、委员和主席团委员。1923 年起属托洛茨基反对派。1925 — 1927 年任莫斯科中山大学校长。长期为《真理报》、《消息报》和其他报刊撰稿。1927 年被开除出党，1930 年恢复党籍，1936 年被再次开除出党。1937 年 1 月被苏联最高法院军事审判庭以"进行叛国、间谍、军事破坏和恐怖活动"的罪名判处十年监禁。1939 年死于狱中。1988 年 6 月苏联最高法院为其平反。——97。

拉法伊尔（法尔布曼，Р.Б.）（Рафаил（Фарбман，Р.Б.）生于 1893 年）——1910 年加入俄国社会民主工党。1920 年任乌克兰共产党（布）中央委员会书记,后任莫斯科国民教育局局长。1930 年起任矿产贸易股份公司管理局副局长和人事处处长。1920—1921 年是民主集中派分子,1927 年是"联合反对派"的骨干分子。1927 年被开除出党,1932 年恢复党籍,1933 年被再次开除出党。——102。

拉林,尤·(卢里叶,米哈伊尔·亚历山德罗维奇)(Ларин, Ю.(Лурье, Михаил Александрович)1882—1932)——1900 年参加俄国社会民主主义运动,在敖德萨和辛菲罗波尔工作。1904 年起为孟什维克。1905 年是俄国社会民主工党彼得堡孟什维克委员会委员。1906 年进入党的统一的彼得堡委员会;是党的第四次(统一)代表大会有表决权的代表。维护孟什维克的土地地方公有化纲领,支持召开"工人代表大会"的取消主义思想。党的第五次(伦敦)代表大会波尔塔瓦组织的代表。斯托雷平反动时期和新的革命高涨年代是取消派领袖之一,参加了"八月联盟"。第一次世界大战期间是中派分子。1917 年二月革命后领导出版《国际》杂志的孟什维克国际主义派。1917 年 8 月加入布尔什维克党。在彼得格勒参加十月武装起义。十月革命后主张成立有孟什维克和社会革命党人参加的联合政府。在苏维埃和经济部门工作,曾任最高国民经济委员会主席团委员、国家计划委员会主席团委员等职。1920—1921 年工会问题争论期间先后支持布哈林和托洛茨基的纲领。—— 105、286、314、316 — 319、330、331、404—405。

李可夫,阿列克谢·伊万诺维奇(Рыков, Алексей Иванович 1881—1938)——1899 年加入俄国社会民主工党。曾在萨拉托夫、莫斯科、彼得堡等地做党的工作。1905 年党的第三次代表大会起多次当选为中央委员。斯托雷平反动时期对取消派、召回派和托洛茨基分子采取调和主义态度。曾多次被捕流放并逃亡国外。1917 年二月革命后被选进莫斯科苏维埃主席团,同年 10 月在彼得格勒参与领导武装起义。十月革命后参加第一届人民委员会,任内务人民委员。1917 年 11 月主张成立有孟什维克和社会革命党人参加的联合政府,遭到否决后声明退出党中央和人民委员会。1918 年 2 月起任最高国民经济委员会主席,1921 年夏起任人民委员会和劳动国防委员会副主席。1923 年当选为党中央政治局委员。1924—1930 年任苏联人民委员会主席。1929 年被作为"右倾派别集团"领袖之一受到批判。1930 年 12 月被撤销政治局委员职务。1931—1936 年任苏联交通人民委员。1934 年当选为候补中央委员。1937 年被开除出党。1938 年 3 月 13 日被苏联最高法院军事审判庭以"参与托洛茨基的恐怖、间谍和破坏活动"的罪名判处枪决。1988 年平反昭雪并恢复党籍。——39、105。

梁赞诺夫（戈尔登达赫），达维德·波里索维奇（Рязанов（Гольдендах），Давид Борисович 1870—1938）——1889 年参加俄国革命运动。曾在敖德萨和基什尼奥夫开展工作。1900 年出国，是著作家团体斗争社的组织者之一；该社反对《火星报》制定的党纲和列宁的建党组织原则。俄国社会民主工党第二次代表大会反对斗争社参加大会的工作，并否决了邀请梁赞诺夫作为该社代表出席大会的建议。代表大会后是孟什维克。1905—1907 年在国家杜马社会民主党党团和工会工作。后再次出国，为《新时代》杂志撰稿。1909 年在"前进"集团的卡普里党校（意大利）担任讲课人，1911 年在隆瑞莫党校（法国）讲授工会运动课。曾受德国社会民主党委托从事出版《马克思恩格斯全集》和第一国际史的工作。第一次世界大战期间是中派分子，为孟什维克的《呼声报》和《我们的言论报》撰稿。1917 年二月革命后参加区联派，在俄国社会民主工党（布）第六次代表大会上随区联派集体加入布尔什维克党。十月革命后从事工会工作。1918 年初因反对签订布列斯特和约一度退党。1920—1921 年工会问题争论期间持错误立场，被解除工会职务。1921 年参与创建马克思恩格斯研究院，担任院长直到1931 年。1931 年 2 月因同孟什维克国外总部有联系被开除出党。——28、31、47、48、92、101、169、171、172、174、176、288、328。

列宁，弗拉基米尔·伊里奇（乌里扬诺夫，弗拉基米尔·伊里奇）（Ленин，Владимир Ильич（Ульянов，Владимир Ильич）1870—1924）——5、6、13、27—28、29、30、32—33、34、41、45、46、47、110、111、113、119、120、148—149、175、192—206、210、211、215、228、254、327—332、343、344、410—413。

列扎瓦，安德列·马特维耶维奇（Лежава，Андрей Матвеевич 1870—1937）——1904 年加入俄国社会民主工党。19 世纪 80 年代末参加民粹主义运动。1893 年因参与筹建地下印刷所被捕，监禁两年后，流放雅库特卡五年。在尼·叶·费多谢耶夫影响下成为马克思主义者。流放期满后在梯弗利斯、沃罗涅日、下诺夫哥罗德、萨拉托夫、莫斯科等地做党的工作。十月革命后担任经济部门和苏维埃的领导工作。1919—1920年任中央消费合作总社主席，1920—1922年任副对外贸易人民委员，1922—1924年任国内商业人民委员，1924—1930年任俄罗斯联邦人民委员会副主席兼俄罗斯联邦国家计划委员会主席，1930—1937年任苏联亚热带作物总管理局局长。1927—1930年为党中央监察委员会委员。多次当选为全俄中央执行委员会和苏联中央执行委员会委员。——61。

鲁登道夫，埃里希（Ludendorff，Erich 1865—1937）——德国军事活动家和政治活动家，德国帝国主义军事思想家，步兵上将（1916）。第一次世界大战期间，1914年8月起在东线任德军第8集团军参谋长，11月起任东线参谋长，1916年8月起任德军最高统帅部第一总军需长。是兴登堡的助手，同兴登堡共掌军事指挥权，在国内推行军事专制制度。1918年参与策划对苏维埃俄国的武装干涉。1918年3—7月在西线对英法军队发动多次进攻，但遭失败，于10月辞职；十一月革命时逃往瑞典。1919年2月回国，成为企图在德国复辟君主制的反革命势力的首领。1920年积极参加卡普叛乱。1923年11月与希特勒一起在慕尼黑发动未遂的法西斯政变。是法西斯总体战理论的炮制者。写有《我对1914—1918年战争的回忆》、《总体战》等回忆录和军事理论著作。——177。

鲁祖塔克，扬·埃内斯托维奇（Рудзутак，Ян Эрнестович 1887—1938）——1905年加入俄国社会民主工党，布尔什维克。1906年任党的里加委员会委员。1907年被捕并被判处十年苦役。1917年二月革命时获释。十月革命后担任工会领导工作，后任最高国民经济委员会主席团委员、中央纺织工业委员会主席。从1920年党的第九次代表大会起当选为中央委员。1920年起任运输工会中央委员会主席、全俄工会中央理事会总书记、全俄中央执行委员会和俄罗斯联邦人民委员会土耳其斯坦事务委员会主席、俄共（布）中央委员会土耳其斯坦局主席。1922—1924年任俄共（布）中央委员会中亚局主席。1923—1924年任党中央委员会书记。1924—1930年任交通人民委员。1926年起任苏联人民委员会和劳动国防委员会副主席，1931年起同时任党中央监察委员会主席和苏联工农检查人民委员。1923—1926年为党中央政治局候补委员，1926—1932年为政治局委员，

1934年起为政治局候补委员。曾任全俄中央执行委员会和苏联中央执行委员会主席团委员。——45—46。

罗日柯夫，尼古拉·亚历山德罗维奇（Рожков，Николай Александрович 1868—1927）——俄国历史学家和政治活动家。19世纪90年代接近合法马克思主义者。1905年加入俄国社会民主工党，布尔什维克。1907年当选为中央委员，进入中央委员会俄国局。1905—1907年革命失败后成为取消派的思想领袖之一，为《我们的曙光》杂志撰稿，编辑孟什维克取消派的《新西伯利亚报》。1917年二月革命后在临时政府担任了几个月的邮电部副部长。同年8月加入孟什维克党，当选为该党中央委员。敌视十月革命，在外国武装干涉和国内战争时期反对苏维埃政权。20年代初因与孟什维克的反苏维埃活动有关而两次被捕。1922年同孟什维克决裂。后来在一些高等院校和科研机关工作。写有俄国史方面的著作。——226、389。

洛佐夫斯基（德里佐），索洛蒙·阿布拉莫维奇（Лозовский（Дридзо），Соломон Абрамович 1878—1952）——1901年加入俄国社会民主工党。曾在彼得堡、喀山、哈尔科夫做党的工作。积极参加俄国第一次革命。1906年被捕，1908年在押解途中逃往国外。1909—1917年流亡日内瓦和巴黎，1912年参加布尔什维克调和派。第一次世界大战期间参与组织法国社会党和工会中的国际主义派。1917年6月回国，在全俄工会第三次代表会议（1917年7月）上被选为全俄工会中央理事会书记。1917年12月因反对党的政策被开除出党。1918—1919年领导社会民主党人国际主义派，1919年12月以该派成员身份重新加入俄共（布）。1920年任莫斯科省工会理事会主席。曾参加共产国际第二次代表大会的工作。1921—1937年任红色工会国际总书记。1937—1939年任国家文学出版社社长，1939—1946年先后任苏联副外交人民委员和外交部副部长。1927年党的第十五次代表大会起为候补中央委员，1939年在党的第十八次代表大会上当选为中央委员。——178、179。

M

马尔琴科，К.И.（Марченко，К.И.生于1892年）——1919年加入俄共（布）。

1917年二月革命后进入乌克兰社会革命党(斗争派)中央委员会。1919年初自愿参加红军,在红军中加入乌克兰共产党(布)。1920—1923年为党的波尔塔瓦省委委员和沃伦省委委员,后任乌克兰共产党(布)中央委员会指导员。1924年起是哈尔科夫工艺学院学生,1927年起为研究生,后任该校讲师,直至1937年。1950年起在基洛瓦巴德市米雅斯尼科夫油脂工业联合企业任主任化学师。——104。

马尔舍夫,М.Л.(Маршев,М.Л.1881—1958)——1918年加入俄共(布)。1897年参加革命运动。1917年11月起任莫斯科省工会理事会主席团委员。1920年起任建筑工会主席团主席。1926—1931年任莫斯科州第一副检察长。1932—1934年任州肉类奶品工业工会书记。1937年起任莫斯科环城铁路检察长。1947年退休。——175、179。

马尔托夫,尔·(策杰尔包姆,尤利·奥西波维奇)(Мартов,Л.(Цедербаум,Юлий Осипович)1873—1923)——俄国孟什维克领袖之一。1895年参与组织彼得堡工人阶级解放斗争协会。1896年被捕并流放图鲁汉斯克三年。1900年参与创办《火星报》,为该报编辑部成员。在俄国社会民主工党第二次代表大会上是《火星报》组织的代表,领导机会主义少数派,反对列宁的建党原则;从那时起成为孟什维克中央机关的领导成员和孟什维克报刊的编辑。曾参加党的第五次(伦敦)代表大会的工作。斯托雷平反动时期和新的革命高涨年代是取消派分子,编辑《社会民主党人呼声报》,参与组织"八月联盟"。第一次世界大战期间是中派分子,参加齐美尔瓦尔德代表会议和昆塔尔代表会议。曾参加孟什维克组织委员会国外书记处,为书记处编辑机关刊物。1917年二月革命后领导孟什维克国际主义派。十月革命后反对镇压反革命和解散立宪会议。1919年当选为全俄中央执行委员会委员,1919—1920年为莫斯科苏维埃代表。1920年9月侨居德国。参与组织第二半国际,在柏林创办和编辑孟什维克杂志《社会主义通报》。——168、222、226、227、228、229、233、311、312、313、389。

马哈拉泽,菲力浦·耶谢耶维奇(Махарадзе,Филипп Иесеевич 1868—1941)——1903年加入俄国社会民主工党,政论家。1891年参加革命运动,在巴库、梯弗利斯和库塔伊西做党的工作。1917年二月革命后是梯弗利斯苏维埃的组织者之一,曾出版俄文版《高加索工人报》。1918—1919

年任捷列克共和国财政人民委员。1920 年为共产国际第二次代表大会代表。1921 年任格鲁吉亚革命委员会主席。1922 年起任格鲁吉亚苏维埃社会主义共和国中央执行委员会主席。1928 年起为苏联中央执行委员会民族院代表。1929—1930 年任格鲁吉亚人民委员会主席。1931 年起任外高加索联邦中央执行委员会主席和格鲁吉亚苏维埃社会主义共和国中央执行委员会主席。1938 年起任格鲁吉亚苏维埃社会主义共和国最高苏维埃主席团主席和苏联最高苏维埃主席团副主席。写有一些革命运动史方面的著作。——248。

马克思，卡尔（Marx，Karl 1818—1883）——科学共产主义的创始人，世界无产阶级的领袖和导师。——89、90、127、202、203、204。

马伊斯基，伊万·米哈伊洛维奇（Майский，Иван Михайлович 1884—1975）——1903 年加入俄国社会民主工党，1918 年以前是孟什维克。1905—1907 年革命期间参加萨拉托夫工人代表苏维埃的活动。1908—1917 年侨居国外。第一次世界大战期间持中派立场。1918 年参加反革命的萨马拉立宪会议委员会，主管劳动部门。1919 年与孟什维克决裂，1921 年 2 月加入俄共（布）；任西伯利亚革命委员会经济部部长。1922 年起从事外交工作。1929—1932 年任驻芬兰全权代表，1932—1943 年任驻英国大使，1943—1946 年任副外交人民委员。写有一些历史著作和回忆录。1946 年起为苏联科学院院士。——126、227。

麦克唐纳，詹姆斯·拉姆赛（MacDonald，James Ramsay 1866—1937）——英国政治活动家，英国工党创建人和领袖之一。1885 年加入社会民主联盟。1886 年加入费边社。1894 年加入独立工党，1906—1909 年任该党主席。1900 年当选为劳工代表委员会书记，该委员会于 1906 年改建为工党。1906 年起为议员，1911—1914 年和 1922—1931 年任工党议会党团主席。推行机会主义政策，鼓吹阶级合作和资本主义逐渐长入社会主义的理论。第一次世界大战初期采取和平主义立场，后来公开支持劳合-乔治政府进行帝国主义战争。1918—1920 年竭力破坏英国工人反对武装干涉苏维埃俄国的斗争。1924 年和 1929—1931 年先后任第一届和第二届工党政府首相。1931—1935 年领导由保守党决策的国民联合政府。——226。

梅德维捷夫，谢尔盖·巴甫洛维奇（Медведев，Сергей Павлович 1885—1937）

——1900年加入俄国社会民主工党。曾在彼得堡、塞瓦斯托波尔从事革命工作,屡遭沙皇政府迫害。十月革命后在红军中做政治工作。1918年7月起在东方面军任职,1918年9月—1919年1月任第1集团军革命军事委员会委员。1920—1922年任五金工会中央委员会主席,后在全俄中央执行委员会和苏联中央执行委员会工作。是工人反对派领袖之一,后为"新反对派"骨干分子。1924年被开除出党,1926年恢复党籍。1933年清党时被再次开除出党。——96、99、250。

梅日劳克,伊万·伊万诺维奇(Межлаук,Иван Иванович 1891—1938)——1911年参加俄国革命运动,1918年加入俄共(布)。国内战争时期在红军中担任指挥工作,后从事经济工作以及党和苏维埃工作。1921—1923年任顿巴斯叶纳基耶沃冶金工厂厂长、南方钢铁托拉斯管理委员会主席,1923—1925年任中亚经济委员会主席、俄共(布)中央委员会中亚局成员、土库曼共产党(布)中央委员会书记,1926—1929年在联共(布)中央机关工作,后任坦波夫专区委员会书记,1931—1936年任劳动国防委员会秘书和苏联人民委员会办公厅副主任,1936—1937年任苏联人民委员会全苏高等教育委员会主席。——293。

梅森(Mayson)——美国驻柏林记者(1921)。——111。

美舍利亚科夫,尼古拉·列昂尼多维奇(Мещеряков,Николай Леонидович 1865—1942)——1885年参加俄国革命运动。1893年到比利时完成学业,1894年成为马克思主义者。1901年加入俄国革命社会民主党人国外同盟。1902年作为《火星报》代办员返回莫斯科,任俄国社会民主工党莫斯科委员会委员。不久被捕,流放雅库特州四年,1905—1907年革命时获释。1906年任党的莫斯科郊区委员会委员,同年10月被捕,流放东西伯利亚。1917年二月革命后先后任俄国社会民主工党(布)克拉斯诺亚尔斯克委员会委员,莫斯科省工人代表苏维埃主席,党的省委委员。十月革命后任《真理报》编委(1918—1922)、中央消费合作总社理事会理事(1919—1921)、国家出版社编辑委员会主席(1920—1924)。1924—1927年任农民国际组织书记。1927—1938年任《苏联小百科全书》总编辑。1939年起为苏联科学院通讯院士。——404。

米留可夫,帕维尔·尼古拉耶维奇(Милюков,Павел Николаевич 1859—

1943)——俄国立宪民主党领袖,俄国自由派资产阶级思想家,历史学家和
政论家。1886 年起任莫斯科大学讲师。90 年代前半期开始政治活动,
1902 年起为资产阶级自由派的《解放》杂志撰稿。1905 年 10 月参与创建
立宪民主党,后任该党中央委员会主席和中央机关报《言语报》编辑。第三
届和第四届国家杜马代表。第一次世界大战期间为沙皇政府的掠夺政策
辩护。1917 年二月革命后任第一届临时政府外交部长,推行把战争进行
到"最后胜利"的帝国主义政策;同年 8 月积极参与策划科尔尼洛夫叛乱。
十月革命后同白卫分子和武装干涉者合作。1920 年起为白俄流亡分子,
在巴黎出版《最新消息报》。著有《俄国文化史概要》、《第二次俄国革命史》
及《回忆录》等。—— 129 — 131、134、187、226、227、228、230、231、233、
312 — 313、314、321、389。

米柳亭,弗拉基米尔·巴甫洛维奇(Милютин,Владимир Павлович 1884 —
1937)——1903 年参加俄国社会民主主义运动,起初是孟什维克,1910 年
起为布尔什维克。曾在库尔斯克、莫斯科、奥廖尔、彼得堡和图拉做党的工
作,屡遭沙皇政府迫害。1917 年二月革命后任俄国社会民主工党(布)萨
拉托夫委员会委员、萨拉托夫苏维埃主席。在党的第七次全国代表会议
(四月代表会议)和第六次代表大会上当选为中央委员。十月革命后参加
第一届人民委员会,任农业人民委员。1917 年 11 月主张成立有孟什维克
和社会革命党人参加的联合政府,遭到否决后声明退出党中央和人民委员
会。1918—1921 年任最高国民经济委员会副主席。1922 年任西北地区
经济会议副主席。1924 年起历任工农检查人民委员部部务委员、中央统
计局局长、国家计划委员会副主席、苏联中央执行委员会学术委员会主席
等职。1920—1922 年为候补中央委员。1924 — 1934 年为中央监察委员
会委员。写有一些关于经济问题的著作。——67、70、73、296、337。

米洛诺夫,尤里·康斯坦丁诺维奇(Милонов,Юрий Константинович 生于
1895 年)——1912 年加入俄国布尔什维克党。曾在萨马拉和萨拉托夫从
事革命工作,多次被捕和流放。1917 年二月革命后任俄国社会民主工党
(布)萨马拉委员会委员、萨马拉工厂委员会理事会主席。十月革命后从事
党和工会工作。1921 年参加工人反对派。1921 — 1922 年任政治教育总
委员会秘书,1922 — 1930 年任全苏工会中央理事会工运史研究委员会副

主席和主席。1930年起任国家历史博物馆馆长、莫斯科建筑工程学院教授,后为建筑工程师。——32。

米雅斯尼科夫（米雅斯尼克扬），亚历山大·费多罗维奇（Мясников（Мясникян），Александр Федорович 1886—1925）——1906年加入俄国社会民主工党。曾在顿河流域、莫斯科和巴库做党的工作。1912—1914年在莫斯科当律师助理,并从事写作和宣传活动。1914年入伍,在士兵中进行革命宣传。1917年二月革命后任俄国社会民主工党（布）西方面军委员会委员,党的明斯克委员会委员。十月革命后任西方面军总司令。1919年初任白俄罗斯共产党（布）中央局主席、白俄罗斯中央执行委员会主席。1919—1921年先后任俄共（布）莫斯科委员会军事组织员和书记。1921年任亚美尼亚人民委员会主席兼陆军人民委员,同时兼任外高加索联邦人民委员会副主席、俄共（布）中央委员会高加索局成员。1922年起先后任外高加索联邦联盟院主席、俄共（布）外高加索边疆区委第一书记。1923年起为候补中央委员。曾任苏联中央执行委员会主席团委员。因飞机失事遇难。——186。

莫洛托夫,维亚切斯拉夫·米哈伊洛维奇（Молотов, Вячеслав Михайлович 1890—1986）——1906年加入俄国社会民主工党,布尔什维克。曾在喀山、沃洛格达、彼得堡做党的工作,屡遭沙皇政府迫害。1912年在布尔什维克合法报纸《明星报》工作,后任《真理报》编辑部成员兼编辑部秘书。1917年二月革命期间是党中央委员会俄国局成员,十月革命期间是彼得格勒军事革命委员会委员。1918—1921年历任北部地区国民经济委员会主席、下诺夫哥罗德省执行委员会主席、俄共（布）顿涅茨克省委书记、乌克兰共产党（布）中央委员会书记。在俄共（布）第九次代表大会上当选为候补中央委员,第十次代表大会上当选为中央委员。党的十大后任中央委员会书记和政治局候补委员,1926年起为政治局委员,1952年起为苏共中央主席团委员。1930—1941年任苏联人民委员会主席,1941—1957年任苏联人民委员会第一副主席,1939年起兼任苏联外交人民委员。1941—1945年卫国战争时期兼任国防委员会副主席,参加了德黑兰（1943）、雅尔塔（1945）和波茨坦（1945）会议。1957年6月根据苏共中央全会决议,被开除出苏共中央主席团和中央委员会。1957年出任苏联驻蒙古人民共和

国大使,1960—1962 年任苏联驻维也纳国际原子能机构代表。苏共第二
十二次代表大会后被开除出党,1984 年恢复党籍。——327。

N

拿破仑第三(**波拿巴,路易**)(Napoléon III(Bonaparte,Louis)1808—
1873)——法国皇帝(1852—1870),拿破仑第一的侄子。法国 1848 年革命
失败后被选为法兰西共和国总统。1851 年 12 月 2 日发动政变,1852 年 12
月称帝。在位期间,对外屡次发动侵略战争,包括同英国一起发动侵略中
国的第二次鸦片战争。对内实行警察恐怖统治,强化官僚制度,同时以虚
假的承诺、小恩小惠和微小的改革愚弄工人。1870 年 9 月 2 日在普法战
争色当战役中被俘,9 月 4 日巴黎革命时被废黜。——198、228。

诺根,维克多·巴甫洛维奇(Ногин,Виктор Павлович 1878—1924)——1898
年加入俄国社会民主工党,布尔什维克。曾在国内外做党的工作,是《火星
报》代办员。积极参加 1905—1907 年革命。1907 年和 1917 年两度当选
为党中央委员。屡遭沙皇政府迫害。斯托雷平反动时期对孟什维克取消
派采取调和主义态度。第一次世界大战期间在莫斯科和萨拉托夫的自治
机关工作,为《莫斯科合作社》等杂志撰稿。1917 年二月革命后先后任莫
斯科苏维埃副主席和主席。十月革命后参加第一届人民委员会,任工商业
人民委员。1917 年 11 月主张成立有孟什维克和社会革命党人参加的联
合政府,遭到否决后声明退出党中央和人民委员会。1918—1924 年历任
副劳动人民委员、最高国民经济委员会主席团委员、全俄纺织辛迪加管理
委员会主席等职。1921 年起任俄共(布)中央检查委员会主席。曾任苏联
中央执行委员会主席团委员。——39。

P

普列奥布拉任斯基,叶夫根尼·阿列克谢耶维奇(Преображенский,Евгений
Алексеевич 1886—1937)——1903 年加入俄国社会民主工党,布尔什维
克。曾在奥廖尔、布良斯克、莫斯科等地做党的工作,多次被捕和流放。
1917 年二月革命后在乌拉尔做党的工作,在党的第六次代表大会上当选
为候补中央委员。十月革命后做党的工作和军事政治工作。1918 年是

"左派共产主义者"。国内战争期间任第3集团军政治部主任。1920年在党的第九次代表大会上当选为中央委员、中央委员会书记。1920—1921年工会问题争论期间支持托洛茨基的纲领。党的第十次代表大会后任中央委员会和人民委员会的财政委员会主席、教育人民委员部职业教育总局局长、《真理报》编辑等职。1923年起是托洛茨基反对派的骨干分子。1927年被开除出党,1929年恢复党籍,后来被再次开除出党。——58—59、188、189。

Q

契切林,格奥尔吉·瓦西里耶维奇(Чичерин, Георгий Васильевич 1872—1936)——1904年参加俄国革命运动,1905年在柏林加入俄国社会民主工党。长期在国外从事革命活动。斯托雷平反动时期是孟什维主义的拥护者。第一次世界大战期间是国际主义者。1917年底转向布尔什维主义立场,1918年加入俄共(布)。1918年初回国后被任命为副外交人民委员,参加了布列斯特的第二阶段谈判,同德国签订了布列斯特和约。1918年5月—1930年任外交人民委员,是出席热那亚国际会议和洛桑国际会议的苏俄代表团团长。曾任全俄中央执行委员会和苏联中央执行委员会委员。在党的第十四次和第十五次代表大会上当选为中央委员。——110、111。

切尔诺夫,维克多·米哈伊洛维奇(Чернов, Виктор Михайлович 1873—1952)——俄国社会革命党领袖和理论家之一。1902—1905年任社会革命党中央机关报《革命俄国报》编辑。曾撰文反对马克思主义,企图证明马克思的理论不适用于农业。第一次世界大战期间持社会沙文主义立场,曾参加齐美尔瓦尔德代表会议和昆塔尔代表会议。1917年5—8月任临时政府农业部长,对夺取地主土地的农民实行残酷镇压。敌视十月革命。1918年1月任立宪会议主席;曾领导萨马拉的反革命立宪会议委员会,参与策划反苏维埃叛乱。1920年流亡国外,继续反对苏维埃政权。在他的理论著作中,主观唯心主义和折中主义同修正主义和民粹派的空想混合在一起;企图以资产阶级改良主义的"结构社会主义"对抗科学社会主义。——168、222、225、226、227、228、233、312、313、389。

丘巴尔,弗拉斯·雅柯夫列维奇(Чубарь, Влас Яковлевич 1891—1939)——

1907年加入俄国社会民主工党,在乌克兰和彼得格勒从事革命工作,曾被捕和监禁。1917年二月革命后任彼得格勒工厂委员会中央理事会理事、彼得格勒苏维埃代表。十月革命期间任彼得格勒军事革命委员会驻军械总部委员,后任工人监督委员会委员。1918—1923年任国营机械制造厂联合公司管理委员会主席、俄罗斯联邦最高国民经济委员会主席团委员、恢复乌克兰工业组织局主席、乌克兰最高国民经济委员会主席团主席、顿巴斯中央煤炭工业管理局局长。1923年6月起任乌克兰苏维埃社会主义共和国人民委员会主席。1934—1938年任苏联人民委员会和劳动国防委员会副主席,1937—1938年兼任苏联财政人民委员。在党的第十次代表大会上当选为候补中央委员,第十一至第十七次代表大会上当选为中央委员。1920—1934年为乌克兰共产党(布)中央政治局委员,1926年起为联共(布)中央政治局候补委员,1935年起为政治局委员。曾任全俄中央执行委员会和苏联中央执行委员会主席团委员。—— 286、287、317、318、330、405。

瞿鲁巴,亚历山大·德米特里耶维奇(Цюрупа, Александр Дмитриевич 1870—1928)——1891年参加俄国革命运动,1898年加入俄国社会民主工党。曾任《火星报》代办员。1901年起先后在哈尔科夫、图拉、乌法等地做党的工作,屡遭沙皇政府迫害。1917年二月革命后任俄国社会民主工党乌法统一委员会委员、乌法工兵代表苏维埃委员、省粮食委员会主席和市杜马主席。十月革命期间任乌法军事革命委员会委员。1917年11月起任副粮食人民委员,1918年2月起任粮食人民委员。国内战争时期主管红军的供给工作,领导征粮队的活动。1921年12月起任人民委员会和劳动国防委员会副主席。1922年起任全俄中央执行委员会和苏联中央执行委员会主席团委员。1922—1923年任工农检查人民委员,1923—1925年任国家计划委员会主席,1925年起任国内商业和对外贸易人民委员。在党的第十二至第十五次代表大会上当选为中央委员。—— 42、43、44、66、67、363。

S

萨普龙诺夫,季莫费·弗拉基米罗维奇(Сапронов, Тимофей Владимирович

1887—1939)——1912年加入俄国布尔什维克党。十月革命后任莫斯科省执行委员会主席(1918—1919)、哈尔科夫省革命委员会主席(1919—1920)。此后历任党中央委员会乌拉尔局书记、小人民委员会主席、建筑工会中央委员会主席、国家建筑工程总委员会主席、最高国民经济委员会副主席、全俄中央执行委员会主席团委员、租让总委员会委员等职。1922年在党的第十一次代表大会上当选为中央委员。1918年是"左派共产主义者"。1920—1921年工会问题争论期间领导民主集中派。1923年在托洛茨基的46人声明上签名。1925—1927年是"新反对派"和"托季联盟"的骨干分子。1927年被开除出党,后恢复党籍,1932年被再次开除出党。——30。

萨文柯夫,波里斯·维克多罗维奇(Савинков, Борис Викторович 1879—1925)——俄国社会革命党领袖之一,作家。在彼得堡大学学习时开始政治活动,接近经济派-工人思想派,在工人小组中进行宣传,为《工人事业》杂志撰稿。1901年被捕,后被押送沃洛格达省,从那里逃往国外。1903年加入社会革命党,1903—1906年是该党"战斗组织"的领导人之一,多次参加恐怖活动。1909年和1912年以维·罗普申为笔名先后发表了两部浸透神秘主义和对革命斗争失望情绪的小说:《一匹瘦弱的马》和《未曾有过的东西》。1911年侨居国外。第一次世界大战期间是社会沙文主义者。1917年二月革命后回国,任临时政府驻最高总司令大本营的委员、西南方面军委员、陆军部副部长、彼得格勒军事总督;根据他的提议在前线实行了死刑。十月革命后参加克伦斯基—克拉斯诺夫叛乱,参与组建顿河志愿军,建立地下反革命组织"保卫祖国与自由同盟",参与策划反革命叛乱。1921—1923年在国外领导反对苏维埃俄国的间谍破坏活动。1924年偷越苏联国境时被捕,被判处死刑,后改为十年监禁。在狱中自杀。——40。

施略普尼柯夫,亚历山大·加甫里洛维奇(Шляпников, Александр Гаврилович 1885—1937)——1901年加入俄国社会民主工党。曾在索尔莫沃、穆罗姆、彼得堡和莫斯科做党的工作。1905—1906年两度被捕,1908年移居国外。第一次世界大战期间在彼得堡和国外做党的工作,负责在党中央委员会国外局同俄国局和彼得堡委员会之间建立联系。1917年二月革命后任党的彼得堡委员会委员、彼得格勒工兵代表苏维埃执行委员会委员和彼得格勒五金工会主席。十月革命后参加第一届人民委员会，任劳动人民委员，后领导工商业人民委员部。1918 年参加国内战争，先后任南方面军革命军事委员会委员和里海—高加索方面军革命军事委员会主席。1919—1922 年任全俄五金工会中央委员会主席，1921 年 5 月起任最高国民经济委员会主席团委员。1920—1922 年是工人反对派的组织者和领袖。1921 年在党的第十次代表大会上当选为中央委员。后在经济部门担任负责职务。1933 年清党时被开除出党。1935 年因所谓"莫斯科反革命组织'工人反对派'集团"案被追究刑事责任，死于狱中。1988 年恢复名誉。——32—33、34、39、42—43、44、47—48、92、94、95、96、100、169、170、176、177、250。

斯大林（**朱加施维里**），约瑟夫·维萨里昂诺维奇（Сталин（Джугашвили），Иосиф Виссарионович 1879—1953）——苏联共产党和国家领导人，国际共产主义运动活动家。1898 年加入俄国社会民主工党，党的第二次代表大会后是布尔什维克。曾在梯弗利斯、巴统、巴库和彼得堡做党的工作。多次被捕和流放。1912 年 1 月在党的第六次（布拉格）全国代表会议选出的中央委员会会议上，被缺席增补为中央委员并被选入中央委员会俄国局；积极参加布尔什维克《真理报》的编辑工作。1917 年二月革命后从流放地回到彼得格勒，参加党中央委员会俄国局。在党的第七次全国代表会议（四月代表会议）以及此后的历次代表大会上当选为中央委员。在十月革命的准备和进行期间参加领导武装起义的彼得格勒军事革命委员会和党总部。在全俄苏维埃第二次代表大会上当选为全俄中央执行委员会委员；参加第一届人民委员会，任民族事务人民委员。1919 年 3 月起兼任国家监察人民委员，1920 年起为工农检查人民委员。国内战争时期任共和国革命军事委员会委员和一些方面军的革命军事委员会委员。1922 年 4 月起任党中央总书记。1941 年起同时担任苏联人民委员会主席，1946 年起为部长会议主席。1941—1945 年卫国战争时期任国防委员会主席、国防人民委员和苏联武装力量最高统帅。1919—1952 年为中央政治局委员，1952—1953 年为苏共中央主席团委员。1925—1943 年为共产国际执行委员会委员。——248、327、328、329。

斯米尔诺夫，С.П.（Смирнов，С.П. 1878—1957）——1905 年加入俄国社会民

主工党,俄国三次革命的参加者。1916年起在莫斯科汽车制造厂(现称利哈乔夫汽车制造厂)当细木工,1917年起在该厂担任工会以及党政领导工作。——135。

斯帕戈,约翰(Spargo,John 生于1876年)——美国社会党人。1901年起任社会党全国执行委员会委员。1917年退出社会党,参与创建美国劳工和民主联合会以及民族主义党。反对布尔什维主义。写有一些社会经济问题的著作。——175。

斯瓦尼泽,亚历山大·谢苗诺维奇(Сванидзе,Александр Семенович 1886—1942)——1903年加入俄国社会民主工党;职业是排字工人。曾在外高加索和国外从事革命工作。十月革命后回国,1920年以前在梯弗利斯当教员。1920—1921年任外交人民委员部副司长,1921—1922年任格鲁吉亚和外高加索财政人民委员。1922—1937年在苏联财政人民委员部系统工作,曾任苏联对外贸易银行管理委员会主席、苏联国家银行管理委员会副主席等职。——248。

斯维杰尔斯基,阿列克谢·伊万诺维奇(Свидерский,Алексей Иванович 1878—1933)——1899年加入俄国社会民主工党,布尔什维克。曾在彼得堡、萨马拉、乌法等地做党的工作,参加过1905—1907年革命。曾被捕和流放。1917年二月革命后任在乌法出版的布尔什维克报纸《前进报》编辑,后任乌法工兵代表苏维埃主席。1918年起任粮食人民委员部部务委员,1922年起任工农检查人民委员部部务委员,1923—1928年任俄罗斯联邦副农业人民委员,1929年起任苏联驻拉脱维亚全权代表。——296、314、315、404。

T

塔尔塔科夫斯基,Л.М.(Тартаковский,Л.М.生于1886年)——1902—1917年为俄国社会民主工党党员,孟什维克。1917—1919年属社会民主党人国际主义派。1919年起为布尔什维克党党员。1905—1906年任敖德萨五金工会理事会理事,1907年任基辅总工会责任书记。1911—1916年(有间断)任莫斯科工商业职员工会主席团委员。十月革命后从事工会工作,先后在苏维埃职员工会、全俄工会中央理事会、全俄农林工会和全俄五金工会中央委员会工作。——179。

唐恩(**古尔维奇**),费多尔·伊里奇(Дан(Гурвич),Федор Ильич 1871 —
1947)——俄国孟什维克领袖之一;职业是医生。1894 年参加社会民主主
义运动,加入彼得堡工人阶级解放斗争协会。1896 年 8 月被捕,监禁两年
左右,1898 年流放维亚特卡省,为期三年。1901 年夏逃往国外,加入《火星
报》柏林协助小组。1902 年作为《火星报》代办员参加了俄国社会民主工
党第二次代表大会的筹备会议,会后再次被捕,流放东西伯利亚。1903 年
9 月逃往国外,成为孟什维克。俄国社会民主工党第四次(统一)代表大会
和第五次(伦敦)代表大会及一系列代表会议的参加者。斯托雷平反动时
期和新的革命高涨年代在国外领导取消派,编辑取消派的《社会民主党人
呼声报》。第一次世界大战期间是社会沙文主义者。1917 年二月革命后
任彼得格勒苏维埃执行委员会委员和第一届中央执行委员会主席团委员,
支持资产阶级临时政府。十月革命后反对苏维埃政权,1922 年被驱逐出
境,在柏林领导孟什维克进行反革命活动。1923 年参与组织社会主义工
人国际。同年被取消苏联国籍。——226、389。

托洛茨基(**勃朗施坦**),列夫·达维多维奇(Троцкий(Бронштейн),Лев
Давидович 1879 — 1940)——1897 年参加俄国社会民主主义运动。在俄
国社会民主工党第二次代表大会上是西伯利亚联合会的代表,属火星派
少数派。1905 年同亚·帕尔乌斯一起提出和鼓吹"不断革命论"。斯托
雷平反动时期和新的革命高涨年代,打着"非派别性"的幌子,实际上采
取取消派立场。1912 年组织"八月联盟"。第一次世界大战期间持中派
立场。1917 年二月革命后参加区联派,在党的第六次代表大会上随区联
派集体加入布尔什维克党,当选为中央委员。参加十月武装起义的领导
工作。十月革命后任外交人民委员,1918 年初反对签订布列斯特和约,
同年 3 月改任共和国革命军事委员会主席、陆海军人民委员等职。参与
组建红军。1919 年起为党中央政治局委员。1920 年起历任共产国际执
行委员会候补委员、委员。1920 — 1921 年挑起关于工会问题的争论。
1923 年起进行派别活动。1925 年初被解除革命军事委员会主席和陆海
军人民委员职务。1926 年与季诺维也夫结成"托季联盟"。1927 年被开
除出党,1929 年被驱逐出境,1932 年被取消苏联国籍。在国外组织第四

国际。死于墨西哥。——41、45、46、47、110、111、112、113、136、177、327。

托姆斯基（**叶弗列莫夫**），米哈伊尔·巴甫洛维奇（Томский（Ефремов），Михаил Павлович 1880 — 1936）——1904 年加入俄国社会民主工党。1905—1906 年在党的雷瓦尔组织中工作，开始从事工会运动。1907 年当选为党的彼得堡委员会委员，任布尔什维克的《无产者报》编委。曾参加党的第五次（伦敦）代表大会的工作。多次被捕和流放。1917 年二月革命后任党的彼得堡委员会执行委员会委员。十月革命后任莫斯科工会理事会主席。1919 年起任全俄工会中央理事会主席团主席。1920 年参与创建红色工会国际，1921 年工会国际成立后担任总书记。在党的第八至第十六次代表大会上当选为中央委员，1923—1930 年为中央政治局委员。1920 年起任全俄中央执行委员会主席团委员，1922 年 12 月起任苏联中央执行委员会主席团委员。支持民主集中派，坚持工会脱离党的领导的"独立性"。1929 年被作为"右倾派别集团"领袖之一受到批判。1934 年当选为候补中央委员。1936 年因受政治迫害自杀。1988 年恢复党籍。——288、328。

W

瓦尔克（Вальк）——俄国孟什维克。喀琅施塔得叛乱期间参加所谓的临时革命委员会。叛乱失败后逃往国外。——225。

瓦雷基斯，约瑟夫·米哈伊洛维奇（Варейкис，Иосиф Михайлович 1894 — 1939）——1913 年加入俄国布尔什维克党。曾在莫斯科省一些城市做党的工作。积极参加十月革命。1918 年初任俄共（布）顿涅茨—克里沃罗格州委书记、顿涅茨克-克里沃罗格苏维埃共和国社会保障人民委员。1918 年 6 月—1920 年 8 月任俄共（布）辛比尔斯克省委员会主席。1921—1923 年任阿塞拜疆共产党中央委员会常务局成员和巴库委员会委员、俄共（布）外高加索边疆区委委员、巴库苏维埃副主席。1923 年起任俄共（布）基辅省委书记，中央委员会中亚局书记、党中央报刊部部长、萨拉托夫省委书记、沃罗涅日州委书记、斯大林格勒州委书记和远东边疆区委书记等职。1924 年起为候补中央委员，1930 年起为中央委员。——311、398。

瓦西里耶夫,Б.А.(Васильев,Б.А.1889—1939)——1904 年加入俄国社会民主工党。1921—1922 年任党的坦波夫省委书记和全俄中央执行委员会肃清坦波夫省境内匪帮特设委员会副主席。1925 年起在共产国际工作。——404。

万德利普,华盛顿·B.(Vanderlip,Washington B. 生于 1866 年)——美国工业界代表,工程师。1920 年和 1921 年曾访问苏维埃俄国,建议苏俄和美国签订堪察加石油和煤炭租让合同。——60、163、174。

维干德,卡尔(Wigand,Karl)——美国世界新闻社驻柏林记者。——111。

X

谢苗诺夫,格里戈里·米哈伊洛维奇(Семенов, Григорий Михайлович 1890—1946)——俄国中将。参加过第一次世界大战,当时是大尉。1917 年 6 月起任临时政府驻外贝加尔负责组建志愿部队的委员。1917 年 11—12 月煽动反苏维埃叛乱,失败后逃往中国。1918 年起在远东进行反对苏维埃政权的斗争,同年 9 月占领赤塔,在外贝加尔建立了血腥的军事独裁制度。1919 年初在日本干涉者扶植下自封为外贝加尔哥萨克军阿塔曼(统领)。1920 年 11 月谢苗诺夫匪帮被人民革命军和游击队赶出外贝加尔,撤到远东滨海地区,妄图继续与苏维埃政权较量,被击溃。1921 年 9 月逃亡国外,领导白俄流亡分子的反苏维埃活动。1945 年在中国东北被苏军俘获,根据苏联最高法院军事庭的判决被处以绞刑。——111。

欣丘克,列夫·米哈伊洛维奇(Хинчук, Лев Михайлович 1868—1944)——1890 年参加俄国社会民主主义运动。俄国社会民主工党第二次代表大会后是孟什维克,曾任孟什维克中央委员。1920 年加入俄共(布)。1917 年 3—9 月任莫斯科工人代表苏维埃主席。1917—1920 年任莫斯科工人合作社理事会理事,1921—1926 年任中央消费合作总社理事会主席。1926—1930 年任苏联驻英国商务代表,1930—1934 年任苏联驻德国全权代表。1934—1937 年任俄罗斯联邦国内商业人民委员。——296、314。

Y

雅罗斯拉夫斯基,叶梅利扬·米哈伊洛维奇(**古别尔曼,米奈·伊兹拉伊列维**

奇）（Ярославский，Емельян Михайлович（Губельман，Миней Израилевич）1878—1943）——1898 年加入俄国社会民主工党，是外贝加尔铁路工人中第一个社会民主主义小组的组织者。曾积极参加 1905—1907 年革命，在特维尔、下诺夫哥罗德、基辅、敖德萨、图拉、雅罗斯拉夫尔和莫斯科担任党的负责工作。俄国社会民主工党第一次代表会议、第四次（统一）代表大会、军事和战斗组织第一次代表会议、第五次（伦敦）代表大会的代表。1907 年被捕，后流放东西伯利亚。1917 年 5 月任雅库特工兵代表苏维埃主席，7 月起在俄国社会民主工党（布）莫斯科委员会所属军事组织中工作，代表莫斯科军事组织出席党的第六次代表大会。十月革命期间任莫斯科党的军事革命总部成员、莫斯科军事革命委员会委员。1919 年起先后任党的彼尔姆省委员会主席、中央委员会西伯利亚局成员。1921 年任党中央委员会书记，1923—1934 年任党中央监察委员会书记。1921—1923 年和 1939 年起为党中央委员，1923—1934 年为中央监察委员会委员，1934—1939 年为联共（布）中央党的监察委员会委员。曾任苏联中央执行委员会委员、《真理报》和《布尔什维克》杂志编委，是著名的历史学家和政论家。1939 年起为苏联科学院院士。写有俄国共产党党史和革命运动史方面的著作。——66、256。

叶努基泽，阿韦尔·萨夫罗诺维奇（Енукидзе，Авель Сафронович 1877—1937）——1898 年加入俄国社会民主工党，布尔什维克。曾在梯弗利斯、巴库、顿河畔罗斯托夫、彼得堡和其他城市做党的工作，屡遭沙皇政府迫害。十月革命期间任彼得格勒军事革命委员会委员。十月革命后在全俄中央执行委员会军事部工作，1918—1922 年任全俄中央执行委员会主席团委员和秘书，1923—1935 年任苏联中央执行委员会主席团委员和秘书。在党的第十三至第十六次代表大会上当选为中央监察委员会委员，在第十七次代表大会上当选为中央委员。——173、188。

伊苏夫，约瑟夫·安德列耶维奇（Исув，Иосиф Андреевич 1878—1920）——俄国社会民主党人，孟什维克。1903 年任俄国社会民主工党叶卡捷琳诺斯拉夫委员会委员，党的第二次代表大会后加入孟什维克，在莫斯科和彼得堡工作。1907 年代表孟什维克参加中央委员会。斯托雷平反动时期和新的革命高涨年代是取消派分子，为《我们的曙光》杂志及取消派其他刊物

撰稿。第一次世界大战期间是护国派分子。1917 年任孟什维克的莫斯科
委员会委员,进入莫斯科苏维埃执行委员会和第一届中央执行委员会。十
月革命后在劳动博物馆工作。——175。

尤登尼奇,尼古拉·尼古拉耶维奇(Юденич,Николай Николаевич 1862—
1933)——沙俄将军。1905—1906 年曾在亚美尼亚指挥讨伐队。第一次
世界大战初期任高加索集团军参谋长,1915 年 1 月起任高加索集团军司
令。1917 年 3—4 月任高加索方面军总司令。1918 年秋侨居芬兰,后移居
爱沙尼亚。1919 年任西北地区白卫军总司令,是反革命的"西北政府"成
员。1919 年两次进犯彼得格勒,失败后率残部退到爱沙尼亚。1920 年起
为白俄流亡分子。——7、13、19、57、92、124、129、132。

越飞,阿道夫·阿布拉莫维奇(Иоффе,Адольф Абрамович 1883—1927)——
19 世纪末参加俄国社会民主主义运动。1903 年俄国社会民主工党第二次
代表大会后是孟什维克。1908 年起和托洛茨基一起在维也纳出版《真理
报》。1917 年二月革命后参加区联派,任彼得格勒工兵代表苏维埃委员、
第一届中央执行委员会委员。在俄国社会民主工党(布)第六次代表大会
上随区联派集体加入布尔什维克党,被选为候补中央委员。十月革命期间
任彼得格勒军事革命委员会委员。在党的第七次代表大会上再次当选为
候补中央委员。1918 年布列斯特谈判期间先后任苏俄和谈代表团团长和
团员,谈判后期为顾问;采取托洛茨基的"不战不和"的立场。1918 年 4—
11 月任俄罗斯联邦驻柏林全权代表。1919—1920 年是同爱沙尼亚、立陶
宛、拉脱维亚、波兰进行和谈的代表团成员。1922—1924 年和 1924—
1925 年先后任驻中国大使和驻奥地利大使。1925—1927 年追随托洛茨
基反对派。——178、181。

文 献 索 引

波波夫,帕·伊·《俄罗斯联邦及与它结成联邦的各共和国的粮食生产(粮食产量)》(Попов, П. И. Производство хлеба в РСФСР и федерирующихся с нею республиках. (Хлебная продукция). М., Госиздат, 1921. 56 стр. ; 1 л. табл. (РСФСР)) —— 145、307。

—《苏维埃共和国及与它结成联邦的各共和国的粮食产量》(Хлебная продукция Советской и федерируемых с нею республик. М., [1921]. 15 стр. (РСФСР. Только для членов Х съезда РКП)) —— 64、73、145、307、373。

[布哈林,尼·伊·]《揭露米留可夫先生》[社论]([Бухарин, Н. И.] Разоблачения г. Милюкова. [Передовая]. —«Правда», М., 1921, №110, 22 мая, стр. 1) —— 312。

恩格斯,弗·《法德农民问题》——(Энгельс, Ф. Крестьянский вопрос во Франции и Германии. 15 — 22 ноября 1894 г.) —— 202。

—《反杜林论》(Анти-Дюринг. Переворот в науке, произведенный господином Евгением Дюрингом. Сентябрь 1876 —июнь 1878 гг.) —— 89、90。

—《家庭、私有制和国家的起源》(Происхождение семьи, частной собственности и государства. В связи с исследованиями Льюиса Г. Моргана. Конец марта— 26 мая 1884 г.) —— 48、89、90。

哥尔布诺夫,伊·费·《在驿站》(Горбунов, И. Ф. На почтовой станции) —— 127。

[哥尔茨曼,阿·季·]《哥尔茨曼同志[关于工资问题]的提纲》([Гольцман, А.З.] Тезисы т. Гольцмана [по тарифному вопросу]. —«Бюллетень IV Всероссийского Съезда Профессиональных Союзов». (Полный стеногр.

отчет).М.,1921,№6,26 мая стр.5—8)——286、287、317。

果戈理,尼·瓦·《钦差大臣》(Гоголь,Н.В.Ревизор)——45、46。

柯伦泰,亚·米·《工人反对派》(Коллонтай, А. М. Рабочая оппозиция. На правах рукописи. М., 1921. 48 стр. (Только для членов Х-го съезда РКП))——29—30、31、32、33—34、35—36、37—40、41—42、43、48。

克拉克,伊·《关于苏维埃俄国的事实和捏造》(Clark, E. Facts and Fabrications about Soviet Russia.New York,1920.93 p.)——113。

[列宁,弗·伊·]《大难临头,出路何在?》([Ленин, В. И.] Грозящая катастрофа и как с ней бороться. Пг., тип. «Сов. раб. и солд. деп. Вас. Остр.»,1917.32 стр.(РСДРП. Солдатская и крестьянская б-ка. №13). Перед загл.авт.:Н.Ленин)——201—202。

—《当前的主要任务》》(收入[列宁,弗·伊·]《当前的主要任务。论"左派" 幼稚性和小资产阶级性》一书)(Главная задача наших дней.—В кн.: [Ленин,В.И.] Главная задача наших дней. О «левом» ребячестве и о мелкобуржуазности. Пг., изд. Петроградского Совдепа, 1918, стр. 1 — 7. Перед загл.кн.авт.:Н.Ленин)——192。

—《当前的主要任务》》(1918 年莫斯科版)(Главная задача наших дней.М., 1918.47 стр.Перед загл.авт.:Н.Ленин)——148—150、175、292、398。

—《当前的主要任务。论"左派"幼稚性和小资产阶级性》》(Главная задача наших дней. О «левом» ребячестве и о мелкобуржуазности. Пг., изд. Петроградского Совдепа,1918.32 стр.Перед загл.кн.авт.:Н.Ленин)—— 192—206、208、210、211、215、217、228。

—[《俄共(布)第十次代表大会开幕词(1921 年 3 月 8 日)》]([Речь при открытии Х съезда РКП (б) 8 марта 1921 г.].—В кн.: Десятый съезд Российской Коммунистической партии.Стеногр.отчет.(8—16 марта 1921 г.).М.,Госиздат,1921,стр.1—2.(РКП(б)))——11、14、40。

—[《俄共(布)中央政治工作报告(1921 年 3 月 8 日在俄共(布)第十次代 表大会上)》]([Отчет о политической деятельности ЦК РКП (б) на Х съезде РКП (б) 8 марта 1921 г.].—В кн.: Десятый съезд Российской Коммунистической партии. Стеногр. отчет. (8 — 16 марта 1921 г.). М.,

Госиздат,1921,стр.13—22.(РКП(б)))——27—28、29、30。

—《俄共第十次代表大会关于党的统一的决议草案初稿》(Первоначальный
проект резолюции X съезда РКП(б) о единстве партии. 14 или 15 марта
1921 г.——88、95、98—99、100、101、102、103、115。

—《俄共第十次代表大会关于党的统一的决议草案初稿》[第7条]
(Первоначальный проект резолюции X съезда РКП (б) о единстве
партии.[п.7].14 или 15 марта 1921 г.)——97。

—《俄共第十次代表大会关于我们党内的工团主义和无政府主义倾向的决
议草案初稿》(Первоначальный проект резолюции X съезда РКП(б) о
синдикалистском и анархистском уклоне в нашей партии. 14 или 15 марта
1921 г.)——82、88—89、91、92—93、94、95、96、100、104、115。

—[《关于党的统一和无政府工团主义倾向的报告(在俄共(布)第十次代表
大会上)》(1921 年)]([Доклад об единстве партии и анархо-синди-
калистском уклоне на X съезде РКП (б).1921г.].—В кн.:десятый съезд
Российской Коммунистической партии.Стеногр.отчет.(8—16 марта 1921
г.).М.,Госиздат.1921,стр.281—284.(РКП(б)))——96、98。

—《关于工会的作用和任务的报告(在代表大会共产党党团会议上)》——
见[列宁,弗·伊·]《列宁同志[在全俄矿工第二次代表大会俄共(布)党
团会议上]的报告》。

—[《关于合作社的决议案》(1921 年)]([Проект резолюции о кооперации.
1921 г.].—В кн.:Десятый съезд Российской Коммунистической партии.
Стеногр.отчет.(8—16 марта 1921 г.).М.,Госиздат,1921,стр.225,243)
——67、69、372。

—《关于粮食税的报告》——见[列宁,弗·伊·]《列宁同志[在俄共(布)第
十次全国代表会议上]关于粮食税的报告》[1921 年 5 月 26 日]。

—《关于新经济政策问题的决议草案》(1921 年 5 月 27—28 日)(Проект
резолюции по вопросам новой экономической политики. 27—28 мая 1921
г.)——336—340。

—[《关于以实物税代替余粮收集制的报告(在 1921 年 3 月 15 日俄共(布)
第十次代表大会上)》]([Доклад о замене разверстки натуральным на-

логом на X съезде РКП(б)15 марта 1921 г.].—В кн.: Десятый съезд Российской Коммунистической партии.Стеногр.отчет.(8—16 марта 1921 г.).М.,Госиздат,1921,стр.221—227.(РКП (б)))——66、69—70。

—《国家与革命》(Государство и революция.Учение марксизма о государстве и задачи пролетариата в революции.Вып.1.Пг.,«Жизнь и Знание»,1918. 115 стр.(Б-ка обществоведения.Кн.40-я).Перед загл.авт.:В.Ильин (Н. Ленин))——386。

—《劳动国防委员会给各地方苏维埃机关的指令。草案》(Наказ от СТО (Совета Труда и Обороны) местным советским учреждениям. Проект. [М.,21 мая 1921].20 стр. Под загл.: Проект. Наказ от СТО (Совета Труда и Обороны) местным советским учреждениям. Без обл. и тит. л.) ——257、258、334、338—339、343、344、345、347、393。

—《劳动国防委员会关于地方经济会议、关于报告制度和关于贯彻执行劳动国防委员会指令的决定草案》(1921 年 5 月 19 — 20 日)(Проект постановления СТО о местных экономических совещаниях,об отчетности и о руководстве наказом СТО.19—20 мая 1921 г.)——263—267。

—《列宁同志[在俄共(布)第十次全国代表会议上]关于粮食税的报告》 [1921 年 5 月 26 日](Доклад тов. Ленина о продналоге [на X Всероссийской конференции РКП(б).26 мая 1921 г.].—«Бюллетень Всероссийской Конференции РКП (большевиков)»,М.,1921,№1,27 мая,стр.1—9.Под общ.загл.:Первый день (26-го мая))——295、311。

—《列宁同志[在俄共(布)第十次全国代表会议上关于粮食税的报告]的总结发言》(Заключительное слово т. Ленина [по докладу о продовольственном налоге на X Всероссийской конференции РКП (б)].—«Бюллетень Всероссийской Конференции РКП (большевиков)», М.,1921,№2,28 мая,стр.16 — 23. Под общ.загл.:Второй день (27-го мая))——295。

—《列宁同志在莫斯科苏维埃全体会议上关于苏维埃共和国国内外形势的讲话([1921 年]2 月 28 日)》(Речь тов. Ленина о международном и внутреннем положении Советской республики на заседании пленума

Московского Совета 28 февраля［1921 г.］.М.，изд.Моск.ком.РКП，1921. 11 стр.（РКП(б)））——29。

——《列宁同志在莫斯科组织支部书记会议上的讲话［1920 年 11 月 26 日］》 （Речь т.Ленина на собрании секретарей ячеек Московской организации ［26 ноября 1920 г.］.—«Правда»，М.，1920，№269，30 ноября，стр.2） ——175。

——《列宁同志［在全俄矿工第二次代表大会俄共(布)党团会议上］的报告》 （Речь тов.Ленина ［на заседании фракции РКП（б）2-го Всероссийского съезда горнорабочих］.—« Бюллетень 2-го Всероссийского Съезда Горнорабочих»，М.，1921，№1，25 января，стр.1—2）——41。

——《列宁同志［在 1921 年 1 月 24 日全俄矿工第二次代表大会共产党党团 会议上关于工会的作用和任务的报告］的总结发言》（Заключительное слово т.Ленина ［по докладу о роли и задачах профессиональных союзов на заседании коммунистической фракции 2-го Всероссийского съезда горнорабочих 24 января 1921 г.］.—« Бюллетень 2-го Всероссийского Съезда Горнорабочих»，М.，1921，№2，26 января，стр.3 — 4）—— 13、 32—33。

——《论工会、目前局势及托洛茨基同志的错误》（О профессиональных союзах，о текущем моменте и об ошибке тов.Троцкого. Речь на дис- куссионном собрании членов фракции РКП 8-го Всероссийского съезда Советов 30 декабря 1920 г.Пг.，Госиздат，1921.32 стр.（РСФСР））——6。

——《论粮食税（新政策的意义及其条件）》（О продовольственном налоге. （Значение новой политики и ее условия）. М.，Госиздат，1921. 36 стр. （РСФСР）.Перед загл.авт.：Н.Ленин）——247、296、297。

——《论"左派"幼稚性和小资产阶级性》（收入［列宁，弗·伊·］《当前的主要 任务》一书）（О «левом» ребячестве и о мелкобуржуазности.—В кн.： ［Ленин，В.И.］ Главная задача наших дней М.，1918，стр.11—47.Перед загл.кн.авт.：Н.Ленин）——148—150、175、388、401、402。

——《论"左派"幼稚性和小资产阶级性》（收入［列宁，弗·伊·］《当前的主要 任务. 论"左派"幼稚性和小资产阶级性》一书）（О «левом» ребячестве и о мелкобуржуазности. —В кн. : ［Ленин, В. И.］ Главная задача наших дней. О « левом » ребячестве и о мелкобуржуазности. Пг. , изд. Петроградского Совдепа, 1918, стр. 8 — 32. Перед загл. кн. авт. : Н. Ленин）—— 192 — 206、208、210、211、215、217、228。

—《我国的国内外形势和党的任务》（Наше внешнее и внутреннее положение и задачи партии. (Речь т. Ленина на Московской губернской конференции ［21］ ноября 1920 г.).—В кн. : Очередные вопросы текущей работы партии. Вып. 1. Для ячеек. М. , изд. Моск. ком. РКП (б), 1920, стр. 3 — 27. (РКП (б)))—— 30、175。

—《无产阶级革命和叛徒考茨基》（Пролетарская революция и ренегат Каутский. М. —Пг. , «Коммунист», 1918. 135 стр. (РКП (б)). Перед загл. авт. : И. Ленин (Вл. Ульянов))—— 371、388、402。

—《再论工会、目前局势及托洛茨基同志和布哈林同志的错误》（Еще раз о профсоюзах, о текущем моменте и об ошибках Троцкого и Бухарина. М. , Госиздат, 1921. 32 стр. (Только для членов РКП. РСФСР). Перед загл. авт. : Н. Ленин)—— 33。

—［《在共产国际第二次代表大会上关于共产党在无产阶级革命中的作用的讲话》(1920 年 7 月 23 日)］（［Речь о роли коммунистической партии в пролетарской революции на II конгрессе Коммунистического Интернационала. 23 июля 1920 г.].—В кн. : 2-ой конгресс Коммунистического Интернационала. Стеногр. отчет. Пг. , нзд-во Коммунистического Интернационала, 1921, стр. 80 — 84)—— 34。

—《在全俄工会中央理事会共产党党团会议上关于租让问题的报告(1921 年 4 月 11 日)》（Доклад о концессиях на заседании коммунистической фракции ВЦСПС 11 апреля 1921 г.)—— 170。

—《在全俄中央执行委员会会议上关于苏维埃政权的当前任务的报告 (1918 年 4 月 29 日)》（Доклад об очередных задачах Советской власти на заседании ВЦИК 29 апреля 1918 г.)—— 5。

鲁登道夫, 埃·《我对 1914 — 1918 年战争的回忆》（Ludendorff, E. Meine Kriegserinnerungen 1914 — 1918. Mit zahlreichen Skizzen und Plänen.

Berlin，Mittler，1919．VIII，628 S.）——177。

［鲁祖塔克，扬·埃·《关于工会在生产中的作用的提纲》］（［Рудзутак，Я.Э.
Тезисы о производственной роли профсоюзов ］.—В кн.： Пятая
Всероссийская конференция профессиональных союзов.（3—7 ноября 1920
г.）.Стеногр.отчет.М.，1921，стр.71—74）——45—46。

马克思，卡·《哥达纲领批判》（Маркс，К. Критика Готской программы.
Апрель—начало мая 1875 г.）——89、201。

——《给约·魏德迈的信》（1852 年 3 月 5 日）（Письмо И.Вейдемейеру.5марта
1852 г.）——89。

普列奥布拉任斯基，叶·阿·《无产阶级专政时代的纸币》（Преображенский，
Е.А. Бумажные деньги в эпоху пролетарской диктатуры. М.，Госиздат，
1920.84 стр.（РСФСР））——58。

普希金，亚·谢·《英雄》（Пушкин，А.С.Герой）——215。

契诃夫，安·巴·《套中人》（Чехов，А.П.Человек в футляре）——205。

施略普尼柯夫，亚·加·《1917 年的前夕》（Шляпников，А.Г.Накануне 1917
года.Воспоминания и документы о рабочем движении и революционном
подполье за 1914—1917.М.，1920.290 стр.）——95。

斯帕戈，约·《布尔什维主义》（Spargo，J.Bolshevism.The Enemy of Political
and Industrial Democracy.New York—London，Harper，1919.10，389 p.）
——175。

——《布尔什维主义的心理学》（The Psychology of Bolshevism.New York，
1920.150 p.）——175。

——《俄国是美国的一个问题》（Russia as an American Problem.New York—
London，Harper，1920.10，444 p.）——175。

——《历史上最大的失败》（«The Greatest Failure in all History».A Critical
Examination of the Actual Workings of Bolshevism in Russia. New
York—London，1920.XVII，486 p.）——175。

索罗金，彼·谢·和罗戈夫·米·《余粮收集制还是实物税》（Сорокин，П.С.и
Рогов，М.Разверстка или налог.—«Правда»，М.，1921，№35，17 февраля，
стр.1；№43，26 февраля，стр.1）——28、29。

托洛茨基,列·达·《工会的作用和任务(为党的第十次代表大会而作)》(Троцкий,Л.Д.Роль и задачи профессиональных союзов (к 10-му съезду партии).М.,Госиздат,1920.32 стр.(РСФСР))——46。

——《有分歧,但何必引起混乱?》(Есть разногласия,но к чему путаница? — «Правда»,М.,1921,№19,29 января,стр.2—3)——45。

谢桑,S.《波罗的海舰队反对苏维埃政权的暴动》(Chessin,S.De la révolte de la flotte baltique contre le gouvernement des Soviets.—«L'Echo de Paris»,1921,N 13330,14 février)——18、40。

* * *

《巴黎回声报》(«L'Echo de Paris»,1921,N 13330,14 février)——18、40。

《晨报》(巴黎)(«Le Matin»,Paris)——112。

——1921,N 13480,14 février.——18、40。

[俄共(布)第十次全国代表会议]《第一天(5月26日)》(上午会议)(Первый день (26-го мая).Утреннее заседание [X Всероссийской конференции РКП (б)].—«Бюллетень Всероссийской Конференции РКП (большевиков)»,1921,№1,27 мая,стр.1—24)——314。

[俄共(布)第十次全国代表会议]《第一天(5月26日)》(下午会议)(Первый день (26-го мая).Вечернее заседание [X Всероссийской конференции РКП(б)].—«Бюллетень Всероссийской Конференции РКП (большевиков)»,М.,1921,№2,28 мая,стр.1—16)——314、315、404。

《俄共(布)全国代表会议公报》(«Бюллетень Всероссийской Конференции РКП (большевиков)»,М.,1921,№1,27 мая,стр.1—24)——295、311、314。

——1921,№2,28 мая,стр.1—23.——295、314、315、404。

《俄共(布)中央通报》(«Известия ЦК РКП (б)»,М.,1921,№21,4 сентября,стр.1—3)——25。

——1921,№32,6 августа,стр.2—3,6—10.——286—287、317、345、353、354、355、404。

[《俄共(布)中央委员会就拉林同志和全俄工会中央理事会提出的关于工资

政策的草案所作的决定》(1921 年 5 月 10 日)〕(〔Решение ЦК РКП(б)
по проекту т.Ларина и ВЦСПС о тарифной политике.10 мая 1921 г.〕.—
«Известия ЦК РКП(б)», М., 1921, №32, 6 августа, стр.3, в ст.: Отчет
ЦК РКП за время с 1-го мая по 1-ое июня 1921 года)——286—287、
317、404。

《俄共第十次代表大会关于工会的作用和任务问题的决定草案(由一批中央
　委员和中央工会问题委员会委员提交俄共中央审议)》(Проект
　постановления X съезда РКП по вопросу о роли и задачах
　профессиональных союзов, внесенный на рассмотрение ЦК РКП группой
　членов ЦК и членов профессиональной комиссии при ЦК. М., 1921. 23
　стр. (РСФСР))——47。

《俄国共产党(布尔什维克)纲领》(1919 年 3 月 18—23 日党的第八次代表大
　会 通 过) (Программа Российской Коммунистической партии
　(большевиков).Принята 8-м съездом партии 18—23 марта 1919 г.М.—
　Пг., «Коммунист», 1919. 24 стр. (РКП(б)))——26、40、42、48、56、57、
　85—86、89、92—93、94、155、217、375、383。

《俄国共产党(布尔什维克)章程》(Устав Российской Коммунистической
　партии (большевиков). М., Госиздат, 1920. 16 стр. (РСФСР))——
　97、294。

《俄国共产党第十次代表大会。速记记录》(1921 年 3 月 8—16 日)(Десятый
　съезд Российской Коммунистической партии.Стеногр.отчет.(8—16 марта
　1921 г.).М., Госиздат, 1921. VIII, 392 стр.; 1 л. прил. (РКП(б)))——
　11、14、27—28、29、30、31、32、40、42—44、45、46、47—48、57、66、67—
　68、69、70、73、82、88—89、91、92—93、94、96、97、98—99、100、101、102、
　103、104、107—108、133、153、165、167、169、170、336—337、355、373。

《俄国共产党中央委员会给各级党组织和全体党员的信》(Письмо
　Центральн. Комитета РКП всем партийным организациям, всем членам
　партии.—«Известия ЦК РКП(б)», М., 1920, №21, 4 сентября, стр. 1—
　3)——25。

《俄国社会民主工党莫斯科区域委员会全体会议》(4 月 13—15 日)(Пленум

Моск. областного к-та РСДРП. (13 — 15 апреля). —«Вперед», М., 1918, №71 (317), 25 (12) апреля, стр. 4, в отд.: Центральная область) ——175。

《俄罗斯联邦电气化计划》(План электрификации РСФСР. Доклад 8-му съезду Советов Государственной комиссии по электрификации России. М., Гостехиздат, 1920. 669 стр. разд. паг.; 14 л. схем и карт. (РСФСР. Науч.-техн. отдел ВСНХ)) ——90、160、216、282。

《俄罗斯社会主义联邦苏维埃共和国宪法(根本法)》(Конституция (Основной закон) Российской Социалистической Федеративной Советской Республики. Опубликована в №151 «Известий Всерос. Центр. Исп. Комитета» от 19 июля 1918 г. М., Гиз., 1919. 16 стр. (РСФСР)) ——123、321。

[《"工人反对派"的纲领》]([Платформа «рабочей оппозиции»]. —В кн.: О роли профессиональных союзов в производстве. Доклады тт. Зиновьева и Троцкого, речь т. Ленина, содоклады тт. Бухарина, Ногина, Шляпникова и Рязанова и заключительные слова тт. Троцкого и Зиновьева на соединенном заседании делегатов 8-го съезда Советов, ВЦСПС и МГСПС—членов РКП 30-го декабря 1920 г. М., 1921, стр. 59 — 61. (Бюро фракции РКП ВЦСПС. Только для членов РКП)) ——375。

《工人反对派的提纲》(Тезисы рабочей оппозиции. Задачи профессиональных союзов. —«Правда», М., 1921, №15, 25 января, стр. 2—3) ——33、34、35、47—48、84—85、86、89、91、92、95、96。

《工人、农民、哥萨克和红军代表苏维埃全俄中央执行委员会及莫斯科工人和红军代表苏维埃消息报》(«Известия ВЦИК Советов Рабочих, Крестьянских, Казачьих и Красноарм. Депутатов и Моск. Совета Рабоч. и Красноарм. Депутатов», 1921, №51 (1194), 8 марта, стр. 2) ——15。

—1921, №62 (1205), 23 марта, стр. 2. ——213、236、259—260、279。

—1921, №67 (1210), 29 марта, стр. 1. ——236、259—260。

—1921, №76 (1219), 9 апреля, стр. 4. ——138、150、213、259—260、304。

—1921, №110 (1253), 22 мая, стр. 2. ——296。

—1921,№115 (1258),28 мая,стр.2.——265。

—1921,№117 (1260),31 мая,стр.1.——345。

—1921,№119 (1262),2 июня,стр.4.——296、315。

《共产党党团关于工资问题的决议［全俄工会第四次代表大会通过］》［1921
年 5 月 24 日］(Резолюция фракции коммунистов по тарифному вопросу,
［принятая на IV Всероссийском съезде профессиональных союзов.24 мая
1921 г.］.—«Бюллетень IV Всероссийского Съезда Профессиональных
Союзов».(Полный стеногр. отчет).М.,1921,№5,25 мая,стр.32 — 33)
——357。

《共产国际第二次代表大会。速记记录》(2-ой конгресс Коммунистического
Интернационала. Стеногр. отчет. Пг., изд-во Коммунистического
Интернационала,1921.682 стр.)——1、34 — 35、85、92、375。

［《共产国际第二次代表大会的决议和决定》(1920 年)］(［Резолюции и по-
становления II конгресса Коммунистического Интернационала. 1920
г.］.—В кн.:2-ой конгресс Коммунистического Интернационала.Стеногр.
отчет.Пг.,изд-во Коммунистического Интернационала,1921,стр.542 —
658)——1。

《共产国际》杂志(莫斯科—彼得格勒)(«Коммунистический Интернационал»,
М.—Пг.,1920,№13,28 сентября,стлб.2387 — 2392)——14。

《共同事业报》(巴黎)(«Общее Дело»,Париж,1921,№215,15 февраля,стр.1)
——18、40。

《关于党的建设的当前任务》(决议)(Очередные задачи партийного
строительства.(Резолюция).—«Правда»,М.,1920,№219,2 октября,
стр.1.Под общ.загл.:Всероссийская конференция РКП)——25。

《关于党的统一》［1921 年俄共(布)第十次代表大会通过的决议］(Об
единстве партии.［Резолюция,принятая на X съезде РКП(б).1921 г.］.—
В кн.:Десятый съезд Российской Коммунистической партии. Стеногр.
отчет.(8—16 марта 1921 г.).М.,Госиздат,1921,стр.309 — 310.(РКП
(б)))——107、133。

［《关于党的统一的决议(由谢·巴·梅德维捷夫在俄共(布)第十次代表大会

上以工人反对派的名义提出)》]([Резолюция о единстве партии, предложенная С. П. Медведевым от имени рабочей оппозиции на X съезде РКП (б)].—В кн.: Десятый съезд Российской Коммунистической партии. Стеногр. отчет. (8 — 16 марта 1921 г.). М., Госиздат, 1921, стр. 286 — 287. (РКП(б)))——99。

《关于对合作社的态度》[1920 年俄共(布)第九次代表大会通过的决议](Об отношении к кооперации. [Резолюция, принятая на IX съезде РКП(б). 1920 г.].—В кн.: Девятый съезд Российской Коммунистической партии. Стеногр. отчет. (29-го марта— 4 апреля 1920 г.). М., Госиздат, 1920, стр. 387 — 389. (РКП(б)))——57、68、372。

《关于改善工人和贫苦农民的生活状况》[1921 年俄共(布)第十次代表大会通过的决议](Об улучшении положения рабочих и нуждающихся крестьян. [Резолюция, принятая на X съезде РКП (б). 1921 г.].—В кн.: Десятый съезд Российской Коммунистической партии. Стеногр. отчет. (8—16 марта 1921 г.). М., Госиздат, 1921, стр. 328. (РКП(б)))——373。

《关于共产党在无产阶级革命中的作用的决议[共产国际第二次代表大会通过]》(Резолюция о роли коммунистической партии в пролетарской революции, [принятая на II конгрессе Коминтерна].—В кн.: 2-ой конгресс Коммунистического Интернационала. Стеногр. отчет. Пг., изд-во Коммунистического Интернационала, 1921, стр. 568 — 579)——34 — 35、85、375。

《关于经济政策问题的决议[1921 年俄共(布)第十次全国代表会议通过]》(Резолюция об экономической политике, [принятая на X Всероссийской конференции РКП(б). 1921 г.].—«Известия ЦК РКП(б)», М., 1921, №32, 6 августа, стр. 6 — 7. Под общ. загл.: Резолюции и материалы майской партийной конференции)——345、353、355。

《关于克尔日扎诺夫斯基同志的电气化问题的报告》[1920 年全俄苏维埃第八次代表大会通过的决议](По докладу т. Кржижановского об электрификации. [Резолюция, принятая на VIII Всероссийском съезде Советов. 1920 г.].—Там же, стр. 271 — 272)——282 — 283。

《关于劳动国防委员会》[1920年全俄苏维埃第八次代表大会通过的决定](О Совете Труда и Обороны. [Постановление, принятое на VIII Всероссийском съезде Советов. 1920 г.].—В кн.: Восьмой Всероссийский съезд Советов рабочих, крестьянских, красноармейских и казачьих депутатов. Стеногр. отчет. (22 — 29 декабря 1920 года). М., Госиздат, 1921, стр. 281 — 282. (РСФСР))——260。

《关于实行实物税问题给各省粮食委员会的指示》(1921年5月14日) (Инструкция губпродкомам по проведению натуральных налогов. 19 мая 1921 г. —«Известия ВЦИК Советов Рабочих, Крестьянских, Казачьих и Красноарм. Депутатов и Моск. Совета Рабоч. и Красноарм. Депутатов», 1921, №110 (1253), 22 мая, стр. 2, в отд.: Действия и распоряжения правительства)——296。

《关于土地问题的决议[共产国际第二次代表大会通过]》(Резолюция по аграрному вопросу, [принятая на II конгрессе Коминтерна].—В кн.: 2-ой конгресс Коммунистического Интернационала. Стеногр. отчет. Пг., изд-во Коммунистического Интернационала, 1921, стр. 607 — 618)——92。

《关于托洛茨基同志和叶姆沙诺夫同志的运输业问题的报告》[1920年12月29日全俄苏维埃第八次代表大会通过的决议](По докладам т. Троцкого и т. Емшанова о транспорте. [Резолюция, принятая на VIII Всероссийском съезде Советов 29 декабря 1920 г.].—В кн.: Восьмой Всероссийский съезд Советов рабочих, крестьянских, красноармейских и казачьих депутатов. Стеногр. отчет. (22 — 29 декабря 1920г.). М., Госиздат, 1921, стр. 275 — 276. (РСФСР))——46 — 47。

《关于我们党内的工团主义和无政府主义倾向》[1921年俄共(布)第十次代表大会通过的决议](О синдикалистском и анархистском уклоне в нашей партии [Резолюция, принятая на X съезде РКП(б). 1921 г.].—В кн.: Десятый съезд Российской Коммунистической партии. Стеногр. отчет. (8—16 марта 1921 г.). М., Госиздат, 1921, стр. 310 — 311. (РКП(б)))——107、133。

《关于以实物税代替余粮收集制》[1921年俄共(布)第十次代表大会通过的

决议〕(О замене разверстки натуральным налогом.〔Резолюция, принятая на X съезде РКП (б). 1921 г.〕.—В кн.: Десятый съезд Российской Коммунистической партии. Стеногр. отчет. (8 — 16 марта 1921 г.). М., Госиздат, 1921, стр. 327. (РКП(б)))——107、336、355。

《关于租让》(О концессиях. Декрет Совета Народных Комиссаров от 23 ноября 1920 г. Текст декрета. Объекты концессий. Карты. М., Госиздат, 1920. 23 стр.; 3 л. карт. (РСФСР))——16、153、367、369。

《国际歌》(Интернационал)——121 — 122、325。

《加入共产国际的条件》(Условия приема в Коммунистический Интернационал.— « Коммунистический Интернационал », М.—Пг., 1920, №13, 28 сентября, стлб. 2387 — 2392)——14。

《经济生活报》(莫斯科)(«Экономическая Жизнь», М.)——258、284、348、393、396。

《喀琅施塔得暴动在彼得格勒的反响》(Отголоски кронштадтского восстания в Петрограде. Гельсингфорс, 13 февраля.—«Общее Дело», Париж, 1921, №215, 15 февраля, стр. 1, в отд.: Последние известия)——18、40。

《喀琅施塔得事件》(Кронштадт.—«Социалистический Вестник», Берлин, 1921, №5, 5 апреля, стр. 2 — 6)——226。

《克拉辛同志在伦敦》(Тов. Красин в Лондоне.—«Известия ВЦИК Советов Рабочих, Крестьянских, Казачьих и Красноарм. Депутатов и Моск. Совета Рабоч. и Красноарм. Депутатов», 1921, №51(1194), 8 марта, стр. 2, в отд.: За границей. Под загл.: Англия)——15 — 16。

《劳动法典》(Кодекс законов о труде.—«Собрание Узаконений и Распоряжений Рабочего и Крестьянского Правительства», М., 1918, №№87 — 88, 10 декабря, ст. 905, стр. 1099 — 1114)——165。

《粮食人民委员部税收检查条例（1921 年 5 月 19 日）》(Положение о налоговой инспекции Народного комиссариата по продовольствию. 19 мая 1921 г.—«Известия ВЦИК Советов Рабочих, Крестьянских, Казачьих и Красноарм. Депутатов и Моск. Совета Рабоч. и Красноарм. Депутатов», 1921, №119 (1262), 2 июня, стр. 4, в отд.: Действия и распоряжения правительства）——296、316。

《粮食税法令》——见《全俄中央执行委员会关于以实物税代替余粮和原料收集制的决定》。

《论工会在生产中的作用》(О роли профессиональных союзов в производстве. Доклады тт. Зиновьева и Троцкого, речь т. Ленина, содоклады тт. Бухарина, Ногина, Шляпникова и Рязанова и заключительные слова тт. Троцкого и Зиновьева на соединенном заседании делегатов 8-го съезда Советов, ВЦСПС и МГСПС—членов РКП 30-го декабря 1920 г. М., 1921. 79 стр. (Бюро фракции РКП ВЦСПС. Только для членов РКП))——46、375。

《梅德维捷夫同志的决议案》——见《关于党的统一的决议（由谢·巴·梅德维捷夫在俄共(布)第十次代表大会上以工人反对派名义提出)》。

《每日纪事报》(伦敦)(«The Daily Chronicle», London)——113。

《莫斯科采取措施对付喀琅施塔得暴动者》(Moscou prend des mesures contre les révoltés de Cronstadt.［Helsingfors, 11 février］.—«Le Matin», Paris, 1921, N 13480, 14 février)——18、40。

《农民、工人、哥萨克和红军代表苏维埃全俄中央执行委员会及莫斯科工人和红军代表苏维埃消息报》(«Известия ВЦИК Советов Крестьянских, Рабочих, Казачьих и Красноармейских Депутатов и Московского Совета Рабочих и Красноармейских Депутатов», 1918, №248 (512), 14 ноября, стр. 2—3)——22、24、370、373。

《铺设巴库—梯弗利斯输油管》(Открытие нефтепровода «Баку—Тифлис».—«Правда», М., 1921, №57, 16 марта, стр. 3, в отд.: Телеграммы. Под загл.: В Азербайджане)——109。

《前进报》(莫斯科)(«Вперед», М.)——201。

—1918, №71 (317), 25 (12) апреля, стр. 4.——175。

《全俄工会第四次代表大会公报》(速记记录)(«Бюллетень IV Всероссийского Съезда Профессиональных Союзов». (Полный стеногр. отчет). М., 1921, №5, 25 мая, стр. 32—33)——357。

—1921, №6, 26 мая, стр. 5—8.——286、287、317。

《全俄工人、农民、红军和哥萨克代表苏维埃第八次代表大会》(速记记录
(1920 年 12 月 22 — 29 日))(Восьмой Всероссийский съезд Советов
рабочих，крестьянских，красноармейских и казачьих депутатов. Стеногр.
отчет.(22 — 29 декабря 1920 года). М.，Госиздат，1921. 299 стр.
(РСФСР))——25、46—47。

《全俄矿工第二次代表大会俄共(布)党团会议》(1 月 23 日下午会议)(Засе-
дания фракции РКП (большевиков) 2-го Всероссийского съезда
горнорабочих. Вечернее заседание 23-го января.—« Бюллетень 2-го
Всероссийского Съезда Горнорабочих»，М.，1921，№1，25 января，стр.1—
4)——13。

《全俄矿工第二次代表大会俄共(布)党团会议》(1 月 24 日上午会议)
(Заседания фракции РКП (большевиков) 2-го Всероссийского съезда
горнорабочих. Утреннее заседание 24-го января.—« Бюллетень 2-го
Всероссийского Съезда Горнорабочих»，М.，1921，№2，26января，стр.2 —
4)——13、41。

《全俄矿工第二次代表大会公报》(«Бюллетень 2-го Всероссийского Съезда
Горнорабочих»，М.，1921，№1，25 января，стр.1—4)——13、41。
—1921，№2，26 января，стр.2—4.——13、32—33、41。

《全俄苏维埃第八次代表大会的决议和决定》[1920 年](Резолюции и поста-
новления VIII Всероссийского съезда Советов.[1920 г.].—В кн.：Восьмой
Всероссийский съезд Советов рабочих，крестьянских，красноармейских и
казачьих депутатов. Стеногр. отчет. (22 — 29 декабря 1920 года). М.，
Госиздат，1921，стр.263—285.(РСФСР))——273—274。

《全俄中央执行委员会第三次会议》(下午会议)(III сессия ВЦИК. Вечернее
заседание.—« Известия ВЦИК Советов Рабочих，Крестьянских，
Казачьих и Красноарм. Депутатов и Моск. Совета Рабоч. и Красноарм.
Депутатов»，1921，№117 (1260)，31 мая，стр.1)——345。

《全俄中央执行委员会关于以实物税代替余粮和原料收集制的决定》[1921
年 3 月 21 日](Постановление Всероссийского Центрального Исполните-
льного Комитета о замене продовольственной и сырьевой разверстки

натуральным налогом. [21 марта 1921 г.].—«Известия ВЦИК Советов Рабочих, Крестьянских, Казачьих и Красноарм. Депутатов и Моск. Совета Рабоч. и Красноарм. Депутатов», 1921, №62 (1205), 23 марта, стр. 2. Под общ. загл. : Сессия ВЦИК)——213、236、259、279。

《全俄中央执行委员会关于以提取部分农产品形式对农户征收实物税的法令 (1918 年 10 月 30 日)》(Декрет Всероссийского Центрального Исполнительного Комитета от 30-го октября 1918 г. об обложении сельских хозяев натуральным налогом в виде отчисления части сельскохозяйственных продуктов.—«Известия ВЦИК Советов Крестьянских, Рабочих, Казачьих и Красноармейских Депутатов и Московского Совета Рабочих и Красноармейских Депутатов», 1918, №248 (512), 14 ноября, стр. 2 — 3, в отд. : Действия и распоряжения правительства)——22、24、370、373。

《全俄中央执行委员会和人民委员会关于扩大农民改善农业委员会(农委)权利的决定》(1921 年 5 月 27 日)(Постановление Всероссийского Центрального Исполнительного Комитета и Совета Народных Комиссаров о расширении прав крестьянских комитетов по улучшению сельскохозяйственного производства (селькомов). 27 мая 1921 г.—« Известия ВЦИК Советов Рабочих, Крестьянских, Казачьих и Красноарм. Депутатов и Моск. Совета Рабоч. и Красноарм. Депутатов», 1921, №115 (1258), 28 мая, стр. 2, в отд. : Действия и распоряжения правительства)——265。

《人民委员会法令》(1921 年 4 月 7 日关于消费合作社的法令)(Декрет Совета Народных Комиссаров. О потребительской кооперации. 7 апреля 1921 г.—« Известия ВЦИК Советов Рабочих, Крестьянских, Казачьих и Красноарм. Депутатов и Моск. Совета Рабоч. и Красноарм. Депутатов», 1921, №76 (1219), 9 апреля, стр. 4, в отд. : Действия и распоряжения правительства)——213、259 — 260。

《人民委员会关于 1921—1922 年度实物税税额的决定》(1921 年 3 月 28 日) (Постановление Совета Народных Комиссаров о размерах натурального налога на 1921 — 22 гг. 28 марта 1921 г.—«Известия ВЦИК Советов Рабочих,Крестьянских,Казачьих и Красноарм.Депутатов и Моск.Совета Рабоч. и Красноарм. Депутатов». 1921, №67 (1210), 29 марта, стр. 1, в отд.:Действия и распоряжения правительства)——236、259。

《人民委员会关于以实物奖励工人的法令(1921年4月7日)》(Декрет Совета Народных Комиссаров о натурпремировании рабочих 7 апреля 1921 г.— « Известия ВЦИК Советов Рабочих, Крестьянских, Казачьих и Красноарм. Депутатов и Моск. Совета Рабоч. и Красноарм. Депутатов», 1921, №76 (1219), 9 апреля, стр. 4, в отд.: Действия и распоряжения правительства)——138、150、304。

《人民委员会关于在已完成收集余粮任务的各省实行粮食、饲料、马铃薯和干草自由交换的法令》(1921年3月28日))(Декрет Совета Народных Комиссаров о свободном обмене хлеба,зернофуража,картофеля и сена в губерниях,закончивших развёрстку.28 марта 1921 г.—«Известия ВЦИК Советов Рабочих, Крестьянских, Казачьих и Красноарм. Депутатов и Моск.Совета Рабоч. и Красноарм. Депутатов», 1921, №67 (1210), 29 марта,стр.1,в отд.:Действия и распоряжения правительства)——236。

《社会主义通报》杂志(柏林)(«Социалистический Вестник»,Берлин,1921, №5,5 апреля,стр.2—6)——226。

《施略普尼柯夫同志的提纲》——见《工人反对派的提纲》。

《十人纲领》——见《俄共第十次代表大会关于工会的作用和任务问题的决定草案(由一批中央委员和中央工会问题委员会委员提交俄共中央审议)》。

《泰晤士报》(伦敦)(«The Times»,London)——112。

《我们的经济》杂志(特维尔)(«Наше Хозяйство»,Тверь,1921,№1,15 апреля. 24 стр.)——266。

　　—1921,№2,30 апреля.20 стр.——266。

《五月[第十次全国]党代表会议的决议和材料》(Резолюции и материалы майской [X Всероссийской] партийной конференции. [1921 г.].— «Известия ЦК РКП (б)»,М.,1921,№32,6 августа,стр.6 — 10)

——354。

《新生活报》(彼得堡)(«Новая Жизнь»,Пг.)——201。

《1920年8月28日人口普查的初步总结》(Предварительные итоги переписи населения 28 августа 1920 г.Вып.1—5.М.,1920—1921.(Труды Центр. стат. упр. Отд. демографии). Текст паралл. на рус. и франц. яз.)——145、276。

《真理报》(莫斯科)(«Правда»,М.)——28—29、102。

—1920,№219,2 октября,стр.1.——25。

—1920,№269,30 ноября,стр.2.——175。

—1921,№15,25 января,стр.2—3.——33、34、35、47—48、84—85、86、89、91、92、95、96。

—1921,№19,29 января,стр.2—3.——45。

—1921,№35,17 февраля,стр.1;№43,26 февраля,стр.1.——28、29。

—1921,№57,16 марта,стр.3.——109。

—1921,№110,22 мая,стр.1.——312。

《争论专页》(莫斯科)(«Дискуссионный Листок»,М.)——82、376。

《执政人选》[社论](Кандидаты на власть. [Передовая].—«Последние Новости»,Париж,1921,№273,11 марта,стр.1)——130、225、227。

《资本主义包围下的苏维埃共和国》[1921年俄共(布)第十次代表大会通过的决定](«Советская республика в капиталистическом окружении». [Постановление, принятое на Х съезде РКП (б). 1921 г.].—В кн.: Десятый съезд Российской Коммунистической партии. Стеногр. отчет. (8—16 марта 1921 г.).М.,Госиздат,1921,стр.328—329.(РКП (б)))——109、153、165、167、169、170。

《租让法令》——见《关于租让》。

《最新消息报》(巴黎)(«Последние Новости»,Париж,1921,№273,11 марта,стр.1)——130、225、227。

年　表

(1921 年 3 月 8 日——6 月 21 日)

1921 年

3 月 8 日——16 日

列宁领导俄共(布)第十次代表大会的工作。

3 月 8 日

中午 12 时,列宁宣布俄共(布)第十次代表大会开幕,代表中央致开幕词,被选入代表大会主席团。

晚上,出席代表大会第二次会议,作俄共(布)中央政治工作报告。

读《贫苦农民报》编辑维·阿·卡尔宾斯基送来的详细分析农民来信的报告,这些来信反映了农村的形势和农民对余粮收集制的不满情绪。

写便条给粮食人民委员亚·德·瞿鲁巴,要他立即召集专门委员会会议,拟出俄共(布)第十次代表大会关于以实物税代替余粮收集制的决定草案,认为在决定草案中应该强调关键是让农民进行自由的经济流转,要善于推动流转、交换,否则就要垮台。

3 月 8 日或 9 日

写《在〈十人纲领〉拥护者会议上的发言的提纲》。

3 月 9 日

出席代表大会第三次会议;在代表们讨论俄共(布)中央政治工作报告时作记录;翻阅亚·米·柯伦泰的小册子《工人反对派》,在小册子上作评注;作关于俄共(布)中央政治工作报告的总结发言。

同亚·米·柯伦泰谈话,指出她的《工人反对派》小册子宣传了无政府工团主义观点。

写便条给外交人民委员格·瓦·契切林,对土耳其拖延签订关于巴统的协议极为不安;建议由约·维·斯大林同土耳其代表团谈一下,以便弄清情况。

签署给维亚特卡、叶卡捷琳堡、库尔斯克、奥廖尔、奔萨、彼尔姆、萨马拉、萨拉托夫、辛比尔斯克、斯摩棱斯克、坦波夫、图拉、秋明、乌法、喀山等省粮食委员的电报,指示采取紧急措施,尽快给春播缺少种子的省份运去种子。

3月10日

打电话给彼得格勒苏维埃主席格·叶·季诺维也夫,了解彼得格勒局势和商谈派遣俄共(布)第十次代表大会代表去镇压喀琅施塔得反革命叛乱一事。

写便条给约·维·斯大林和列·波·加米涅夫,把格·叶·季诺维也夫对镇压喀琅施塔得反革命叛乱的意见告诉他们,季诺维也夫认为需要派遣普通兵员或派遣像克·叶·伏罗希洛夫这样能起重要作用的人物去那里。

致电第11集团军革命军事委员会,建议在同格鲁吉亚革命委员会建立密切联系时,要特别尊重格鲁吉亚的自主机关,不得采取任何有损当地居民利益的措施。

同乌克兰人民委员会主席克·格·拉柯夫斯基谈组织农产品同工业品交换的问题。

写便条给最高国民经济委员会主席阿·伊·李可夫,请他与克·格·拉柯夫斯基以及亚·德·瞿鲁巴一起立即召开会议,研究在农民与手工业者和工厂区居民之间组织商品交换的问题。

3月10日和14日之间

同美国《纽约先驱报》驻莫斯科记者谈话,答有关喀琅施塔得反革命叛乱的问题。

3月11日

修改和签署给鞑靼苏维埃社会主义自治共和国人民委员会和粮食人民委员部的电报,要求认真执行俄罗斯联邦粮食人民委员部关于保证后备军和伏尔加河沿岸军区部队粮食供应的一切命令。

3月12日

出席俄共(布)第十次代表大会第八次和第九次会议。会议讨论关于改组红军、提高部队战斗力和政治素质等问题。

读格鲁吉亚革命委员会主席菲·耶·马哈拉泽的来信,信中报告格鲁吉亚的军事和政治局势,不同意中央派大批特派员去格鲁吉亚。列宁将这封信批转给小人民委员会副主席亚·格·哥伊赫巴尔格,指示未经小人民委员会批准不得向格鲁吉亚派遣特派员。

签署给乌克兰人民委员会、劳动军委员会、粮食人民委员部和劳动人民委员部的电报,指示采取紧急措施,供应顿巴斯粮食和饲料。

3月13日

写俄共(布)第十次代表大会关于工团主义和无政府主义倾向、关于党的统一、关于改善工人的生活状况等项决议的提纲,以及关于中央委员会的组成的意见。

在俄共(布)第十次代表大会上收到一张关于必须召开《十人纲领》拥护者会议的条子,建议就这一问题征求代表大会各代表团团长的意见。

在党的第十次代表大会的部分代表——《十人纲领》拥护者会议上,就俄共(布)中央委员会和中央监察委员会的组成问题发言。会议提名列宁为中央委员候选人。

3月13日或14日

写俄共(布)第十次代表大会关于改善工人和贫苦农民的生活状况、关于党的统一、关于党内的工团主义和无政府主义倾向等项决议草案初稿。

3月14日

上午,出席俄共(布)第十次代表大会第十二次会议,作关于工会问题的讲话。代表大会把列宁参加签名的《十人纲领》作为关于工会的作用和任务的决议的基础。

读美国工商界代表华·万德利普的来信,信中向苏维埃俄国提出关于签订租让合同和提供贷款的建议。列宁把这封信转给外交人民委员格·瓦·契切林,征求他对这封信的意见并请他代拟复信稿。

晚上,出席代表大会第十三次(秘密)会议。代表大会一致选举列宁为俄共(布)中央委员。

不晚于3月15日

写《关于以实物税代替余粮收集制的讲话的提纲》。

3月15日

出席代表大会第十四次会议;作关于以实物税代替余粮收集制的报告;在讨论报告时对某些发言作简记;写总结发言提纲;作关于以实物税代替余粮收集制的报告的总结发言。

收到外交人民委员部的一份综合材料,材料中列举了西欧报刊编造的关于苏维埃俄国国内局势的种种谣言。列宁在第十次代表大会的闭幕词中批驳了这些毫无根据的谣言。

签署给维亚特卡、叶卡捷琳堡、库尔斯克、奥廖尔、奔萨、萨马拉、萨拉托夫、辛比尔斯克、斯摩棱斯克、坦波夫、秋明、乌法等省粮食委员以及鞑靼苏维埃社会主义自治共和国粮食人民委员部的电报,建议采取紧急措施,及时为春播运送种子。

同美国《纽约先驱报》驻莫斯科记者谈话纪要发表在该报第197号上。

3月15日或16日

同高加索劳动军党组织出席俄共(布)第十次代表大会代表 И.Я.弗拉切夫谈格罗兹尼油田的租让问题。

不晚于3月16日

十分关心苏维埃俄国同英国签订通商条约一事,注视伦敦谈判进程和通商条约文本的拟订工作。

3月16日

上午,出席俄共(布)第十次代表大会第十六次会议;作关于燃料问题的讲话,并提出关于燃料问题的建议;作关于党的统一和无政府工团主义倾向的报告和报告的总结发言;把《关于党的统一的决议草案初稿》和《关于我们党内的工团主义和无政府主义倾向的决议草案初稿》提交会议讨论。代表大会通过列宁提出的各项决议案。会议结束时,列宁致闭幕词,总结党的第十次代表大会的工作。

出席俄共(布)中央全会会议。会议在讨论关于建立中央领导机关问题时,选举列宁为政治局委员。会议还讨论了关于建立全俄中央执行委员会以粮食税代替余粮收集制的法令起草委员会和工人生活改善委员会、关于向乌克兰派遣领导工作人员、关于铁路职工代表大会、关于就工会争论总结给各级党组织的信、关于报纸的出版和发行、关于同波兰签订和约、关于土耳其斯坦的局势、关于外高加索各苏维埃共和国的联合、关于俄共(布)中央西伯利亚局的组成等问题。

就全俄中央执行委员会关于取消货币税的决定草案向俄共(布)中央政治局提出建议。

3 月 17 日

收到外交人民委员格·瓦·契切林代拟的给美国工商界代表华·万德利普的复信,对复信稿作修改和补充,然后用英文重新抄写一遍;在信中表示苏维埃俄国愿意同美国建立贸易关系和事务联系。

读俄罗斯和乌克兰对波和谈代表团团长阿·阿·越飞 1921 年 3 月 15 日来信,得知他不满意经常调动他的工作;致函越飞,指出他对中央和列宁的抱怨是没有根据的,他应该认识到,一个人不能等于中央,重大问题是集体决定的。

致函全俄肃反委员会主席费·埃·捷尔任斯基,询问逮捕动力学家亨·奥·格拉夫季奥的原因,请求将他释放。

主持人民委员会会议。会议讨论关于组织农村困难户和军属劳动互助的指示草案。会议还讨论了关于向林业总委员会,土耳其斯坦棉花委员会,手工业、小工业及工艺合作社总管理局,彼得格勒苏维埃和国民经济委员会拨款以满足工业需要和采购燃料等问题。

3 月 18 日

出席俄共(布)中央政治局会议。会议在讨论全俄中央执行委员会关于以粮食税代替余粮收集制的法令草案时,委托列宁就这个问题在全俄中央执行委员会会议上发言。会议在讨论土耳其斯坦的局势时,决定列宁参加政治局关于这个问题的专门委员会。会议还讨论了俄共(布)中央就第十次代表大会的总结和党的工作任务致全体党员的信、最高国民经济委员会关于燃料的提纲、关于出版俄共(布)第十次代表大会的速记记录的准备工作,以及关于乌克兰在俄罗斯联邦对外贸易人民委员部和财政人民委员部内设立代表处等问题。

读交通人民委员部最高技术委员会副主席 Π.C.雅努舍夫斯基关于库班州的矿藏资源的调查报告,批示最高国民经济委员会主席阿·伊·李可夫请专家审核调查报告的内容,并报告能否同美国工商界代表华·万德利普谈判开采这些矿藏的问题。

3 月 18 日或 19 日

读外交人民委员格·瓦·契切林给俄共(布)中央的来信,信中说美国总统沃·哈定同意与苏维埃俄国建立贸易关系,因此建议正在举行的全俄中央执行委员会会议通过苏维埃政府关于愿意建立苏美贸易关系的呼吁书。列宁在信上写了自己的看法,他向中央政治局表示完全赞成契切林的建议。

3 月 19 日

出席俄共(布)中央政治局会议;起草关于坦波夫省的收购工作的决定。会议讨论全俄中央执行委员会第二次会议就新经济政策致农民书草稿和俄共(布)中央通电草稿(要求各省委贯彻人民委员会关于组织农村困难户和军属劳动互助的指示草案)。

接见乌法省乌法县布尔加科夫乡别克托沃村农民代表阿·罗·沙波什尼科夫、И.Г.康德罗夫和 Т.И.康德罗夫,同他们座谈关于余粮收集制改行粮食税的问题以及发展农民经济的措施。

同副农业人民委员恩·奥新斯基(瓦·瓦·奥博连斯基)谈关于农业人民委员部部务委员会的组成问题。

签署给俄共(布)彼得格勒等省委员会的电报,指示春播期间必须允许自由收购和运送种子,同时要加强扩大播种面积的宣传鼓动工作。

指示列·达·托洛茨基采取紧急措施,镇压在卡尔梅克草原上活动的马斯拉科夫匪帮。

致电俄罗斯联邦驻英国代表列·波·克拉辛,建议加快就格罗兹尼和巴库等地的租让项目同英国工业家谈判。

3 月 19 日—20 日

参加第八届全俄中央执行委员会第二次会议的工作。

3 月 20 日

委托秘书整理俄共(布)第十次代表大会期间写给列宁的字条,编出目录。

委托秘书把俄共(布)第十次代表大会代表推荐到农业人民委员部工作的非党农民和有经验的农村干部的材料存入专门的卷宗。

签署给各省执行委员会主席和各省工会理事会主席的电报,指示必须毫不拖延地采取坚决措施,保证各省的种子供应,不致使春播计划受到影响。

3月20日和5月25日之间

写便条给尼·尼·克列斯廷斯基和雅·斯·加涅茨基,请他们同居住在波兰加利西亚的社会民主党人波·德·维吉列夫进行联系,设法把列宁和季诺维也夫留在那里的图书妥为保存并运往俄国。

3月21日

出席俄共(布)中央政治局会议;在讨论土耳其斯坦局势时,写对政治局决定草案的意见和建议。会议讨论关于同参加镇压喀琅施塔得叛乱的俄共(布)第十次代表大会代表举行座谈、关于就改行实物税进行解释工作、关于全俄中央执行委员会例会、关于各人民委员部的组成、关于罗斯塔社的工作、关于加强同无政府主义斗争等问题。

签署给各省国民经济委员会和工业局的电报,指示采取紧急措施,从技术上支援播种运动。

同国家计划委员会主席格·马·克尔日扎诺夫斯基谈国家计划委员会的工作安排问题。

致电彼得格勒苏维埃主席格·叶·季诺维也夫,指示彼得格勒从3月21日开始,取消戒严,实行军事管制。

不晚于3月22日

委托秘书找到高加索劳动军革命委员会委员伊万诺夫上报劳动国防委员会的关于东南边疆区自然资源和租让项目的材料。

3月22日

向镇压喀琅施塔得叛乱归来的俄共(布)第十次代表大会代表作关于党代表大会工作总结的报告,然后同代表座谈和合影留念。

给乌法省乌法县布尔加科夫乡别克托夫村农民阿·罗·沙波什尼科夫等人签发证明,证明他们是应列宁邀请前来莫斯科商谈有关发展农民经济的重要事宜的,要求各级苏维埃机关全力协助他们返回原住地参加和平劳动。

向达吉斯坦代表团赠送写有"赠给红色达吉斯坦"亲笔题词的照片。

主持人民委员会会议。会议讨论关于乌克兰在俄罗斯联邦对外贸易人民委员部和财政人民委员部内设立代表处的决定草案,邮电人民委员部、对外贸易人民委员部、卫生人民委员部的条例草案,关于改善莫斯科"阿莫"工厂、电力工业、邮电等部门工人的供应,关于莫斯科同志纪律审判会的工作以及其他问题。

3月22日和29日之间

致函彼得格勒苏维埃主席格·叶·季诺维也夫,询问居民粮食供应、经济和党务干部安排、党组织与劳动群众的联系等方面的情况。

3月23日

同美国女记者路·布赖恩特谈话。

致函费·埃·捷尔任斯基,谈与路·布赖恩特会见一事。

同印度共产党员马·罗易谈印度革命运动性质的问题。

不早于3月23日

读全俄肃反委员会特别部关于孟什维克破坏俄英通商条约的活动的报告;写便条给全俄肃反委员会主席费·埃·捷尔任斯基,指示进行认真侦破。

3月24日

致函在托木斯克的瓦·尼·卡尤罗夫,请他写信报告西伯利亚工人和农民对待粮食税的态度和情绪以及他们的要求。

写便条给莫斯科苏维埃主席列·波·加米涅夫,建议支持莫斯科消费公社主席阿·叶·巴达耶夫关于利用原雅昆奇科夫的领地和霍登卡田庄为莫斯科人建立农场和菜园的申请。

读国家计划委员会主席格·马·克尔日扎诺夫斯基关于保证国家计划委员会成员良好工作条件的报告;委托秘书莉·亚·福季耶娃把报告送交人民委员会办公厅主任尼·彼·哥尔布诺夫,要他对此事采取必要的措施。

签署劳动国防委员会、共和国革命军事委员会和农业人民委员部给各方面军和军区司令员的电报,指示采取紧急措施从技术上支援农业机构开展播种运动。

3月24日或25日

委托秘书从约·维·斯大林那里取来顿巴斯中央煤炭工业管理局局长格·列·皮达可夫的报告。

3月25日

出席俄共(布)中央政治局会议。会议讨论关于在莫斯科工人和红军战士中进行的鼓动工作,关于改善工人生活的措施,关于成立负责制定实行实物税的实际措施的委员会,关于发行银币的准备工作,关于俄共(布)中央乌拉尔局、土耳其斯坦委员会、各人民委员部部务委员会的组成,关于苏维埃俄国驻爱沙尼亚的军事代表处,关于苏维埃俄国驻远东共和国的代表以及其他问题。

同副交通人民委员瓦·瓦·佛敏谈话,听取他汇报关于3月22日开幕的全俄运输工人第一次代表大会的情况,并就下一届运输工会中央委员会的组成问题交换意见。

分别签署给察里津、阿斯特拉罕、萨拉托夫、罗斯托夫等省劳动委员会以及吉尔吉斯自治共和国和卡尔梅克自治州中央执行委员会的电报,指示采取坚决措施,动员工人参加阿斯特拉罕的渔业劳动。

主持劳动国防委员会会议;作关于检查现存白银储备的报告;签署劳动国防委员会关于区域经济机关的条例。会议讨论居民的粮、肉、油以及饲料的供应计划,彼得格勒的粮食状况,"福勒"式自动犁的生产,给各省经济会议的指示,关于供应工人和职员衣服、鞋子和其他商品的办法的决定草案以及其他问题。

3月25日和29日之间

审阅和修改最高国民经济委员会专门委员会起草的《关于租让合同中工人问题的意见》;审阅全俄工会中央理事会《关于租让企业中工人和专家的工资》的提纲并作批注。

3月26日

写便条给最高国民经济委员会主席阿·伊·李可夫,请他把石油总委员会关于油罐车总数及其使用情况的简要材料寄来,并附上劳动国防委员会关于这一问题的决定草案。

同副教育人民委员叶·亚·利特肯斯谈教育人民委员部和政治教育总委员会的工作。

3月26日或27日

同娜·康·克鲁普斯卡娅谈叶·亚·利特肯斯和列·格·沙皮罗参加她领导的政治教育总委员会工作的问题。

3月27日

读全乌克兰中央执行委员会主席格·伊·彼得罗夫斯基打来的电话的记录,彼得罗夫斯基就向乌克兰农户征收粮食税的方法和数额以及关于合作社在新条件下的作用的问题请示列宁。列宁同彼得罗夫斯基通电话,彼得罗夫斯基请求尽快答复。列宁写便条给列·波·加米涅夫,建议俄共(布)中央政治局负责制定实行粮食税的实际措施的委员会尽快讨论这些问题,并把结果通告彼得罗夫斯基。

为在俄共(布)中央政治局会议上讨论人民委员会关于征收实物税数额的决定草案,列宁写便条给粮食人民委员亚·德·瞿鲁巴,要他提供1919—1920年每月供应居民的粮食数、1920—1921年征收的粮食数、1920—1921年完成征粮任务省份的数量以及其他方面的材料。

读外交人民委员格·瓦·契切林3月23日来信,信中请求尽快与大北方电讯公司签订租让合同。列宁委托秘书催促司法人民委员德·伊·库尔斯基尽快拟出合同草稿。

致函粮食人民委员亚·德·瞿鲁巴,指出在农村实行新经济政策之前,必须重新配备粮食人民委员部机关驻各地的人员。

审阅阿·伊·李可夫为首的最高国民经济委员会专门委员会拟订的《租让合同基本原则草案》;致函李可夫,对他们拟订的《租让合同基本原则草案》表示不满,认为文件中尽是官僚主义的废话,没有把重要的事情强调出来;随信寄去自己的草案,这一草案成为人民委员会3月29日通过的决定的基础。

致函叶·阿·普列奥布拉任斯基,指出为实行新经济政策,必须制定出加强苏维埃货币的措施。

在全俄运输工人第一次代表大会上作关于国内外形势的讲话。

3 月 28 日

读共产党员机械工程师安·叶·布列兹尼琴科关于申请批准一批共产党员工程师去美国进修的信;把信批转给俄共(布)中央书记维·米·莫洛托夫,表示支持他们去美国进修的申请,建议把这个问题提交中央组织局讨论。

出席俄共(布)中央政治局会议。会议讨论人民委员会关于1921—1922年度征收实物税数额的决定草案、关于自由交换和出售农产品的法令草案、中央工人生活改善委员会的报告,以及关于建立商品交换储备、关于土耳其斯坦委员会的组成、关于从美国和英国来的移民等问题。

签署人民委员会关于1921—1922年度征收实物税数额的决定和人民委员会关于完成征粮任务的省份可自由交换粮食、饲料、马铃薯和干草的法令。

委托人民委员会办公厅主任尼·彼·哥尔布诺夫致电亚历山德罗-格鲁舍夫斯克区矿工工会委员会,请他们把矿工利用星期六义务劳动时间采掘的并已发往莫斯科赠送给列宁的30车皮煤转赠给为首都工人运送粮食的东南铁路局。

出席根据列宁本人建议召开的最高国民经济委员会代表与其他部门代表的磋商会议。会议讨论列宁提出的租让合同基本原则草案。列宁就所讨论的问题发言,修改和补充草案。

审阅和修改石油总委员会会务委员伊·米·古布金起草的给俄罗斯联邦驻英代表列·波·克拉辛的有关石油租让问题的电报稿,电报稿中告知克拉辛关于签订石油租让项目合同的基本原则。列宁在同古布金的谈话中讨论了这些原则。

3 月 29 日

代表俄共(布)中央致电在梯弗利斯的俄共(布)中央高加索局委员格·康·奥尔忠尼启则,指出要把第11集团军从格鲁吉亚调回粮食状况极为困难的阿塞拜疆是完全不可能的,请他们采取果断措施,把该军留在格鲁吉亚;建议尽快以格鲁吉亚的租让项目从国外换回粮食。

读秘书纳·斯·勒柏辛斯卡娅的便条,便条中说,英国《每日先驱报》记者请求列宁接见并就美国政府对俄罗斯联邦关于贸易问题的建议的答复发表谈话。列宁委托秘书征求外交人民委员格·瓦·契切林对这个问题的意见。契切林认为发表谈话为时尚早。列宁在便条上写批语，拒绝接见该报记者。

出席俄共(布)中央政治局会议。会议讨论关于粮食税、关于供鼓动员用的实行实物税的宣传提纲草稿、关于建立革命马克思主义者政治俱乐部、关于科学工作者协会、关于供应亚美尼亚粮食、关于俄共(布)中央土耳其斯坦局成员的变动、关于运输工会中央委员会的组成等问题。

主持人民委员会会议；对会议议程补充了关于1921年发行纸币的计划、关于土耳其斯坦委员会、关于农业人民委员部和财政人民委员部部务委员会的组成等问题；签署人民委员会关于租让合同基本原则的决定和人民委员会关于农业人民委员部和财政人民委员部部务委员会的决定。会议讨论莫斯科苏维埃主席团对对外贸易人民委员部拒绝为莫斯科各面包房在国外订购机器一事的控告、关于对各电站工作的领导、关于粮食和饲料供应的状况、关于教育和社会主义文化工作者重新从事专业工作的决定草案，以及关于苏维埃俄国驻阿富汗的代表处、关于批准成立负责制定实行粮食税的实际措施的委员会等问题。

3月30日

写便条给劳动国防委员会，表示同意大多数委员的意见：暂不执行总司令谢·谢·加米涅夫关于调11 000名红军战士到莫斯科加强卫戍部队的命令；建议委托总司令整顿莫斯科卫戍部队，精减人员，提高战斗力。

接见电工技术专家、俄罗斯国家电气化委员会委员彼·谢·奥萨德奇教授。

出席俄共(布)中央政治局会议。会议讨论供鼓动员用的实行实物税的宣传提纲、乌克兰的粮食工作、地方经济流转范围内的交换条例、国家和居民之间的交换条例，以及关于合作社等问题。会上，列宁写便条给尼·伊·布哈林，谈调整城乡商品流转和合作社在流转中的作用问题。

致电在梯弗利斯的俄共(布)中央高加索局委员格·康·奥尔忠尼启则，建议在格鲁吉亚革命委员会内讨论关于尽力恢复格鲁吉亚孟什维克政府签订的租让合同和关于尽快签订新的租让合同以便从国外取得粮食的问题。

3月31日

读外交人民委员格·瓦·契切林的来信,信中建议向各穆斯林共和国和地区的党组织发一封通告信,要他们在进行反宗教宣传时务必掌握分寸,不要伤害穆斯林人民的宗教感情。列宁在契切林的信上写批语,表示完全同意他的意见,并要他代拟通告信草稿交中央审定。

读美国工商界代表华·万德利普的来信,并将信批转给外交人民委员格·瓦·契切林,征求他对苏美贸易谈判和向美国工业家提供石油租让项目的可能性的意见。

致电俄罗斯联邦驻英国全权代表、对外贸易人民委员列·波·克拉辛,指出当前主要的是要弄到同农民交换粮食的商品。对外贸易人民委员部的整个政策都应服从这一直接目的。

读娜·康·克鲁普斯卡娅的来信,信中请求帮助政治教育总委员会工作人员波·米·沃林得到住房。列宁在信上批示秘书莉·亚·福季耶娃帮助解决这一问题。

3月底

委托秘书提醒粮食人民委员部部务委员阿·巴·哈拉托夫把粮食交给巴库。

3月底—4月21日

写《论粮食税(新政策的意义及其条件)》的几个提纲,写《论粮食税》一书。

4月1日

委托副对外贸易人民委员安·马·列扎瓦代拟人民委员会关于司法人民委员部必须尽快制定调整开放私人贸易和商品交换的法律的决定草案,并把苏维埃政府提出的在俄罗斯联邦和美国之间签订贸易协定的条件通知华·万德利普。

给国家计划委员会主席格·马·克尔日扎诺夫斯基寄去库兹涅佐夫关于亚历山德罗夫盖—恩巴铁路支线建设问题的报告,并要他把意见和建议提交劳动国防委员会讨论。

签署给各省执行委员会主席、革命委员会主席、西伯利亚革命委员会主席以及巴什基尔、吉尔吉斯、鞑靼、哥里、乌克兰和土耳其斯坦等共和国的电报,指示把播种面积和牲畜头数上报中央统计局,以制定实物税率。

主持劳动国防委员会会议;审查会议议程,把关于精减红军人数和关于芬兰湾排水雷的问题补充进去;签署国家计划委员会基本组织条例,以及关于国家计划委员会成员、关于保证国家计划委员会成员良好工作条件、关于保证勒拿金矿专家和劳动力、关于把陆军人民委员部的物资转交非军事机构等项决定。会议还讨论了关于批准运输总委员会成员、关于给全俄中央执行委员会汽车队按红军口粮标准供应粮食、关于从克里木运出器材、关于全俄肃反委员会部队的供应办法、关于机车修理计划、关于冶金工业状况、关于彼得格勒商港等问题。

4月2日

致函在巴库的阿塞拜疆石油委员会主席亚·巴·谢列布罗夫斯基,指出为了恢复国民经济,必须把部分巴库油田租让出去,要让巴库同志们对租让有一个正确的认识,要在巴库共产党员中间做好解释工作。

写便条给劳动人民委员瓦·弗·施米特、共和国革命军事委员会主席列·达·托洛茨基、粮食人民委员亚·德·瞿鲁巴、最高国民经济委员会主席阿·伊·李可夫、全俄工会中央理事会主席米·巴·托姆斯基、全俄五金工会中央委员会主席亚·加·施略普尼柯夫,请他们召集各部门的联席会议,研究企业通过精减非生产人员来提高劳动生产率和整顿工厂粮食供应的问题。

读外交人民委员格·瓦·契切林给俄共(布)中央政治局的信,信中建议中央向阿塞拜疆、格鲁吉亚和亚美尼亚这几个外高加索苏维埃共和国发一个指示:与土耳其签订条约必须事先征得中央同意。列宁批示中央书记维·米·莫洛托夫,要他征求政治局各委员对这一问题的意见。

4月4日

收到巴库的阿塞拜疆石油委员会主席亚·巴·谢列布罗夫斯基关于4月5日开航的报告后,致电谢列布罗夫斯基向石油船队表示祝贺。

读国立莫斯科大学教员弗·菲·哥林4月1日的来信,信中反映在国立莫斯科大学的教员中间,宣传资产阶级观点的原孟什维克和立宪民主党人还有相当大的影响,请求让他系统地讲授哲学课。列宁将信批转给副教育人民委员米·尼·波克罗夫斯基,征求他对这件事情的意见。

签署给各省播种委员会的电报,指示必须严格按照当地条件制定播种计划、按计划播完全部土地、绝不允许采取官僚主义的态度。

签署给各省粮食委员会和粮食工作会议的电报,谈在实行实物税之前对油、肉、蛋的征购办法。

4月5日

致电俄共(布)中央高加索局委员格·康·奥尔忠尼启则,询问格鲁吉亚革命委员会与意大利和德国企业家谈判租让特克瓦尔切利煤矿和奇阿图拉锰矿的进展情况。

致函最高国民经济委员会主席阿·伊·李可夫,请他尽快解决有关支援泥炭水力开采管理局的问题。

出席俄共(布)中央政治局会议。会议讨论人民委员会关于消费合作社的法令草案、关于对工人实行实物奖励的法令草案、关于莫斯科的住房政策、关于骑兵第1集团军的供应和部分军队的复员以及其他问题。

读工农检查人民委员部关于红军人数和复员情况的材料,写便条给格·叶·季诺维也夫,认为有必要把关于大大加快复员工作的问题提交俄共(布)中央政治局讨论。

主持人民委员会会议;签署关于降低供应标准的决定。会议讨论关于消费合作社的法令草案、关于对工人实行实物奖励的法令草案、关于工人劳动报酬的法令草案、关于同志纪律审判会条例,以及关于红军服装供应、关于泥炭水力开采管理局的工作、关于工人预科学员被服供应等问题。

4月5日或6日

读国家计划委员会主席格·马·克尔日扎诺夫斯基于1921年4月5日在国家计划委员会第一次会议上的发言稿;致函克尔日扎诺夫斯基,谈国家计划委员会工作的基本任务,要求立刻用一切力量研究当前的经济计划。

4月6日

写给国营第一汽车制造厂工厂委员会和全体工人的贺词,祝贺他们生产出发动机,祝贺汽车机械师训练班成立一周年。

出席俄共(布)中央政治局会议;起草俄共(布)中央政治局关于加快军队复员和缩减红军数量的决定。会议讨论关于对工人实行实物奖励的法令草案、关于粮食状况、关于实物奖励委员会的报告、关于建立俄共(布)中央北方局和北方区域经济会议、关于帮助农民、关于交通人民委员部部务委员会成员、关于在彼得格勒建立雅·米·斯维尔德洛夫共产主义大学等问题。

收到俄共(布)中央妇女部部长亚·米·柯伦泰关于苏维埃各州及各共和国东方民族妇女部第一次代表会议开幕的便函和代表会议共产党员代表的邀请信,复电表示热烈祝贺。

致函最高国民经济委员会主席阿·伊·李可夫,建议尽快派泥炭总委员会的一批工作人员去芬兰、瑞典、丹麦和加拿大,了解国外泥炭开采的经验。

分别致电国防委员会红军供给特派员、农业人民委员部、林业总委员会、乌克兰人民委员会,建议采取紧急措施支援泥炭总委员会。

4月7日

读俄共(布)中央高加索局委员格·康·奥尔忠尼启则4月6日关于外高加索粮食困难请求支援的电报,把电报批转给粮食人民委员部部务委员阿·巴·哈拉托夫,要求采取紧急措施给予支援。

读亚·德·瞿鲁巴写给俄共(布)中央组织局的关于请求急送叶·费·罗兹米罗维奇出国治病的信,在信上写批语,表示完全赞同瞿鲁巴的意见,并恳请中央组织局就这个问题作出决定。

主持人民委员会会议;签署关于调整工人劳动报酬的法令、关于工人实物奖励的法令、关于同志纪律审判会的条例。会议讨论关于消费合作社的法令草案、关于收购原料的决定草案、关于泥炭水力开采管理局工作人员的供应、关于同大北方电讯公司签订的合同草案以及其他问题。

4月8日

出席俄共(布)中央政治局会议。会议讨论关于发行银币的准备工作、关于右派社会革命党人、关于成立法俄贸易代办处、关于教育人民委员部部务委员、关于军队复员、关于举行非党代表团会议、关于供应亚美尼亚粮食、关于崩得成员加入俄共(布)、关于俄共(布)中央远东局成员等问题。

致电俄罗斯联邦驻意大利贸易代表团团长瓦·瓦·沃罗夫斯基,请他挑选并寄来意大利各政党特别是意大利社会党的最重要的文件,以便研究意大利社会党人的活动。

致函教育人民委员阿·瓦·卢那察尔斯基、副教育人民委员米·尼·波克罗夫斯基和叶·亚·利特肯斯,指出教育人民委员部的工作缺乏系统性和计划性,建议制定全面的工作计划。

读电力工程师彼·阿·科兹明关于利用风力实现农村电气化的来信,在信上画了许多记号和着重线,并写批语给格·马·克尔日扎诺夫斯基,请他对科兹明的建议发表意见。

主持劳动国防委员会会议;就在拉脱维亚购买马铃薯薯种和从财政上支援莫斯科公社购买粮食的问题发言;签署关于订制"福勒"式自动犁执行情况的决定、关于增加收购榨油用的葵花子的措施的决定。会议讨论关于企业职工调动工作的手续的决定草案、关于红军指挥员进行登记的决定草案、关于军队继续复员的措施、关于木材采伐区的租让项目、最高国民经济委员会关于向外国购买化学产品和金属制品的申请、关于签订租让合同的手续,以及关于保证泥炭采掘工人粮食和鞋子等问题。

不晚于 4 月 9 日

写便条给中央消费合作总社理事会主席列·米·欣丘克,建议采取措施利用军事运输力量加紧从国外运进马铃薯薯种。

4 月 9 日

致电俄共(布)中央高加索局委员格·康·奥尔忠尼启则,告知中央为支援外高加索粮食已采取了一系列措施,要求为整个外高加索建立一个区域经济机构,尽快签订租让合同,发展阿塞拜疆的商品交换并把灌溉工作向前推进一步。

致函教育人民委员阿·瓦·卢那察尔斯基,强调广泛宣传开采泥炭的重要性,建议出版这方面的教科书、小册子,拍摄电影,举办展览会,在中等学校和高等学校增设关于泥炭开采的必修课。

收到最高国民经济委员会主席阿·伊·李可夫就在劳动国防委员

会预先讨论交通人民委员部改组的问题打来的电话的记录;把电话记录批转给交通人民委员,建议把这个问题连同运输管理问题提交劳动国防委员会讨论。

同外交人民委员格·瓦·契切林通电话,就任命苏维埃俄国驻立陶宛、布哈拉、英国、瑞典和德国外交代表的问题交换意见。

接见保加利亚共产党中央委员、出席共产国际第三次代表大会代表格·米·季米特洛夫。

同伊万诺沃-沃兹涅先斯克省党委、省执行委员会、省工会理事会代表格·库·科罗廖夫、米·扎·曼努伊尔斯基和伊·伊·科罗特科夫谈话,询问伊万诺沃-沃兹涅先斯克纺织企业的情况,高度评价这些企业的工人在缺乏粮食和燃料的条件下为提高劳动生产率所表现出来的巨大干劲和首创精神,指示立即召开有关部门参加的磋商会议,具体研究伊万诺沃-沃兹涅先斯克各重点工厂的紧急需要问题。

在工会圆柱大厅举行的俄共(布)莫斯科市和莫斯科省支部书记及支部负责代表会议上作关于粮食税的报告。

4 月 9 日或 10 日

读马·基·阿莫索夫代拟的给雅库特贫苦农民代表会议的贺电稿并作修改和补充,希望雅库特劳动群众在俄罗斯工人和农民的帮助下走上彻底巩固劳动者自己政权的道路。

4 月 9 日和 21 日之间

写便条给俄共(布)中央书记维·米·莫洛托夫,指出中央给各省委的信中有揭穿宗教的谎言这样不策略的提法,建议中央再发一信说明这个问题。

4 月 10 日

致电在顿河畔罗斯托夫的副交通人民委员瓦·瓦·佛敏,传达中央关于任命费·埃·捷尔任斯基为交通人民委员、亚·伊·叶姆沙诺夫和瓦·瓦·佛敏为副交通人民委员的决定,请他对此发表意见。

4 月 11 日

在全俄工会中央理事会共产党党团会议上作关于租让问题的报告并在讨论时插话和作总结发言。

签署给各省粮食委员的电报,指示完成粮食人民委员部关于马铃薯薯种的装运计划。

签署给各省播种委员会的电报,询问对休闲地的初耕工作已经采取了哪些措施,指示在开展播种运动时必须极仔细地考虑当地的条件。

签署给在顿河畔罗斯托夫的粮食人民委员部特派员莫·伊·弗鲁姆金的电报,指示采取断然措施供应阿塞拜疆、格鲁吉亚和亚美尼亚粮食;对直达运粮列车的编组工作深表不满,要求补足运交中央的数目。

同最高国民经济委员会主席团委员兼燃料总管理局局长伊·捷·斯米尔加谈话,询问燃料供应状况和计划。

4月11日或12日

致电辛菲罗波尔疗养院管理处处长德·伊·乌里扬诺夫,请他关心布哈林一家和玛·伊·乌里扬诺娃的疗养。

4月12日

致电乌克兰粮食人民委员米·康·弗拉基米罗夫,询问从克里木和敖德萨采购和运出食盐的进展情况。

致函国家计划委员会主席格·马·克尔日扎诺夫斯基,请尽快提供1921年实行粮食税后可能征收的粮食数、1918—1921年燃料采掘和分配的情况以及1922年关于燃料的计划等方面的材料。

出席俄共(布)中央政治局会议。会议讨论关于俄共(布)中央远东局的组成,关于任命俄罗斯联邦驻布哈拉和希瓦代表,关于召开全俄工会代表大会,关于全俄中央执行委员会会议,关于交通人民委员部、粮食人民委员部以及其他人民委员部部务委员会的组成,关于右派社会革命党人等问题。会议还讨论了共和国革命军事委员会副主席埃·马·斯克良斯基关于红军复员的报告。

主持人民委员会会议;起草关于对外贸易申请的决定;签署关于批准1921年4月份分配饲料计划的决定、关于农民在农忙期间出车差办法的决定。会议讨论关于伊万诺沃-沃兹涅先斯克各重点工厂的需要,关于从财政上支援莫斯科、彼得格勒和伊万诺沃-沃兹涅先斯克苏维埃执行委员会,关于吸收地方苏维埃和社会组织参加电站的管理以及其他问题。

4 月 12 日以后

读共和国革命军事委员会副主席埃·马·斯克良斯基的便条,便条中报告在关于缩减红军人数的决定通过以后,某些军队领导人仍然坚持增加部队的编制。列宁在便条上写批语给斯克良斯基,说问题是中央决定的,有意见可向中央申诉。

4 月 13 日

写便条给国家计划委员会主席格·马·克尔日扎诺夫斯基,指示应该考虑到 1921—1922 年可能会遇到更严重的粮食和燃料困难,根据这一考虑来准确估计需要向国外购买粮食和燃料的数量。

签署给各省粮食委员会的电报,指示立即报告用于与农民进行商品交换的商品的数量。

签署给外交人民委员部和对外贸易人民委员部驻柏林的全权代表维·列·柯普的电报,询问给格·李·什克洛夫斯基及其家属办理去德国的签证一事。

同亚美尼亚人民委员会主席亚·费·米雅斯尼科夫谈外高加索党和苏维埃工作的任务和特点等问题。

主持劳动国防委员会全体会议;签署关于 1892—1895 年出生的军人复员的决定、关于复员军人供应的决定。会议讨论交通人民委员部及其组织的状况、共和国革命军事委员会副主席关于红军复员和精简的报告以及其他事项。

4 月 13 日以后

写便条给副外交人民委员列·米·卡拉汉,指示加快为格·李·什克洛夫斯基及其家属办理去德国的签证。

4 月 14 日

写《致阿塞拜疆、格鲁吉亚、亚美尼亚、达吉斯坦、哥里共和国的共产党员同志们》一信。

收到彼得格勒市非党工人会议代表们的邀请信;写贺信给彼得格勒市非党工人会议,对不能接受代表们的邀请表示遗憾,并对他们的会议和他们的工作表示衷心的祝贺。

写便条给莫斯科苏维埃主席列·波·加米涅夫,指出由于实行自由贸易,必须事先采取特殊措施改善工人及其家属的供应。

致函顿巴斯中央煤炭工业管理局局长格·列·皮达可夫,告知已寄去关于租让问题的材料,指示务必完成顿巴斯的采煤计划,强调发挥地方主动精神、搞好商品流转的意义。

致函副内务人民委员米·费·弗拉基米尔斯基,指示调查卡卢加省佩列梅什利县扎博罗夫斯克乡戈洛夫尼诺村农民对地方政权的违法乱纪行为的控告,追究当事人的责任,同时要给农民以切实的救济。

出席俄共(布)中央政治局会议;就财政人民委员部部务委员叶·阿·普列奥布拉任斯基关于改革纸币流通的准备工作的报告发言;对俄共(布)中央委员会和人民委员会直属财政委员会的决定草案作补充和修改。会议讨论关于国民经济委员会代表大会、关于骑兵第1集团军、关于亚·李·舍印曼的工作等问题。

4月15日

补充和签署给在顿河畔罗斯托夫的粮食人民委员部特派员莫·伊·弗鲁姆金和高加索劳动军革命军事委员会副主席亚·格·别洛博罗多夫的电报,指示采取最坚决的措施供应阿塞拜疆、格鲁吉亚和亚美尼亚粮食。

读西伯利亚粮食委员会主席 Π.К.卡冈诺维奇4月12日的电报,电报中说:报刊上发表全俄中央执行委员会关于粮食税的法令以后,西伯利亚完不成征粮任务。列宁把卡冈诺维奇的电报批转给粮食人民委员,说应对卡冈诺维奇的没有根据的诉苦和推托给予批评。

写便条给俄共(布)中央书记维·米·莫洛托夫,批评没有及时向莫斯科鲍曼高等技术学校的教授传达中央4月14日决定一事,认为在党中央机关里发生这种拖拉作风是绝不能允许的。

收到外交人民委员部和对外贸易人民委员部驻柏林全权代表维·列·柯普4月8日来信,信中建议在俄德合作社组织之间组织产品交换。列宁把该信批给负责制定实行实物税的实际措施的委员会主席列·波·加米涅夫,建议该委员会和中央政治局讨论这个问题,并在余粮收集制已结束的省、县进行试验。

主持劳动国防委员会会议;起草劳动国防委员会关于"亚—恩巴工

程"的决定;签署关于加强同粮贩利用铁路倒卖粮食作斗争的决定、关于把拖拉机转交粮食人民委员部运送粮食的决定。会议讨论关于复员红军战士的运送、关于在莫斯科省减少军事口粮的数量、关于"电犁"特别委员会从农业人民委员部划归最高国民经济委员会领导、关于保证木柴流送的措施、关于加紧采购和运送马铃薯薯种的紧急措施,以及关于莫斯科鲍曼高等技术学校设立热工研究所和电工研究所等问题。

接见国家计划委员会委员、热工学专家列·康·拉姆津和卡·阿·克鲁格;读他们交来的关于俄国1916—1921年消耗燃料的材料以及燃料总委员会1921年上半年的计划。

4月16日

读德国工人运动和共产主义运动活动家克·蔡特金和德国社会民主党人保·莱维的来信,信中介绍德国的政治形势和德国统一共产党的行动。列宁就党的策略问题给他们写回信,指出他们退出德国统一共产党中央委员会和维护意大利社会党内的中派是错误的。

出席俄共(布)中央政治局会议。会议讨论关于任命俄罗斯联邦驻阿比西尼亚代表、关于批准中央就对待无政府主义者的问题发的通告信草稿等事项。

4月17日

读哈尔科夫省委书记В.И.伊万诺夫给俄共(布)中央的关于乌克兰粮食税实行情况的报告、国立莫斯科大学临时主席团和教学学术委员会部分成员给俄共(布)中央政治局的关于培养苏维埃专家的报告,并把报告批转给俄共(布)中央书记维·米·莫洛托夫,要他把报告中所涉及的问题提交中央政治局讨论。

致电在埃里温的俄共(布)中央高加索局委员格·康·奥尔忠尼启则,指示必须把格鲁吉亚国家银行作为外高加索对外贸易机关保留下来;建议格鲁吉亚革命委员会必须广泛进行维护苏维埃政权的宣传,批驳孟什维克在国外对苏维埃政权的攻击。

从约·维·斯大林那里得知格·康·奥尔忠尼启则与法国一家公司签订了一项供货合同;致电在埃里温的奥尔忠尼启则,询问外高加索各苏维埃共和国在外贸方面是否已统一行动。

致函高加索劳动军革命军事委员会副主席亚·格·别洛博罗多夫，询问斯塔夫罗波尔、库班和顿河区农民对新经济政策的态度。

收到俄共（布）第十次代表大会代表、格罗兹尼区委书记 Г.П.罗加乔夫的来信，信中汇报了哥里苏维埃社会主义自治共和国的形势、石油开采的情况，请求在党和苏维埃建设问题上给予帮助。列宁在信上画着重线并写批语给约·维·斯大林，请他提出意见。

4月18日

写便条给最高国民经济委员会副主席弗·巴·米柳亭和副工农检查人民委员瓦·亚·阿瓦涅索夫，建议成立一个专门委员会，研究确定各区域经济委员会主席汇报工作的方式和期限。

收到阿塞拜疆石油委员会主席亚·巴·谢列布罗夫斯基的电报，电报中请求授予委员会在国外用石油产品交换设备、工业品和粮食的权力。列宁指示最高国民经济委员会主席阿·伊·李可夫、副主席弗·巴·米柳亭以及副对外贸易人民委员安·马·列扎瓦准备意见并起草人民委员会关于这一问题的决定。

读邮电人民委员部部务委员兼无线电委员会主席阿·马·尼古拉耶夫的来信，信中汇报了下诺夫哥罗德无线电实验室工程师米·亚·邦契-布鲁耶维奇在无线电技术和电视方面的新发明。列宁将信批转给人民委员会办公厅主任尼·彼·哥尔布诺夫，要他予以帮助。

同费·埃·捷尔任斯基谈任命他为交通人民委员一事，还谈了交通人民委员部的任务和顿巴斯的形势。

接见法国社会党人昂·吉尔波和共产国际第三次代表大会的一名西班牙代表。

同楚瓦什自治州执行委员会副主席 C.A.科里切夫谈话，了解楚瓦什的形势和农民的情绪，答应在劳动国防委员会会议上讨论关于援助楚瓦什自治州的问题。

4月18日或19日

读副交通人民委员瓦·瓦·佛敏的电报，电报中建议将格鲁吉亚和阿布哈兹各港口的管理局划归俄罗斯联邦设在罗斯托夫或新罗西斯克的海运管理局领导。列宁将电报批转给约·维·斯大林，表示不同意佛敏的意见,建议把这一问题提交政治局讨论。

4月19日

出席俄共(布)中央政治局会议。会议讨论关于批准莫斯科鲍曼高等技术学校的领导班子,关于内务、外交、粮食、教育、交通、社会保障、劳动、财政、司法等人民委员部部务委员会的组成,关于召开全俄粮食工作会议,关于格鲁吉亚的各海运港口,关于手工业合作社,关于交换等问题,以及人民委员会关于对粮食、马铃薯和榨油用的葵花子征收实物税的法令草案。

读副交通人民委员瓦·瓦·佛敏的电报,电报中说从格罗兹尼每天可以运出350节油罐车石油产品,建议组织好运输。列宁把佛敏的电报批转给国家计划委员会主席格·马·克尔日扎诺夫斯基,要他准备好一份报告,谈谈应当如何分配和使用油罐车,以便最大限度地从格罗兹尼运出石油产品。

致函职业教育总局局长叶·阿·普列奥布拉任斯基,解释俄共(布)中央1921年4月14日关于教育人民委员部系统对待教授的态度和利用专家的决定。

致函副对外贸易人民委员安·马·列扎瓦,请他研究一下寄去的关于向西欧工人合作社提供在西伯利亚进行食品加工方面的租让的总则草案和C.M.格利金起草的草案说明,同有关部门协商后向劳动国防委员会提出一份说明该草案实质的报告和劳动国防委员会关于实行格利金建议的具体措施的决定草案。

致函卫生人民委员尼·亚·谢马什柯,询问最近莫斯科是否发生过霍乱和其他传染病,采取了哪些防治措施。

致函副工农检查人民委员瓦·亚·阿瓦涅索夫,请他立即组织一个由工农检查人民委员部、劳动人民委员部和农业人民委员部的代表参加的委员会,来研究教徒农业生产联合组织第一次全俄代表大会的材料,并向人民委员会提出关于这一问题的报告。

主持人民委员会会议;就为泥炭水力开采管理局向德国购买设备问题作报告。会议讨论关于对粮食、马铃薯、榨油用的葵花子、蛋和奶制品征收实物税的法令草案,关于扩大石油委员会的权限,关于农业机具的

分配办法,关于彼得格勒和莫斯科的公共伙食的困难情况,关于给楚瓦
什自治州调拨纺织品、鞋子和其他商品,关于格罗兹尼石油工业状况等
问题。

4 月 20 日

出席俄共(布)中央政治局会议。会议讨论人民委员会关于手工业合作
社的法令草案、人民委员会关于在报刊上阐明苏维埃外贸政策的决定草
案,以及关于彼得格勒和莫斯科的公共伙食、关于高等学校章程、关于交
通人民委员部部务委员会、关于赴伦敦的代表团成员、关于全俄中央执
行委员会例会等问题。

同粮食人民委员亚·德·瞿鲁巴谈话,了解全国商品交换的组织工
作和进展情况,以及关于粮食人民委员部与合作社建立联系的问题。

同鞑靼苏维埃社会主义自治共和国人民委员会主席萨希布·加
雷·赛德-加利耶夫谈话,了解鞑靼共和国的粮食状况和春播情况。

签署给各省执行委员会和省林业委员会的电报,指示就森林防火的
问题采取紧急措施。

签署人民委员会关于对粮食、马铃薯、榨油用的葵花子、蛋和奶制品
征收实物税的法令。

4 月 20 日和 22 日之间

写便条给副对外贸易人民委员安·马·列扎瓦,请他提供有关在国外购
买粮食和各种生活消费品的情况。

4 月 20 日以后

签署给阿富汗国王阿曼努拉汗的信,告知两国友好条约已于 1921 年 2
月 28 日由两国全权代表在莫斯科签订,指出这一条约对加强两国之间
的友谊具有很大的意义。

4 月 21 日

写完《论粮食税(新政策的意义及其条件)》小册子。

修改和签署给粮食人民委员部驻北高加索特派员莫·伊·弗鲁姆
金的电报,指示必须在东南边疆区经济委员会下设立计划委员会,并说
国家计划委员会主席团也赞同这样做。

签署给各省播种委员会的电报,指示采取措施,对早耕休闲地进行

宣传和组织工作。

同米·尼·图哈切夫斯基谈坦波夫省的形势。

同斯摩棱斯克省国民经济委员会主席瓦·亚·斯莫尔亚尼诺夫谈话，询问他过去的工作。由于斯莫尔亚尼诺夫被任命为劳动国防委员会办公厅副主任，列宁向他介绍劳动国防委员会办公厅工作的情况，规定他的职责范围。列宁还指出，随着向新经济政策过渡，交换已成为经济的首要任务，成为新经济政策的基础。而实行新经济政策可以恢复经济，实现从资本主义向社会主义过渡，巩固工农联盟。

同国家计划委员会主席格·马·克尔日扎诺夫斯基通电话，谈从格罗兹尼外运石油的问题。

4月21日—28日之间

写便条给副粮食人民委员尼·巴·布留哈诺夫，告知已把《论粮食税（新政策的意义及其条件）》这本小册子的手稿寄给他，请他提出修改意见。

4月22日

致函外交人民委员部和全俄肃反委员会，询问化学家格·谢·彼得罗夫出国受阻的原因，请作出准许他出国的决定。

同美国共产党驻共产国际代表尼·古尔维奇谈话。

主持劳动国防委员会会议；签署关于优惠供应红军战士家属粮食的决定、关于利用水路运输石油产品的决定。会议讨论关于燃料总管理局的组织机构的决定草案、关于向中部地区运送鱼和肉的必要措施的决定草案，以及关于审查交通人民委员部和最高国民经济委员会修理机车和生产备用部件的计划、关于审查最高国民经济委员会购买国外商品和设备的申请、关于提高食盐产量、关于减少莫斯科市和莫斯科省驻军数量等问题。

不晚于4月22日

致函俄共（布）中央书记维·米·莫洛托夫，谈全俄肃反委员会的工作。

不晚于4月23日

读中央出版物发行处处长波·费·马尔金的便条，便条中请求列宁准备作留声机片录音讲话。

4月23日

出席俄共（布）中央政治局会议。会议讨论关于教育人民委员部与教育

工会的相互关系、关于西伯利亚革命委员会的经济职能、关于孟什维克
参加喀琅施塔得反革命叛乱等问题。

致函副内务人民委员米·费·弗拉基米尔斯基、副对外贸易人民委
员安·马·列扎瓦、最高国民经济委员会副主席弗·巴·米柳亭,请他
们研究卡累利阿劳动公社执行委员会提出的关于组织经济生活和关于
卡累利阿劳动公社当前经济任务这两个法令草案,并于4月26日提交
人民委员会讨论。

收到阿塞拜疆石油委员会主席亚·巴·谢列布罗夫斯基从巴统发
来的电报,电报中告知运送石油产品的直达货运列车已抵达巴统、他即
将赴君士坦丁堡进行贸易谈判,请求列宁给格鲁吉亚对外贸易人民委
员部发一个指示,以促进与欧洲的商品交换。列宁在电报上批示:"送斯大
林,请于星期二即4月26日早晨退回。"

收到从彼得格勒寄来的《俄罗斯地图集》试印本。

4月24日

致函彼得格勒苏维埃主席格·叶·季诺维也夫,认为《俄罗斯地图集》试
印本根本不合要求,它存在很多缺点和错误,要求了解领导这项工作的
负责人。

写便条给莫斯科苏维埃主席列·波·加米涅夫,请他派人在伊·
费·阿尔曼德墓地种花和建立墓碑。

4月24日—5月8日

在哥尔克居住和工作,几乎每天都回莫斯科。

4月25日

上午9时,同渔业和鱼品工业总管理局局长 A.И.波嘉耶夫谈鱼品工业
的发展前途和出租某些渔场的可能性问题。

上午10时,同农业人民委员部部务委员伊·阿·泰奥多罗维奇谈
抗旱的措施。

下午2时,同莫斯科消费公社主席阿·叶·巴达耶夫谈公社的
工作。

前往中央出版物发行处,作留声机片录音讲话:《非党人员和苏维埃
政权》《关于粮食税》《关于租让和关于发展资本主义》《关于消费合作

社和产销合作社》。

致函伊·阿·泰奥多罗维奇,请他立即召集有关人民委员部代表开会,研究制定关于抗旱措施的法令草案,并于4月27日以前提交劳动国防委员会讨论。

写便条给俄罗斯联邦驻拉脱维亚全权代表兼商务代表雅·斯·加涅茨基,请他在里加为人民委员会的两位女秘书安·彼·基扎斯和纳·斯·勒柏辛斯卡娅安排好休息和治疗。

4月26日

写便条给副粮食人民委员尼·巴·布留哈诺夫、劳动国防委员会俄罗斯联邦资源利用委员会主席列·纳·克里茨曼、全俄工会中央理事会主席米·巴·托姆斯基以及渔业和鱼品工业总管理局局长 A.И.波嘉耶夫,指示他们立即召开会议,讨论波嘉耶夫关于支援鱼汛期捕鱼的建议,并就这个问题向人民委员会提出报告。

致函人民委员会办公厅主任尼·彼·哥尔布诺夫,建议立即调查人民委员会办公厅工作混乱的原因,查明最高运输委员会紧急电话的记录迟迟不报的责任者,重新制定办公厅的工作制度。

致函俄共(布)中央书记维·米·莫洛托夫,请立即用电话征求政治局委员的意见,是否成立一个三人小组,负责解决外交人民委员部供国外来人用的住房问题。

写便条给维·米·莫洛托夫,建议撤销俄共(布)中央组织局关于建立人民委员会休养所的决定,把这个休养所由人民委员会办公厅划归卫生人民委员部管理。

就金卢布和苏维埃卢布的比价问题致函副财政人民委员阿·奥·阿尔斯基,认为由于比价不合理可能会造成大量的舞弊行为,建议提出修改方案。

同莫斯科省工会理事会主席索·阿·洛佐夫斯基谈话。

主持人民委员会会议;作关于租让滚珠轴承制造厂的报告;写对人民委员会《关于分配农业机器》的决定草案的补充;签署关于粮食人民委员部向共和国居民供应鱼、肉、粮食、油等产品的决定,关于发展卡累利阿劳动公社经济的决定。会议讨论关于给鞑靼苏维埃社会主义自治共和国调拨种子和工业品的可能性、关于奖励亚麻种植者和大麻种植者、关于木材采伐区的租让项目、关于为进行商品交换从国外购买商品、关于有计划分配劳动力、关于支援鱼汛期捕鱼等问题,以及关于执行委员会卫生局条例草案。

不晚于 4 月 27 日

写俄共(布)中央关于对待非党工人态度问题的信稿。

4 月 27 日

出席俄共(布)中央政治局会议。会议讨论关于非党工人代表会议、关于派全俄中央执行委员会特派员去各地解释新经济政策并检查新经济政策的执行情况、关于彼得格勒报纸、关于骑兵第 1 集团军、关于高等军事教育、关于格尔热宾出版社、关于军事等问题。

签署给在鄂木斯克的西伯利亚粮食委员会主席 Π.K.卡冈诺维奇、在顿河畔罗斯托夫的粮食人民委员部驻北高加索特派员莫·伊·弗鲁姆金,以及乌法、奥伦堡和秋明等地领导机关的电报,指示抓紧用畜力车把粮食运到车站和码头。

主持劳动国防委员会全体会议;签署关于改善红军粮食供应的决定、关于生产和运输食盐的决定、关于供应春播种子的决定。会议讨论关于抗旱措施的决定草案、关于红军的裁减计划和复员进展情况以及其他问题。

4 月 28 日以前

致函副对外贸易人民委员安·马·列扎瓦,指示必须制定一个精确的对外贸易计划,并要他同民族事务人民委员约·维·斯大林商量派一位精明的人去格鲁吉亚当对外贸易人民委员部的代表。

4 月 28 日

出席俄共(布)中央政治局会议;在会议讨论筹备召开共产国际第三次代表大会问题时,被选入代表大会决议起草委员会;在会议讨论给对外贸易人民委员部的关于同外高加索各苏维埃共和国的贸易关系的指示时,被选入研究这一问题的专门委员会。会议讨论关于俄共(布)中央工作的总计划、关于乌克兰粮食税税率、关于区域经济机构的权力、关于工农检查人民委员部部务委员会、关于原"工人反对派"参加者等问题,以及关于实物税和播种运动的提纲。

签署给在顿河畔罗斯托夫的粮食人民委员部驻北高加索特派员莫·伊·弗鲁姆金和鄂木斯克西伯利亚粮食委员会的电报,指出工人聚居的中部地区粮食状况恶化,要他们抓紧向那里运送粮食,节日期间也不许中断。

签署给国家出版社的信,建议委托中央书库将1921年5月份的全国各种报纸中关于经济和生产问题的材料剪贴成册;将各报每个月的全部材料编出详细的索引;对工作优秀者应给予奖励。

签署给下诺夫哥罗德、萨拉托夫、察里津等省粮食委员会以及粮食人民委员部驻北高加索特派员莫·伊·弗鲁姆金和"红星号"轮船政委的电报,指示用"红星号"轮船运输奖给里海和亚速海—黑海渔场工人的工业品。

莫斯科卫生局局长弗·亚·奥布赫和莫斯科第二医学院教授Л.О.斯维尔热夫斯基为列宁看病。

4月28日和5月9日之间

《论粮食税(新政策的意义及其条件)》小册子出版单行本。

4月29日

同考察各地回来的国家出版社编委会副主任伊·伊·斯克沃尔佐夫-斯捷潘诺夫谈话,听取他关于各地情况的汇报,得知铁路和水路运输受到粮贩和资产阶级分子的严重威胁;致函交通人民委员费·埃·捷尔任斯基,要他对此采取非常措施。

签署给各区域经济委员会的通电,下令把各经济委员会会议记录以及各地出版的经济类报刊及时送交劳动国防委员会办公厅。

莫斯科卫生局局长弗·亚·奥布赫和莫斯科第二医学院教授Л.О.斯维尔热夫斯基为列宁看病。列宁向他们介绍自己的健康状况,记下服药的方法。

主持劳动国防委员会全体会议;签署关于对播种面积进行有计划监督、关于抗旱措施、关于扩大糖用甜菜播种面积、关于恢复和发展养蚕业、关于交通人民委员部申请向国外订货、关于停建恩巴—萨拉托夫输油管等项决定。会议讨论关于购买马铃薯薯种、关于供应春播种子、关于鄂木斯克省播种情况、关于进出口计划、关于调拨商品开展商品交换、关于从格罗兹尼运出石油、关于分配煤炭等问题,以及关于用实物税代替烟草专卖的法令草案和防火措施。

4月30日

出席俄共(布)中央政治局会议。会议讨论关于召开中央全会、关于筹备召开工会代表大会和国民经济委员会代表大会、关于民族事务人民委员部部务委员会、关于建立克里木自治州、关于吉尔吉斯、关于加强莫斯科和彼得格勒粮食供应、关于民族事务人民委员约·维·斯大林休假等问题。

写便条给莫斯科苏维埃国民教育局副局长 A. A. 布尔杜科夫,请他在莫斯科近郊为国家出版社编委会副主任伊·伊·斯克沃尔佐夫-斯捷潘诺夫安排夏季休假的地方。

签署给阿斯特拉罕、阿尔汉格尔斯克、古里耶夫、顿河畔罗斯托夫、彼得罗夫斯克港等地水产加工业负责人的电报,告知批准用实物奖励阿斯特拉罕、阿尔汉格尔斯克、乌拉尔—恩巴、亚速海—黑海、中里海的水产加工业,以增加捕鱼量和改善渔民的物质生活。

4月底—5月初

会见德国统一共产党中央委员会委员弗·黑克尔特和共产国际执行委员会书记马·拉科西,同他们谈德国的三月事件。

4月

同国家计划委员会副主席彼·谢·奥萨德奇谈关于莫斯科教授的生活状况和关于职业教育总局的问题。

就克里木的战利品的分配问题写便条给劳动国防委员会俄罗斯联邦资源利用委员会主席列·纳·克里茨曼。

5月3日

下午3时,请医生看病。

晚上7时,同国家建筑工程总委员会副主席波·伊·戈尔德贝格谈该委员会的工作并询问他的家庭情况。

晚上8时,同副教育人民委员叶·亚·利特肯斯谈教育人民委员部的工作。

就召开莫斯科苏维埃非党委员磋商会议问题写批语给莫斯科苏维埃主席列·波·加米涅夫。

就雅·莫·沙图诺夫斯基的《水力和革命的彼得格勒》小册子写便条给彼得格勒苏维埃主席格·叶·季诺维也夫,认为这一小册子是一堆废话,要求汇报彼得格勒苏维埃关于彼得格勒电气化问题的决议和计划。

不晚于5月4日

审阅俄共(布)中央关于对待非党工人态度问题的通告信,作补充和写修改意见。

5月4日

出席俄共(布)中央政治局会议。会议批准经列宁修改和补充的俄共(布)中央关于对待非党工人态度问题的通告信、俄共(布)中央给劳动国防委员会和对外贸易人民委员部驻外高加索各苏维埃共和国副特派员Ф.Я.拉比诺维奇的指示。会议讨论关于交通人民委员部部务委员会、关于出版工作委员会的工作、关于国家出版社、关于出版教科书、关于从国外购买纸张、关于民族事务人民委员部等问题。

签署给西伯利亚革命委员会和西伯利亚粮食委员会的电报,指示5月份内向中部地区运送3百万普特粮食,以解决中部地区粮食供应的困难。

5月5日

同教育人民委员部党史委员会领导人米·斯·奥里明斯基谈话,得知潘·尼·勒柏辛斯基的女儿身体不好;写便函给在顿河畔罗斯托夫的粮食人民委员部驻北高加索特派员莫·伊·弗鲁姆金和在梯弗利斯的俄共(布)中央高加索局委员格·康·奥尔忠尼启则,请他们帮助安排潘·尼·勒柏辛斯基夫妇的休养及其女儿的治疗。

致电骑兵第1集团军革命军事委员会委员克·叶·伏罗希洛夫,指示他命令集团军的指挥员在集团军转移时全力协助地方粮食机关往莫斯科运粮。

写便条给彼得格勒苏维埃主席格·叶·季诺维也夫,建议采取措施整修格·瓦·普列汉诺夫和维·伊·查苏利奇的墓,并为雕塑家伊·

雅·金茨堡雕塑普列汉诺夫的半身像提供方便。

不晚于5月6日

同副教育人民委员叶·亚·利特肯斯谈话。

5月6日

写便条给叶·亚·利特肯斯,请他检查一下现代俄语词典编纂委员会的工作情况。

写便条给教育人民委员阿·瓦·卢那察尔斯基,批评他对未来派的支持。

写便条给副教育人民委员米·尼·波克罗夫斯基,对广泛发行未来派作品表示担忧,要他支持艺术中的现实主义流派。

写便条给国家计划委员会主席团委员伊·加·亚历山德罗夫,请他为亚—恩巴铁路工程检查委员会物色一位既可靠又有实践经验的工程师。

同副粮食人民委员尼·巴·布留哈诺夫谈关于起草经济问题法令、关于中央消费合作总社和税务委员会的工作以及其他问题。

主持劳动国防委员会全体会议;签署关于建立商品交换储备、关于保证乌克兰开展商品交换的措施,关于石油三人领导小组成员等决定。会议讨论阿尔汉格尔斯克执行委员会关于建立区域经济委员会的申请、国家计划委员会关于重新审核各种向国外购货申请的报告、关于从格罗兹尼运出石油的报告、1921年铁路建设计划要点、关于顿巴斯粮食情况的决定草案、关于调拨布匹的决定草案以及关于铺设亚—恩巴铁路线等问题。

5月6日以后

读纺织工业工作人员阿·亚·别利亚科夫刊登在5月5日《全俄中央执行委员会消息报》上的文章,文章反映,由于形式主义和拖拉作风,致使纳罗福明斯克纺织厂缺乏燃料,不能继续生产。列宁认为这个问题非常重要,委托劳动国防委员会办公厅副主任瓦·亚·斯莫尔亚尼诺夫搜集这方面的材料,研究解决这个问题。

5月7日

出席俄共(布)中央政治局会议。会议讨论即将举行的中央全会会议议程、共和国革命军事委员会副主席关于补足红军编制的报告、关于特别任务部队的报告、关于工业中心粮食状况、关于分发就最高国民经济委员会粮食税报告所作的决议提纲、关于国家建筑工程总委员会、关于国家出版社编委会成员、关于住宅的使用和关于归还小房产主房产等问题。

读5月7日《全俄中央执行委员会消息报》和《真理报》刊登的关于在喀山试验一种用以放大电话传声的扩音器的报道;写便条给人民委员会办公厅主任尼·彼·哥尔布诺夫,委托他检查扩音器试验的效果,如果效果好,就在莫斯科和彼得格勒安装这种扩音器。

委托劳动国防委员会办公厅副主任瓦·亚·斯莫尔亚尼诺夫向国家计划委员会询问铜矿石的储藏量和1921年的开采情况,向陆军人民委员部询问红军指挥员的统计材料。

5月8日

读俄共(布)中央书记叶·米·雅罗斯拉夫斯基5月7日的便条,便条中反映国家出版社拒绝在农村发行《论粮食税》这本小册子,请列宁对此发表意见。列宁写便条给国家出版社,认为小册子值得发行。如有其他意见,必须把问题向中央正式提出。

5月9日

致函《真理报》和《全俄中央执行委员会消息报》编辑部,指示必须经常提醒各部门和工农群众:资产阶级非常了解租让制和对外贸易对于苏维埃政权的意义,所以把破坏苏维埃俄国与外国的贸易协定、破坏租让政策作为他们的主要任务。

在克里姆林区俄共(布)党员和预备党员会议上发言。

出席最高国民经济委员会主席团和建筑工会中央委员会组织领导卡希拉电站工程的专门委员会的联席会议。

5月9日或10日

起草俄共(布)中央关于在格鲁吉亚发生侵犯外国人权益问题的决定。

不晚于5月10日

写便条给对外贸易人民委员列·波·克拉辛,要他提供关于从国外购买粮食的可能性的准确情报,并要求对外贸易人民委员部大力抓好这方面的工作。

5月10日

出席俄共(布)中央政治局会议;在会议讨论最高国民经济委员会实行粮食税后的经济政策时,读全俄工会中央理事会主席团委员阿·季·哥尔茨曼和国家计划委员会委员尤·拉林写的关于对某些国营企业职工实行集体供应粮食的决定草案。会议在讨论关于召开俄共(布)第十次全国代表会议问题时,委托列宁在代表会议上作关于粮食税和工业企业的报告。会议还讨论了关于在格鲁吉亚发生侵犯外国人权益问题的决定草案、关于职工交换基金的法令草案、给教育人民委员部的关于改组高等学校管理机构的指示草案、关于各地方工人检查院的状况以及其他问题。

写便条给副粮食人民委员尼·巴·布留哈诺夫,要他每天密切地注意在国外购买粮食的进展情况。

写便条给俄共(布)中央书记维·米·莫洛托夫,建议统计不担负任何行政职务、只从事思想和宣传鼓动工作的党员人数。

审阅教育人民委员部职业教育总局局长叶·阿·普列奥布拉任斯基要求增加学校夏季的口粮份数的报告,委托秘书把这一问题列入人民委员会的议事日程,并征求尼·巴·布留哈诺夫的意见。

致电在伦敦的苏维埃政府代表团,指示立即在国外购买200万普特粮食和其他食品。

主持人民委员会议。会议讨论关于用对烟草征收实物税的办法代替烟草专卖的法令草案、关于对羊毛征收实物税的法令草案、关于对干草征收实物税的法令草案,以及关于在国外购买粮食和商品、关于监督外汇业务、关于建立交换基金、关于实物奖励基金、关于产销合作社、关于各地方工人检查院状况、关于建立克里木自治共和国、关于向吉尔吉斯派遣全俄中央执行委员会专门委员会等问题。

不晚于5月11日

起草劳动国防委员会关于恩巴地区铁路工程检查委员会的任务的决定。

5月11日

出席俄共(布)中央政治局会议;在讨论关于工业方面的经济政策时,起草俄共(布)中央政治局关于实行生产集中的措施的决定;在讨论完关于减少粮食定量问题以后,签署中央政治局给各出版机关的关于两个首都和中央工业区粮食供应可能减少的指示。会议讨论关于奥廖尔省粮食委员会、关于远东局等问题。

写便条给副粮食人民委员尼·巴·布留哈诺夫,要他拟定一个分配从国外采购的食品的精确计划。

致函莫斯科省土地局,建议满足索尔达坚科夫医院工人合作社的请求,把彼得罗夫菜园转让给拖拉机修配厂、索尔达坚科夫医院和霍登卡医院的全体工人。

在列宁没有出席的劳动国防委员会调度会议上,批准列宁起草的关于恩巴地区铁路工程检查委员会的任务的决定。

建议在俄共(布)中央政治局会议上讨论关于粮食人民委员部在准备和进行产品交换后对待中央消费合作总社和合作社贸易机关的态度问题。

5月12日

致函司法人民委员德·伊·库尔斯基,请他对红军供给特派员通过普通邮局邮寄关于红军人数的机密材料的事实进行调查。

签署给各省播种委员会的电报,就总结春播工作的办法以及准备收割和秋播的措施作指示。

5月12日—16日

在哥尔克居住和工作,几乎每天都回莫斯科。

不早于5月12日

写便条给国家计划委员会主席格·马·克尔日扎诺夫斯基,征求他对初步拟出的国家建筑工程总委员会成员名单的意见;写对国家建筑工程总委员会的干部的安排的意见。

5月13日

出席俄共(布)中央政治局会议。会议讨论关于国家进行商品交换的实际建议草案,以及关于自愿消费协会、关于组织莫斯科党委会鼓动员小组等问题。

写便条给粮食人民委员部部务委员阿·伊·斯维杰尔斯基,询问现在储存多少商品以及调拨给西伯利亚和高加索的有多少商品等情况。

签署给乌克兰人民委员会的电报,请他们按时寄送关于春播工作的总结材料。

主持劳动国防委员会全体会议;签署关于职工交换基金、关于尽快修理农具措施、关于消费运输合作社等决定。会议讨论水路和道路建设计划、关于发展小工业和手工业的指示草案、关于支持产销合作社和农业合作社的指示草案、关于改善军队指挥人员和行政管理人员生活的决定草案,以及关于各地没有执行粮食人民委员部指示、关于保证放木工人和阿斯特拉罕渔场工人粮食供应、关于建立实物奖励储备所需食品的数量和扣除办法等问题。

5月14日

致函国家计划委员会主席格・马・克尔日扎诺夫斯基,指示国家计划委员会应力求在秋收前拟定出最近一两年内全国经济计划的纲要。

出席俄共(布)中央政治局会议。会议讨论关于保卫俄罗斯联邦国界、关于最高国民经济委员会在实行粮食税后的经济政策、关于彼得格勒的粮食和燃料状况、关于农民改善农业委员会、关于购买马铃薯薯种、关于尽快遣返复员军人、关于中央远东局成员、关于俄罗斯联邦驻英国使团成员等问题,以及关于加强同盗窃国库和企业财物现象作斗争的措施。

签署给全乌克兰中央执行委员会主席格・伊・彼得罗夫斯基的电报,请他对缺粮省份的代表前往乌克兰购买种子提供帮助。

签署给西伯利亚粮食委员会和高加索劳动军革命委员会的电报,指示全力完成中央5月7日关于加快向中部工业地区运送粮食的决定。

5月16日

出席俄共(布)中央全会会议。会议在讨论筹备俄共(布)第十次全国代表会议问题时,决定由列宁作关于粮食税问题的报告。会议还讨论了关于俄共(布)中央组织工作的当前任务、关于全俄工会第四次代表大会、关于中央消费合作总社成员、关于同乌克兰的粮贩作斗争等问题。

同俄罗斯联邦国家珍品库工作人员 Я.М.尤罗夫斯基谈话,听取他关于国家珍品库的珍品被盗情况的汇报并作笔记;委托全俄肃反委员会会务委员格·伊·博基作一次最精确的调查。

复函外交人民委员部工作人员 М.Ф.索柯洛夫,解释关于国家资本主义、租让合同和同官僚主义作斗争等问题,指出索柯洛夫对这些问题的看法是错误的。

5月17日

出席俄共(布)中央政治局会议。会议在讨论关于与外高加索各苏维埃共和国签订通商条约问题时,任命以列宁为首的条约起草委员会。会议还讨论了中央消费合作总社与粮食人民委员部的合同草案、关于加强同盗窃国库和企业财物作斗争的措施,以及关于召开消费协会全权理事会代表大会等问题。

写便条给副内务人民委员米·费·弗拉基米尔斯基,询问俄罗斯联邦区域划分工作的情况,要他们抓紧这项工作,并与国家计划委员会取得一致意见。

写便条给副教育人民委员叶·亚·利特肯斯,指示必须分清中央出版物发行处和图书馆网工作人员的职责,并明确规定其行政责任。

主持人民委员会会议;把国家专卖食盐问题提交会议讨论;签署关于加强同盗窃国库和企业财物现象作斗争的措施的决定。会议讨论关于发展小工业和手工业的指示草案、关于支持产销合作社和农业合作社的指示草案、关于农业机具使用和分配办法的决定草案、中央消费合作总社与粮食人民委员部的合同草案,以及关于改善苏维埃职员生活、关于检查各地实际执行粮食税法令情况等问题。

5月17日和22日之间

起草俄共(布)中央关于全俄工会第四次代表大会共产党党团决议问题的决定。

不晚于5月18日

就食盐问题写便条给乌克兰和克里木武装力量司令员米·瓦·伏龙芝。

5月18日

早晨,出席俄共(布)中央政治局会议。会议讨论关于中央消费合作总社理事会的成员问题。

上午,出席俄共(布)中央全会会议;写对俄共(布)中央全会关于党纲第 13 条的决定草案的建议。会议讨论关于全俄工会第四次代表大会的问题以后,委托列宁于当日在工会第四次代表大会党团会议上讲话。会议还讨论了中央组织工作的当前任务(经济和清党),以及关于建立克里木自治共和国、关于从波斯撤出苏维埃军队等问题。

起草在工会第四次代表大会共产党党团会议上的讲话的提纲。

致函乌克兰和克里木武装力量司令员米·瓦·伏龙芝,指示他们要保卫好食盐产地,以便用食盐交换粮食,这是一个关系到生死存亡的大问题。

晚上,出席俄共(布)中央全会会议。会议讨论关于全俄工会第四次代表大会共产党党团决议的问题。

晚上,出席全俄工会第四次代表大会共产党党团会议;同代表们谈话,询问他们为什么支持极为错误的无政府工团主义的决议;受俄共(布)中央委托,发言批判达·波·梁赞诺夫提出的无政府工团主义的决议。

5 月 19 日以前

同国家计划委员会主席格·马·克尔日扎诺夫斯基谈话,询问国家计划委员会委员列·康·拉姆津教授的健康状况,指示增加拉姆津的口粮和供应必要的药品。

5 月 19 日

致函最高国民经济委员会主席团委员兼纺织企业总管理委员会主席维·巴·诺根和副粮食人民委员尼·巴·布留哈诺夫,指示立即查清拖延向乌克兰发运用于交换农民粮食的纺织品一事的原因并提供与此事有关的负责人。

写便条给副教育人民委员叶·亚·利特肯斯,建议采取措施,加快现代俄语词典的编纂工作。

致电阿塞拜疆石油委员会主席亚·巴·谢列布罗夫斯基,要他精确地报告他能为巴库工人弄到多少粮食和衣服。

主持人民委员会会议;审阅关于扩大农民改善农业委员会权力的决定草案;签署给各省粮食委员会的关于实行实物税的指示。会议讨论关于粮食人民委员部税务检查、关于组织地方运输、关于教育工作者口粮数量等问题。

5月19日—20日

起草劳动国防委员会关于地方经济会议、关于报告制度和关于贯彻执行劳动国防委员会指令的决定。

5月19日—21日

草拟劳动国防委员会给各地方苏维埃机关的指令。

5月19日—24日

在哥尔克居住和工作,几乎每天都回莫斯科。

5月20日

批示秘书莉·亚·福季耶娃,要她查清为保证莫斯科和彼得格勒粮食供应究竟采取了哪些措施。

补充和签署给最高国民经济委员会主席团的信,信中肯定了矿工工长Г.И.科特利亚罗夫关于把闲置不用的电梯连同全套设备用到采矿方面的建议,要求尽快执行,并提出要惩处应对拖拉作风负责的人。

主持劳动国防委员会全体会议。会议讨论国家计划委员会1921年的进口计划,劳动国防委员会关于地方经济会议、关于报告制度和关于贯彻执行劳动国防委员会指令的决定草案,关于保证放木和伐木所需的粮食的决定草案,以及关于莫斯科木柴供应、关于葡萄园纳税数额等问题。

5月21日

出席俄共(布)中央政治局会议。会议讨论关于向外高加索各苏维埃共和国联合对外贸易人民委员部提供资金、关于向全俄工会第四次代表大会作工资问题报告的人选、关于增补国家计划委员会委员等问题。

写便条给秘书莉·亚·福季耶娃,请她同全俄肃反委员会工作人员阿·雅·别连基商量在全俄肃反委员会印刷厂印刷《劳动国防委员会给各地方苏维埃机关的指令》草案,并把这一草案分送劳动国防委员会草案审核委员会各委员。

审阅俄罗斯联邦政府同外高加索各苏维埃共和国(阿塞拜疆、亚美尼亚、格鲁吉亚)政府的贸易协定草案并在草案上作记号和写意见。

写便条给全俄肃反委员会副主席约·斯·温什利赫特,证明芬兰火车司机胡·埃·雅拉瓦是诚实的同志,请下令立即退还雅拉瓦被没收的钱款,并上交有关查抄雅拉瓦的全部文件。

致函副农业人民委员恩·奥新斯基,告知他被任命为劳动国防委员会给各地方苏维埃机关的指令草案审核委员会主席;请他审阅指令草案后交全俄肃反委员会印刷厂印成小册子,以便在国民经济委员会代表大会和工会代表大会上发给代表们。

签署给在顿河畔罗斯托夫的粮食人民委员部驻北高加索特派员莫·伊·弗鲁姆金的电报,指示在不妨碍完成中央任务的同时,采取坚决措施改善第 11 集团军的粮食供应。

委托教育人民委员部拟出人民委员会关于在国外集中购买政治和科学技术书籍的决定草案。

5 月 22 日

出席俄共(布)中央政治局会议。会议讨论全俄工会第四次代表大会共产党党团关于工资问题的决议。

5 月 23 日

致函泥炭总委员会主席伊·伊·拉德琴柯和写便条给秘书莉·亚·福季耶娃,批评他们在处理关于请求向沙图拉电站提供锅炉的文件时办事拖拉。

致函国家出版社编委会主任尼·列·美舍利亚科夫,谈所出版的政治、经济和社会问题方面书刊的分配办法,并提出俄共(布)中央和人民委员会关于这一问题的决定草案。

致电各省党委和省执行委员会,指出由于改行粮食税,务必加强地方社会保障机关,组织农民互助委员会,以帮助红军战士家属和贫苦农民。

5 月 24 日

填写俄共(布)第十次全国代表会议代表登记表。

出席俄共(布)中央政治局会议。会议讨论关于最高国民经济委员会主席团和全俄工会中央理事会主席团的组成、关于燃料供应组织工作的计划、关于同盗窃国库和企业财物现象的斗争以及其他问题。

审阅为俄共(布)第十次全国代表会议拟定的中央工作计划草稿并

写意见。

写便条给卫生人民委员尼·亚·谢马什柯,说副工农检查人民委员瓦·亚·阿瓦涅索夫身体很不好,请他委托几名最可靠的教授提出诊断和治疗的书面意见。

读全俄肃反委员会委员格·伊·博基5月23日电话记录,博基报告了关于同盗窃国家珍品库珍品现象作斗争的措施。列宁致函博基,不满意他的报告,要他收集关于被盗的准确材料、告知珍品库负责人员的情况和已经采取的措施。

读罗·爱·克拉松工程师5月20日来信,信中反映负责为泥炭水力开采管理局办理订货手续的俄国驻柏林铁路代表团的拖拉作风和官僚主义。列宁致函克拉松,对他只是诉苦而不提出明确的改进意见提出批评。

审阅副交通人民委员瓦·瓦·佛敏5月22日的报告,报告中反映巴库油田情况严重,建议采取一系列恢复石油开采工业的具体措施。列宁在报告上写批语给劳动国防委员会办公厅副主任瓦·亚·斯莫尔亚尼诺夫,要他采取具体措施,全力解决佛敏在报告中所提出的问题。

主持人民委员会会议;说明关于对待专家的态度及他们的工作条件、关于监督粮食分配、关于小人民委员会向人民委员会会议提出问题的程序等问题;在讨论1921年进口计划时被选入关于这一问题的专门委员。会议讨论关于交换的条例草案、关于保证工人住房的条例草案、关于保护北冰洋和白海的渔场和猎场的法令草案,以及关于在俄罗斯联邦内部利用进口商品进行商品交换、关于购买和分配外国书刊的办法等问题。

不晚于5月25日

同国家计划委员会主席格·马·克尔日扎诺夫斯基谈话,克尔日扎诺夫斯基建议把1886年成立的原电力照明公司和莫斯科电车厂电站的孟什维克职工调到其他机关,因为他们在那里经常举行罢工。

准备在全俄工会第四次代表大会上讲话,写讲话的提纲。

写便条给俄共(布)中央书记维·米·莫洛托夫,建议由中央组织局讨论在拉脱维亚建立一两个职工休养所的问题。

5月25日

致函副粮食人民委员尼·巴·布留哈诺夫,建议在地方粮食工作人员中间加强纪律,对于不执行粮食人民委员部指示者要追究法律责任。

致函国家计划委员会主席格·马·克尔日扎诺夫斯基,征求他对《劳动国防委员会给各地方苏维埃机关的指令草案》的意见,并建议国家计划委员会经常研究各地的经济报告和1921年的经济计划。

复函俄罗斯—乌克兰—波兰遣送委员会秘书波·德·维吉列夫,感谢他答应帮助列宁寻找1914年留在克拉科夫和波罗宁的手稿和书籍。

同粮食人民委员部部务委员阿·巴·哈拉托夫谈莫斯科和彼得格勒1921年6月份的粮食供应计划。

同顿巴斯叶纳基耶沃冶金工厂(1921年以前称彼得罗夫斯科耶冶金联合企业)厂长伊·伊·梅日劳克谈话,询问关于矿井和矿山的工作、煤炭开采和提高劳动生产率等情况。

写《致彼得罗夫斯科耶联合企业的矿工同志们》一信。

不晚于5月26日

准备在俄共(布)第十次全国代表会议上发言;写《关于粮食税的报告》的两个提纲。

5月26日—28日

领导俄共(布)第十次全国代表会议的工作。

5月26日

出席俄共(布)中央政治局会议;审阅政治局关于租让问题的决定草案。会议讨论最高国民经济委员会的组成和举行第四次全俄五金工会代表大会的问题。

上午,出席俄共(布)第十次全国代表会议第一次会议;致开幕词;被选为代表会议主席团成员;就议事日程问题发言;作关于粮食税问题的报告。

同莫斯科苏维埃代表谈莫斯科的粮食供应情况,然后又就这一问题同副粮食人民委员尼·巴·布留哈诺夫、粮食人民委员部部务委员阿·伊·斯维杰尔斯基和粮食人民委员部分配局局长安·亚·维辛斯基谈话。

致函粮食人民委员部部务委员阿·巴·哈拉托夫,不满意粮食人民委员部分配局的工作,建议采取改进措施。

读粮食人民委员部部务委员阿·巴·哈拉托夫的来信,信中建议逐步把1886年成立的原电力照明公司和莫斯科电车厂电站的孟什维克职工调到其他机关。列宁在信上写批语给国家计划委员会主席格·马·克尔日扎诺夫斯基,要求建立专门委员会研究这一问题。

致函格·马·克尔日扎诺夫斯基,要求编好国家经济生活的主要资料的月报,以提供国家经济生活的全貌;还指出经济工作者应该成为我们的实际助手,而不是搞烦琐哲学的人。

致电阿塞拜疆石油委员会主席亚·巴·谢列布罗夫斯基,建议尽快按通常程序为石油工人解决面粉和制服的问题。

晚上,出席俄共(布)第十次全国代表会议第二次会议,在讨论关于粮食税的报告时作笔记。

5月27日

读俄共(布)中央书记叶·米·雅罗斯拉夫斯基的来信,信中请列宁在俄共(布)第十次全国代表会议上作关于粮食税的报告的总结发言时,提醒各地党组织要及时准确地汇报贯彻新经济政策法令所采取的措施。

审阅共产主义生产合作社章程草案。

上午,出席俄共(布)第十次全国代表会议第三次会议;讨论时作笔记;草拟发言提纲;作关于粮食税的报告的总结发言;被选为代表会议关于新经济政策问题的决议起草委员会主席。

起草俄共(布)第十次全国代表会议关于新经济政策问题的决议草案的提纲。

致函燃料总管理局局长伊·捷·斯米尔加,指出巴库油田情况恶化,要他向劳动国防委员会提出支援巴库的措施。

致电彼得格勒区域经济委员会、工会理事会和执行委员会,建议尽快安排好关于用粮食奖励"电犁"工厂工人的问题。

主持俄共(布)第十次全国代表会议关于新经济政策问题的决议起草委员会会议。

在俄共(布)第十次全国代表会议第四次会议上作关于全俄工会第

四次代表大会共产党党团工作的报告。

主持劳动国防委员会会议;提出关于把劳动国防委员会给各地方苏维埃机关的指令草案提交全俄中央执行委员会批准和关于补充国家计划委员会成员的建议。会议讨论关于恢复顿巴斯煤炭工业的决定草案。会议还讨论了关于对肉类征收实物税、关于组织喀拉海前往西伯利亚的商品交换队、关于供应雅库茨克州进口商品、关于供应彼得格勒港工人粮食等问题。

致电全俄肃反委员会主席费·埃·捷尔任斯基,指示采取紧急措施,加强同乌克兰的私贩粮食活动作斗争。

5月28日

出席俄共(布)中央政治局会议。会议讨论关于给远东共和国人民革命军队紧急军事援助,关于工人在乌克兰采购粮食组织委员会的工作,关于俄共(布)中央组织局、最高国民经济委员会主席团、五金工会中央委员会的组成以及其他问题。

主持俄共(布)第十次全国代表会议关于新经济政策问题的决议起草委员会会议;校阅关于新经济政策问题的决议草案的校样。会议通过这一决议草案。

出席俄共(布)第十次全国代表会议第五次会议;就关于新经济政策问题的决议草案在会上作了七次发言。会议一致通过这一决议草案。会议原则赞同列宁起草的劳动国防委员会给各地方苏维埃机关的指令。列宁致闭幕词。

写给"亚—恩巴"铁路委员会的指示。

致函全体人民委员及中央统计局局长帕·伊·波波夫,要他们对劳动国防委员会给各地方苏维埃机关的指令草案提出修改和补充意见。

读对外贸易人民委员列·波·克拉辛5月21日从赫尔辛福斯的来信,信中请求允许挪威工业家前往莫斯科和彼得格勒进行有关租让问题的谈判。列宁将信批转给人民委员会办公厅主任尼·彼·哥尔布诺夫,委托他了解情况并尽快解决这一问题。

致电各省执行委员会和省粮食委员会,指示务必特别重视对红军的粮食供应,不能使军队挨饿。

写给共产国际执行委员会委员卡·伯·拉狄克和共产国际执行委员会主席格·叶·季诺维也夫的电话稿,把克·蔡特金关于德国统一共产党出席共产国际第三次代表大会代表团组成情况的电报内容告诉他们,并请他们回电话提出自己的意见。

5月28日和31日之间

主持磋商会议,会议讨论关于同德国工业家签订在库尔斯克磁力异常区实行租让的合同的可能性的问题。

5月28日以后

同巴库工人代表谈话,了解巴库工人的生活情况和石油工业的需要,指出粮食问题必须就地解决,要他们开垦穆甘草原。

5月29日

致函卡·伯·拉狄克,询问对蔡特金来电的意见,共产国际第三次代表大会何时开幕,关于俄共(布)策略的报告安排在哪一天,《论粮食税》小册子是否已译成英、德、法三种文字等情况。

读副交通人民委员瓦·瓦·佛敏5月28日的电话记录,佛敏汇报了从西伯利亚向中部地区运送粮食的情况。列宁将电话记录批转给粮食人民委员部部务委员阿·巴·哈拉托夫,请他报告在共产国际第三次代表大会开幕之前能向莫斯科工人提供多少小麦和1921年6月份彼得格勒和莫斯科的粮食供应能改善到什么程度。

5月30日

致函共和国革命军事委员会副主席埃·马·斯克良斯基,建议革命军事委员会讨论关于利用军队从事经济建设和实现国家电气化的问题。

致函俄罗斯联邦驻柏林副贸易代表尤·赫·卢托维诺夫,批评他在一系列问题上的错误观点,指出必须站在党的立场上来对待苏维埃国家建设中的缺点和错误。

致函粮食人民委员部部务委员阿·巴·哈拉托夫,请他保证国营"输电"发电站的粮食供应。

读德国工程师J.L.施泰因贝格5月12日从柏林的来信,信中反映尤·弗·罗蒙诺索夫率领的俄罗斯联邦铁路代表团在德国购买铁轨时浪费外汇的情况。列宁将这封信批转给劳动国防委员会办公厅副主任瓦·亚·斯莫尔亚尼诺夫,让他委派可靠的专家核实这一情况并报告结果。

写打给副粮食人民委员尼·巴·布留哈诺夫的电话稿,要他尽快发运供乌克兰进行商品交换的商品。

下午,在全俄中央执行委员会第三次会议的第二次会议上作关于地方经济机关的讲话;倾听同志们的发言,作简记。

5月31日

出席俄共(布)中央政治局会议;写关于俄罗斯联邦驻德代表团工作问题的决定草案。会议讨论关于俄共(布)出席共产国际第三次代表大会的代表团,关于全俄工会中央理事会驻乌克兰特派员、关于在国外购买乌克兰文的识字课本和读本、关于俄共(布)中央全会的议程、关于准备进行清党、关于五金工会代表大会的总结、关于工人在乌克兰采购粮食、关于乌克兰红军部队的供应、关于奥列霍沃-祖耶沃的粮食情况、关于教科书的出版计划、关于全俄中央执行委员会主席米·伊·加里宁等人视察乌拉尔等问题。

致函燃料总管理局局长伊·捷·斯米尔加,建议采取紧急措施保证莫斯科1921—1922年冬季的燃料供应。

致函国家建筑工程总委员会副主席格·德·瞿鲁巴,询问是否下达了卡希拉电站工程要如期竣工的明确指示。

致函民族事务人民委员部部务委员米·巴·巴甫洛维奇,告知彼得格勒正准备出版教学用的说明帝国主义和殖民主义发展情况的地图集,询问他能否参加这项工作。

伊万诺沃-沃兹涅先斯克省执行委员会主席格·库·科罗廖夫来信询问调他担任巡视员的工作是否合适。列宁复函指出,中央关于设巡视员的决定是中央全会通过的,中央机关需要加强同地方的联系;科罗廖夫本人也需要到各地走走,省里的工作可由副手接替,要发挥年轻人的作用。

得知铁路上有个人专用车厢900多个,认为太不像话,委托劳动国防委员会办公厅副主任瓦·亚·斯莫尔亚尼诺夫调查此事并报告调查结果。

草拟给全俄肃反委员会副主席约·斯·温什利赫特、副交通人民委员瓦·瓦·佛敏、副粮食人民委员尼·巴·布留哈诺夫的电话稿,指示实行最严格的监督,保证迅速地把纺织品从莫斯科运往哈尔科夫,供乌克兰进行商品交换用。

签署给邮电人民委员部的命令,要求6月1日向劳动国防委员会提出关于无线电话第一期工程日进度计划的报告,并由专人负责按期完成该项工程的全部计划。

再次致电彼得格勒区域经济委员会、工会理事会和执行委员会,建议尽快解决用粮食奖励为秋耕生产电犁的"电犁"工厂工人的问题。

主持人民委员会会议;签署关于对蔬菜和瓜类征收实物税的法令、关于国家专卖食盐的条例、关于满足各人民委员部对进口商品的申请的决定。会议讨论关于对肉类、蜂蜜制品征收实物税的法令草案,关于制定对培育饲料草种的农户的优待办法,关于在库尔斯克磁力异常区实行租让的合同,关于科雷马商品交换队等问题。

5月底

写便条给副教育人民委员叶·亚·利特肯斯,要他拟定出版俄语词典的具体工作计划。

5月—7月上半月

写便条给共和国革命军事委员会副主席埃·马·斯克良斯基,询问坦波夫军区司令员米·尼·图哈切夫斯基消灭安东诺夫匪帮的情况和斯克良斯基什么时候向中央政治局作汇报。

6月1日

致函副工农检查人民委员瓦·亚·阿瓦涅索夫,请他就派代表参加地方经济会议问题起草一个给工农检查院各级地方机关的通告,并报全俄中央执行委员会批准。

读原孟什维克伊·米·马伊斯基5月15日从鄂木斯克寄来的信,信中对列宁在一些文章中把他与尔·马尔托夫和维·米·切尔诺夫相提并论一事提出抗议,并说他现在已是俄共(布)党员、担任西伯利亚革命委员会经济局局长。列宁为此致函《全俄中央执行委员会消息报》编辑部,建议公开发表马伊斯基的这封信,让广大读者都知道这一情况。

修改并补充给全俄肃反委员会副主席约·斯·温什利赫特的信,指示查清搜查国家计划委员会副主席彼·谢·奥萨德奇住处的原因,并追究当事人的责任。

签署给乌克兰人民委员会主席克·格·拉柯夫斯基的电报,规定遭到粮荒的工业中心的工人组织派代表到乌克兰通过有组织的商品交换来采购粮食的办法。

接见财政人民委员部部务委员,听取他们关于财政人民委员部工作的汇报。

委托莫斯科国民经济委员会主席瓦·马·利哈乔夫研究旧亚姆村代表关于解决该村电气化的请求。

建议俄共(布)中央组织局和书记处研究关于尽快消灭沃罗涅日省盗匪活动的措施。

6月2日

签署给全俄肃反委员会副主席约·斯·温什利赫特的电话稿,请他查清并报告几位原立宪民主党人高级知识分子被捕的原因,以及为什么一定要以逮捕作为强制措施。

致函国家计划委员会主席格·马·克尔日扎诺夫斯基,指示国家计划委员会全体委员实行分工负责制,提高工作效率。

同五金工会中央委员 M.Π.弗拉基米罗夫谈话,了解工会和最高国民经济委员会金属局的工作。

6月3日

就《石油与页岩经济》杂志1921年第1—4期上刊登的题为《关于在油田钻井中用水泥浆代替金属管》的短文,致函石油总委员会伊·米·古布金,询问能否在巴库油田运用这种方法。

同全俄工会中央理事会中央劳动研究所所长阿·卡·加斯捷夫谈对科学组织劳动进行研究的问题;致函副财政人民委员阿·奥·阿尔斯基,请他为在德国购买研究所必需的设备筹措资金。

签署给各省执行委员会主席的电报,命令采取紧急措施完成中央统计局为制定全国统一经济计划所下达的各项任务。

同达吉斯坦独立步兵旅军事委员亚·米·切韦列夫谈话,切韦列夫汇报了达吉斯坦在执行民族政策中的一些过火行为。列宁得知这一情况以后,写便条给共和国革命军事委员会副主席埃·马·斯克良斯基,认为切韦列夫的看法很重要,要认真研究一下。

主持劳动国防委员会全体会议;签署关于对蜂蜜制品征收实物税的决定、关于给邮电人民委员部拨款500万卢布在莫斯科建立无线电转播网的决定。会议讨论关于保证燃料采购工作所需的粮食、关于红军劳动部队的供应,以及关于用汽车运输粮食等问题。

6月4日

签署给各省执行委员会主席的电报,不允许各地颁布与中央的指示相违背的关于供应问题的决定和命令。

出席俄共(布)中央政治局会议。会议讨论共和国革命军事委员会副主席埃·马·斯克良斯基和政治部主任谢·伊·古谢夫关于改善红军官兵素质的报告、关于远东共和国局势、关于俄共(布)党员重新登记、关于实行粮食税以后鼓动工作的安排、关于孟什维克的反革命活动、关于对待教徒的态度等问题。政治局通过关于在共产国际第三次代表大会召开之前让列宁休假的决定。

同国家建筑工程总委员会主席季·弗·萨普龙诺夫谈关于完成卡希拉电站工程的措施。

同小人民委员会主席阿·谢·基谢廖夫谈话。

写便条给国家计划委员会主席格·马·克尔日扎诺夫斯基,请他准备关于电气化的材料,供列宁在共产国际第三次代表大会上作报告用。

6月5日

致函格·马·克尔日扎诺夫斯基,让他准备好小册子、示意图及其他材料,以便向共产国际第三次代表大会代表介绍俄国电气化计划。

致函粮食人民委员部驻北高加索特派员莫·伊·弗鲁姆金,让他尽快向劳动国防委员会提出东南经济委员会对外换货业务的进度计划,其中要有详细的措施。

致函副对外贸易人民委员安·马·列扎瓦,批评对外贸易人民委员部和对外贸易人民委员列·波·克拉辛没有执行劳动国防委员会的有关决定。

致函泥炭总委员会主席伊·伊·拉德琴柯,高度评价泥炭总委员会的工作,强调泥炭水力开采管理局的工作是极其重要的。

致函泥炭水力开采法发明者之一罗·爱·克拉松,请他提出如何帮助泥炭水力开采管理局的明确建议。

6月6日

致函人民委员会秘书莉·亚·福季耶娃,请她代借海涅的诗集和歌德的《浮士德》,并请给乌克兰对外贸易人民委员部特派员伊·阿·萨美尔发一封询问乌克兰对外贸易人民委员部工作情况的电报。

写便条给劳动国防委员会办公厅副主任瓦·亚·斯莫尔亚尼诺夫,建议召开交通人民委员部、最高国民经济委员会和工农检查人民委员部的紧急磋商会议,研究通过商品交换来改善铁路员工粮食供应的措施。

不晚于6月7日

同最高国民经济委员会主席彼·阿·波格丹诺夫谈话,波格丹诺夫请求把阿·洛莫夫继续留在最高国民经济委员会内任职。

6月7日

读伊·伊·拉德琴柯的来信,信中谈到泥炭水力开采法发明者罗·爱·克拉松和 В.Д.基尔皮奇尼科夫的情况,并询问是否允许他们出国去购买设备。列宁复函拉德琴柯,指出尽管这些发明家不是我们的人,但要使他们得到好处,要利用他们的发明为发展国民经济服务。

致函外交人民委员格·瓦·契切林,谈与德国的某些公司签订租让和贸易合同的问题,还提出要与拉脱维亚资产阶级政府谈判有关交换被送交军法审判的拉脱维亚共产党中央委员的问题。

致函人民委员会办公厅主任尼·彼·哥尔布诺夫,指示采取措施改善莫斯科近郊"哥尔克"国营农场的经营,强调用物质鼓励的办法吸收附近农民参加渔业生产的必要性。

不早于6月7日

根据《经济生活报》公布的材料编制1921年1月至3月全国工业生产情况总表。

6月7日以后

致函俄共(布)中央书记维·米·莫洛托夫,建议派 A.K.派克斯去做经济工作,还谈到彼得格勒港的租让问题。

6月8日

致函维·米·莫洛托夫,建议俄共(布)中央组织局作出决定,立即解除孟什维克拉·阿布拉莫维奇在苏维埃机构中的职务。

签署给楚瓦什州粮食委员会以及秋明省、下诺夫哥罗德省和乌法省的粮食委员会的电报,命令在6月20日以前完成粮食人民委员部下达的6月份的粮食任务。

签署给西伯利亚革命委员会主席伊·尼·斯米尔诺夫的电报,要他说明没有完成俄共(布)中央下达的向中央上交饲料粮的任务的原因。

不晚于6月10日

读共产国际执行委员会委员卡·伯·拉狄克6月1日来信,信中说给列宁寄来了他受俄国代表团的委托为共产国际第三次代表大会准备的策略提纲草案以及奥·塔尔海默和库恩·贝拉起草的提纲草案,并说两份草案之间存在着极为重大的分歧。列宁写对这两个策略提纲草案的初步意见。

6月10日

致函共产国际执行委员会主席格·叶·季诺维也夫,对为共产国际第三次代表大会准备的两个策略提纲草案提出自己的意见,认为奥·塔尔海默和库恩·贝拉起草的提纲草案政治上根本不正确;拉狄克摇摆不定,对"左派"作了一系列让步,从而弄糟了自己的草案。

读芬兰共产党出席共产国际第三次代表大会代表奥·威·库西宁6月6日来信,库西宁在信中说给列宁寄来了文章和提纲,征求列宁的意见。列宁致函库西宁,对他寄来的文章和提纲表示满意,并建议他委托一位同志把他的文章作为在共产国际第三次代表大会上的报告予以宣读。

建议征询俄共(布)中央政治局委员的意见,解决关于最高国民经济委员会主席团成员的变动问题、关于派代表团去里加同达什纳克党人谈判的问题。

6月11日

读国家计划委员会主席格·马·克尔日扎诺夫斯基的来信,信中说给列宁寄来最高国民经济委员会电力局局长尼·尼·瓦什科夫关于1917—1921年全国电气化工作进展情况的报告。列宁复函克尔日扎诺夫斯基,对瓦什科夫的报告提出修改意见并建议在《经济生活报》上予以刊登。

致函格·叶·季诺维也夫,告知已读完奥·威·库西宁的文章和提纲并提了修改意见,认为必须让库西宁在共产国际第三次代表大会上作报告。

读著名革命家苏连·斯潘达良的父亲斯潘达尔·斯潘达良请求从物质上帮助他从巴黎返回俄国的来信;致函俄共(布)中央书记维·米·莫洛托夫,请他采取紧急措施满足斯潘达良的这一要求。

6月12日

致函人民委员会办公厅主任尼·彼·哥尔布诺夫,建议加快拟出人民委员会关于对某些国营企业职工实行集体供应的决定草案。

6月13日

起草准备向共产国际第三次代表大会作的关于俄共策略的报告提纲。

致电俄共(布)中央高加索局,指示保证每天向中部地区发出70车皮饲料粮。

致电俄共(布)中央西伯利亚局,指示每天力争从西伯利亚至少向中部地区发出100车皮粮食。

6月14日

就教育人民委员部和中央出版物发行处工作的组织问题两次写便条给副教育人民委员叶·亚·利特肯斯。

分别签署给伏尔加河沿岸城市渔业和鱼品工业总管理局特派员和伏尔加河中下游东岸军区司令员的电报,指示采取紧急措施把鱼运出来供应红军、工业中心的居民,并保证渔业所需的一切物资。

主持人民委员会会议。会议讨论俄罗斯联邦资源利用委员会条例草案、关于对肉类征收实物税的法令草案、关于行政处分办法的法令草案、关于建立跨部门的中央采购和发行外文书刊工作委员会的决定草案、最高国民经济委员会专门委员会关于现行工资政策对工业发展的影响的报告,以及关于在莫斯科和莫斯科省防治流行病的措施等问题。

6 月 14 日和 22 日之间

同德国统一共产党出席共产国际第三次代表大会代表克·蔡特金谈话，了解德国工人三月行动的教训和德国统一共产党的情况。

6 月 15 日

列宁以及其他参加共产国际执行委员会的俄共（布）中央委员会见德国统一共产党代表团，列宁发言批评德国统一共产党"左派"代表的观点。

6 月 16 日

出席俄共（布）中央政治局会议；被选入共产国际第三次代表大会决议草案起草委员会。会议讨论关于在军事上支援蒙古反对温格恩自卫军队、关于在财政上支援莫斯科和彼得格勒工人、关于在外省为莫斯科和彼得格勒选调经济工作人员等问题。

致函最高国民经济委员会主席彼·阿·波格丹诺夫，建议采取必要措施来贯彻俄共（布）中央政治局关于尽快完成卡希拉电站工程的决定。

在全俄第三次粮食工作会议第一次会议上作关于新经济政策的讲话。

委托劳动国防委员会办公厅副主任瓦·亚·斯莫尔亚尼诺夫请外交人民委员部和全俄工会中央理事会答复瑞典驻俄罗斯联邦贸易代表团的申请报告，瑞典贸易代表团请求允许在苏维埃公民帮助下研究有关生产和租让项目的问题。

6 月 17 日

同最高国民经济委员会主席彼·阿·波格丹诺夫谈话，听取他关于最高国民经济委员会和国家建筑工程总委员会工作的汇报。

主持劳动国防委员会全体会议；就所讨论的关于对某些国营企业职工实行集体供应的决定草案发言。会议讨论关于扩大大型国营企业权力的问题。

出席讨论法国共产党活动的共产国际执行委员扩大会议；用德语发言，指出不仅要同右倾机会主义，而且要同"左倾"错误作斗争。

6 月 18 日

读外交人民委员格·瓦·契切林 6 月 17 日给俄共（布）中央书记维·米·莫洛托夫的信，信中请求尽快解决任命维·列·柯普为俄罗斯联邦驻德国全权代表的问题。列宁写便条给莫洛托夫,认为应通过向中央政治局委员征求意见的办法来作出决定。

6月19日

读格·瓦·契切林6月18日给维·米·莫洛托夫的信,信中说外交人民委员部部务委员会认为,在日本方面进行新的干涉的情况下,远东共和国开始与日本政府和日本企业家谈判森林、采矿工业等租让项目是不能允许的,而且是极其有害的。列宁在信上写批语给莫洛托夫,表示完全同意契切林的意见。

读高加索方面军第11集团军革命军事委员会委员沙·祖·埃利亚瓦6月14日来电,电报中说他们的粮食供应已经中断,请求立即给予支援。列宁批示秘书,要求尽快把电报的内容告诉粮食人民委员部,并要他们将给埃利亚瓦的答复的副本上报。

读格·瓦·契切林6月17日给维·米·莫洛托夫的来信,信中认为必须同意中国政府关于由俄罗斯联邦政府引渡俄国白卫分子的建议。列宁写批语给莫洛托夫,认为契切林的意见是对的。

6月20日

读最高国民经济委员会主席团委员路·卡·马尔滕斯6月10日的报告,报告中建议吸收外国工人,主要是在美国的俄罗斯侨民来参加苏维埃的工业建设。列宁在报告上作批注,重视外国工人要随身带来粮食的问题。

读对外贸易人民委员列·波·克拉辛6月16日从伦敦发来的电报,电报中说英国政府对莫斯科苏维埃没收一位英国公民财产一事提出了抗议,要求调查此事并惩办有关人员。列宁在电报上写批语给司法人民委员德·伊·库尔斯基,指示他亲自极严格而又极迅速地处理这一事件。

读格·瓦·契切林6月19日给维·米·莫洛托夫的来信,信中提出与日本谈判租让问题的条件:日本要交出谢苗诺夫和其他白卫军首领,并与远东共和国和俄罗斯联邦恢复外交关系。列宁在信上写批语给莫洛托夫,表示同意契切林的建议。

不晚于6月21日

写关于清党问题的建议和关于入党条件的意见。

6月21日

出席俄共(布)中央政治局会议。会议批准列宁写的关于清党问题的建议,决定将此建议作为给清党委员会的指示。会议还讨论了中国政府关于引渡白卫分子的建议、人民委员会关于改组革命法庭的决定草案、关于取消红军供给特派员的建议,以及关于从财政上支援莫斯科和彼得格勒工人、关于共产国际第三次代表大会组织委员会的工作、关于立陶宛共产党、关于为职工采购粮食等问题。

分别写便条给人民委员会和劳动国防委员会副主席阿·伊·李可夫、副对外贸易人民委员安·马·列扎瓦、副粮食人民委员尼·巴·布留哈诺夫等人,建议尽快召开磋商会议,研究关于与外国公司签订贸易合同的材料。

写便条给农业人民委员部部务委员伊·阿·泰奥多罗维奇,指示必须制定发展郊区国营农场肉畜饲养业的措施。

委托秘书找来孟什维克全俄代表会议1918年12月31日通过的关于格鲁吉亚孟什维克问题的决议的铅印本。这一决议承认格鲁吉亚孟什维克与协约国结成联盟是不能允许的,并对他们进行了谴责。

委托秘书问图书管理员,今天能否收到尔·马尔托夫在国外创办的孟什维克杂志《社会主义通报》的最近几期。

主持人民委员会会议,签署关于克服粮食危机的措施的决定、关于改组共和国革命法庭的决定。会议讨论关于苏维埃机关职员劳动集体付酬的决定草案,关于建立气象站的法令草案,关于监督进口商品使用的报告,关于克里木、高加索和库班疗养区的决定草案,以及关于最高国民经济委员会的地方机关和中央机关所属的国营工业企业实行租赁、关于在渔场建立医疗站等问题。

项目统筹：崔继新
责任编辑：崔继新
装帧设计：石笑梦
版式设计：周方亚
责任校对：马　婕

图书在版编目（CIP）数据

列宁全集.第41卷/(苏)列宁著;中共中央马克思恩格斯列宁斯大林著作编译局编译.
　—2版(增订版)-北京:人民出版社,2017.3
ISBN 978-7-01-017125-8

Ⅰ.①列…　Ⅱ.①列…②中…　Ⅲ.①列宁著作-全集　Ⅳ.①A2

中国版本图书馆 CIP 数据核字(2016)第 316439 号

书　　　名　**列宁全集**
　　　　　　　LIENING QUANJI
　　　　　　　第四十一卷
编 译 者　中共中央马克思恩格斯列宁斯大林著作编译局
出版发行　**人民出版社**
　　　　　　　(北京市东城区隆福寺街 99 号　邮编 100706)
邮购电话　(010)65250042　65289539
经　　销　新华书店
印　　刷　北京新华印刷有限公司
版　　次　2017 年 3 月第 2 版增订版　2017 年 3 月北京第 1 次印刷
开　　本　880 毫米×1230 毫米 1/32
印　　张　18.75
插　　页　2
字　　数　489 千字
印　　数　0,001—3,000 册
书　　号　ISBN 978-7-01-017125-8
定　　价　47.00 元

ISBN 978-7-01-017125-8

9 787010 171258 >